跨境电商基础与实务

主　编　王　慧　琚慧婷　赵　磊

副主编　刘　春　卢丽媛　黄小艳

参　编　杨　茜　彭昆钰　陶思琴

　　　　张升琼　邓重斌　余　捷

合肥工业大学出版社

图书在版编目(CIP)数据

跨境电商基础与实务/王慧,琚慧婷,赵磊主编 . --合肥:合肥工业大学出版社,2024
ISBN 978 - 7 - 5650 - 6619 - 1

Ⅰ.①跨…　Ⅱ.①王…　②琚…　③赵…　Ⅲ.①电子商务-基本知识　Ⅳ.①F713.36

中国国家版本馆 CIP 数据核字(2024)第 037855 号

跨境电商基础与实务

王　慧　琚慧婷　赵　磊　主编　　　　　　责任编辑　毛　羽　许璘琳

出　版	合肥工业大学出版社	版　次	2024 年 11 月第 1 版	
地　址	合肥市屯溪路 193 号	印　次	2024 年 11 月第 1 次印刷	
邮　编	230009	开　本	787 毫米×1092 毫米　1/16	
电　话	基础与职业教育出版中心:0551 - 62903120	印　张	21	
	营销与储运管理中心:0551 - 62903198	字　数	459 千字	
网　址	press. hfut. edu. cn	印　刷	安徽联众印刷有限公司	
E-mail	hfutpress@163. com	发　行	全国新华书店	

ISBN 978 - 7 - 5650 - 6619 - 1　　　　　　　　　　定价:48.00 元

如果有影响阅读的印装质量问题,请联系出版社营销与储运管理中心调换。

前　言

　　随着互联网、大数据、人工智能等新技术的发展，外贸新业态、新模式也快速发展，跨境电子商务凭借突破时空限制、低成本、高效率的独特优势，成为企业开展国际贸易的首选和外贸创新发展排头兵。超万家我国传统外贸企业触网上线、提质增效，成为外贸创新发展的强劲动力。

　　近年来，跨境电子商务飞速发展，但是适应市场需求的跨境电子商务人才存在大量缺口。为补上人才缺口，虽然不少高校，特别是以应用型人才培养为主的院校，已经陆续增设了跨境电子商务相关的专业课程，如本书对应的"跨境电子商务基础与实务"课程就是跨境电子商务人才培养所需的一门专业必修课程，但是很多高校在开设该课程时还存在不少困难，其中一个重要的原因就是缺乏适用的教材。

　　基于市场对跨境电子商务人才的需求和高校教学的需要，编者在借鉴中外学者的研究成果和利用互联网资源的基础上编撰了本书。本书共11章，第1章是导论，第2～7章是跨境电子商务模式与平台介绍、跨境店铺注册操作等的介绍，第8～11章主要是对跨境电子商务支付与结算、物流、客户关系管理与服务、法律法规的相关分析。本书虽知识点比较广泛，但每章均配有思维导图，让学生在学习每章时可以有清晰的思路和方向。此外，每章还配有课后习题，让学生能够及时巩固所学知识和拓展知识面。

　　本书主要由长期从事跨境电子商务专业教学与科研的骨干教师反复研讨共同编写而成，编者依据"跨境电子商务"课程标准，以实现岗位要求的核心技能为目标安排内容，体现了工学结合、任务驱动、项目教学的编写模式。同时注重以学生为主体，以培养职业能力为核心目标，以真实项目为载体，融"教、赛、战、创"为一体。在OBE（"以成果为导向"的教育）教学理念的指导下，教师大胆采用任务驱动法、对分课堂法、翻转课堂法进行教学，以培养学生能力为出发点，确立学生在课堂教学中的主体地位，真正把学生的学习主动性、积极性调动起来，并强化学生自我知识体系构建的过程，使学生由"坐着学"转变为"做中学"。因此，本书特别适合应用型本科高校的学生使用。

由于时间仓促，以及编者水平和经验有限，加上国内外跨境电商运营与实务方面的研究成果较少，书中有待改进之处在所难免，恳请广大读者批评指正。

编　者

2023 年 7 月

目　录

第1章 导 论

学习目标

● 了解跨境电子商务的概念、特点。

● 了解跨境电子商务发展现状及趋势。

● 了解跨境电子商务的岗位职能。

开篇案例

跨境电子商务领袖 SHEIN 的精彩制胜法则

在企业都在追求品牌全球化的趋势下，跨境电子商务已经成为企业推动品牌出境、进行品牌升级的重要渠道。

SHEIN 是一家采用 B2C 模式的跨境快时尚电商平台，该公司凭借婚纱业务起家，于 2012 年创立独立网站 SHEINSIDE. COM，2015 年 SHEINSIDE. COM 更名为 SHEIN。经过多年发展，该公司的销售品类从女装逐步扩张至童装、男装、美妆、饰品、家居等，掌握包括商品设计、仓储供应、互联网研发、线上运营等全链路业务，业务覆盖全球超 200 个国家和地区。

该公司是如何做到的？

1. 该公司依托极致的性价比、实时洞察流行趋势和高频上新节奏，不断增强消费者黏性

（1）产品定价具有较强竞争优势。根据中信证券统计的数据显示，SHEIN 各产品线最低售价保持在 2~3 美元，价格下限为同行业中最低，价格上限则处于行业中游水平；

（2）上新速度快、品类多样，能更好地满足消费者多样化、实时性需求。根据"SHEIN 自营招商"微信公众号数据，SHEIN 每日在售可供选择商品 60 万件，每日上新产品 6000 件；

（3）利用大数据追踪系统和 Google Trends Finder2，抓住最新流行趋势，快速抢占消费者市场。SHEIN 内部有一套智能设计系统，把服装的元素拆得极为细致，分为领口、袖口、下摆等一个个元素，每个元素都有不同的素材库，再加上布料、颜色等相关影响因素，稍微变化一个元素就能重新组合。设计变成了数学组合题，设计团队只需要给这套设

计系统提供素材，然后进行筛选、优化，就可以交给工厂打版。SHEIN 拥有强大的"设计和版型修改团队"，能够吸收庞大的设计团队过往的设计经验，丰富设计元素。Marketplace Pulse 上的数据显示，2022 年 5 月 3 日，SHEIN 首次登上 iPhone App Store 美国地区所有类别 App 下载量排行榜榜首，超过了 TikTok、Instagram 和 Twitter（2023 年更名为"x"），并远远领先亚马逊。

2. 多渠道营销助力品牌力提升，柔性供应链赋能高效生产运营

（1）实行多渠道营销，持续扩大品牌影响力。SHEIN 成立之初即启动"网红"营销策略，以独家折扣、佣金、付费等方式合作大小 KOL（关键意见领袖），提升品牌知名度。此外，公司顺应线上营销发展趋势，在 Google、Facebook 等平台上进行广告投放，利用 Instagram、Twitter、TikTok 等社交媒体营销，打造多元丰富的平台营销渠道，有效提升品牌影响力、增强用户黏性；

（2）构建完整高效的供应链体系，实现产品快速、高质量交付。SHEIN 致力于以数字化赋能柔性供应链，目前已形成覆盖设计、生产、销售、物流等全流程的完整高效供应链体系。

除此之外，一方面，SHEIN 持续优化供应商结构，合作模式包括 ODM（供应商退款）、OEM（买手给款）和 OBM（品牌供应）等，供应商均具备"小单快返"能力。一件商品想做 100 件小单，甚至 10 件，再根据市场反馈来补单，这种模式被称为"小单快返"。一开始没有工厂愿意接受这种模式，因为小单收益覆盖不了开机成本，但 SHEIN 结算速度快，做完之后还有后续订单，使得越来越多工厂慢慢接受"小单快返"模式。SHEIN 通过小单生产，投放市场后将销售情况迅速反馈给工厂，形成库存和销售联动的核心竞争力。

另一方面，在合作基础上，SHEIN 还帮助供应商进行数字化改造，让供应商能够实时了解每种款式的供需情况，同时助力供应商科学决策、产品优化，使其利润增加，进而逐步增强供应商黏性。此外，SHEIN 重视物流建设，已在全球范围内建立六大物流中心、七大客管中心，保障物流时效性，及时响应消费者需求。

SHEIN 的成长路径是独一无二的，不可复制。SHEIN 团队踩准了过去十多年社交媒体迅速增长的步子，赢得了时代的流量红利，又背靠中国成熟、高效的供应链，利用数字化能力提高了供应链协作效率。SHEIN 的成长之路是中国跨境电子商务企业"出海"之路的缩影，安克创新、一加、小米等企业的增长都预示着下一个时期的增长路径之一："出海"。全球化的广阔市场等着中国企业去开拓！

资料来源：SHEIN 招商门户。36 氪研究院整理。

引导案例分析：跨境电子商务为品牌出境提供了新渠道，未来通过跨境电子商务拓展市场将成为更多品牌完成新一轮品牌升级的重要途径。

SHEIN 商业模式拆解：数字化供应链背后的品牌逻辑

1.1　什么是跨境电子商务

跨境电子商务（Cross-border Electronic Commerce，CBEC）是基于网络发展起来的，指分属不同关境的交易主体，通过跨境电子商务平台达成交易、进行电子支付结算，并通过跨境电子商务物流及异地仓储送达商品，从而完成交易的一种国际商业活动。

近年来，在政策利好及贸易全球化的推动下，全球跨境电子商务获得飞速发展，促进了全球商品的流通和经济的发展。

1.1.1　跨境电子商务的概念

跨境电子商务 2005 年起源于"小额外贸"，起初主要由个人买家利用互联网平台向国外采购商品，采用第三方支付方式进行支付，而跨境卖家则利用快递来完成商品的配送。发展至今，就其覆盖范围而言，跨境电子商务主要包括如下三层含义。

从狭义上看，跨境电子商务基本等同于跨境零售，是指分属不同关境、不同国家的交易主体在互联网的帮助下实现交易，进行支付结算，并采用快件、小包裹的方式通过跨境物流把货物送达给消费者的交易过程，这一过程与跨境零售基本上是无异的。

从广义上看，跨境电子商务基本等同于外贸电商，是指分属不同关境、不同国家的交易主体，通过电子商务的手段将传统进出口贸易中的展示、洽谈和成交等环节电子化，并通过跨境物流将商品送达消费者手中，进而完成交易的一种国际化商务活动。跨境电子商务的统计对象主要是跨境电子商务中的商品交易部分（不含服务部分），它既包含跨境电子商务交易中的跨境零售（狭义部分），又包含跨境电子商务 B2B 部分，其中 B2B 部分不但包括通过跨境交易平台实现的线上成交，还包括通过互联网渠道进行线上交易洽谈，其促成线上线下达成交易的环节，和传统外贸在交易流程上有很大不同。

从更广的意义上看，跨境电子商务泛指电子商务在进出口贸易中的应用，即传统国际贸易商务流程的电子化、数字化和网络化。所以，但凡涉及国际货物的电子贸易、在线数据传递、电子资金划拨、电子货运单证获取等各方面的活动，都属于这一范围。总的来说，跨境电子商务既包括通过跨境电子商务进行交易的跨境零售，又包括商户与商户之间的环节；不仅包括商户之间通过跨境交易平台进行线上交易的环节，还包含商家在商户内通过互联网渠道线上交易洽谈磋商、线下达成交易的环节。

知识窗

关于"小额外贸"的解读

"小额外贸"是指实现卖家（中小企业、个人）、买家、电子商务平台三方利益的创新模式。例如，以中国供应商为起点，传统的出口流程是中国供应商—进口商—批发商—小批发商—终端销售商（传统的出口物流流程根据产品特点的不同会有所变化），而"小额外贸"省去了中间环节，使供应商直接面向终端销售商，卖家的利润率大大提高，尤其是传统的制造型出口中小企业。另外，它省去了流通环节的层层费用，使买家可以用比较低的价格买到更好的产品。目前，提供小额外贸交易的电子商务平台有 eBay（易贝）等。

1.1.2 跨境电子商务的特点

跨境电子商务是基于互联网发展起来的，网络空间独特的价值标准和行为模式深刻地影响着跨境电子商务，使其不同于传统的交易方式而呈现出自己的特点。具体而言，跨境电子商务具有以下特征。

1. 全球性

互联网是一个无国界的媒体，具有全球性、分散化等特征。以互联网为纽带的跨境电子商务也呈现出全球性和去中心化特点。相对于传统交易模式而言，电子商务是一种无边界的交易，它不受限于传统交易所具有的地域要素。互联网使用者不必跨越国界、关境，就可以将他们的产品投放到全球市场，特别是高增值的商品和服务。

跨境电子商务全球性的特征是一把双刃剑。互联网全球性的正面效应在于信息的最大化共享，负面效应则是使用者会在文化、政治、法律等方面面临各种危险。任何人只要具备了一定的技术手段，都可以在任何时间、任何地点通过互联网进行交流。据美国财政部发布的财务报告显示，基于全球互联网开展电子商务活动征税十分困难的理由如下：在计算机虚拟空间下，传统贸易模式的地理要素丢失；在电子商务中，生产商很可能隐藏他们的住宅，而顾客则对生产商的住宅漠不关心。比如当一家爱尔兰的网络公司在全球范围内通过一个能让全球消费者点击查看的页面来推销自己的产品与服务时，用户很难确定该企业通过互联网进行的交易到底发生在哪一个国家或地区。

2. 无形性

网络的发展使得数字化产品及服务的传输盛行，而数字化传输则是通过不同类型的媒介，如数据、图像和声音在全球网络环境中集中传输，这些媒介在网络中主要是以数据代码的形式存在，因而是无形的。传统交易以实物交易为主，在跨境电子商务中，无形产品却可以替代实物成为交易的对象。跨境电子商务在线交易中买卖双方不需要见面，通过跨境电子商务网站，卖家在平台上发布产品，买方通过跨境电子商务网站了解产品详细信息，产生购买欲望，进而借助跨境电子商务网站直接订购；卖家收到订单信息，通过物流向买方发送商品达成交易。以书籍为例，消费者想购买传统纸质书籍需要到书店，然而在电子商务交易中，消费者只要购买网上的数据便可以使用书中的知识和信息。

3. 匿名性

由于跨境电子商务的去中心化和全球性特征，对用户的身份识别与地理位置的确认十分困难。在网上交易中，消费者一般不显示自己真实身份，也不会对交易产生影响，网络的匿名性也允许消费者这样做。虚拟世界中身份隐藏所带来的便利，迅速导致了不对称自由与义务的产生。在虚拟世界里，人们能够享受到最大的自由却只履行了最小的义务或根本不负相应的责任。显然，这让税务部门很为难，因为税务部门无法找到应缴纳税款的网上交易者具体名称及所在地，更谈不上对纳税人收入进行审查、核对。例如，美国一家在线拍卖公司 eBay（易贝），这家公司的业务可以让个人用户和企业进行任意的竞拍，截至 2019 年年中，eBay（易贝）的全球用户数量达 1.82 亿，销售商品达 13 亿种，仅四季度的交易额达 220 亿美金。然而，大部分 eBay（易贝）的使用者并没有将其收入如实上报给税收部门，而且他们也清楚，美国税务部门无法确认其身份，因此出现了许多漏税的情况。

4. 即时性

与传统对外贸易相比，跨境电子商务借助互联网电商平台，可以将各个不同的流程串联在一起，实现数据共享，并结合无纸化来减少成本，大幅提升了用户的交易体验感。而 M2C（厂商在跨境电子商务平台上直接向消费者销售商品，没有中间商）可以实现厂商和消费者之间的直接贸易，使交易流程变短，达到传统对外贸易所不能及的即时性。

5. 无纸化

跨境电子商务主要采取无纸化操作的方式，电子计算机通信记录取代了一系列的纸面交易文件，用户主要发送或接收电子信息。电子信息以字节的形式存在和传送，这就使整个信息发送和接收过程实现了无纸化。

6. 快速演进

跨境电子商务是一种较为新颖的模式，尚处于快速发展阶段，未来无论是网络设施还是相应协议软件的开发都存在较大的不确定性。例如，新技术的产生与发展有可能逐渐消除跨境电子商务进程中的信息不对称现象，跨境电子商务势必以空前的速度与难以预测的形式继续进化。以互联网为载体的电子商务活动时刻处于日新月异的变化之中，在短短数十年间，电子交易已经走过了一条由 EDI（电子数据交换）向电子商务零售业崛起之路，而且数字化产品与服务不断优化，时刻改变着人们的生活。

1.2 跨境电子商务与国内电子商务及
传统国际贸易的区别

跨境电子商务的出现源于国际贸易与国内电子商务的融合发展。在电子商务飞速发展的推动下，传统国际贸易融入许多电子商务元素；国内电商发展日趋饱和，国内市场增长乏力，在互联网与信息技术的推动下，国内电商纷纷将触角伸向国外从而为跨境电子商务的发展提供了动力。

1.2.1　跨境电子商务与国内电子商务的区别

跨境电子商务与国内电子商务的区别主要体现在交易主体、交易环节、交易环境、交易规则、支付与收款、商品运送、交易风险等方面，见表1-1所列。

表1-1　跨境电子商务与国内电子商务的区别

项　目	跨境电子商务	国内电子商务
交易主体	分属不同关境	同一关境内
交易环节	更复杂，涉及海关、税收、外汇结算、跨境物流等	相对简单
交易环境	差异大，受不同的文化习俗、消费习惯等因素影响	差异小
交易规则	受知识产权、不同国家法规、不同的平台规则等限制	受国内电商平台规则和相关法律法规限制
支付与收款	涉及外汇结算	国内支付、收款方式
商品运送	跨境物流，路途远、时间长	国内物流，路途近、速度快
交易风险	相对较大	相对较小

1. 交易主体的区别

国内电商的交易主体一般在国内，交易在国内企业对国内企业、国内企业对国内个人或者国内个人之间进行。而跨境电子商务的交易主体是国内企业或个人对境外企业或个人。跨境交易主体遍及全球，有不同的消费习惯、文化心理和生活习俗，这就要求跨境电子商务的运营者对各国或地区的流量引入、推广营销、消费者行为及国际品牌建设等有更深入的了解，其复杂程度远远高于国内的电商。

2. 交易环节的区别

国内电子商务属于国内贸易，而跨境电子商务实际上是国际贸易。较之国内电子商务，跨境电子商务业务环节更加复杂，需要经过海关通关、检验检疫、外汇结算、出口退税、进口征税等环节。在货物运输上，跨境电子商务通过快递方式出境，货物从售出到境外消费者手中花费的时间更长；由于路途遥远，商品易受损，而且各国或地区的邮政系统派送能力比较有限，包装量剧增易引发纠纷。而国内的电子商务都是在国内进行的，同样通过快递的方式把商品送到消费者手中，但因路近、到货快，商品受损的概率小。

3. 交易环境的区别

跨境电子商务运营的是外贸模式，受众更多的是各国或地区的客群；而国内电商的针对人群更多的是中国的消费群体。另外，跨境电子商务可能会要求卖家掌握多种语言，了解不同国家或地区的的习俗、宗教信仰、文化差异和产品喜好等，避免出现因触犯禁忌而被平台禁卖的情况。同时还需要注意时差问题，以美国为例，美国共分为六个时区，每年3月—11月还实行夏时制。假如北京时间9月10日18时，美国纽约的夏令时间则为9月10日6时。所以跨境电子商务卖家需要调整好"时差"，与客户群体的作息时间保持同步。最后要注意的就是国外的节日，还是以美国为例，"黑色星期五"（感恩节的第二天，11月的最后一个星期五）就是他们的"双十一"，圣诞节就是他们的"新年"，卖家要在合适的时间节点去做适合他们节日的营销活动。

4. 交易规则的区别

与国内电商相比，跨境电子商务普遍要遵守更多、更繁杂的电子商务规则。国内电商仅需遵守国内电子商务规则即可，跨境电子商务规则是以一系列国际通用的贸易协定为基础。跨境电子商务从业人员对国外政策、规则需有较强的敏感性，应及时掌握国际贸易体系、进出口管制、关税细则和政策等方面的变动情况，特别是要了解购买者所在国或者地区的商业政策、法规等。

5. 支付与收款的区别

在国内，电子商务的支付系统已经比较成熟，大部分都是通过网络支付，或者是第三方的支付，比如支付宝、微信等，这些都是非常方便的，而且手续费很低，回款时间也很短。而跨境电子商务的支付系统还不够完善，特别是B2B的大宗交易，大部分都是用贝宝（PayPal）之类的国际支付方式进行的，手续费占总金额的3％～5％，而且有一定的汇率风险，回款时间也较国内长。这对于跨境电子商务的卖家来说，资金压力会较大。

6. 商品运送的区别

由于国内电子商务的迅速发展和物流系统的完备，如今在网络上下单，一般次日快递就会送到，而跨境电子商务的运输时间一般都在15～30天。相对于国内大型电商公司每千米3～5元的运费，跨境电子商务的运费一般都是以克来计算，物流成本高于货物本身价值，物流费用比商品价格高，这是常见的现象。并且，因为国际物流本身的复杂性和一些国家或地区的的物流系统的不完善，国际快件丢失的现象时有发生。

7. 交易风险的区别

跨境电子商务的环境要远复杂于国内电子商务，交易双方的国家（地区）间政治、经济、文化、社会、技术等各方面环境都会对跨境电子商务造成影响。例如，国内电子商务行为发生时，交易双方对商标、品牌等知识产权有较为清晰的认识，侵权引起的纠纷较少。即使产生纠纷，处理时间也较短，处理方式也较为简单。而在跨境电子商务交易中，我国部分卖家由于不熟悉欧美知识产权保护制度，造成知识产权纠纷案件多，且因后续司法程序烦琐，使国内卖家面临很大交易风险。

跨境卖家为什么
需要专利保护？

1.2.2　跨境电子商务与传统国际贸易的区别

跨境电子商务与传统国际贸易的区别主要体现在交易环节、交易链条、运营成本、产品差异化、与时代变化融合等方面，具体如下。

1. 交易环节上的区别

传统国际贸易的信息流、资金流和物流是分离的，而通过B2C电子商务平台，这三者可以在一个平台同时进行。传统国际贸易发生在企业与企业之间，过度依赖传统销售，买家信息封闭、订单周期长、汇率风险高、利润空间小等问题长期存在。而在跨境电子商务下，将传统外贸中间商的环节延伸到了零售环节，打破了原来的国外渠道上的进口商、批发商、分销商甚至零售商的垄断，企业面对的客户群不单是消费者，还有个体批发商、零售商，有效减少了贸易环节，渠道链缩短，交易渠道更加扁平化，从而降低了渠道成本，让企业获得更多利润，让消费者享受更多实惠。

2. 交易链条上的区别

交易链条是指从商品生产到最终被消费的过程中所经转的环节。传统外贸交易链条十分长，基本上由五个环节构成：国内生产商、国内贸易商、国外分销商、国外零售商、终端消费者。而跨境电子商务的交易链条只有三个环节：国内生产商、国内贸易商、终端消费者。

在跨境电子商务的交易流程当中，国内贸易商即跨境电子商务平台上的卖家，从国内生产商手中批发产品，然后在平台上零售，直接将货物出售给终端消费者。交易链条短使其具有多重优势，其中最重要的优势反映在利润方面。跨境电子商务直接面对终端消费者，掌握了交易环节当中利润最丰厚的零售环节，避免了国外分销商的盘剥。

3. 运营成本上的区别

传统国际贸易通常是企业之间的交易，而跨境电子商务则是个人和企业之间的交易。在传统国际贸易中，双方需要签订合同，整个交易流程需要一定的时间和成本，而在跨境电子商务中，双方则可以直接通过网上完成交易，节省了时间和成本。

跨境电子商务与传统国际贸易相比，在运营成本上的优势有以下几个方面。首先，减少了传统贸易方式下大量人员外出进行商谈的活动，降低了交通、住宿和外出办公等差旅费，从而降低了企业运营成本。此外，利用网络开展产品销售，可以节省通过传统报纸、电视、广播、杂志进行广告宣传等巨额开支，显著提高了投入产出效率，节省了企业运营成本，从根本上改变了我国外贸企业在海外市场进行产品宣传的被动局面。其次，跨境电子商务平台可根据预售订单进行大规模的产前预售活动，帮助企业测试市场反应和扩大总需求，进而达到了解市场需求和降低库存风险的目的。再次，跨境电子商务采用现代化智能管理模式，将市场需求和企业产品研发、生产、销售、库存管理、售后服务等有机结合起来，缩短了产品开发周期，节约物流仓储管理成本和原料采购成本，从而提高企业运营管理效率。

4. 产品差异化上的区别

跨境电子商务与传统国际贸易相比，首先，其产品种类多样、更新频率快，集合了个性化的广告推送、大量商品信息库、线上支付等多种优势，而且市场面对的是世界各个国家和地区，具有广阔的发展空间。其次，跨境电子商务在大数据的背景下，了解大量消费者喜好，可以根据实际情况来生产定制个性化产品。再次，跨境电子商务企业可通过BBS、社区网络、电子邮件等现代信息技术，在线上与顾客沟通和进行市场调研，以获取大量消费者、竞争对手和竞品的信息，之后通过综合运用关系营销、网站优化和搜索引擎营销等多种营销策略、手段开展全方位的销售服务。最后，跨境电子商务在网站、微信、微店等平台，通过视频、声音、照片、文字等多种形式实现顾客体验，并提供在线咨询、网上预订、物流查询、个性化定制、线上支付等多种服务，从而更好地为顾客展示产品、了解企业，在互联网上为企业树立良好形象，培养一批稳定的消费人群，创造更多经济效益。

5. 与时代变化融合上的区别

移动电商有望在未来发挥更大的作用。据统计，2018年全球网民人数已达41.57亿人，其中有超过16亿人通过移动终端设备来购物。根据PayPal发布的《全球跨境电子商务报告》数据得知，随着智能手机和平板电脑的普及，跨境电子商务出现了移动电商和移动支付方式。数据还显示，2013年至2018年移动跨境电子商务的复合年均增长率达22%，人们更加愿意通过移动终端设备完成跨境网上购物。伴随跨境电子商务发展而来的还有新型社会商务，其同样也对传统贸易发出了新的挑战。总体来说，跨境电子商务给对外贸易带来新的增长点，并有望进一步发挥"中国制造"的产品优势，促进"中国制造"向"中国营销"和"中国创造"加速转变，推动对外贸易转型升级。

1.3　我国跨境电子商务的发展

1.3.1　我国跨境电子商务发展历程

跨境电子商务在我国经历了20多年的发展，依据交易规模和行业特点可以划分为四个发展阶段（图1-1）：起步期、成长期、发展期、成熟期。

1. 起步期（1999—2003年）

1999—2003年是跨境电子商务的起步阶段，主要采用的商业模式是线上展示、线下交易的外贸信息服务模式，重点为企业信息以及产品提供网络展示平台，没有网上交易环节。阿里巴巴的成立，拉开了中国跨境电子商务的序幕。最初，阿里巴巴的中国供应商只

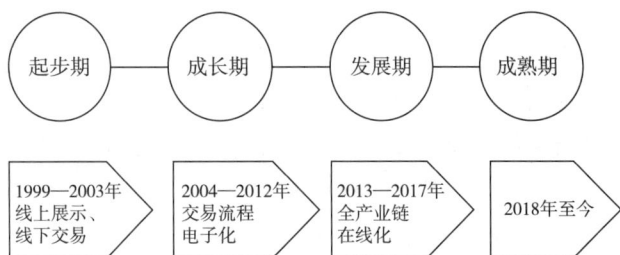

图 1-1 我国跨境电子商务经历的四个发展阶段

是互联网上的黄页，向全球客户展示中国企业的产品信息，并在 B2B 大宗贸易中定位自己。买家通过阿里巴巴平台了解到卖家的产品信息，然后双方离线协商交易，所以当时大部分交易都是离线完成的。2000 年前后，一小部分中国企业开始尝试在 eBay（易贝）和 Amazon（亚马逊）等外国平台上进行跨境电子商务活动，但没有形成规模。这一阶段的跨境电子商务虽然通过互联网解决了中国贸易信息面向世界买家的难题，但是依然无法完成在线交易，对于外贸电商产业链的整合仅完成信息流整合环节。

2. 成长期（2004—2012 年）

2004—2012 年属于跨境电子商务成长期，在这个时期，交易、支付、物流等流程的电子化逐步实现。B2B 平台模式成为这一阶段的主流模式，代表性事件是敦煌网的成立，它是国内首个允许中小企业参与国际贸易的平台。在这个阶段，跨境电子商务开始实现平台化、标准化发展，但尚处于成长期，商业模式还不完善，产业链上的各角色分工还不够明确，行业还有待沉淀。因此，如何构建适合中国跨境电子商务平台的国际贸易模式，成为处在成长期的跨境电子商务企业的重要课题。

3. 发展期（2013—2017 年）

2013 年是跨境电子商务重要的转型年，跨境电子商务全产业链的商业模式都出现了变化与转型，跨境电子商务进入发展期。如图 1-2 所示的各类大型平台不断涌现，抢占跨境电子商务市场。跨境电子商务生态系统逐步完善。这一阶段出现了 B 端企业呈现出线上线下全产业链快速扩张，产业生态圈也初步成型，产业链上各增值服务提供商不断分化等的特点。移动端用户井喷式增长，供应商纷纷转到线上，网购用户也出现大规模增长，B2B 平台纷纷建设适应移动端的产品系统。跨境电子商务在线交易量在整个电商市场中占有绝对优势，在线交易量增加，跨境电子商务的发展速度也随之加快。

4. 成熟期（2018 年至今）

这一阶段，跨境电子商务在稳健地成长，并且在实现"买全球，卖全球"的路上发展出更多的可能。考虑到国内电商行业的竞争激烈，一部分有眼光的商家开始转战国外市场，并且发展得顺风顺水。有学者认为，随着越来越多的企业转战跨境电子商务，跨境电子商务未来的发展不可小觑，跨境电子商务逐步进入多种模式融合发展时期。2019 年正式实施的《中华人民共和国电子商务法》，对跨境电子商务平台进行法律监督和指导，对完善监管流程和制度，促进行业走向规范化起着重要作用。另外，各地政府也在加大跨境电子商务综合试验区建设力度。在其稳步发展的过程中，跨境电子商务业界普遍认为，跨境电子商务在全球范围内发展态势良好，作为国际贸易发展的一个新业态，呈现出蓬勃发展的生机。随着上下游产业链基本趋于完备和相关法律法规的完善，企业从野蛮成长中走出，并越发重视精品开发和品牌精细化运营。头部企业的品牌认知逐渐成形，且形成一定程度的壁垒。

跨境电商：经济合作新引擎，技术赋能新亮点

图 1-2　各类跨境电子商务大型平台

1.3.2　我国跨境电子商务发展现状

我国跨境电子商务 20 多年间从无到有、从弱到强，经历了从萌芽到成长、从发展到成熟的四个阶段。当前，我国跨境电子商务产业正在加快外贸创新发展进程，已经成为我国外贸发展的新引擎。近年来，在国家制定电子商务相关政策的大力支持及行业参与者的积极推动下，我国电子商务产业链逐渐完善，跨境电子商务行业也得到快速发展。

1. 跨境电子商务交易规模持续扩大

近年来，全国各地高度重视跨境电子商务的发展。《2022 年度中国电子商务市场数据报告》显示，2022 年中国跨境电子商务市场规模达 15.7 万亿元，较 2021 年的 14.2 万亿元同比增长 10.56%。2018—2023 年中国跨境电子商务交易规模趋势如图 1-3 所示，2018—2021 年跨境电子商务市场规模分别为 9 万亿元、10.5 万亿元、12.5 万亿元、14.2 万亿元，2022 年跨境电子商务保持稳健增长趋势，2023 年交易规模将达 16.8 万亿元。跨境电子商务的发展促使了整个外贸产业链发生变化，将给传统外贸及产业带来深远的影响。

■ 单位：万亿元

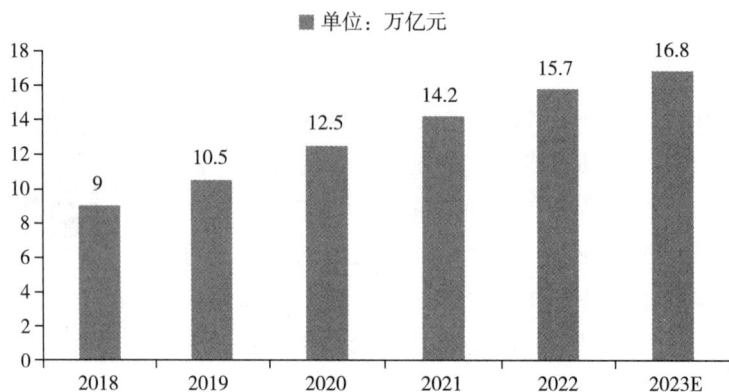

图 1-3　2018—2023 年中国跨境电子商务交易规模趋势

资料来源：网经社、中商产业研究院

2. 跨境电子商务政策环境逐步改善

（1）跨境电子商务政策发展历程

跨境电子商务政策和规范的建立，以及开放程度的规定是跨境电子商务发展的重要基础。如图 1-4 所示，我国跨境电子商务政策发展经历了三大阶段：政策萌芽期（2004—2007 年）、政策发展期（2008—2012 年）和政策爆发期（2013 年至今）。2020 年因受新冠肺炎疫情（今称"新型冠状病毒感染"）影响，跨境电子商务作为推动外贸转型升级、打造新经济增长点的重要突破口，政策也不断加持跨境电子商务的发展。

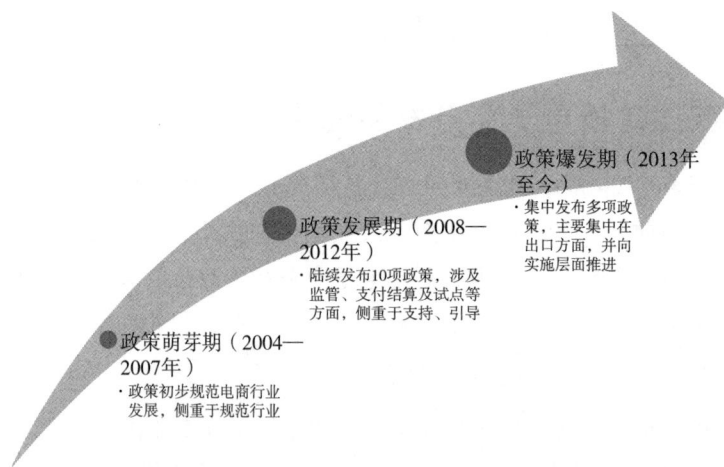

图 1-4　中国跨境电子商务政策发展历程

资料来源：前瞻产业研究院

（2）国家对跨境电子商务的政策支持

近年来，我国对跨境电子商务重视程度日益提高，国家政策支持力度不断加大，见表 1-2 所列。2019 年，中国首部电子商务领域的综合性法律《中华人民共和国电子商务法》正式生效，跨境电子商务低门槛时期彻底过去，从此进入规范化、规模化的高速发展轨道。

表 1-2　中国跨境电子商务行业政策部分汇总

时　间	政策内容
2012 年 12 月	国家跨境贸易电子商务服务试点工作启动，首次设立跨境电商服务试点城市
2014 年 1 月	海关总署发布的《关于增列海关监管方式代码的公告》中提出增设"跨境电子商务－9610"代码
2015 年 3 月	首次设立中国（杭州）跨境电子商务综合试验区
2016 年 3 月	推广增加跨境电子商务综合试验区至 12 个
2018 年 7 月	国务院同意在北京、呼和浩特等 22 个城市设立跨境电子商务综合试验区
2018 年 8 月	第十三届全国人大常委会第五次会议通过了《中华人民共和国电子商务法》，于 2019 年 1 月 1 日正式实施，这是我国电商领域首部综合性法律
2019 年 12 月	国务院同意在石家庄等 24 个城市设立跨境电子商务综合试验区
2020 年 4 月	国务院同意在雄安新区等 46 个城市和地区设立跨境电子商务综合试验区
2020 年 7 月	海关总署开展跨境电子商务企业对企业出口监管试点，增设跨境电商 B2B 直接出口监管代码 9710、跨境电商出口海外仓监管代码 9810，同时在北京等 10 个直属海关开展 B2B 出口监管试点
2020 年 8 月	在北京等原有 10 个直属海关监管试点基础上，增加上海等 12 个直属海关开展跨境电商 B2B 监管试点

资料来源：前瞻产业研究院

2020 年 1 月 17 日，商务部、发展改革委、财政部、海关总署、税务总局市场监管总局等六部委联合印发《关于扩大跨境电商零售进口试点的通知》，确定将进一步扩大跨境电商零售进口试点范围。本次扩大试点后，跨境电商零售进口试点范围从 37 个城市扩大至海南全岛和 87 个城市（地区），覆盖 31 个省、自治区、直辖市。

研究制定多项举措
支持跨境电商发展

2020 年 4 月，国务院决定在全国已有 59 个跨境电子商务综合试验区的基础上再设 46 个综合试验区，跨境电子商务综合试验区数量达 105 个，见表 1-3 所列。

表 1-3　中国跨境电子商务综合试验区汇总

设立时间	设立个数	具体城市（地区）
2015 年 3 月 7 日	1	杭州
2016 年 1 月 6 日	12	天津、上海、重庆、合肥、郑州、广州、成都、大连、宁波、青岛、深圳、苏州

（续表）

设立时间	设立个数	具体城市（地区）
2018 年 7 月 24 日	22	北京、呼和浩特、沈阳、长春、哈尔滨、南京、南昌、武汉、长沙、南宁、海口、贵阳、昆明、西安、兰州、厦门、唐山、无锡、威海、珠海、东莞、义乌
2019 年 12 月 24 日	24	石家庄、太原、赤峰、抚顺、珲春、绥芬河、徐州、南通、温州、绍兴、芜湖、福州、泉州、赣州、济南、烟台、洛阳、黄石、岳阳、汕头、佛山、泸州、海东、银川
2020 年 4 月 27 日	46	雄安新区、大同、满洲里、营口、盘锦、吉林、黑河、常州、连云港、淮安、盐城、宿迁、湖州、嘉兴、衢州、台州、丽水、安庆、漳州、莆田、龙岩、九江、东营、潍坊、临沂、南阳、宜昌、湘潭、郴州、梅州、惠州、中山、江门、湛江、茂名、肇庆、崇左、三亚、德阳、绵阳、遵义、德宏傣族景颇族自治州、延安、天水、西宁、乌鲁木齐

资料来源：前瞻产业研究院

3. 跨境电子商务交易仍以出口为主

在经济社会持续向好发展、人们生活水平不断提高，以及国际物流运输便捷性提升等多重利好因素的影响下，我国跨境电商的市场规模持续扩大。在我国跨境电商业务中，出口跨境电商业务占比较大，2018—2023 年中国跨境电商出口占比趋势如图 1-5 所示，出口跨境电商的市场规模保持较为稳定的态势，均在 75％以上。

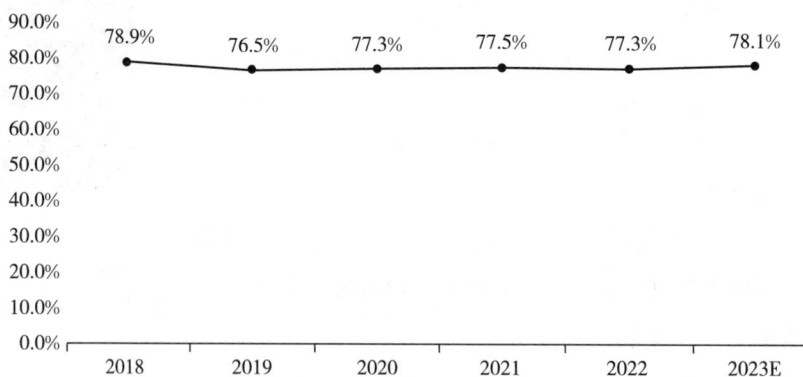

图 1-5　2018—2023 年中国跨境电商出口占比趋势

资料来源：网经社、中商产业研究院

4. 跨境电子商务运营方式品牌化

早期，中国跨境电子商务凭借强大的制造业实力，以经营物美价廉产品及 OEM 代工为主。最近几年，很多企业都开始考虑走品牌化运营之路，尤其是那些规模比较大的公司，更是在思考如何实现规模经营，搭建起自己的平台，将自己的品牌带到国外，以此来提升自己在跨境电子商务中的价值。随着出口跨境电子商务行业逐步转向"精耕细作"，企业更加注重自身的长远发展，在产品研发、品牌注册和建设、品牌保护等方面持续投入。与传统出口贸易相比，跨境出口电商可以直接实现 B2C、B2B，在减少商品流通环节、提升流通效率方面具有显著的优势。当拥有强大品牌和供应链布局的企业在竞争中具有强劲的势能时，越来越多的跨境出口电商开始强化品牌意识，大力加强产品研发与创新设计，将注意力集中在零售端，把控好消费趋势，让海外客户对自身品牌的认知得到加强，通过品牌溢价构建核心竞争壁垒。

◤ 知识延伸

亚马逊全球开店 2021 年的一项卖家调研显示，中国卖家在品牌打造和出口跨境知识产权保护意识上已经实现改观，93％的中国卖家表示在亚马逊全球站点上建立品牌非常重要，75％的中国卖家对在亚马逊上创建和提升品牌很有信心。过去四年，在亚马逊上完成品牌注册的中国卖家数量增长了 40 倍。例如，浙江羽绒服品牌 Orolay 在 2014 年就为品牌注册了商标，目前在全球拥有 13 个自有品牌和 14 个注册商标，且还对热卖产品进行了外观专利申请。互联网上的生活品牌图拉斯 TORRAS 在美国、加拿大、欧洲、日本等成熟市场，以及阿联酋、澳大利亚等新兴市场均完成了品牌注册。同时，在全球化战略的意识下，我国从 2016 年至今持续进行商标的全球布局，目前在全球拥有 261 个商标，并申请了 3500 个专利保护，海外专利申请 150 多个。

1.3.3　我国跨境电子商务发展趋势

1. 产品品类和销售市场更加多元化

随着跨境电子商务的发展，跨境电子商务交易产品向多品类延伸，交易对象向多区域拓展。从销售产品品类看，跨境电子商务企业销售的产品品类从服装服饰、3C 电子、计算机及配件、家居园艺、珠宝、汽车配件、食品药品等便捷运输产品向家具、汽车等大型产品扩展。eBay（易贝）平台上增速最快的三大品类依次为家居园艺、汽配和时尚用品，且 71％的大卖家计划扩充现有产品品类，64％的大卖家计划延伸其他产品线。不断拓展销售品类已成为跨境电子商务企业业务扩张的重要手段，品类的不断拓展，不仅让"中国产品"和全球消费者的日常生活联系得更加紧密，而且有助于跨境电子商务企业抓住最具消费力的全球跨境网购群体。

从销售目标市场看，以美国、英国、德国、澳大利亚为代表的市场日益成熟，凭借跨境网购观念普及、消费习惯成熟、整体商业文明规范程度较高、物流配套设施完善等优势，在未来仍是跨境电子商务零售出口产业的主要目标市场，且将持续保持快速增长。与此同时，不断崛起的新兴市场正成为跨境电子商务零售出口产业的新动力，俄罗斯、巴西、印度等国家的本土电商企业并不发达，但消费需求旺盛，中国制造的产品物美价廉，在这些国家的市场上优势巨大。

2020年中国跨境电子商务企业市场分布如图1-6所示，最主要的市场除了北美和欧洲外，东南亚已经成为我国重要的贸易伙伴，接近四成的受访企业已经进入东南亚，其市场分布比例超过日韩和俄罗斯。此外，进入非洲、拉美、大洋洲等市场的企业尚不足20%，未来有极大的拓展空间。

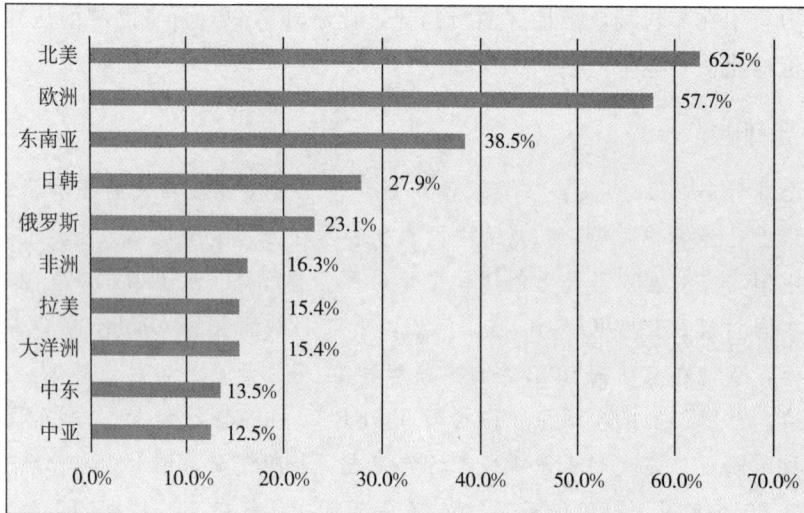

图1-6 2020年中国跨境电子商务企业市场分布

资料来源：前瞻产业研究院

2. 移动跨境电子商务潜力巨大

移动技术的发展，使线上线下商务的边界渐渐模糊，基于互联、无缝、多屏的"全渠道"购物方式，移动跨境电子商务必将得到迅猛发展。在B2C层面上，移动购物让消费者可以在任何时间、任何地点随心购物，大大刺激了市场需求，为跨境零售出口电商企业提供了更多机遇。就B2B而言，面对全球贸易呈现小额和碎片化的发展态势，移动端能使跨境交易实现无缝对接，卖方随时随地都能进行交易。以移动端为媒介和依托，买卖双方交流变得十分方便。

目前来看，跨境电子商务企业移动端发展迅速。移动端成为众多跨境电子商务企业拉动营收的主要帮手，一些新型跨境电子商务平台甚至只有移动端，比如Wish平台。对于欧美等发达国家市场，跨境电子商务从PC端到移动端的发展有很大的存量空间。而在一些新兴市场，比如俄罗斯、东南亚和非洲，大量用户将不需要进入PC端跨境电子商务市场，而是直接进入移动端跨境电子商务市场，这是未来移动跨境电子商务发展的巨大增量市场。

3. 跨境电子商务 B2C 交易模式比重逐年增长

近年来，跨境电子商务零售模式发展迅猛，政策助力等也促进了在跨境电子商务交易中 B2C 模式占比的提升，如图 1-7 所示，2022 年中国跨境电子商务 B2C 交易占比 24.4%，2023 年将进一步增长至 25.1%。

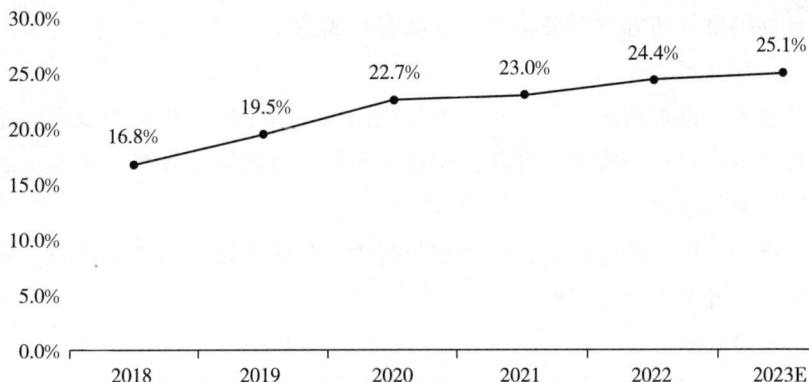

图 1-7　2018—2023 年中国跨境电子商务 B2C 交易占比趋势

资料来源：中商产业研究院

当前，跨境电子商务 B2B 模式为主流。然而，伴随着移动互联网技术的发展、智能手机的普及、网络购物的崛起、在线支付和物流体系逐渐完善等，跨境电子商务零售业 B2C、C2C 模式的增长势头迅猛。跨境电子商务 B2C 这一业务模式目前已经逐渐被企业所关注，并在最近两年内呈现爆炸式发展，其原因主要是跨境电子商务 B2C 模式存在一定的优势。与传统跨境商务模式相比，B2C 模式能够跳过传统贸易中的一切中间环节，创造出一条由工厂至消费者的最短路径以获取高额利润。国内已不甘心当代工的工贸型企业及中国品牌可借助跨境电子商务尝试"走出去"策略，熟知并顺应海外市场发展，将中国制造、中国设计产品带到世界，打开一条新战线。

在 B2C 模式下，商家直接与终端消费者打交道，有助于更好掌握市场需求并向顾客提供个性化定制服务。小额 B2C 贸易比传统产品及单一市场大额贸易更灵活，产品销售无地域限制，可面向世界 200 多个国家及地区，能有效缓解单一市场的竞争压力和利用广阔的市场空间。未来我国跨境电子商务 B2C 模式会向进出口交易额的规模结构更平衡、出口商品品类更丰富和出口目的地向新兴市场倾斜的方向发展。

4. 技术创新不断推进

技术创新是现代社会发展的重要推动力之一。在跨境电子商务方面，技术创新可以为电商平台提供更好的用户体验、更高效的交易流程和更全面的安全保障，也可以帮助电商平台更好地将商品推向全球市场，以拓展业务范围，提高销售额。以下列举五种技术创新的实际应用。

（1）虚拟试衣技术

虚拟试衣技术可以帮助消费者在网上购物时模拟试穿服装，避免实体店中试衣间的不便和混乱。这种技术已经在不少跨境电子商务平台上得到应用。

（2）智能客服系统

跨境电子商务平台通常面对的是来自不同时区和语言区的消费者，开发智能客服系统可以帮助平台提供更好的客户服务体验，提高客户满意度。

（3）物流跟踪技术

物流跟踪技术可以帮助消费者实时了解物流信息，对于国际物流来说尤为重要。跨境电子商务平台可以通过这种技术提升物流服务的质量，提高运输效率，减少运输风险。

（4）人工智能技术

人工智能技术可以帮助电商平台预测用户行为，提供个性化的商品推荐。这种技术已成为许多跨境电子商务平台的标配。

（5）支付安全技术

跨境电子商务交易过程中最核心的一个环节是支付，为了保证交易的安全性，跨境电子商务平台一般都会采用高强度的加密技术和智能欺诈检测系统。

未来，跨境电子商务平台将会更加注重提升用户体验与服务水平。通过智能化技术，企业可以为用户提供更加人性化、定制化以及具有针对性的服务。例如，在购物建议、历史记录分析、推荐商品等方面，运用智能化技术将会十分有益，有助于企业提高用户黏性、提升用户购物体验和降低运营成本。同时，随着物联网技术的发展，未来的跨境电子商务平台或将实现可追溯的全程服务，进一步提升服务质量。

1.4 跨境电子商务岗位和职业素养

随着全球化的发展，跨境电子商务已经成为一个重要的商业领域。在这个领域中，有许多不同的岗位，每个岗位都有其独特的职责和要求。

1.4.1 跨境电子商务岗位认识

目前，跨境电子商务的工作内容主要是中小企业从事外贸电子商务和网络营销相关的工作，典型的职业岗位（群）以及对应的具体工作内容如下。

1. 初级岗位

初级岗位需要掌握跨境电子商务基本技能，对跨境电子商务流程有所了解，并能够处理相关普通事务，属于基础性岗位。详细来说，初级岗位主要包含客户服务、视觉设计、网络推广、跨境物流和报关员等岗位。

（1）客户服务

能采取邮件、电话等沟通渠道，熟练运用英语以及其他语种和客户进行交流，售后客服还需了解不同国家和地区的法律，能够处理知识产权纠纷。

（2）视觉设计

了解设计美学和视觉营销，能拍出合适的产品图片和设计美观的页面。

（3）网络推广

熟练运用信息技术编辑、上传、发布产品，能利用搜索引擎优化、链接交换、网站检测等技术和基本的数据分析方法对产品进行推广。

（4）跨境物流

了解国际订单处理、电子商务通关、检验检疫的规则和流程，协助所属部门处理好与外经外贸、海关、商检等部门的关系。

（5）报关员

能全面负责公司进出口产品报关方面的日常事务和管理工作，组织实施并监督报关业务的全过程，追踪并掌握货物在报关和查验环节的情况，出现问题及时解决。

2．中级岗位

中级岗位的特点是熟悉现代商务活动，掌握跨境电子商务技术知识，懂得跨境电子商务"能做什么"。目前岗位主要有以下几种。

（1）市场运营管理

既精通互联网，又精通营销推广，了解当地消费者的思维方式和生活方式，能够运用网络营销手段进行产品推广，包括活动策划、商品编辑、商业大数据分析、用户体验分析等。

（2）采购与供应链管理

所有电商平台的成功都是供应链管理的成功。跨境电子商务在产品方案制订、采购、生产、运输、库存、出口、物流配送等一系列环节都需要专业的供应链管理人才。

（3）国际结算管理

灵活掌握和应用国际结算中的各项规则，能有效控制企业的国际结算风险，切实提升贸易、出口、商品及金融等领域的综合管理能力和应用法律法规水准。

3．高级岗位

高级岗位由熟知跨境电子商务业务的资深职业经理人和推动跨境电子商务产业蓬勃发展的领军人物组成。在国际竞争日益激烈的今天，拥有3～5年跨境电子商务大型企业经营经验、能够带领企业走向国际化的战略管理型高级综合人才一将难求，其具体职责如下：

（1）熟悉跨境电子商务前沿理论；

（2）能够高屋建瓴地洞察并掌握跨境电子商务特征及发展规律，具有前瞻性思维；

（3）能够指导跨境电子商务行业发展，懂得"为什么要做跨境电子商务"。

1.4.2 跨境电子商务职业素养要求

1. 素质要求

（1）职业素质

严格遵守国家信息和互联网的相关法律法规，具有较高的网络文化素养和网络行为文明素质，具备跨境电子商务领域相关的诚信与信用素养、信息安全与保密素养。具有良好的职业态度和职业道德修养，具有正确的择业观和创业观。坚持职业操守，能够做到爱岗敬业、诚实守信、办事公道、服务群众、奉献社会；具备从事职业活动所必需的基本能力和管理素质，脚踏实地、严谨求实、勇于创新。

（2）人文素养与科学素质

具有融合传统文化精华、当代中西文化潮流的宽阔视野；文理交融的科学思维能力和科学精神，具有健康、勤勉的生活工作情趣；具有适应社会核心价值体系的审美立场和方法能力；具有个性鲜明、善于合作的个人成长成才的素质基础。

（3）身心素质

具有一定的体育运动和生理卫生知识，养成良好的锻炼身体、讲究卫生的习惯，掌握一定的运动技能，达到国家规定的体育健康标准；具有坚韧不拔的毅力、积极乐观的态度、良好的人际关系、健全的人格品质。

（4）国际化视野

具有国际化的意识和胸怀，对不同文化背景的人能够埋解和沟通，在竞争中善于把握机会、主动争取。

（5）电子商务和跨境电子商务意识

充分认识在电子商务时代外贸行业"危"和"机"并存，跨境电子商务不再只是一种营销途径和方法，而是一种经营模式和理念。

2. 能力要求

（1）具有使用 Office 等工具进行办公文件处理的能力；

（2）具有 PPT 制作的能力，并能够熟练地处理简单图片；

（3）能够熟练地运用英语听、说、读、写；

（4）能够熟练地运用互联网思维处理网络商务活动，具有较强的跨境电子商务业务操作能力和市场拓展能力；

（5）能够熟练地运用商务大数据分析工具，具备数据处理和分析能力；

（6）具有从事国际企业经营的跨文化管理与沟通的能力；

（7）具有利用创造性思维方法开展科学研究的能力；

（8）具有基于多学科知识融合的创意、创新和创业能力。

3. 知识要求

（1）牢固掌握现代管理、网络经济和信息技术相关的基本理论和专业知识；

（2）熟练掌握跨境电子商务的基本理论和方法，了解近年来迅速发展的跨境电子商务新兴产业相关动态；

（3）熟练掌握我国电子商务、对外贸易的方针、政策和法规，精通各国和地区法律、惯例和准则；

（4）熟悉全球主要国家和地区的经济发展状况、风俗习惯、消费习俗等；

（5）掌握电子商务企业管理相关知识，注重技术创新，把握商业模式创新动态。

复习思考题

1. 简述跨境电子商务的特点。

2. 简述跨境电子商务与国内电子商务的区别。

3. 试述跨境电子商务岗位和职业素养的要求。

思维导图

案例分析

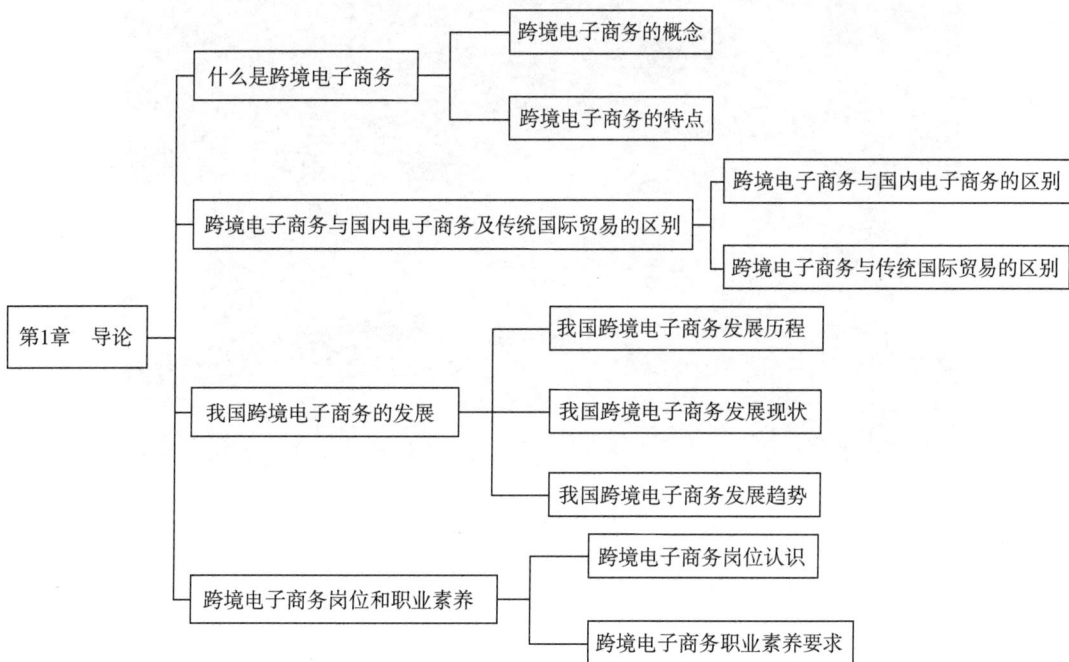

中国制造网推出 AI 外贸助手"麦可"

以 ChatGPT 为代表的 AIGC（人工智能生成内容）在全球风靡，百度的文心一言、华为的盘古大模型、阿里的通义千问大模型也在近期纷纷问世。另据高盛在 2023 年 3 月发布的报告估计，全球将有 3 亿个岗位将被人工智能所取代，大约占到全球人力的 25％。

无疑，新一轮 AI 正在以科技革命的势能向我们呼啸而来。

"AI 究竟能带来什么？"这个问题与所有人息息相关。在一定程度上，AI 提供的技术价值是传统手段无法比拟的，甚至能在效率上带来成百上千倍的提升。而对广大的出海企业而言，AI 技术也正在成为它们提升经营效率和创新能力的最佳拍档。

2023 年 4 月 25 日，焦点科技旗下中国制造网（简称"MIC 国际站"）推出了 AI 外贸助手麦可，并面向部分供应商会员进行了公测。如图 1-8 所示，MIC 国际站在 2023 年 5 月 15 日召开发布会，宣布对麦可进行了升级，并正式向平台所有供应商会员、买家会员开放。"麦可"这一名字和形象直接沿用了中国制造网品牌 IP 的形象"麦可"，并在此基础上，丰富了麦可的功能性，寓意"用 AI 不断推动中国制造产品在全球大卖"。该产品的推出依托于中国制造网 20 余年的数字化外贸推广经验，并结合眼下 AI 技术在外贸营销领域的多场景运营模式，为出海企业提供了一种"智能化、自动化"的解决方案。在海量数据＋规模效应的行业背景下，AI 与外贸电商平台是天然适配的，广大的外贸企业可以通过 AI 来进一步提升引流与订单转化的效率。

图 1-8　中国制造网 AI 外贸助手"麦可"

MIC 国际站产品设计中心总经理卢颐在发布会上表示，AI 是外贸电商平台天然适配的场景，对于大部分外贸企业而言，AI 是一个具有"魔力"的工具，只要善用它，就能让它"点石成金"。发布会上，麦可展示了作为企业外贸助手的全方位能力：多语种实时翻译，助力外贸企业开发多语市场；"秒速"处理产品图片，解决外贸企业缺少专业美工的痛点；一键生成开发信、社媒帖文等多场景内容，帮助外贸企业提高营销推广效率；智能改写产品描述，并能实时进行 SEO（搜索引擎优化）检测和优化提醒，促进外贸企业多方位提质增效。值得一提的是，中国外贸企业可以通过麦可的买家背景调查能力，快速了解海外买家画像和背景实力，提高外贸企业在国际贸易中的风险防范能力。此项功能的推出，在 MIC 国际站安全交易的服务基础上，进一步保障了贸易的真实性，帮助企业有效甄别交易的安全性。

此次升级，麦可还面向海外买家开放了语音解析搜索的功能，买家只需要说出采购需求，麦可就能精准分析并即时匹配产品，大幅提高了采购效率。卢颐在发布会上表示，麦可聚焦外贸场景提供综合解决方案，降低了外贸行业使用 AI 的门槛。即使是外贸新手、刚刚尝试内贸转外贸的企业，也能因此快速上手外贸技能，加入外贸的阵营。这意味着，无论是大型企业还是中小微企业，无论是国内运营人员还是海外买家，都能拥抱此次技术革命。在数据安全方面，MIC 国际站在用户数据安全保护与合规、模型与算法安全、系统安全防护等层面均采取了一系列积极的措施，保障平台用户的数据安全和 AI 服务的合规使用。2023 年，MIC 国际站还通过了国家网信办数据出境安全评估，成为跨境电商领域全国首个数据合规出境案例。

作为人类对于未来最大胆的创新之一，AI 技术仍在快速迭代升级中，具有无穷无尽的想象力。未来，MIC 国际站还希望帮助出海企业轻松打造出属于自己的"数智大脑"——该智能系统将对企业内部的各类数据进行挖掘分析和整合，并对外部市场的情况进行监测和研究后，把二者的数据和信息结合起来，最终实现智能化的决策和策略规划，帮助企业进一步提升经营效率和市场竞争力。

资料来源：网经社。

讨论题：

AI 技术的发展将会给跨境电商行业带来哪些机遇和挑战？

第 2 章　跨境电子商务模式与平台介绍

学习目标

- 掌握跨境电子商务分类。
- 掌握跨境电子商务平台的不同分类。
- 了解几种主流的跨境电子商务平台。
- 掌握常见的几种跨境电子商务贸易平台的商业模式。

开篇案例

Temu："砍 1 刀" 可否拼出海外市场的 "头把交椅"

2022 年 9 月，拼多多上线 Temu，高调 "出海" 美国，不到半年时间获得超高人气。"Temu" 是拼多多的一个类自营模式为主的跨境电商平台。Sensor Tower 数据显示，2023 年第一个月的 31 天里，Temu 有 28 天占据美区 iOS 免费购物应用下载榜首，在 2022 年 "黑色星期五" 购物节中 Temu 的单日销售额均超过 700 万美元。

在竞争激烈的海外市场，拼多多的跨境电商平台 Temu 能否继续复制拼多多在中国市场的成功？

根据 data.ai 数据显示，2022 年 9 月 16 日，拼多多跨境平台 Temu 登顶美国知名应用商店下载榜第一，此时该 App 刚刚上线两周。两周时间，Temu 在美国市场 iOS 和知名应用商店下载量激增 860%。此外，在 2023 年 1 月，Temu 还曾长期占据 App Store 和知名应用商店两大应用市场免费下载榜的榜首。Temu 在 App Store 购物榜霸榜 69 天，在知名应用商店霸榜 114 天。与此同时，Temu 甚至成为海外各大网络社交媒体的热点词条，带有巨大的流量，可见其影响力之大。

在 9 月初正式上线跨境电商平台 Temu 后，拼多多随后便发布了 "2022 多多 '出海' 扶持计划"，计划首期打造 100 个 "出海" 品牌，扶持 10000 家制造企业直连海外市场。主要通过提供品牌孵化、物流支持、法律支撑、资源补贴等一体化服务，助力中国制造企业开拓海外市场。除此之外，与国内拼多多类似，Temu 还上线了与中国文化特色相关的商品。比如，在 "推荐商品" 类目中，"汉服" 被单独作为一个类目提出来，帮助 Temu

在国外市场打出差异化。

但是，拼多多的跨境电商刚刚开始，发展情况还不确定，很多品牌持观望态度。大品牌可以选择更加成熟的亚马逊（Amazon）等平台入驻。总的来看，企业表现为大品牌不愿入场 Temu，中等品牌在观望，而小品牌众多。如果不能吸引大品牌入驻，最后发展为增长一律靠降价，拼多多可能将面临和 Wish 一样的困境。目前在海外市场上，既有拥有全球物流网络和 Prime 会员体系的亚马逊（Amazon）、海量商品类似淘宝的 eBay、依靠物美价廉吸引用户的 Wish、阿里巴巴旗下运营多年的速卖通和 Lazada、依靠独立站跑出来的 SHEIN、专门做独立站工具的 Shopify，还有传统零售巨头 Walmart 的跨境平台。总的来看，Temu 面临着不小的挑战。

案例思考：

1. Temu 采用了哪种跨境电商模式？

2. Temu 的优势与挑战有哪些？

2.1　跨境电子商务分类

2.1.1　按贸易对象分类

按贸易的对象来分，跨境电子商务分为 B2B、B2C 以及 C2C，分别是企业面向企业的跨境贸易平台、企业面向最终消费者的跨境贸易平台以及商户面对最终消费者的跨境贸易平台。

1. B2B 跨境电商

B2B 跨境电商指基于电子商务信息平台或交易平台的企业对企业跨境贸易活动，所面对的最终客户为企业或集团客户，提供企业、产品、服务等的相关信息。从贸易规模上来看，B2B 跨境电商交易在贸易规模方面占据着绝对的优势，其交易占比高达 93.9%。由于 B2B 跨境电商交易的规模较大，且多数订单具有稳定性，因此在未来数年内，B2B 跨境电商交易将继续扮演着主导角色。B2B 常用平台有阿里巴巴国际站等。

2. B2C 跨境电商

B2C 跨境电商所面对的最终客户为个人消费者，针对最终客户，以网上零售的方式，将产品售卖给个人消费者。随着物流、金融和互联网等新兴技术的不断涌现，国际贸易基础设施得到了显著的改善。同时，电子商务行业竞争加剧，跨境电商企业纷纷寻求转型发展，商品从工厂到消费者的方式日益多元化，但 B2C 跨境电商业务模式近两年呈现爆发式增长，这是因为 B2C 平台在跨境电商方面具有显著的优势：一是其利润空间巨大。相较于传统的进出口模式，跨境 B2C 平台提供了一条最短路径，使得产品从工厂到消费者跨越了传统贸易的所有中间环节，从而实现了高额利润的创造。二是有助于塑造企业品牌形象。

在激烈的竞争环境中，企业通过跨境电商渠道进行品牌推广和宣传，能够获得良好的品牌效应，提升企业形象，增强企业竞争力。特别是对于国内的工贸型企业而言，借助此机会，可以打破单纯的代加工模式，深入了解并适应海外市场，从而将我国的生产、设计和自主研发的产品推向全球市场，同时也能够为客户创造更加便捷的沟通方式和体验渠道。三是对市场的反应速度更快。由于电子商务具有开放性、虚拟性等特点，其在信息传递方面更具灵活性。B2C 平台的商家直接面向终端消费者，对市场需求的敏感度更高，同时提供多种个性化定制服务，以满足消费者的多样化需求。这不仅能够提高顾客满意度和忠诚度，而且能使商家获得更大利润。四是市场更加开阔。大额贸易往往是传统产品，对象市场比较单一，B2C 平台小额贸易比较灵活，不受地域限制，可面向 200 多个国家和地区销售，使单一市场竞争压力得到了有效分散。B2C 常用平台有速卖通等。

3. C2C 跨境电商

C2C 电子商务是个人与个人之间的电子商务，主要通过第三方交易平台实现个人对个人的电子交易活动。C2C 跨境电商是指分属不同关境的个人卖方、个人买方之间开展在线贸易活动，由个人卖家通过第三方电商平台发布产品、服务信息和价格等内容，让个人买方进行筛选，最终通过电商平台达成交易，进行支付结算，并通过跨境物流送达商品、完成交易的一种国际（地区间）商业活动。C2C 常用平台有 eBay 等。

2.1.2 按商品流动方向分类

跨境电子商务的商品流动跨越了国家（地区）的地理空间范畴，按照商品流动方向划分，可分为进口跨境电商、出口跨境电商。

1. 进口跨境电商

进口跨境电商指的是从事商品进口业务的跨境电商，具体指将境外商品通过电子商务渠道销售到境内市场，通过电子商务平台完成商品展示、交易、支付，并通过线下的跨境物流送达商品、完成商品交易的电商企业。代表企业有天猫国际、京东全球购、洋码头、小红书等。

2. 出口跨境电商

出口跨境电商指的是从事商品出口业务的跨境电商，具体指将境内商品通过电子商务渠道销售到境外市场，通过电子商务平台完成商品展示、交易、支付，并通过线下的跨境物流送达商品、完成商品交易的电商企业。代表企业有亚马逊、eBay、速卖通、环球资源网、大龙网、兰亭集势、敦煌网等。

2.1.3 按服务种类分类

1. 信息服务平台

信息服务平台主要是为国内外会员商户传递供应商或采购商及其他商户的商品或服务

信息，促成双方交易而提供的网络营销平台。

2. 在线交易平台

在线交易平台提供企业、产品、服务等多方面信息，搜索、咨询、对比、下单、支付、物流、评价等购物全链条都可以通过平台在线上完成。在跨境电商中，在线交易平台模式正逐渐成为主流模式。

3. 综合服务平台

外贸综合服务平台在交易双方完成了信息服务与在线交易等环节之后，为商户提供物流、通关等流程或全流程一条龙服务，并收取一定的服务费用。

2.1.4　按平台运营方式分类

1. 平台型跨境电商

平台型跨境电商通过在线上建立商城，提供跨境电商交易服务，整合物流、支付、运营等服务资源，吸引商户入驻。平台以收取商户服务提成为主要盈利模式。平台型跨境电子商务的主要特点：

（1）交易主体不从事商品买卖等相应交易活动，只提供商品交易的跨境电子商务平台；

（2）入驻该跨境电商平台从事商品展示、销售等活动的有国外品牌商、制造商、经销商、网店店主等；

（3）商贾云集，商品丰富，琳琅满目。

平台型跨境电商的优缺点也比较鲜明，其优点表现在：货物来源广泛；商品种类较多；便捷的支付方式；网站流量大。其缺点表现在：自身缺乏稳定的渠道，在跨境物流、关检、商检等环节服务质量不高；商品品质保障差，容易发生各种商品的品质问题，造成消费者的信任度不高。

代表企业：速卖通、敦煌网、环球资源网、阿里巴巴国际站。

2. 自营型跨境电商

自营型跨境电商通过在线上搭建平台以较低的进价整合供应商资源进行商品采购，再以较高的价格进行商品交易，以商品差价为主要盈利模式。自营型跨境电子商务的主要特点是：

（1）开发并经营跨境电子商务平台，从境外采购商品是商品采购的主要方式；

（2）涉及售后整条供应链的商品供应和销售。

自营型跨境电商主要有以下几个方面的优势：电商平台自营商品，有很强的把控能力；商品质量高、商家信誉好，消费者信得过；商品供应链较稳定；稳定的跨境物流、关境和商检等环节；便捷的跨境支付。

不利因素主要有：整体经营成本较高；对资源的需求较多；经营风险较大；财务压力

较大；商品滞销和退换货问题突出。

代表企业：兰亭集势、米兰网、大龙网。

2.1.5　按涉及的销售品类分类

1. 垂直跨境电商

垂直跨境电商指在某一个行业或细分市场深化运营的跨境电商模式。垂直跨境电商不仅有品类垂直跨境电商，还有地域垂直跨境电商。所谓品类垂直跨境电商，主要是指专注于某一类产品的跨境电商模式，比如近几年比较火热的母婴类；而地域垂直跨境电商，则是指专注于某一地域的跨境电商模式。

2. 综合跨境电商

综合跨境电商是与垂直跨境电商相对应的概念，不像垂直跨境电商那样专注于某些特定的领域或某种特定的需求，其展示与销售的商品种类繁多，涉及多个行业，如速卖通、亚马逊、eBay、Wish、兰亭集势、敦煌网等。

2.2　跨境电子商务平台介绍

2.2.1　跨境电子商务主流平台

1. 速卖通

速卖通是阿里巴巴集团旗下的跨境电商平台，被称为"国际版淘宝"。客户主要集中在欧美。平台倾向于品牌化战略，所以在注册账号的时候必须是企业，必须有商标，适合有一定资源的品牌卖家。2010 年 4 月正式上线的速卖通平台，已经成为目前全球最活跃的跨境平台之一。速卖通依靠阿里巴巴庞大的会员基础，已经成为目前全球产品品类最丰富的平台之一。速卖通的特点是价格比较敏感，低价策略比较明显，这跟阿里巴巴导入淘宝的卖家客户策略有关联，很多人现在做速卖通的策略就类似于做前几年的淘宝店铺。速卖通市场的侧重点在于新兴市场，特别是俄罗斯和巴西，对于俄罗斯市场，2021 年，俄罗斯速卖通独立用户数超 8020 万，同比增长 31%。现在的注册数据应该更加火爆。同时，速卖通因为是阿里系列的平台产品，整个页面操作中英文版简单整洁，非常适合新人上手。阿里巴巴一直有非常好的"社区"和客户培训传统，通过"社区"和培训，跨境新人可以通过速卖通快速入驻。

使用全球交易助手 ERP 管理速卖通店铺的功能：

（1）批量修改（批量修改产品属性、价格、类目、品牌、图片等）；

（2）店铺搬家（绑定在软件上的多个店铺，可以相互"搬家"产品、数据导出导入不限制数量）；

（3）数据采集（复制其他平台产品链接到软件，可以把产品信息采集下来）；

（4）其他功能（关联营销、批量发布、批量 SKU、批量库存、批量翻译、批量延长过期时间、定时上下架、图片银行、产品诊断、水印设置）。

速卖通介绍

优势：为消费者提供丰富的产品品类选项，涵盖服装及其配饰、鞋包、手机及通信工具、美妆及健康、计算机网络、珠宝及手表、家具、玩具、户外用品等；用户流量较大，在部分新兴国家排在前列；拥有阿里巴巴、天猫、淘宝的卖家资源。

劣势：产品质量难以保证，物流、售后、退换货等客户体验一般，因此最初的目标市场即欧美地区占比逐渐下降，新兴国家占比上升。

速卖通官网首页如图 2-1 所示。

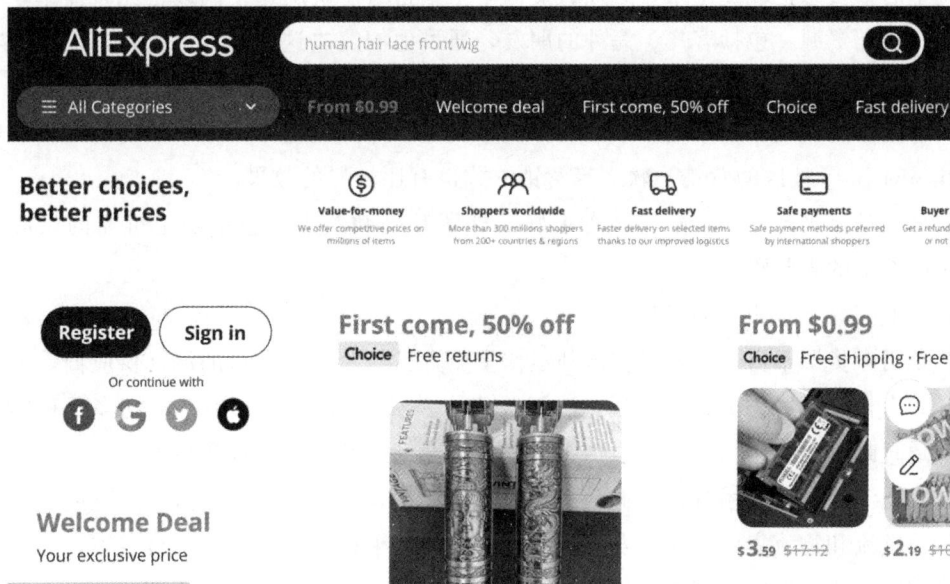

图 2-1　速卖通官网首页

2. 亚马逊

作为世界电子商务的鼻祖，亚马逊对于整个世界的影响力是巨大的，中国外贸人选择跨境 B2C 首先认识的也是亚马逊，那时候还没有速卖通等其他新兴平台。其实阿里巴巴和亚马逊有很多相似之处，都已经打造出了庞大的客户群和数据基础设施，亚马逊对于卖家的要求还是比较高的，特别是产品品质，对于产品品牌也有一定的要求，手续也比速卖通等平台复杂。新人注册亚马逊账号以后，后期收款，银行账号需要是美国、英国等国家的。对于成熟的亚马逊卖家，最好先注册一家美国公司或者找一家美国代理公司，然后申请联邦税号。

关于新人注册成为亚马逊的供应商，一般需要注意如下几点。

（1）需要有比较好的供应商合作资源，供应商品质需要非常稳定，有很强的研发能力；

（2）接受专业的培训，了解开店政策和知识。亚马逊的开店比较复杂并且有非常严格的审核制度，如果违规或者不了解规则，不仅会有封店铺的风险甚至会有法律上的风险，所以建议大家选择一家培训公司先培训再做；

亚马逊卖家故事

（3）需要有一台电脑专门登录亚马逊账号。这个对于亚马逊的店铺政策和运营后期都非常重要。一台电脑只能登录一个账号，不然会与规则有冲突；

（4）需要一张美国的银行卡。亚马逊店铺产生的销售额是全部保存在亚马逊自身的账户系统中的，要想把钱提出来，必须有美国本土银行卡。解决这个问题也比较简单，利用海外客户这类资源，包括客户、海外的朋友，通过他们解决这个问题。此外，国内也有一些代理机构提供相应的服务；

（5）流量是关键。亚马逊流量主要分内部流量和外部流量，类似于国内的淘宝。同时应该注重对 SNS 社区的营销，软文等营销方式也有比较好的效果。

选择亚马逊平台，一般建议是有很好的外贸基础和资源，包括稳定可靠的供应商资源、美国本土的人脉资源等。

亚马逊拥有三个明显的优势：

一是国际货源丰富。亚马逊在国外运作多年，已经聚集了大量的海外供应商，消费者可享受到来自美国、德国、西班牙、法国、英国和意大利在内的共计 8000 多万种国际选品，开通直邮的品类包括鞋靴、服饰、母婴、营养健康及个人护理产品等。

二是物流全链条的系统性。亚马逊通过布局大型仓储运营中心，将供应商或者消费者分散的信息流和物流集中起来，发挥规模效应，降低了整个供应链的运行成本，抢占到更多市场份额。亚马逊中国拥有业界较大、较先进的运营网络之一，目前有 15 个运营中心，分别位于北京、苏州、广州、成都、武汉、沈阳、西安、厦门、上海、天津、哈尔滨、南宁，其中北京、苏州、广州、成都各有两个运营中心，总运营面积超过 70 万平方米。其主要负责收货、仓储、库存管理、订单发货、调拨发货、客户退货、返厂、检测商品质量安全等。同时，亚马逊中国还拥有自己的配送队伍和客服中心，为消费者提供便捷的配送及售后服务。

三是规模化。亚马逊与中国（上海）自由贸易试验区、上海市信息投资股份有限公司签订合作备忘录，三方将在自贸区合作开展跨境电商业务，亚马逊将通过该跨境通平台开展规模化运营。

亚马逊平台的劣势：尽管对卖家要求较高，但依然无法百分之百地保证平台内商品的质量；若第三方卖家不选用亚马逊物流，物流体验则无法保证。

亚马逊官网首页如图 2-2 所示。

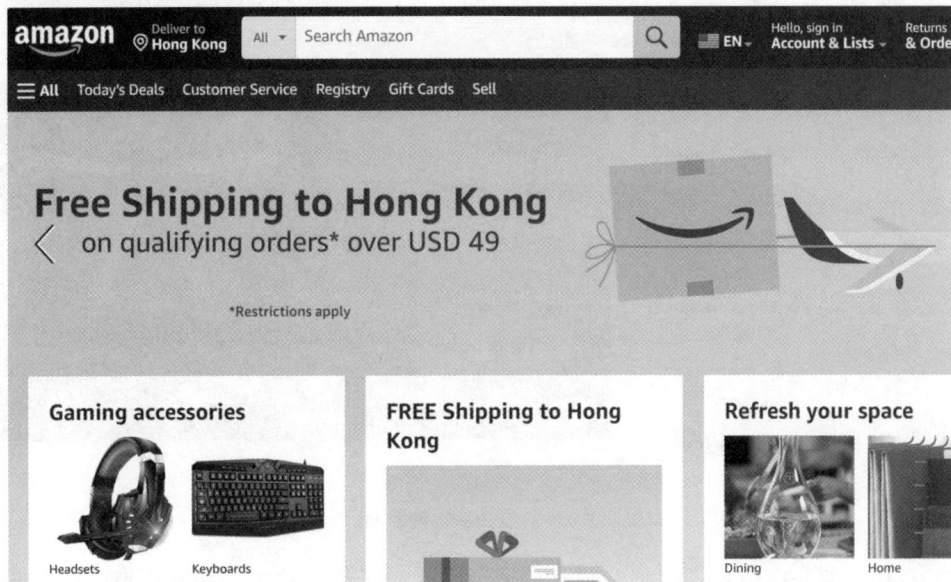

图 2-2　亚马逊官网首页

3. eBay

eBay 是较大的跨境电商平台之一，开店免费、门槛低，平台规则倾向于买家。平台的订单大多集中在美国、加拿大、澳大利亚、英国这些发达国家。eBay 卖家可以使用全球交易助手 ERP 管理店铺产品、打单发货等，也可以实现跨平台之间店铺相互搬家、采集产品。

对于从事国际零售的外贸人来说，eBay 基本等同于国内的淘宝，其潜力是巨大的，因为 eBay 的核心市场在美国和欧洲，是比较成熟的市场。

eBay（图 2-3）成功的关键是选品，所以做 eBay 前最好做个市场调研，我们一般可以通过如下几个方法做调研：

（1）进入 eBay 总体研究整个市场的行情，并结合自己的供应链特点深入分析；

（2）对美国、欧洲市场的文化、人口、消费习惯、消费水平进行研究，从而选择有潜力的产品；

（3）选择一些 eBay 热销的产品，对产品渠道、产品价格仔细研究，分析自己如果做的话优势在哪里。对于热销产品，我们应该研究市场优势和未来的销售潜力，这最重要，因为一旦投入精力和资本，就需要一个针对市场的利润率和持续性的考虑。

eBay 具有以下几个特点：

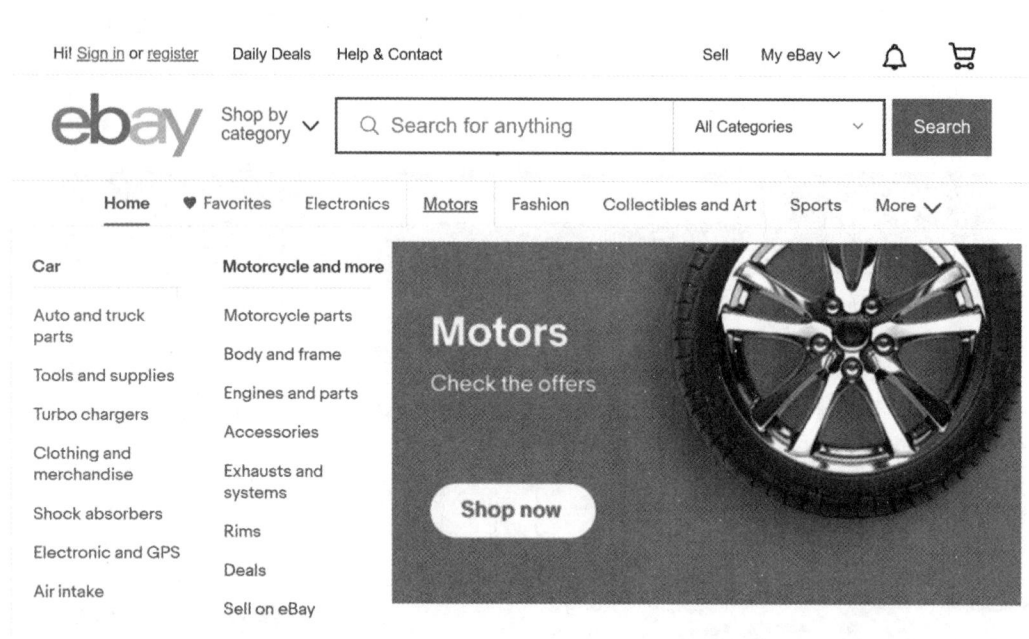

图 2-3 eBay 官网首页

（1）eBay 的开店门槛比较低，但是需要的东西和手续比较多，比如发票、银行账单；

（2）eBay 开店是免费的，但是上架一个产品需要收钱，这跟国内淘宝区别很大；

（3）eBay 的审核周期很长、审核数量有限制，一开始不能超过 10 个，而且只能用拍卖的形式，且需要积累信誉才能越卖越多。此外，出业绩和出单周期也很长。

面对巨大的跨国市场，eBay 拥有的优势：

（1）门槛低。用户只需要简单地注册一个 eBay 账户，就可以在 eBay 设立的全球各个站点，轻松地开展外贸销售；

（2）利润高。eBay 在全球拥有多个站点，覆盖 190 多个国家和地区的消费人群，卖家可以将自己的产品销往全世界。此外，依靠其全球 C2C 平台，eBay 上的中国卖家几乎无需为推广而担忧，且卖家在 eBay 全球平台上可以接触到终端消费者，从而缩短交易流程，进而获取更高的利润；

（3）支付方便。eBay 平台使用 PayPal 在线支付工具，支持全球 26 种货币，让卖家的外贸支付无忧；

（4）销售方式灵活。eBay 平台为卖家提供了多种销售方式，包括拍卖方式、一口价方式以及"拍卖＋一口价"方式综合销售，让卖家和买家有更多的选择。

eBay 的劣势：对产品掌控能力较弱，售后服务质量一般。

4．Wish

Wish 是北美和欧洲较大的移动电商平台之一，有 90% 的卖家来自中国，主要靠价廉物美的商品吸引客户，在北美市场有非常高的人气。

使用全球交易助手 ERP 管理 Wish 店铺的功能：批量刊登、批量库存、批量另存、批量修改、采集 Wish 数据等。

Wish 是一个这几年刚刚兴起的跨境平台，具有个性的推荐方式，产品品质往往比较高，这是该平台短短几年发展起来的核心因素。Wish 97％的订单来自移动端，App 日均下载量稳定在 10 万次，峰值时冲到 20 万次，目前用户数已经突破 4700 万人。

Wish 的主要销售类目是服装服饰，尤其是时尚类服装服饰，其他销售类目还有母婴用品、家居用品、3C 配件、美妆、配饰等。Wish 上的商品具有种类丰富、使用更换频率高、具有话题性的特点。与其他跨境电商购物平台相比，Wish 拥有以下特点：

（1）独特的推荐算法

Wish 拥有一套自己的推荐算法，会根据用户在 Wish 上的购买行为推测用户喜好，以瀑布流的形式向用户推荐可能感兴趣的商品，以最简单、最快的方式帮助商户将商品销售出去。

（2）图片质量很重要

Wish 的买家并不看重产品的描述，而更加看重产品的图片，图片的精美度和清晰度决定了转化率。因此，在 Wish 上销售的产品以图片展示为主，且对图片的质量要求较高，清晰度高、多角度拍摄，同一件商品的图片数量最好不要超过 6 张。此外，产品要具有差异性和独特性，因为 Wish 在同一页面或同一搜索指令的推送下，会将重复或相似度高的产品自动屏蔽。

（3）用户很少使用搜索功能

Wish 的用户很少使用搜索功能，通常是简单地浏览页面，看到喜欢的商品才会点击。因此，商品标题优化、关键词等在 Wish 上不是非常重要。标题只要简洁明确，包括必要的商品名称、品牌名称、关键属性等词即可。

（4）需要支付佣金

在 Wish 上，上传产品都是免费的，只有在交易成功后卖家才需要向平台支付交易佣金，费用为交易额的 15％。另外，在使用 PayPal 收款的情况下，每笔款项还要支付一定的费用。

（5）Wish 平台有相当明显的弊端

如 Wish 平台对于侵权商品认定十分严格，但只要它认为你的商品属于侵权商品，就可以随意处罚，即使你提交证据也不能幸免。

（6）完全偏向买家

Wish 平台完全偏向买家，只要买家稍微反映产品有瑕疵，Wish 客服就会退款并告知买家不用退货。因为 Wish 的注册地址在美国，所以一旦出现纠纷，十分被动。

Wish 官网首页如图 2-4 所示。

以上这些平台就是现在主流的跨境电商平台，均可以使用全球交易助手 ERP 批量化管理店铺订单和产品。

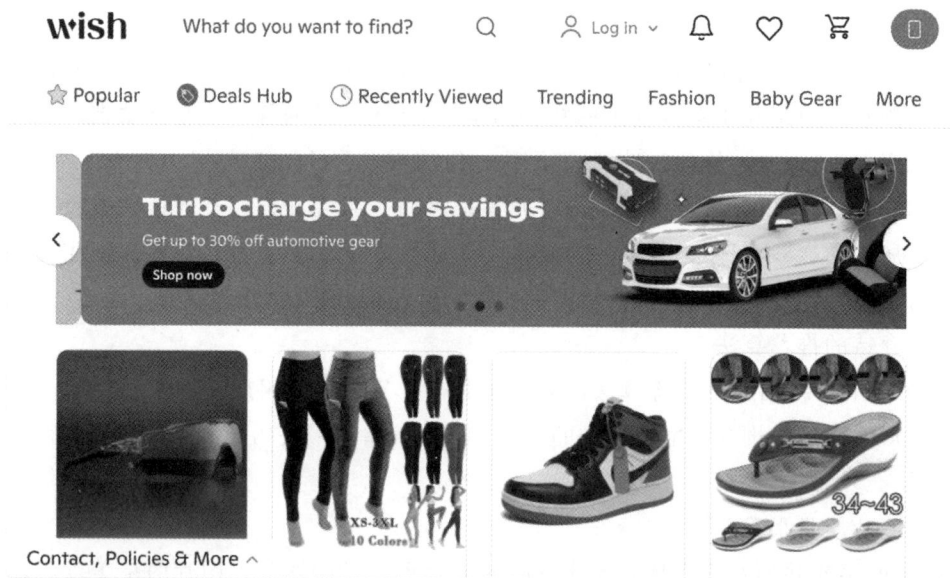

图 2-4 Wish 官网首页

2.2.2 跨境电子商务其他平台

1. Cdiscount

Cdiscount 是法国排名前列的电商平台，拥有 1600 多万个买家，每月独立访客 1117.5 万人，经营产品涵盖日常生活用品、食品、电子产品、家电、婴幼儿用品、箱包、玩具、家具等。Cdiscount 类似一个在线批发商城，所以价格非常有优势。

绑定全球交易助手 ERP 的 Cdiscount 卖家可以免费使用交易助手批量化管理操作店铺产品、订单，提高工作效率，降低运营成本。

2. 敦煌网

敦煌网是国内首个为中小企业提供 B2B 网上交易服务的网站。它采取佣金制，免注册费，只在买卖双方交易成功后收取费用。全球交易助手已对接敦煌网，敦煌网卖家可以免费使用全球交易助手来管理店铺订单、批量上传产品等。

3. Shopee

Shopee 成立于 2015 年，是东南亚地区领航的电商平台，业务分布于新加坡、马来西亚、菲律宾、中国台湾、印度尼西亚、泰国和越南，覆盖 3C、服装、家具等 30 多个一级行业类目，与交易助手有良好的合作关系，卖家可免费使用全球交易助手管理店铺。此外通过全球交易助手注册码申请入驻 Shopee 的卖家还可以享受前三个月免佣金优惠。

4. Shopify

Shopify 是知名的跨境电商自建站平台，区别于亚马逊、速卖通、Wish 等平台，

Shopify 店铺需要卖家在站外引流，是适合跨境电商卖家建立购物独立站，用户支付一定费用即可在其上利用各种主题/模板建立自己的网上商店。

Shopify 卖家可免费使用全球交易助手 ERP 管理店铺、批量上传产品、批量发布、批量上下架、批量修改、数据采集、网店交互等。

5. Shopyy

Shopyy 是国内开发做电商独立站的系统平台，类似于 Shopify 独立站，为跨境卖家打造独立站店铺。全球交易助手免费支持 Shopyy 独立站店铺批量修改、批量发布、数据采集、网店交互（店铺搬家）等功能，方便快捷。

6. Jumia

Jumia 成立于 2012 年，已在美国上市，是非洲最大的电商平台，总部在尼日利亚。它提供超过 10 万种产品，每天超过 50 万家非洲企业在 Jumia 平台成交订单。全球交易助手支持 Jumia 平台店铺批量发布、批量修改、数据采集、网店搬家等功能。

7. Lazada

Lazada 是东南亚地区较大的在线购物网站之一，已被阿里巴巴收购。从 2015 年 2 月开始在中国招商，已有超过 6000 家中国公司入驻该平台。年营业额已达 10 亿美元，日均访问量 400 万次。

8. VOVA

VOVA 是一个新兴的跨境电商平台，招商采用的都是"邀请制"，对入驻卖家的销量和资质有严格的要求。和其他跨境电商平台高门槛的运营方法和经验不同，VOVA 强化平台运营，将商家所需运营能力弱化，且无类目限制，可自由选择店铺经营的类目。

2.3　跨境电子商务贸易平台商业模式

在当下跨境贸易快速发展的时代背景下，中国作为全球最大的消费市场，在国际上以"中国制造"著称。在各大商业公司纷纷把目光投向跨境电子商务贸易平台这一片富有活力的商业沃土的情况下，作为中国最大的跨境电子商务平台的速卖通，更应该牢牢把握住机会，注重商业模式的运作与维护。

2.3.1　速卖通贸易平台商业模式

全球速卖通平台已经覆盖 223 个国家和地区，并成长为全球范围内第三大在线购物平台。

1. 商户入驻模式

速卖通商户入驻条件中特别提到，根据《个体工商户条例》"有经营能力的公民，依照本条例规定经工商行政管理部门登记，从事工商业经营的，为个体工商户"，个体工商户是一种独立的类型，不属于企业，不能入驻速卖通。根据速卖通的规定，自北京时间2017年1月1日始，卖方用户账户必须完成速卖通跨境电子商务贸易平台的企业认证，并且暂不接受个体工商户所提交的商家入驻申请。同时，速卖通跨境电子商务贸易平台中的店铺还有一定的区分，包括官方店铺、专卖店铺以及专营店铺等类型，但不论是哪一种店铺，都必须由其所属正规公司或者企业（其中不包括工商个体户）在速卖通跨境电子商务贸易平台提供统一社会信用代码中的营业执照以及银行开户证，完成企业注册认证后方可经营。

2. 物流模式

AliExpress 无忧物流是菜鸟网络与速卖通跨境电子商务贸易平台联合开展的物流服务，其使用流程为卖家用户在速卖通跨境电子商务贸易平台后台服务中设置运费模板后，买家用户进行确认订单操作，接下来卖家根据买方信息创建物流订单，然后根据订单将商品发往国内物流仓储点，最后由 AliExpress 无忧物流将商品发送到国外。此物流系统不仅操作简便，而且能够为买卖双方用户提供包括但不限于物流详情的追踪服务、物流问题的处理服务、国内揽件服务、国际配运服务以及售后赔偿服务等。

AliExpress 无忧物流在标准版本的基础上还为速卖通跨境电子商务贸易平台的卖家用户提供了简易版和优先版两个物流版本，这三个版本在预计时效、物流追踪、赔偿额度以及商品品种限制上存在差异，而优先版则是 AliExpress 无忧物流三个版本中时效最准确、物流跟进信息程度最完善且赔偿额度最高的版本。

3. 平台汇款模式

速卖通跨境电子商务贸易平台的汇款时间是根据卖家用户的整体经营状况来确定的，一般情况下，速卖通跨境电子商务贸易平台的汇款模式包括发货后固定时限汇款和买家确认收货后汇款两种模式。第一种是在发货后一定天数内进行汇款，最快速的汇款在发货后3天即可进行。而第二种是在买家确认商品质量保障期结束后进行汇款。除以上两种常规汇款模式外，还存在第三种汇款模式，即账号关闭时卖家特殊汇款模式，是指不存在违规违约情况下账号关闭的卖方账号，速卖通跨境电子商务贸易平台会在订单发货后180日后汇款。但如果在平台的风险评估系统的评测结果判断卖家或者订单对于平台可能存在风险的情况下，速卖通跨境电子商务贸易平台有权延长汇款期限。

4. 收费模式

速卖通跨境电子商务贸易平台要对商家用户收取技术服务方面的年费。速卖通跨境电子商务贸易平台按照行业划分为八大经营范畴，并且在这八大范畴下分设了不同的经营大类，平台对于所属不同经营大类的商户将收取不同程度的技术服务方面的年费，譬如精品首饰类产品在技术服务方面的年费为20000元，而鞋靴帽类产品在技术服务方面的年费为10000元。但平台存在相应的机制可以减轻商家资金流动压力。具体而言，若某一类产品的年销售数额能够达到相应的数值标准，速卖通跨境电子商务贸易平台便会返还一定比例的年费，此类举措能够起到刺激商家销售的作用。另外，速卖通跨境电子商务贸易平台还对卖方用户收取交易佣金，并且不同商品类目交易的佣金标准也不尽相同，部分类目的交易佣金为订单成交金额的 5%，也存在交易佣金高达订单成交金额 8% 的商品类目。

5. 营销模式

速卖通跨境电子商务贸易平台沿袭阿里巴巴公司的传统模式，在营销模式方面，采取为卖家用户提供直通车服务、数据横纵比较等营销工具，帮助卖家获取买家所关注的产品类目的大数据，让卖家能够更有针对性地进行市场细分并优化产品，从而达到吸引买方用户、快速提升店铺流量、加大成交量的目的。速卖通跨境电子商务贸易平台对于商家产品的品质也有比较严格的把控，比国内电子商务贸易平台所销售的产品要求更加严格，卖家用户必须非常了解跨境电子商务贸易平台的相关规章制度。在互联网社会中，诚信是企业发展的立足之本，B2B 电商平台由于交易数额巨大，如果出现违约问题，则可能造成巨大损失，所以平台用户对诚信和评价认证体系十分看重。速卖通跨境电子商务贸易平台对于商家用户恶意打扰、虚假物流、信用程度以及炒作销量等违规行为也有详尽的规章制度，一旦发现商家用户具有违规行为就会对其采取一定的处置措施。

综上所述，在电子商务环境下，跨境电子商务贸易平台应重视商业模式的运作，对于商户入驻资质、物流运行方式、平台汇款模式、收费条例以及营销模式等方面都要进行严格把关。同时，跨境电子商务贸易平台应结合国际市场营销环境，以用户需求为本，牢牢把控产品质量，将"中国制造"销出亚洲，售向全球。

2.3.2　eBay 平台的商业模式

eBay 是全球最大的 C2C 电子商务网站，它一开始就成功实现盈利，并且一直保持着良好的发展势头。在此以 eBay 作为研究对象，来分析国外 C2C 电子商务网站盈利模式。

1995 年，创始人皮埃尔·奥米迪亚开办了拍卖网，1996 年成立公司，1997 年更名为eBay。2002 年，eBay 收购了支付处理公司 PayPal，2005 年收购网络电话公司 Skype。现在，以 eBay marketplace 为代表的交易平台、eBay 企业版和以 PayPal 为代表的网上支付构成了 eBay 的三大业务部门。

eBay 的收益中，绝大部分来自其交易平台业务，也就是其最核心的 C2C 业务。此外，还有部分收入来自 C2C 业务直接相关的网上支付业务。交易平台的收入主要来自对交易平台各项服务的收费。

1. 交易模式

（1）刊登费

eBay 的刊登费，相当于淘宝的上架费。eBay 就好像一个大型的商场，想要在 eBay 卖东西的商家需要借用这个商场中的产品橱窗，所以，把东西放到 eBay 上卖，需要缴纳入场费。这个费用又分为基本费用和附加费用，另外，开店还需要缴纳店铺费用。

① 非店铺卖家。刊登费分六个等级，一个 listing 的最高刊登费为 2 美元，见表 2 - 1 所列。

表 2 - 1　刊登费

条数	费用标准
小于等于 50 条	免费
大于 50 条	0.35 美元/条

② 店铺卖家。店铺费见表 2 - 2 所示。

表 2 - 2　店铺费

店铺等级	费用
一般店铺（Basic）	15.95 美元/月
精选店铺（Premium）	49.95 美元/月
超级精选店铺（Anchor）	299.95 美元/月

如果选择开店的话，需要按照所开店铺的等级，每个月缴纳铺租。相对来说，不同店铺有不同特色功能和特别优惠，例如，可以有自己的特色页面，类似于淘宝的旺铺，还可以对自己出售的商品进行分类。

③ 店铺卖家。店铺卖家拍卖收费，见表 2 - 3 所列。

表 2 - 3　拍卖收费

物品起拍价	刊登费
0.01～0.99 美元	0.10 美元
1.00～0.99 美元	0.25 美元
10.00～24.99 美元	0.50 美元
25.00～49.99 美元	0.75 美元
50.00～199.99 美元	1.00 美元
200.00 美元	2.00 美元

④ 特色功能费（可选择）。若在拍卖物品中添加一口价功能，卖家将在原有的拍卖刊登费基础上再支付一口价刊登费。另外还有优化刊登、10 天在线、多站点曝光、图片托管等功能，都需要额外付费。其实这些附加费用很多新人通常不会选择使用，或者盲目使用。附加费用对应的是附加的显示效果，如搜索时候的粗体显示、颜色突出、副标题等，每项计费都不同，卖家可根据自己的实际需要选择使用。特色功能费见表 2 - 4 所列。

表 2 - 4　特色功能费

用户	费用	项目
目前的"一口价"刊登费	0.35 美元	图片（最多 12 张）
超级精选店铺（Anchor）用户	0.03 美元	免费
精选店铺（Premium）用户	0.05 美元	免费
一般店铺（Basic）用户	0.20 美元	免费
标准卖家费用（非店铺用户）	0.50 美元	0.15 美元/张

（2）成交费

成交费是交易服务费的简称，这个费用在商品卖出时产生。成交费一般按成交价格的百分比来收取，但每个类别的百分比有所不同，每个档次的百分比也不同。一般来说，价值越高的商品成交费越高。

① 一般商品成交费。一般商品成交费见表 2 - 5 所列。

表 2 - 5　一般商品成交费

成交价格	成交费（美元）
物品未出售	无费用
0.01～50.00 美元	成交价的 8.75%
50.01～1000.00 美元	先计算 50.00 美元的 8.75%，随后加上成交价余额的 4.0%
等于或大于 1000.01 美元	先计算 50.00 美元的 8.75%，随后加上成交价余额（50.01～1000.00 美元）的 4.0%，再加上之后成交价余额的 2.0%

②"一口价"商品成交费。"一口价"商品成交费见表 2 - 6 所列。

表 2 - 6　"一口价"商品成交费

成交价	计算机和电子产品	服装、鞋及饰品，汽车部件及配件	媒体	其他物品类别
未成交物品	无费用	无费用	无费用	无费用
0.01～50.00 美元	交易额的 8%	交易额的 12%	交易额的 15%	交易额的 12%
50.00～1000.00 美元	交易额 50.00 美元以下的部分，收取 12%；剩余部分收取 5%（50.00～1000.00 美元的部分）	交易额 50.00 美元以下的部分，收取 12%；剩余部分收取 9%（50.00～1000.00 美元的部分）	交易额 50.00 美元以下的部分，收取 15%；剩余部分收取 5%（50.00～1000.00 美元的部分）	收取交易额 50.00 美元的 12%；剩余部分收取 6%

（续表）

成交价	计算机和电子产品	服装、鞋及饰品，汽车部件及配件	媒体	其他物品类别
不少于 1000.01 美元	交易额 50.00 美元以下的部分，收取 8%；剩余部分收取 5%（50.00～1000.00 美元的部分）；1000.01 美元以上的部分，收取 2%	交易额 50.00 美元以下的部分，收取 12%；剩余部分收取 9%（50.00～1000.00 美元的部分）；1000.01 美元以上的部分，收取 2%	交易额 50.00 美元以下的部分，收取 15%；剩余部分收取 5%（50.00～1000.00 美元的部分）；1000.01 美元以上的部分，收取 2%	收取交易额 50.00 美元的 12%；剩余部分收取 6%；超过 1000.01 美元的部分，收取 2%

2. 网上支付

在 eBay 网站上，使用 PayPal 的用户还需支付相应的费用，这可以看作是 eBay 对交易平台的配套服务——网上支付服务所收取的费用。这些费用是通过用户的 PayPal 账户来收取的，而不是通过 eBay 账户。Paypal 作为 eBay 旗下的公司，致力于安全便捷迅速地在线收款和付款。Paypal 除了为 eBay 的用户提供网上支付服务以外，也为其他在线零售商、在线商家乃至传统的线下商家提供相关的服务。

在收费方面，使用 PayPal 账户进行开户、付款和充值都是免费的。不过，要进行提现，接受 PayPal 余额、PayPal 即时转账或 PayPal 电子支票付款，接受信用卡、借记卡或买家信息付款，以及多币种交易则需支付相应的费用。根据服务的不同，收取的费用从服务金额的 1.9% 到 4.9% 不等。此外，PayPal 根据用户的不同将其账户区分为个人账户和高级/企业账户，有些服务只有高级/企业账户才能享用。另外，在收取的费用方面两者也有所区别。

eBay 的收入来源可以分为两个部分：一是来自其提供的交易平台，二是来自其提供的配套服务（即网上支付）。

交易平台的收益思路基本上就是对使用其服务的用户进行收费。根据前面的收益模式分析可以发现，eBay 所提供的服务就是其创造的价值，而使用这种服务的用户就是价值的享受者，因此 eBay 自然而然地要向这些用户收费。在收费的时候，eBay 对其提供的服务，或者说价值，进行了进一步的细分，然后分别对其收取一定的费用。用户只要使用了一项服务，就必须支付相应的费用。

至于配套服务，其收益的思路和交易平台类似。两者一开始都是相对独立的，建立联系对双方都是一件共赢的事情。一方面，eBay 为其用户提供了更好的服务，进而得到了用户的认可和喜爱；另一方面，eBay 为提供配套服务的网站带去了用户，进来的是利润。现在 eBay 已经将提供这些配套服务的网站纳入自己的集团，从而将它们的利润转化成自身的利润。

总的来说，eBay 的收益模式可以概括为以直接向用户收取交易平台服务费用为主，以提供配套服务并收取相应费用为辅的盈利模式。

此外，eBay 作为一个 C2C 电子商务交易网站，不直接参与交易过程或提供物流配送、售后服务等传统商家的市场功能，它的价值定位是一个专注为高端白领提供个人电子商务的国际化交易平台，是一个为所有人建立的最高效、最丰富的市场，是一个可以让全球民众上网买卖物品及线上拍卖的购物网站。

2.3.3　Wish 平台的商业模式

Wish 通过 Facebook 和平台用户来进行营销推广。初期同 Facebook 合作时，用户多来自 Facebook，这不仅大大利于平台的推广，而且 Wish 可以通过 Facebook 用户的购物偏好，运用算法模式实现精准营销。

1. 平台推广初期的营销模式

利用平台的精准算法匹配推送用户的喜好、关联的热销品，从而追踪客户达到精准营销。

（1）平台营销特点

① 用户面对的是图片、标题、价格和简单描述，使用起来方便快捷；

② 平台只收取 10％的佣金，不收取平台费用、保证金、押金和推广费用，而速卖通和亚马逊（Amazon）需交纳保证金和押金；

③ 平台注册入驻简单，后台操作不烦琐；

④ 利用 ERP 软件批量上传产品，审核时间一般 7 天左右，而速卖通的招商对象是企业。其他代表性的平台招商要求过高；

⑤ 平台以自发货为主，也可做海外仓，相对前期操作成本较小；

⑥ Wish 平台上线 Greek、Mama、Cute 等垂直应用，逐渐完善平台规则和全方位跨境物流布局。

（2）平台缺陷

① 平台放款周期一般 14 天左右，eBay 的即时汇款是有条件限制的，速卖通一般最快是 3 天；

② 平台运营商品较多，前期货物容易积压。

2. 平台推广中期营销方式的 STP 分析

市场细分：Wish 平台在飞速发展过程中，既采用全球式市场营销，又推广中国资源。

目标市场选择：Wish 平台在中国目标市场发展迅速，市场规模不断扩大。

市场定位：若想为用户提供更加精准地追踪客户，进行精准营销，Wish 平台还是需要不断扩大定位，提升自身市场定位。

3. 产品分析

Wish 平台早期属于跨境电商运营平台的领头者，在平台成立之初就认识到我国制造业的优势，也看到了服装在发达国家比较昂贵这一现实问题。因此，创始人选择中国制造的服装作为主要产品。在选择供应商时，Wish平台选择了中国浙江的供应商，因为这些供应商的劳动力成本低，技术熟练，生产成本低。Wish平台上大多数服装价格是发达国家的30%。

4. 供应链分析

良好的商品供应是良好管理的关键。Wish平台只负责管理货物的存储，货物没有列入Wish平台库存，如果消费者下单，Wish平台才会把货物计算到库存里，从而能够有效地控制费用。该平台还可以将商品组合在一起销售，并要求供应商在没有条件的情况下增加或减少库存数量。在这一过程中，Wish平台仅仅负责提供货物存储场地和支付供应商的后勤费用。通过提高供应商的比例，Wish平台可以避免库存积压相关风险，降低成本，增加利润。

5. 海外营销分析

在过去几年里，Wish平台一直在公开招选代理商，有意向的代理商会把与自己产品有关的信息发布在Wish平台上，而Wish平台负责提供物流和货源，商品成交后代理商可以获取佣金。Wish平台不断拓展客户，同时注意防止总公司因为消费者而消耗更多的精力和时间。此外，公司鼓励员工创建自己的公司，并在其他网站上推销产品。

6. 物流

为了迅速向消费者交付货物，在发达国家的Wish平台应该建立自己的仓库。美国和欧洲的Wish平台创建了自己的仓库来存放热销产品，以确保当地的消费者能够在最短的时间内收到货物。Wish平台紧紧跟随国家政策，与深圳的自由贸易区进行合作，更好地简化了出口退税的流程。

7. 付款方法

通过与第三方、各种银行和其他供应商的合作，Wish平台为客户提供了丰富的支付方式。国外的客户几乎可以使用全世界范围内所发放的信用卡、借记卡，以及第三方支付平台等进行网络支付，也可以通过汇款或者电汇的方式完成订单的支付。在每笔交易之后，Wish平台会对这些支付服务提供商收取一定比例的费用。对于不同国家的消费者来说，Wish平台也提供了一种流行的电子支付方式，使得消费者可以在不同的地区购物，进一步优化了客户的体验效果。

8. 人员的内部管控

Wish平台属于跨国B2C企业，人才方面必须全面，对于员工英语水平的要求较高，还要求员工具有很强的综合能力，因此Wish平台必然成为一个多国人才聚集的跨国企业。Wish平台拥有许多不同国籍的员工，并且所有员工都要在中国工作。

2.3.4 阿里巴巴国际站

阿里巴巴于1999年创立于杭州，经过几十年的发展，已经成长为全球最大的网上交易市场和商务交流社区。阿里巴巴虽然是一家以互联网平台为依托的凭借 B2B 类型业务模式起家的公司，但早已不再局限于单纯的 B2B 模式。除了在全球业务上具有充分优势的 B2B 商务平台"阿里巴巴"（www.alibaba.com）之外，目前阿里巴巴集团的业务群组中还包括主要面向小型企业和个人的融合 B2C、C2C 业务模式的淘宝网（www.taobao.com）、中间支付环节的支付宝，以及诚信通、贸易通、阿里旺旺等增值型服务。另外，阿里巴巴通过并购雅虎中国扩充了门户、邮件、搜索等业务模式。

从阿里巴巴的业务模式和发展路线来看，其战略方针一直是围绕着在互联网上建立一个贸易服务平台来实施的。其传统的强项 B2B 业务平台，目前已发展成为全球最大、最活跃的网上贸易市场。阿里巴巴的定位也比较清晰，那就是要为世界上的商人建立一个较为完善的综合信息交易服务平台。

阿里巴巴的这种定位与我们熟悉的实体型贸易市场有些相似，不同的是实体市场提供的是实体的经营场所，而阿里巴巴则是在互联网上提供贸易平台，但我们依然可以将阿里巴巴看做一个贸易市场。

阿里巴巴建立的这种网上贸易服务平台，事实上用的是一种通用的模式。按照最基本的贸易规则和需求来构建的网络服务平台，可以比较容易地适应各类行业的需要。从当前阿里巴巴涉足的范围来看，已经包含了 27 个大的行业，涉及 1000 多个产品分类，可以说几乎涵盖了可以公开进行贸易的所有行业和产品种类。因此，依据行业和产品线来划分目标客户的方法，对阿里巴巴这类互联网贸易服务平台是不适用的。

针对互联网贸易服务平台的特点，阿里巴巴则从另外一个角度来确认了自己的目标客户，那就是要服务于 3000 万中小企业以及与之相关的市场需求。这并不是一个脉络十分清楚的定位，但却很符合时代和市场的需要。一方面，中国有数量庞大的中小型企业在苦苦寻求全国乃至全球的市场机遇；另一方面，国内和国际领域急速增长的需求也在积极地寻找合适的采购对象。

从业务模式来看，电子商务服务平台需要解决最核心的"三流"——信息流、资金流和物流问题。基于互联网平台，信息流问题的解决是比较有优势的。阿里巴巴已经构建了 B2B 电子商务（阿里巴巴网站）、融合 B2C 和 C2C 的电子商务（淘宝网），能够提供巨量的信息发布平台，并进一步提供了针对全球业务的国际网站集群。同时，提供即时的信息沟通服务，保障贸易中的即时通信需求。

在解决资金流问题方面，阿里巴巴创办了"支付宝"业务，着力解决网络支付环节的问题，实现了网上在线支付、中间支付资金管理等功能，解决了互联网贸易平台上的资金流问题。为保障资金流业务的安全可信，阿里巴巴推出了诚信通业务，虽然还远未达到完善的程度，但已从模式上提供了一定的保障。在物流方面，目前阿里巴巴采用的是第三方合作的方式。

马云对电子商务的发展做出了阶段性的划分：第一阶段做"信息流"，第二阶段是"资金流"，第三阶段是"物流"。阿里巴巴确实是依此顺序完成了第一阶段，并且阿里巴巴在"信息流"这个阶段完成得相当出色,甚至被誉为"商务信息流之王"。阿里巴巴的支付宝、诚信通等业务则属于"资金流"阶段。从阿里巴巴在这一阶段的发展进度来看,其与中国银行业推进的"资金流"体系建设的进度基本吻合。从这一点来看,阿里巴巴是明智的,因为要完善"资金流"业务离不开银行业相应业务的配合。至于第三阶段"物流",从阿里巴巴的发展战略来看,还没有相应完善的计划。而从阿里巴巴当前采用的第三方合作形式来看,其主要采用合作与推荐第三方物流公司的方式,为客户提供最基本的物流服务,阿里巴巴的物流网采用的是比较简单的信息发布与检索等基本业务模式。谈到阿里巴巴的布局,还有一个不得不说的模块——雅虎中国。阿里巴巴通过收购雅虎中国,增加了门户、邮件、无线业务、垂直搜索等功能模块,并借助网络实名、雅虎搜索、雅虎助手、雅虎通等功能进一步强化了通信、搜索等网络服务。

阿里巴巴在先期推进的时候,专注于"信息流",目的在于集中精力汇聚大量的市场供求信息。在阿里巴巴发展的前期,互联网也正处在发展阶段,网络交易业务还处于萌芽时期,有待认可,需求也不旺盛。因此,在这一阶段,阿里巴巴以企业需求为出发点,将企业以及相关的信息汇聚并加以整合分类,以提供实时有效的信息服务为主。为进一步完善和扩展阿里巴巴的信息服务,阿里巴巴构建了面向全球服务的国际网站集群,使不同地域的网站平台之间实现信息融合,从而形成一个一体化的国际商务信息服务平台。

在初期,阿里巴巴的入驻门槛非常低,因此它以很低的费用或者免费的方式吸引了大量的会员。伴随着互联网的发展和企业网络商务需求的稳定增长,阿里巴巴汇聚的大量信息和会员逐渐显现出价值。在这一阶段,阿里巴巴推进和完善其主业务链,并提供一系列围绕主业务的相关增值服务,形成对固有会员的强大黏性和对潜在客户的强大吸引力。

阿里巴巴主业务的收益主要来源于会员收费以及相关的企业站点和网站推广收益,正是由于前期汇聚了大量信息和会员,并能够随着发展逐步完善业务流程,阿里巴巴在后期才可以较为轻松地获得合理的收益。另外,阿里巴巴的诚信通、贸易通等服务也能够为其带来一定的收益,并且这些收益随着阿里巴巴的网络商务平台的业务增长,呈现出相应的增长趋势。

从目前的形势来看,雅虎中国对阿里巴巴整体业务虽有一定的互动和支持,但还谈不上最佳融合,也没有带来什么收益。倒是目前一直还对用户免费的淘宝网,显示出很强的潜力。未来,淘宝网很有可能成为阿里巴巴盈利的一个强劲增长点。淘宝网目前虽然还是免费提供服务的,但它已经成为国内融合 B2C 和 C2C 两大模式的最大的服务平台,并形成了一种较为稳固和成熟的小企业和个人网络销售和交易服务业务模式。虽然淘宝网目前并未向用户直接收取开通网店的费用,但它从帮助网店进行推广和营销,以及相关的增值服务方面则完全能够取得很好的收益。"支付宝"业务也是阿里巴巴未来很有潜力的一个盈利点,当前基础已经很好的支付宝伴随着阿里巴巴、淘宝等构建的业务模式发展,也必然会进一步发展和扩大。因此,支付宝汇聚的大量资金和现金流在未来应该很容易为阿里巴巴创造收益。

✎ **思维导图**

```
                                                    ┌─ 按贸易对象分类
                                                    ├─ 按商品流动方向分类
                               ┌─ 跨境电子商务分类 ─┼─ 按服务种类分类
                               │                    ├─ 按平台运营方式分类
                               │                    └─ 按涉及的销售品类分类
                               │
第2章 跨境电子商务模式与平台介绍 ─┼─ 跨境电子商务平台介绍 ─┬─ 跨境电子商务主流平台
                               │                         └─ 跨境电子商务其他平台
                               │
                               │                              ┌─ 速卖通贸易平台商业模式
                               └─ 跨境电子商务贸易平台商业模式 ─┼─ eBay平台的商业模式
                                                              ├─ Wish平台的商业模式
                                                              └─ 阿里巴巴国际站
```

课后延伸

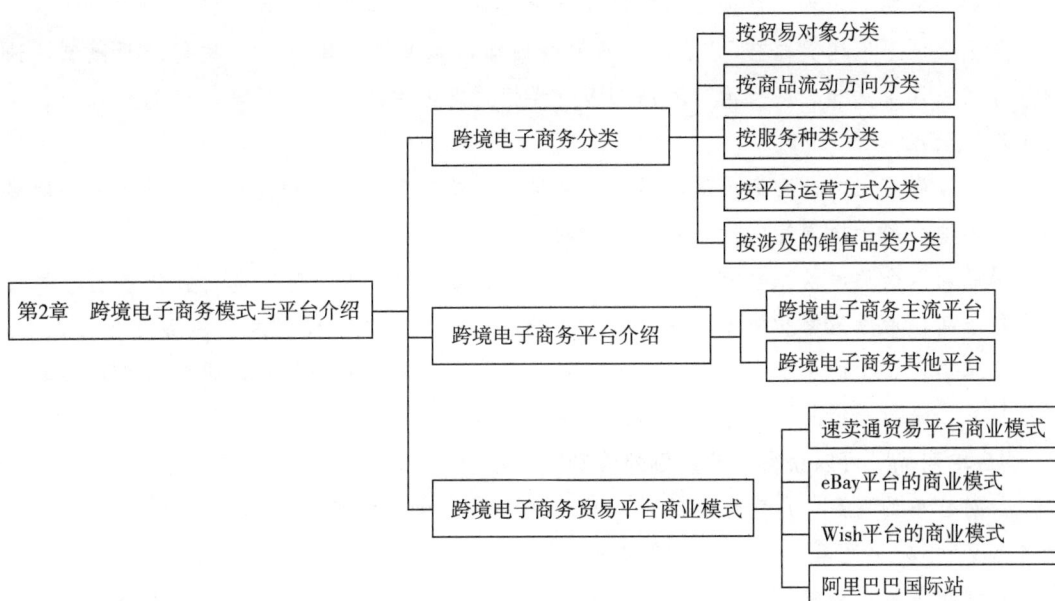

速卖通 7 天免费体验计划

2022 年，速卖通的搜索推荐和广告机制也在持续升级。速卖通智能引擎产品和运营负责人袁怀宾为卖家讲解了最新的机制变化，商家对于"上网率"等新维度的数据需要特别注意，避免商品被限流降权。

上网率小于 30% 的商品将被限流

速卖通有一个基础的精品池，在这个基础的精品池中，速卖通会关注商品的动销、DSR（卖家详细评价）、店铺好评率。最近速卖通在新的机制中引入了上网率，如果上网率太低，有可能无法进入精品池，甚至会进入抑制劣品、控制流量的池子。

速卖通会严格管控重复铺货、炒销量以及 SKU 等作弊行为，对于拍而不卖、DSR 低、90 天店铺好评率低于 80% 的商品会限制流量。同时，2022 年增加了对 72 小时内上网率小于 30% 的商品进行流量管控。

根据销量的变化，平台设计了销量进阶的相关激励。90 天有动销是精品池的门槛。其次，完成首单也非常重要，速卖通会帮助商家尽快完成商品销售。商家也可以动用自己的私域或者老"粉丝"，尽快实现新品销售，达到 5 单后，将进入潜力爆款扶持门槛。平台鼓励商家全力冲刺 GMV（商品交易总额），因为平台会有打标以及流量的扶持计划。比如，Top Selling 的标识能够进一步增加产品曝光的机会以及消费者的点击意愿。

"发货快＋上网快"可以抢到搜推流量激励

首先，速卖通鼓励发货快和物流信息上网快的商家尽可能现货销售，选择优质物流服务和履约供应商，平台会根据上网率以及上网时效，进行差异化流量扶持。

关于上网率，速卖通有72小时上网率的门槛，如果低于30％，会进行流量限制，请商家务必关注发货和上网行为。商品IPV（详情页点击次数）的涨幅要达到10％以上，否则会进行限流。

在物流履约上，鼓励商家的爆品、优品尽可能备货到优选仓和海外仓，针对入仓的爆品，速卖通会给予全周期的流量支持和激励。

爆品新入仓的时候，会有15天的强透出。如果销量不错，商家进行补货备货，平台还会给予新的激励策略和机制。比如，补货会再给予7天的流量扶持。爆品和优品入仓，周转率越高，给予的流量会越多，上不封顶。这样形成从入仓到补货，再到仓库周转率的持续提升，进行全链路全生命周期的流量激励方案。

"合单商品"可以获得"流量额外奖励"

针对合单的商品，速卖通会给予额外流量激励。合单的基本达标标准包括30天不动销并且72小时上网率大于80％，商品就会打上合单的标识。

在搜推流量激励策略中，速卖通会采用多元的手段，比如，在前台展现上会打上合单的标识，同时在搜索结果里会提供针对合单标识的用户的筛选互动手段。在入口上，会增加多个合单入口，包括搜索、推荐。在支付成功页、查看物流页，将优化推荐逻辑，首先推荐符合合单的商品，让它获得更多的推荐流量，从而获得更多的合单订单。

速卖通希望能够通过合单降低物流成本，通过增加支付成功页和购后推荐的流量，给用户更多权益，也给商品更多的曝光机会。

KA商家的核心商品将获得更强力度扶持

首先，符合平台KA（关键客户）商家标准的核心商品，将会获得搜推广更强力度的扶持。核心商品若是新品，速卖通会给予完成首单支持，快速实现3天破0。

其次，商家的爆品将会获得更大力度的扶持。针对KA中的金牌商家，会开放搜索中最优质的黄金运营阵地。如果卖家着力打造自己的品牌性质，搜索会开放专属的品牌词，将最优质的顶部品牌专区给卖家运营。针对品牌词，搜索结果商品区的前4个"坑位"，会定向给品牌方做专享，这是一个巨大的商业流量支持。同时会开放品类词。搜索结果中品类词的顶部位置，会开放品类下的优质商家专区。平台将给品类下面有相关性并且成交比较高的商家做专门入口，开放头部"坑位"，商家可以通过广告竞价获取优质的头部资源。

搜推对"MALL商家"进一步加推"MALL专属流量资源"

搜索结果会开放MALL商家的透标和筛选，在搜索中会开放MALL商家的专区，专门用来定向召回和推荐MALL商家的商品，在推荐里面也会有专门的MALL商家的专辑。此外，平台还将面向MALL商家开放首页"猜你喜欢"的头部位置，鼓励商家通过成交或多元化的手段竞争优质的资源位。

商家按需选择"站内广告产品",可以获得精准付费流量

搜索直通车、推荐灵犀广告和首位钻石展位,这些商业产品依然会向商家开放并持续提升,现在能够支持分国家、分人群、分位置进行精准的投放,商家可以根据实际情况选择使用。

对很多新商家或对操作成本不希望太高的商家来讲,可以使用智投宝,通过简单出价获取投入产出比最大的效果,同时完成商业流量的竞价。

2022 年,速卖通还推出了两款新的场景化商业广告产品,一款是新品宝,是专门用来支持新品快速完成首单商业产品。

另外,针对入仓的商家,速卖通开发了一款新产品——仓发宝。备货到优选仓和海外仓的商家,通过商业广告竞价的方式加速商业流量,并撬动免费流量,带动商品仓发周转率提升。提高仓发周转率是这款产品的核心目标。

商家完成广告"充值/推广消耗"目标,可以获取丰厚的资源奖励

第一,在商业广告中对充值设置了一个激励门槛,最高可以享受充值额返利的 10%,具体场景可以用在新商家入驻、投放计划,也可以用在大促活动中。

第二,对于新商家,速卖通继续开放 7 日免费试用,商家可以免费体验速卖通给店铺以及核心商品带来的付费流量。

第三,根据不同的商家在每个月完成的实际充值和消耗的广告投放计划,平台会设置个性化的阈值。当商家完成预定目标时,会给予相应广告消耗额的返佣,比例是消耗额的2%~6%。

第四,针对 KA 的商家,平台会设置一对一的营销顾问,帮助商家诊断投放效果,制定更精准的广告投放计划,提高投入产出比。

案例分析

A 公司是深圳市一家生产桌面暖风机的中小企业,一直在一些国内电商平台上进行销售。但随着市场竞争的加剧,A 公司的运营成本和人员成本不断加大,而利润却没有明显的增长。公司感觉跨境电商发展势头好、市场空间大、利润高、创新成本低,想在跨境电商平台上开店,于是就把这一工作交给了电子商务专业毕业的小张,要求小张在 2 个月内拿出具体项目方案。小张首先从跨境电商零售环境分析入手,通过网络市场调研和行业数据制定了 A 公司的跨境电商零售规划书,并选定了 2 个备选跨境电商平台放到了方案中供公司领导选择。A 公司经理非常满意小张的方案,并从备选中选择速卖通平台作为首要尝试平台,同时提升小张为公司跨境电商项目小组的组长,全权负责公司跨境电商相关业务,包括但不限于人员招聘,以及速卖通平台的开店、运营和推广。根据以上内容,请回答以下问题。

以速卖通平台为例,举例说明客户服务中的常见纠纷?为避免产生纠纷,你有哪些技巧?

复习思考题

1. 简述跨境电商的分类标准，以及各分类标准下跨境电商的具体类型。

2. 论述主流跨境电商分类模式，并举出具体的例子。

3. 比较分析速卖通、eBay、亚马逊平台的优势和劣势。

4. 试述 Wish 平台的特点。

第 3 章　跨境店铺注册操作

学习目标

● 熟悉速卖通平台店铺注册流程及实名认证操作。

● 熟悉 Wish 平台店铺注册流程及认证操作。

● 了解 Shopee 平台店铺注册流程及认证操作。

● 熟悉速卖通、Wish 等跨境店铺注册的规定和要求。

● 能分组或独立完成跨境店铺注册并获得平台认可通过。

开篇案例

深圳某电子商务有限公司成立于 2015 年 9 月，是一家以全球零售为主的电商企业，致力于为全球消费者供应中国商品、为中国供应商提供全球零售网络平台。

工作任务一：熟悉速卖通平台特点，为在速卖通开店准备好资料，顺利完成注册、认证、考试和开店工作。

工作任务二：熟悉 Wish 平台特点，为在 Wish 开店注册准备好资料，顺利完成平台注册工作。

3.1　速卖通平台卖家入驻知识

3.1.1　速卖通入驻注意事项

2015 年，速卖通发布了个人卖家转企业卖家策略，并在 2016 年已完成。该策略要求所有卖家必须是企业并且要有自己的品牌。速卖通可以在短时间内吸引大量卖家的原因之一是操作起来简单方便、规则不多，较适合初次接触跨境电商的卖家，并且平台上有很多线上视频培训课程，基本上囊括了卖家可能会遇到的所有问题，为新手创造了良好的条件。

由于平台的迅猛发展，2017 年，速卖通年度类目招商准入申请的基本条件发生了变化，主要体现为速卖通关闭个人账户，开通了企业账户的申请入口，所有新账户必须以企业身份注册并认证。目前，速卖通仍不接受个体经营企业的入驻申请。此外，通过了企业认证后，一个会员仅能拥有六个可贩卖商品的平台账户。而且，速卖通对所有类目开始实行商标管理，即要求商家新发产品的"品牌属性"必须要有商标。同时，对于在线商品的"品牌属性"，卖家可以多批次进行修改。

目前，速卖通不接受没有取得国家知识产权局商标局颁发的商标注册证或商标受理通知书的品牌入驻申请。2017 年 5 月，速卖通开始对经营类目进行招商审核，主要品类包括服装服饰、箱包鞋类、精品珠宝、护肤品、美容健康、母婴/玩具、家居/家具、家装/灯具/工具、家用电器、运动鞋服、骑行/渔具、乐器、手机配件/通信、电脑/办公、安防、电子烟以及汽车摩托车配件，其他经营品类已经实行封闭邀约制。

经过统计分析发现，速卖通的经营品类具有以下特征。

第一，体积较小。方便以快递方式进行传输，降低国际物流成本。

第二，附加值较高。适合一件销售，也可以通过打包组合的方式出售，降低物流成本占比。

第三，产品具有独特性。产品具有特色，便于激发买家的购买欲望，增加交易业绩。

第四，价格公道。在线交易价格相比于当地同类产品市场价更有竞争力时，买家才会关注产品，进而付款生成订单。

从形式上讲，国际商品买卖平台属于跨境 B2B 电子商务平台，为入驻平台的卖家提供产品相关信息与属性的发布和展示的平台，吸引全球买家在平台上采买商品，买卖双方通过"线上"或"线下"的方式讨论价格，下订单，进而确认订单。速卖通是跨境 B2C 电子商务平台，但要求入驻卖家在页面标明产品的价格，通过第三方担保支付并使用国际快递发货，较适合可以进行国际快递的中小订单交易。

3.1.2　速卖通基础操作

1. 开通店铺

（1）资料准备

① 企业资质。现在只有在工商局注册的公司，才能开设店铺。在速卖通平台，一家注册企业最多可申请开通六个店铺。

② 商标。必须具有自有商标或者授权商标。进行授权商标注册时，需要提供商标所有权人出具的授权书。如果是新注册的自有商标品牌，在平台后台进行商标备案管理后，才可以进行后续的品牌授权操作。商标可以是 TM（Trademark）标或 R（Registration）标。企业卖家向商标局提出的商标申请被受理之后，企业便会收到商标局开出的受理回执，即"商标注册申请受理通知书"。这份文件可用于在平台开店。这时的商标就是 TM

标。当企业的商标申请通过商标局审核并被公示后，公示期若无异议，商标局便会下发商标注册证，这表明该商标已正式注册成功，即通常称的 R 标。

如果企业想经营自有商标品牌，但还未去工商局注册，可以去阿里巴巴集团总部的知识产权部门，申请商标注册服务。

③ 保证金、佣金模式。速卖通平台对 2019 年 11 月 27 日以后入驻的店铺采取保证金政策。保证金按店铺入驻的经营大类收取。若卖家出现触碰平台底线的违规行为，则平台有权从保证金中划扣对应金额以示惩罚。

满足上述三个条件以后，企业再准备一个邮箱和一个企业法人的支付宝账号就可以在速卖通平台上开设店铺了。

用于注册的邮箱可以是国际或国内的各主流邮箱，最好使用新注册的邮箱或者从未使用过的邮箱，方便进行账号管理和维护。因为后续店铺开通需要进行支付宝实名认证，所以要用企业法人的身份信息注册支付宝账号。登录支付宝官网，单击"立刻注册"按钮，跳转到注册界面以后，账户类型请选择"企业账户"。然后根据提示完成企业注册。

（2）开通流程

① 卖家注册。中国企业进入速卖通的注册流程：单击"卖家入口"进入"中国卖家入驻"（图 3-1），单击页面中的"立即入驻"按钮，再点击右上角"注册"。其次，卖家按照提示填写电子邮箱后阅读《同意平台协议》，单击"同意平台协议"，单击"下一步"按钮，验证邮件会发送到填写好的电子邮箱内（图 3-2）。再次，前往电子邮箱，按照提示，点击验证链接完成注册，跳转到账号信息填写页面。最后，填写完账号信息后，单击"确认"按钮进入手机验证码输入页面。输入手机收到的验证码，单击"提交"按钮即可完成账户注册（图 3-3）。

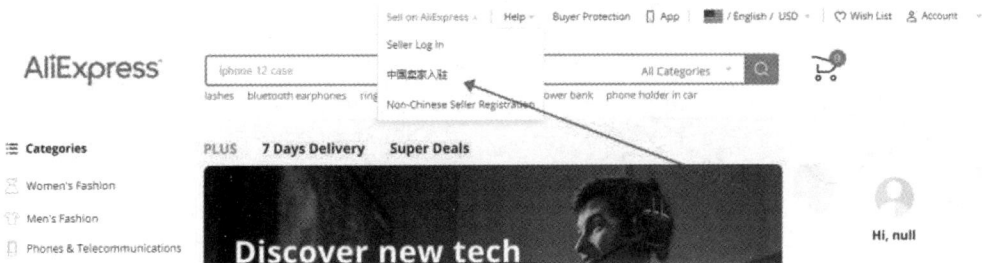

图 3-1　中国卖家入驻入口

② 实名认证。完成上述步骤后，速卖通会提示商家注册成功。但是，卖家还需要进行实名认证（图 3-4）。先登入支付宝，进入绑定页面；绑定成功后，进入资料填写（图 3-5）和审核阶段。资料审核通过后，再审核经营品类资质，通过平台客服人员的核实及确定后，才能成功注册为平台会员，即成功完成实名认证。

图 3-2 电子邮箱注册

图 3-3 手机号注册

图 3-4 实名认证

从 2017 年起，速卖通要求入驻企业商家提供以下资料，且保证资料的真实完整。企业需要提交的资料有加盖公章的营业执照复印件，加盖公章的组织机构代码证复印件，授权通知书或商标注册证复印件，银行开户许可证复印件，支付宝授权书等。此外，如果注册商标的主体是个人，还需要提交本人身份证复印件。

嗨，点无滋，您好，欢迎来到全球速卖通！

您的店铺尚未开通，完成以下步骤开通店铺

申请经营大类

说明：
1.请根据您的经营方向，申请经营大类权限。不同经营大类对应保证金
一览表2.经营大类下分类目明细查询方法
3.部分经营大类需额外提供资质详情

立即申请

品牌授权

申请您的店铺类型及品牌授权（非必须），官方店必须申请品牌授权。

立即申请

冻结保证金

在全球速卖通上经营需要缴纳保证金，不同经营大类的保证金金额不同。如您
合规经营，退出经营大类时将解冻保证金。查看详情

立即冻结

图 3-5　店铺资料填写

③ 审核经营品类。入驻商家的经营品类需要经速卖通审核。审核通过后，入驻商家需要缴纳保证金。每个速卖通账号只允许选取一个经营类目，不同的经营类目需要缴纳的保证金额度不同。卖家缴纳保证金之后，即可开通店铺。

④ 添加商标。依次点击"账号与认证""品牌商标""商标添加"添加商标。

如果商标是授权的，完成商标添加以后，操作"商标资质申请"。

⑤ 设置店铺名称和店铺头像。

2. 平台规则

"全球速卖通平台规则（卖家规则）"节选

第一部分　概述

1. 阿里巴巴致力于促进开放、透明、分享、责任的新商业文明，为维护和优化全球速卖通平台（www.aliexpress.com）的经营秩序，更好地保障全球速卖通广大用户的合法权益，制定本全球速卖通平台规则（卖家规则）（以下简称"速卖通规则"或"本规则"）。本规则将只适用于速卖通卖家。本规则为阿里巴巴与卖家的补充协议，补充网站使用协议、阿里巴巴线上交易服务协议及其他有关网站规则和政策等（以下统称"网站规则"）。

2. 本速卖通规则会对全球速卖通用户增加基本义务或限制基本权利。

3. 全球速卖通有权根据网站规则（包括本速卖通规则）认定卖家是否违规，并严格依照网站规则给予处罚。

4. 全球速卖通有权随时变更本规则并在网站上予以公告。若卖家不同意相关变更，应立即停止使用全球速卖通平台的相关服务或产品。

第二部分　定义

1. 全球速卖通，根据上下文的内容指域名为 www.aliexpress.com 的网络交易平台，

或运营全球速卖通平台的阿里巴巴；阿里巴巴包括阿里巴巴（中国）网络技术有限公司、Alibaba. com Singapore E－Commerce Private Limited（阿里巴巴新加坡电子商务有限公司）及其关联公司，阿里巴巴（中国）网络技术有限公司为全球速卖通平台提供技术支持；全球速卖通网络交易平台亦简称"速卖通"。

2. 用户，指全球速卖通各项服务的使用者。不分是否注册，只要在使用全球速卖通提供的服务，包含浏览速卖通的网页，均为速卖通的用户。

3. 会员，指已在全球速卖通完成注册流程的用户，每个账户对应唯一的会员 ID。

4. 买家，指在全球速卖通平台上浏览或购买商品的用户。

5. 卖家，指在全球速卖通平台上可使用发布商品功能的会员。

6. 其他名词在其他章节中有定义的，则按在各章节中的定义进行解释。

第三部分　卖家基本义务

1. 卖家在全球速卖通平台上的任何行为，应同时遵守与阿里巴巴发布的各项网站规则。

2. 卖家应遵守国家法律、行政法规、部门规章等规范性文件。对任何涉嫌违反国家法律、行政法规、部门规章的行为，本规则已有规定的，适用本规则；本规则尚无规定的，全球速卖通有权酌情处理。但全球速卖通对卖家的处理不免除其应尽的法律责任。

3. 作为交易市场的卖方，卖家用户有义务了解并熟悉交易过程中的买家市场规定，配合买家完成交易。

4. 禁止发布禁限售的商品信息。

5. 卖家应尊重他人的知识产权，速卖通平台严禁卖家未经授权发布、销售涉及侵犯第三方知识产权权利的商品。

6. 卖家应恪守诚信经营原则，如及时履行订单要求、兑现服务承诺等，不得出现虚假交易、虚假发货、货不对版等不诚信行为。

7. 卖家应履行商品如实描述义务，卖家在商品描述页面、店铺页面、贸易通等所有全球速卖通提供的渠道中，应当对商品的基本属性、成色、瑕疵等必须说明的信息进行真实、完整的描述。

8. 卖家应保证其出售的商品在合理期限内可以正常使用，包括商品不存在危及人身财产安全的不合理危险、具备商品应当具备的使用性能、符合商品或其包装上注明采用的标准等。

9. 卖家不遵守以上基本义务，全球速卖通保留处罚的权利，影响恶劣者全球速卖通将直接清退卖家。

第四部分　注册

全球速卖通平台注册方式（卖新版）

1. 卖家在速卖通所使用的邮箱、速卖通店铺名中不得包含违反国家法律法规、涉嫌侵犯他人权利或干扰全球速卖通运营秩序等相关信息。

2. 除非全球速卖通事先同意，只有中国大陆的卖家才可在速卖通注册卖家账户。中国大陆卖家不得利用虚假信息在速卖通注册海外买家账户，如速卖通有合理依据怀疑中国大陆卖家利用虚假信息在速卖通注册海外买家账户，速卖通有权关闭买家会员账户，对于卖家，速卖通亦有权根据违规行为进行处罚。

3. 全球速卖通有权终止、收回未通过身份认证或连续一年未登录速卖通或 TradeManager 的账户。

4. 用户在全球速卖通的账户因严重违规被关闭，不得再重新注册账户；如被发现重新注册了账号，速卖通有权立即停止服务、关闭卖家账户。

5. 用户在速卖通所注册使用的邮箱必须是注册人本人的邮箱，速卖通有权对该邮箱进行验证。

6. 全球速卖通的会员 ID 是系统自动分配，不能修改。

7. 若卖家已通过认证（支付宝实名认证、身份证认证或速卖通要求的其他认证），则不论其速卖通账户状态开通与否，不得将个人身份信息取消绑定。

8. 一个会员仅能拥有一个可出售商品的速卖通账户（速卖通账户所指为主账户）。

禁止出租、出借、转让会员账户；如有相关行为的，由此产生的一切风险和责任由会员自行承担，并且速卖通有权关闭该会员账户。

9. 中国供应商付费会员若在 Alibaba.com 平台因严重违规被关闭账户，全球速卖通平台的相关服务或产品也将同时停止使用。

10. 卖家会员将其账户与通过实名认证的支付宝账户绑定个人身份或速卖通其他可能需要提供的认证方式，提供真实有效的姓名地址或营业执照等信息，方可在速卖通发布商品。

11. 卖家会员账户通过身份实名认证和收款账户设置，即可发布商品，发布及上架商品满 10 个方可创建店铺，一旦上架商品少于 10 个，速卖通有权关闭店铺，只保留商品。

3. 产品上架

（1）选择产品类目

尝试一下发布第一个产品。依次点击"我的速卖通""商品""发布商品"，选择产品的类目——先选一级类目，再选二级类目、三级类目等。完成类目的选择后，点击"确定"，接着进行"填写信息"的操作。

以一件宠物狗的雨衣的产品上架为例，第一步要选择该产品的一级类目，它属于家居用品，第二步选择出现的二级类目下的"宠物用品"，第三步选择出现在三级类目下的"养狗用品"，最后在四级类目下选择"狗雨衣"。

卖家可参考以下做法，以避免在商品发布过程中发生类目错放。

首先，要了解速卖通的各个行业、各层类目，知道自己店铺所售商品从商品属性上来说应该放到哪个大类目下。如准备销售女士衬衫，应知道该商品属于服饰品类项下。

其次，通过线上搜索商品关键词查看此类商品的展示类目，作为参考。

最后，根据店铺所要发布的商品逐层查看推荐类目层级，也可通过搜索商品关键词查看推荐类目，进而在类目推荐列表中选择最准确的类目，发布时要注意填写商品的正确属性。

4. 填写完善商品信息

在填写产品信息界面中，左侧是填写信息区域，右侧是帮助信息，新手可以随时单击查看相关帮助信息，十分方便。另外，速卖通平台还提供在线咨询和在线翻译功能，新手第一次使用时可以依次体验这些功能，多熟悉平台操作和功能。

完善的产品信息包括产品基本信息、包装信息、物流设置、售后服务模板、其他设置等五部分，下面逐一进行介绍。

（1）产品基本信息

产品属性是买家选择商品的重要依据，所以商家必须对产品属性进行描述，即必须添加系统所规定的产品属性（图3-6）。产品的属性描述主要是选择使用速卖通提供的产品规格、功能等描述性词汇对所售商品进行较为全面的介绍。红色 ＊ 号外是必填内容，其他可选择性填写。尽量填写详细，以便给买家提供更详细的商品信息，增加商品曝光机会。

除了系统规定的属性之外，还可以添加自定义属性。自定义属性的填写可以补充系统属性以外的信息，让买家对产品了解得更加全面。每一个产品最多可以添加10个自定义属性，且不能重复。自定义属性的内容没有限制，除侵权词外，其他均可填写，但最多可填入70个字符。

图3-6　产品属性页面

卖家可参考以下做法，以避免在商品发布过程中发生属性错选。

首先，要了解平台各个类别下所设的属性，要知道店铺所售商品的物理属性和营销属性都有哪些，如"裤子"，可能会有颜色、尺码、材质、裤型等属性。

其次，通过线上查找商品关键词，了解此类商品的展示属性。

最后，根据准备发布的商品选择好类目，逐一考虑发布时要选择的属性，避免错选、遗漏，如商品发布时忘记选择"裤型"属性；避免多选，如实际的商品没有风格属性，却选择了英伦风格。

产品标题：产品标题是对产品的关键性描述，目的是让客户明白店铺里卖的是什么产品（图3-7）。产品标题中最重要的就是关键词的使用，因为关键词是影响曝光量的重要因素。速卖通平台对产品标题的字数有限制，只能输入128个字符，且只能输入英文字符，其他均为无效字符。

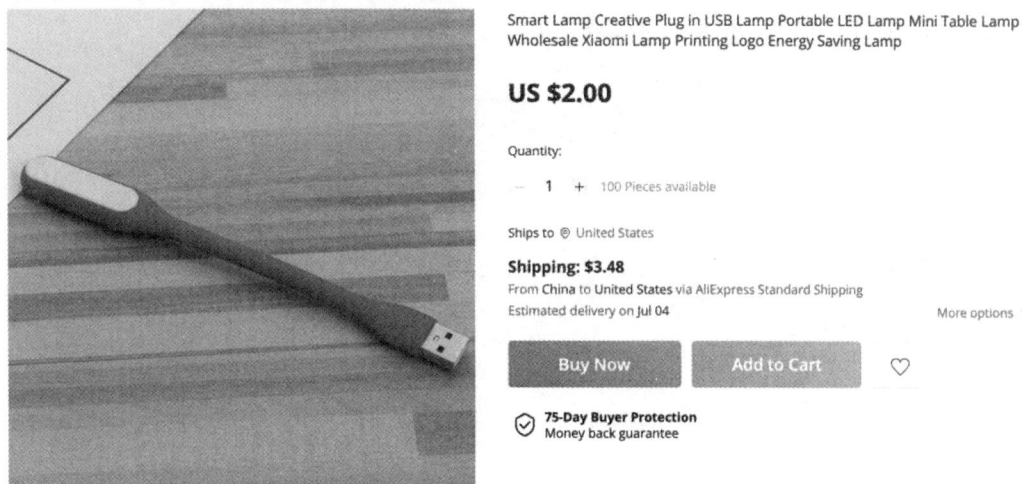

图 3-7　产品标题

商家通常会在标题中尽可能多地添加该产品的关键词，试图以此增加搜索曝光量。但这样做真的有效吗？答案是否定的。每一个词在标题中最多只能出现3次，超过3次系统将会认定为标题堆砌，会对店铺进行处罚，将商品排名靠后。

商品标题是吸引买家进入商品详情页的关键因素，字数不宜过多，应尽量准确、完整、简洁，用一句完整的语句描述商品。一个好的标题应包含商品的名称、核心词和重要属性。

产品关键词和其他关键词：每一个产品下可罗列3个关键词，其中1个"产品关键词"一般是大类词，并不涉及品牌名称，可用来做"产品关键词"；其他2个"更多关键词"可以是对产品进行描述的词语，如产品型号、类型、功能、材料等。

产品图片：每一个产品可以放6张图片。图片可以直接从电脑里选取上传，也可以选取已经存放在"图片银行"中的图片。图片应为JPEG/JPG格式，大小不能超过5MB，横向纵向比例1∶1，像素应大于或等于800px＊800px。建议上传不同角度的商品图片。6张图片中第一张图片默认为主图。现在移动端的手机购物逐渐成为潮流，当客户使用手机购物时，首先展现在眼前的是主图，所以主图在很大程度上决定了顾客的购买欲望。卖家应尽可能地将产品的主图拍摄清晰，可使用图片编辑器对主图进行适当的处理，使其看起来更加美观，更能吸引客户的眼球。

销售方式、价格与库存、发货期等：卖家需要选择最小计量单位（件/个、千克、升、盒等）、销售方式（按件/个出售还是打包出售，若是打包出售应填写每包的件数）、每件或每包的美元零售价、批发价（在"支持"前打"√"，并且填写购买数量及减免折扣，系统会自动算出批发价）、库存、发货期（买家付款成功后卖家完成发货的期限，并填写完成发货通知的时间，应避免过短和过长），以及自定义的商品编码（可有可无，主要是为了在大量商品上架的情况下管理方便）。

需要注意的是，由于不同产品的销售属性不一样，平台对这一部分的填写要求也不同。如图3-8所示，为"墨水"所需填制的内容。

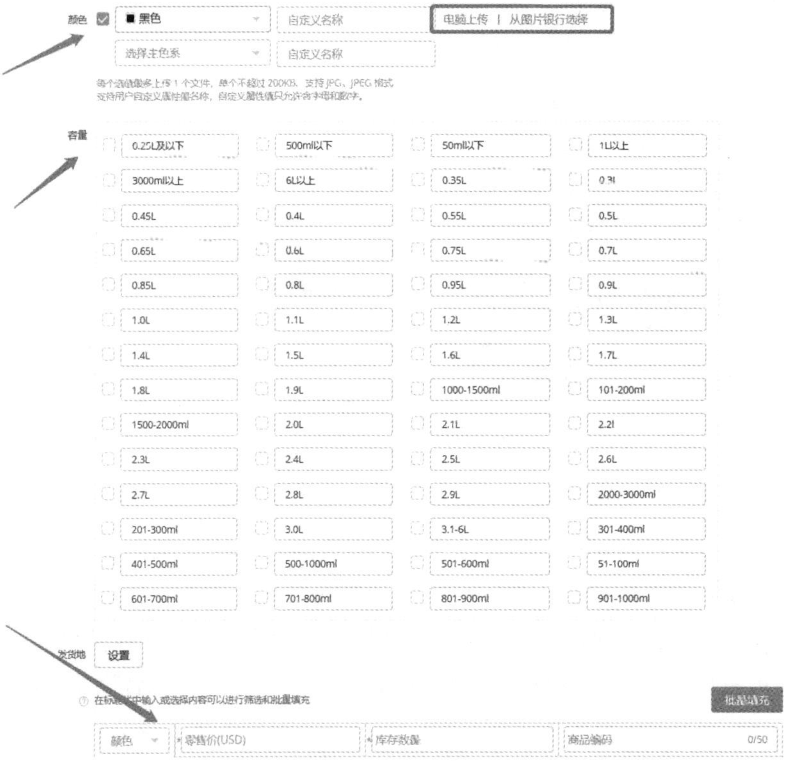

图3-8　墨水的销售属性填写页面

当卖家勾选一种颜色后，可以自定义颜色的名称（当然应该同图片颜色基本一致），然后上传一张图片。这张图片所显示的墨水颜色应与所选择的颜色一致，这样当买家选择其喜欢的颜色时，对应颜色的图片就会自动显示在主图上。接下来，勾选容量时，系统会自动显示"颜色",卖家可以填入对应的"零售价"和"库存数量"。

其他商品，如服装、鞋类等，尺码是非常重要的信息，销售此类商品的卖家应熟悉尺码表的设置。需要注意的是，速卖通平台要求男装、女装、童装、婚纱礼服、鞋类、运动鞋服的尺码表设置为必填项。

5. 产品详细描述

产品的详细描述一般包括产品的功能属性、产品细节图片、支付方式、物流方式、售后服务以及公司实力等内容，但并没有统一的规定和要求。一个好的详情描述主要包含：商品重要的指标参数和功能（例如，服装的尺码表、电子产品的型号及配置参数）；5 张及以上详细描述图片；售后服务条款。

产品详细描述内容的顺序：首先是产品标题；其次是标题下方，描述产品包装，即包装里所包含的内容以及数量；接下来的板块是具体说明产品属性、产品使用方法、使用条件等；再接着就是展示产品图片，卖家要尽量多方位展示产品，尤其是要体现产品的细节，避免买家对产品产生错误的理解；最后需加上售后服务条款。除此之外，为了页面的美观，排版应设计精美，所使用的字体、颜色、大小，以及图片的长宽等都应统一规划。

在编辑产品详细描述时，"产品信息模块"经常会被用到。产品信息模块是一种新的管理产品信息的方式，产品信息中的公共信息（例如，售后物流政策等）可以单独创建一个模块，并在发布产品时使用。这样可以大大降低工作负担，提高工作效率。如果需要修改这些信息，只需要修改相应的模块即可。产品信息模块如图 3-9 所示。

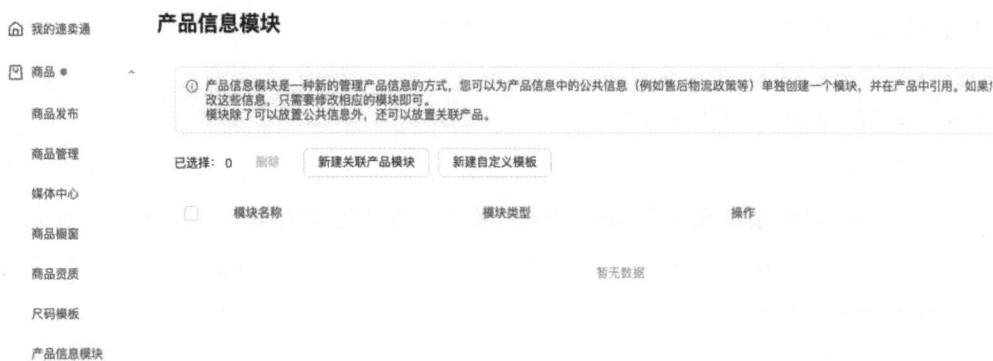

图 3-9　产品信息模块

模块除了可以设置公共信息外，还可以设置关联产品。所谓"关联产品"，是指与主推商品有密切联系的产品，例如，相似品和互补品。设置关联产品的主要目的是引导消费者购买其他相关商品，提高转化率和客单价，并以此来满足客户的需求。因此，产品信息模块有两种，一种是关联产品模块，另一种是自定义模块。

需要注意的是，全球速卖通平台禁止在商品信息相关的任何文字或图片中出现联系方式，如邮箱、QQ、微信、MSN、Skype 等，同时在任何描述中禁止出现平台之外的网站链接。

违反以上规则将面临的处罚包括：

① 商品信息退回或删除；

② 初犯者平台将给予警告；

③ 违规商品信息过多或屡犯者，速卖通平台将根据违规行为情节严重程度对账户进行关闭或冻结等处罚。

6. 包装信息

在包装信息里，卖家主要填写产品包装好后的重量和产品包装后的尺寸两项内容。产品的重量直接决定了产品的运费，所以，产品的重量与产品的定价息息相关。自定义计重是客户在购买多件产品（批发）时，重量是否进行叠加计算。在某些情况下多件产品可以共用一个大包装，平均下来可能比单件包装的重量要轻一些。产品的包装与物流信息如图3-10所示。

应尽可能将包装信息填写准确，在不包邮费的情况下，系统会根据卖家填写的重量直接计算并显示运费给买家。如果包装信息不正确，计算出来的运费过高或过低，都会产生相应的问题。过高可能会"吓跑"买家，过低则可能会使卖家亏损。

不同的物流公司计算运费的方式各不相同。EMS、中国邮政

图3-10　产品的包装与物流信息

大小包和中国香港邮政大小包都是按产品包装实重来计算运费；Fedex、UPS、DHL、TNT等会根据产品包装实重和产品包装体积大小两者的较高值来计算运费［体积重（材积）计算公式：长（cm）×宽（cm）×高（cm）÷5000＝重量（kg）］。所以，产品包装尺寸的填写也应严谨。

7. 物流设置

物流设置中主要的问题是选择"运费模板"。因为可选择的物流方式有很多种，所以卖家可以将提供的所有的物流方式设置成一个运费模板，上传产品的时候直接选择相应的物流即可。买家可以根据自己的需求选择想要的物流方式。速卖通平台已经设置好了"新手运费模板"，新卖家可以直接选择使用，也可以单击"新建运费模板"，进入"产品管理"→"模板管理"→"运费模板"中进行设置。

8. 售后服务管理

服务模板是对客户购买产品后遇到问题时如何解决的说明，例如，收到的商品与卖家描述信息不符，客户需要退货时运费由哪方来承担，以及无理由退货是否可接受等。速卖通平台已经设置好了新手服务模板，新卖家可以直接选择。

如果卖家想对已有模板进行修改，可以重新编辑服务模板。如果服务模板已经应用于产品，修改服务模板后，所有使用该服务模板的产品的服务将自动更新。

9. 其他设置

选择对应的"产品组"，然后在"商品管理"→"编辑"→"其他设置"中设置。设置好后，下拉菜单中会显示产品组名称（图 3-11）。

其他设置

商品分组 ②	请选择产品分组 ∨
库存扣减方式 ②	○ 下单减库存　　● 付款减库存
支付宝	☑ 支持

通过全球速卖通交易平台进行的交易须统一使用规定的收款方式 - 支付宝担保服务。

* 商品发布条款　☑ 我已阅读并同意了以下条款以及其他相关规则

Transaction Services Agreement (阿里巴巴中国用户交易服务协议)
AliPay Payment Services Agreement（支付宝付款服务协议）
速卖通平台放款政策特别约定

图 3-11　其他设置

"库存扣减方式"是指产品库存量的计算方式，一般选择付款减库存。"支付宝"和"商品发布条款"都应选择。

编辑过程中，可以单击"保存"草稿。产品信息编辑完成后，可以进行"预览"，查看还有哪些地方需要改进。当对产品完成编辑后，且预览检查无误后，就可以对产品进行"提交"上架。提交成功后，一般 24 小时内在"商品管理"中可以看到审核结果。

此外，如果卖家还想继续"发布类似产品"，则可以直接单击商品提交后的链接，系统会直接跳过选择类目的过程，并且带入刚提交的信息，这时卖家在先前的信息基础上进行简单修改即可。这个功能可以大大提高卖家发布商品的效率。

至此，第一个产品则发布成功了。

全球速卖通"不当发布行为"规则，是不得在商品标题、描述中发表带有攻击性、亵渎性等违法或有违道德的文字，或所发表的信息内容与所发布的商品不相关，具体规定如下：

① 发布非英文信息；
② 信息类型设置错误：如求购与销售信息混淆；
③ 非商业信息：如单纯的工厂、车间展示、求职、征婚、投诉、求医等；
④ 不当使用第三方软件发布商品。

处罚如下：

① 商品信息退回或删除；

② 初犯者平台将给予警告；违规商品信息过多或屡犯者，速卖通平台将视违规行为情节严重程度进行搜索排名靠后、冻结账户或关闭账户的处罚；

③ 对于不当使用第三方软件发布商品的行为，初犯者下架全部商品；2 次及以上违规将直接关闭账户。

思考题

美丽加分企业是江西省一家主营美妆类的跨境企业。该企业首次在速卖通平台注册时，应注意哪些方面的问题，以及如何避免店铺被扣分？

3.2　Wish 平台卖家入驻知识

3.2.1　Wish 平台特点

Wish 的优势在于使用了智能推荐算法，根据客户需求的不同，不同用户在不同时间段看到的界面是不一样的，Wish 主动与用户进行互动，增强了用户与平台间的黏性。

Wish 平台的独特性表现在：Wish 淡化了品类浏览和搜索等功能，不用促销，而是专注于关联推荐；针对不同国家，Wish 采用本地语言进行本土化网站建设，简单可读、操作性强且具有亲和力。另外，Wish 的物流体系和配送体系也越来越完善，提供了各种服务为用户提供便捷，使得用户更加信任该平台。

Wish 的主要收入源自卖家佣金，即卖家在出售商品之后，Wish 平台收取这件商品收入的 15% 作为佣金。商家入驻 Wish 平台不需要交纳费用、保证金、押金，更不用交纳推广费用。卖家上传商品信息后，Wish 平台会根据卖家的商品对客户进行定向推送。如果商品未售出，则不会产生佣金。"不收平台费，按交易额收佣金"的模式，将平台和卖家的利益绑定在一起，有效地消除了卖家对推荐算法的怀疑。

Wish 商户注册流程

3.2.2　Wish 平台基础操作

1. 开通店铺

Wish 平台网址分为国际版和中国版。Wish 商户平台国际版网址为 https://www.merchant.wish.com；Wish 商户平台中国版网址为 https://china-merchant.wish.com。

企业入驻 Wish 平台需由已在 Wish 平台开通店铺的商家进行邀请（图 3-12）。单击已开通店铺的商家发送的邀请注册链接，再单击页面中的"填写问卷调查"按钮，在显示页面上填写正确的账户信息、企业名称、公司网站等一系列信息，注意确保信息的有效性和真实性。之后，输入商家办公地址、店铺年营收入、再售 SKU（最小存货单位）数、主营品类等商户信息，单击"提交"按钮后，便弹出电子邮件已发送的确认通知消息。前往电子邮箱查看 Wish 平台发送的邮件。单击"Confirm Your Email"按钮进行电子邮箱的确认，

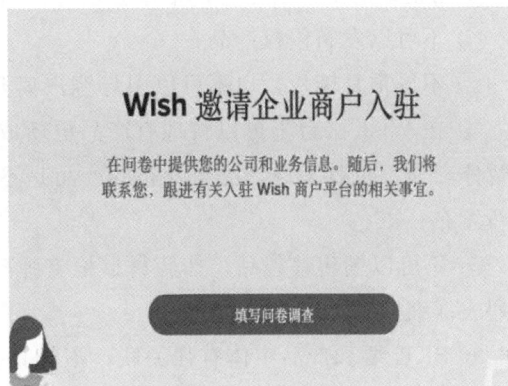

图 3-12　邀请制申请

在显示页面中输入联系电话并单击"立即呼叫我"按钮。然后输入来电屏幕显示的验证码，即可完成电话验证。

经过上述系列操作，企业账户便注册成功。单击添加支付信息，可以设置付款方式。再单击增加产品到您的店铺，可以上传产品。最后签署 Wish 与商户协议。

卖家在 Wish 开店需要注意如下事项：

第一，Wish 对卖家资质的要求。卖家可以是生产者、手工艺者、品牌所有者及零售商等。卖家必须自己创造、生产或拥有批发或零售的权利，才能进行产品销售。所有上传的产品信息必须清晰、准确且详细，这样有利于促进销售。

第二，Wish 严禁销售伪造产品。销售的产品不能侵犯第三方的知识产权，不得引导用户离开 Wish 平台，严禁重复上架同一产品。Wish 平台不允许将原有产品列表修改为新的产品列表。

第三，注册期间提供的信息必须真实、准确。每个卖家实体只能注册一个 Wish 账户。

第四，Wish 要求每位卖家都必须遵守相关法律法规，所出售的产品、所展示的店铺内容等必须符合法律标准。卖家自行制订的运输、付款、退款和换货等政策不得与 Wish 的相关政策相冲突。Wish 保留要求卖家提供和修改相关政策的权利。

第五，Wish 非常注重维护消费者的权益，要求卖家在接收订单后 1～5 天发货，并在平台系统中填入相应的物流单号以进行追踪。一旦超过 7 天未发货，Wish 会立即自动向买家退款，故 Wish 建议卖家选择可靠的物流公司。

2. 产品发布

（1）注意事项

在发布产品之前，卖家务必详细了解 Wish 提供的相关课程和 Wish 的品牌列表，避免发布的时候涉及侵权，导致店铺被罚。

发布产品时需注意以下几点。

① 产品图片、标题和描述信息必须和售卖的商品一致，否则店铺会被暂停或者被罚

款。要用正确的信息引导客户下单，避免出现货不对板、欺诈隐瞒的现象；

② 不可以发布侵权产品；

③ 不得重复铺货，也不可以引导客户离开 Wish 平台进行交易；

④ 在 Wish 平台不可以将现有产品更新成一个全新的产品，否则会被罚款 100 美元或者暂停交易。也就是说，已经发布的产品是不可以更换成其他类似产品的，如必需，则应重新发布；

⑤ 不可以销售禁售品，如药材、枪支弹药、化学药品，具体可以查看 Wish 后台的禁售列表详细信息；

⑥ SKU 要和产品主体有强关联，不能是差异太大的产品，如产品的配件；

⑦ 不可以发布具有误导性的产品，比如店铺主图是长裤，而买家收到的是短裤，这样的行为就属于欺骗客户。如果出现这样欺骗客户的情况，每一笔订单将罚款 100 美元。再比如，在店铺中，将一台笔记本的价格标为 6 美元，这完全不符合市场价格。这种情况，每一笔订单罚款 100 美元。

（2）操作步骤

产品发布入口：商户后台—产品—添加新产品。首先，卖家应完成商品编辑。在商品名称上，需突出品牌、品名及型号，切勿堆砌同义词，禁止出现无效符号和无效噱头；在商品细节上，应该描述面料、尺寸、颜色等商品细节；在商品标签上，至少应该选择两个以上标签；在商品 ID 上，需要确保商品 ID 的唯一性，以便于识别并追踪该商品；在商品图片上，添加链接时，应该直接链接到商品，避免使用图片网站的链接。

其次，必须在商品信息一栏进行商品系列信息的填写，比如，同一系列商品的不同型号、不同颜色等信息的编辑，还可以在其他信息处增加商品的建议零售价、品牌和链接等信息。

最后，必须填写商品库存、运输等信息，单击提交按钮即可完成商品上传。其中，Price 指消费者为该商品支付的实际价格，Quantity 指卖家为 Wish 平台准备的销售数量，Shipping 指卖家支付的产品运输费用，Shipping Time 指商品预计到达消费者的时间。

商品上传成功后，在后台单击"产品"—"查看全部"，可查看已上传商品的状态。如果卖家发现商品上传中存在错误或需要进行更新，可以使用商品维护功能。

登录后台，单击导航中的"产品"—"更新现有产品"，通过选择手工添加或使用产品 CSV 文件的方式，实现对商品信息的维护。然后，确定要修改的商品列表产品，单击商品对应的操作按钮下拉菜单中的编辑，便可以在显示的页面中对商品进行编辑。除此之外，卖家还可以在价格和运输等编辑框中直接修改相关信息。

Wish 平台无法删除上传的商品，但提供了商品下架的方法：取消商品的勾选上架选项，即可实现该商品的下架。

3. 履行订单

为了保证买家的良好体验，卖家需要及时处理买家的订单。登录后台，单击导航中的

"订单"，再单击下拉菜单中的"待处理"（图3-13）。在订单处理页面，可以看到订单总数量，还可以进行信息核查、发货、登记快递单号以及导出订单等操作。例如，从"待处理：17"中可以知道卖家需要处理的订单有17个，从订单列表页面可以看到当前订单的下单时间、单品唯一ID、商品信息和商品规格等内容。

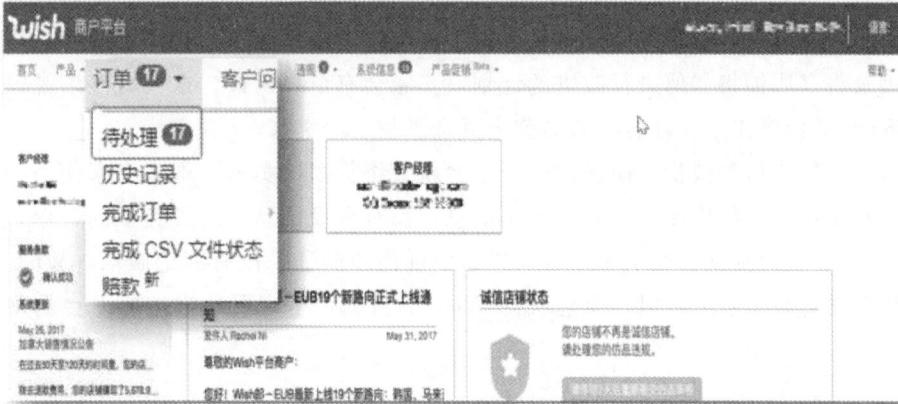

图3-13　订单待处理

一旦有买家下单，代表一笔新订单的产生。订单创建后，Wish平台每天会发一封邮件到卖家的邮箱中提醒发货。进入Wish卖家中心，很容易看到需要处理的订单，然后核查买家是否已经付款。若买家已付款，则卖家按照订单需求发货。

按照订单内容进行包装发货后，一个关键的步骤是告知平台"订单已发货"，具体操作步骤是在订单页面单击操作下拉菜单中的"配送"选项（图3-14），告知平台该订单已发货。

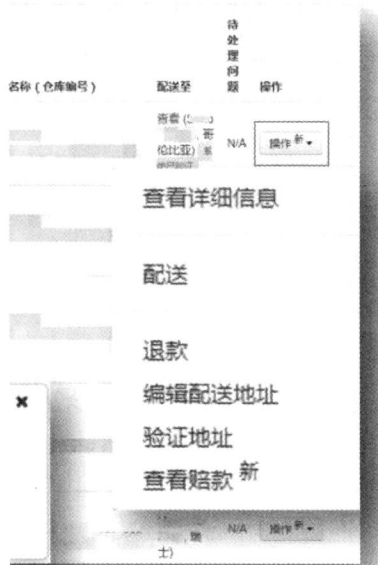

图3-14

单击"配送"选项后，在弹出的页面中选择物流公司，填入物流单号，然后单击保存按钮即可。

3.2.3　Wish 平台账户及付款政策

卖家若不遵守 Wish 的平台规定，其店铺会处于暂停状态。Wish 平台有两种暂停店铺的方式：一种是可申诉暂停，一种是永久暂停。在第一种情况下，卖家需要提交店铺被暂停的原因及将来店铺将如何进行改进的计划，卖家会有申诉入口。永久暂停店铺没有申诉入口，Wish 平台将在三个月后将店铺剩余资金悉数退给卖家。

通常，在物流信息被物流商确认后，平台就会将货款给卖家。很多卖家使用的是价格低廉的平邮小包，这种快递方式只有出关信息，没有妥投信息。这种类型的订单，卖家要在 90 天后才能收到货款。如果卖家没有进行店铺两步验证，没有绑定微信，Wish 平台也不会将货款支付给卖家。所以，要想获得 Wish 的打款，一定要严格按照平台的规章制度操作。

3.2.4　Wish Express 政策

大量卖家为了迎合跨境电商进一步发展方向，设立了 Wish 的海外仓并开设了本地化服务。海外仓也有相关的规定和政策，若没有遵守相应的规则，反而会导致事与愿违的结果。例如，订单需要在生成之日起 5 个工作日内妥投，Wish Express 的订单在订单生成之日起 10 个工作日内确认妥投，才可被支付。如果订单有延时，Wish 会处罚 20％的订单金额或者 1 美元（取最大数额）。所以，选择海外仓一定要谨慎，店铺运营海外仓会产生较高的物流费和仓储费，而且对妥投也有较高的要求。

通过以上规则不难发现，Wish 平台的相关政策和规定还是非常严格的。要想做好这个平台，卖家必须仔细阅读平台的相关政策，并且严格遵守执行。Wish 平台在 2017 年出台了更严格的规定，是因为之前很多卖家利用平台政策的漏洞获取了大量的订单，损害了本分经营的卖家权益及平台利益。严格的平台规则使得所有卖家都可以在一个平等、公平的环境中经营。

🖼 思考题

使用 Wish 平台开店，与使用速卖通平台有什么区别，需要特别注意哪些方面？

3.3　其他新兴平台卖家入驻知识

3.3.1　东南亚电商平台——Shopee

东南亚市场是继中国、印度之后潜力最大的电商市场之一。根据统计数据，整个东南亚的 GDP（国内生产总值）约为中国的四分之一，人口数量是中国的一半，人均消费水平是中国的一半，平均经济增长率超过 6.5％。随着智能手机的普及，东南亚地区的互联网也越来越普及，同时网购这一新兴的购物方式也逐渐兴起。很多中国产品在东南亚市场备受欢迎，如服装、饰品、家居家具和电子数码等。东南亚最具代表性的电商平台是 Lazada 和 Shopee。其中，Lazada 在 2023 年 3 月公布其年销售额规模为 188 亿美元，Shopee 在 2023 年 12 月公布的年商品交易总额高达 550 亿美元。这些数据表明，东南亚的电商市场具有相当大的发展潜力，主要国家情况介绍如下。

泰国消费者在网络社交平台活跃度较高，喜欢分享生活，喜欢参与互联网活动，同时也喜欢网购。泰国是热带国家，所以当地人大多喜爱夏威夷风格和波希米亚风格的服饰，太阳镜、沙滩鞋和短裤也是热销的商品。

新加坡是发达的工业国家，国民素质较高且平均收入水平较高，主力消费群体在 24～35 岁。新加坡的互联网普及率非常高，为网购的发展提供了有利的条件。

马来西亚是现代和传统并存的国家。马来西亚的国民很喜欢使用智能手机，智能手机普及率非常高。马来西亚人非常喜欢网购，同时也热衷于购物分享。所以，在马来西亚适合通过社交的方式促进电商发展，马来西亚未来的发展空间巨大。

印度尼西亚手机覆盖率高达 124.3％，仅次于中国、美国、印度，成为全球第四大移动手机端市场。印度尼西亚的移动支付和信用卡支付都非常方便快捷，其互联网用户相对年轻，容易接受新鲜事物。

Shopee 和 Lazada 一样，都是服务于东南亚市场的电子商务平台，总部设在新加坡，隶属于 Sea Group（以前称为 Garena），辐射整个东南亚。Shopee 也有不同的区域站点，每个站点都进行了本土化，运营着当地语言的独立网站，为本地卖家提供更好的服务。卖家可以在 Shopee 的 7 个不同站点进行销售。

（1）Shopee 的热销品类

Shopee 的热销品类主要有女装类、鞋包配饰类、家居用品类、母婴类（主要是服饰、玩具、辅食的配件，以及体积轻巧、便于出口和运输的产品）、美妆类、洗护类。

（2）Shopee 的开店建议

建议优先开通马来西亚站点，因为马来西亚对于产品的包容性较高，且偏向于欧美风格。如果卖家在亚马逊或者速卖通平台上有畅销的产品，可以尝试直接复制到马来西亚站点。然后可以考虑开通菲律宾站和新加坡站，这两个站点类似于马来西亚站，当地的客户喜欢欧美风和日韩风，有类似的产品可以直接上架。

3.3.2　Shopee 平台基础操作

1. 开通店铺

官方注册渠道有 Shopee 官网、"Shopee 跨境电商"微信公众号、抖音、视频号等。入驻 Shopee 只需三步：申请主账号，申请入驻，开店上新。

申请主账号：通过 Shopee.cn 进入 Shopee 官网，点击立即入驻。按照指示步骤操作，完成后点击立即登入。登入后，点击申请入驻，就可以填写入驻信息了。一共需要填写四部分信息：法人信息、基本信息、公司信息和店铺信息。填写完成后，提交成功，点击申请开店。

2. Shopee 卖家界面

Shopee 的卖家界面是非常人性化的中文界面，使卖家操作的时候更加方便和得心应手（图 3 - 15）。

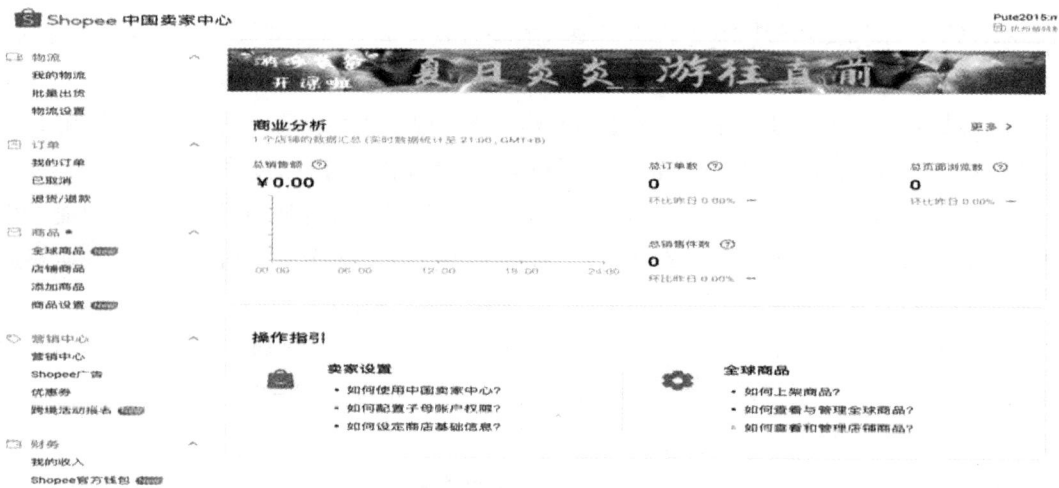

图 3 - 15　Shopee 卖家界面

在"商品"这个栏目可以看到店铺所有的商品，在这里卖家可以发布商品、编辑商品和下架商品（图 3 - 16）。

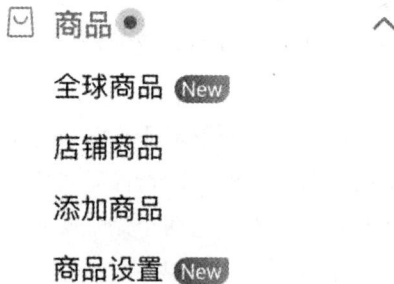

图 3 - 16　"商品"栏目

买家下单后，卖家就要在"我的订单"（图 3 - 17 所示）这个栏目里进行配送的操作。一般来说，Shoppe 的发货期是 3～7 天，时间越短，买家的购物体验越好。Shopee 和 Lazada 在物流方面很相似，都是通过官方合作的物流渠道进行配送。Shopee 的常用物流是 Standard Express－LWE，各个站点的物流使用略有不同。

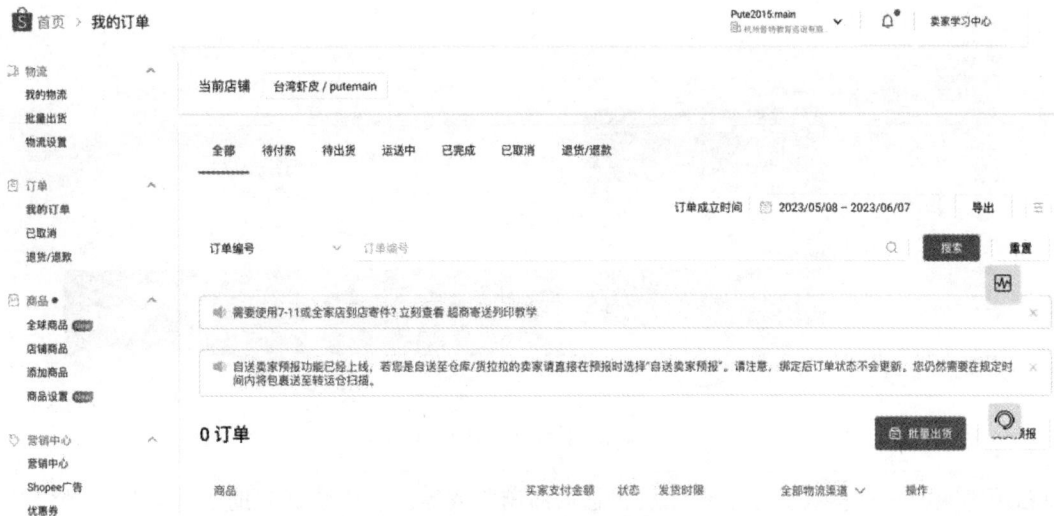

图 3－17　"我的订单"栏目

　　每个平台都有吸引顾客的促销活动，这也是运营的核心内容。Shopee 提供了三种营销工具："我的折扣活动""优惠券"和"店内秒杀"，卖家可以根据自己的情况来选择。

　　在"我的收入"栏目里，卖家可以看到已售出的产品和实际能得到的货款，如图 3－18 所示。

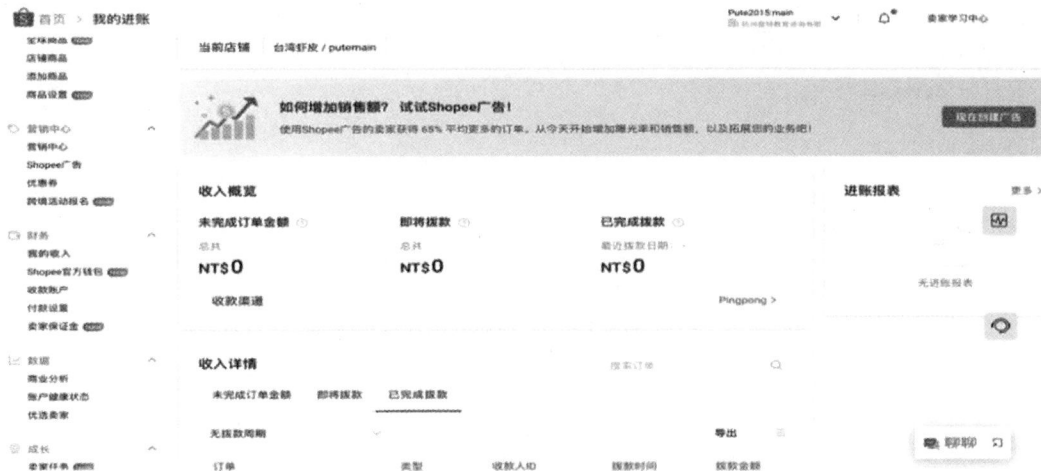

图 3－18　"我的收入"栏目

　　在"财务"栏目里，可以选择收款账户和增加银行账号，如图 3－19 所示。

　　在"数据"栏目里的"商业分析"选项中可以看到一些较核心的指标及其数据分析，

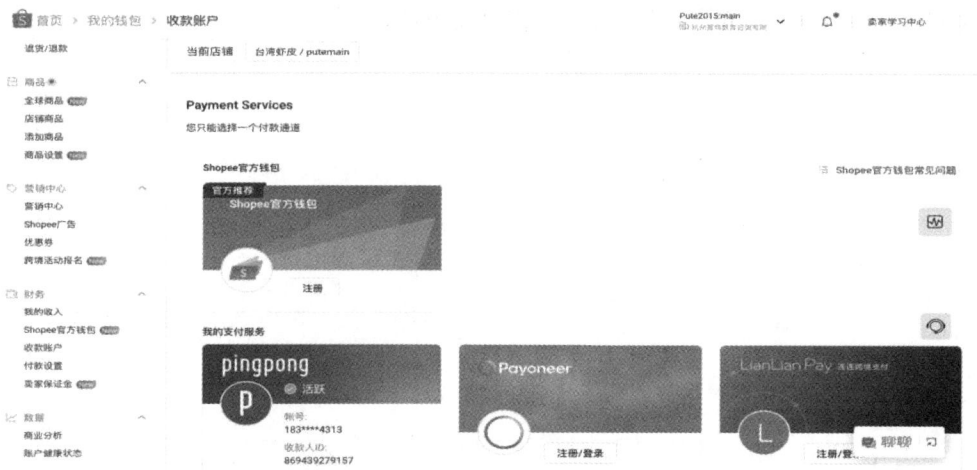

图 3-19　收款账户

如总销售额、总订单数、总销售件数和总页面浏览数等。这些数据有助于卖家制订销售策略，如图 3-20 所示。

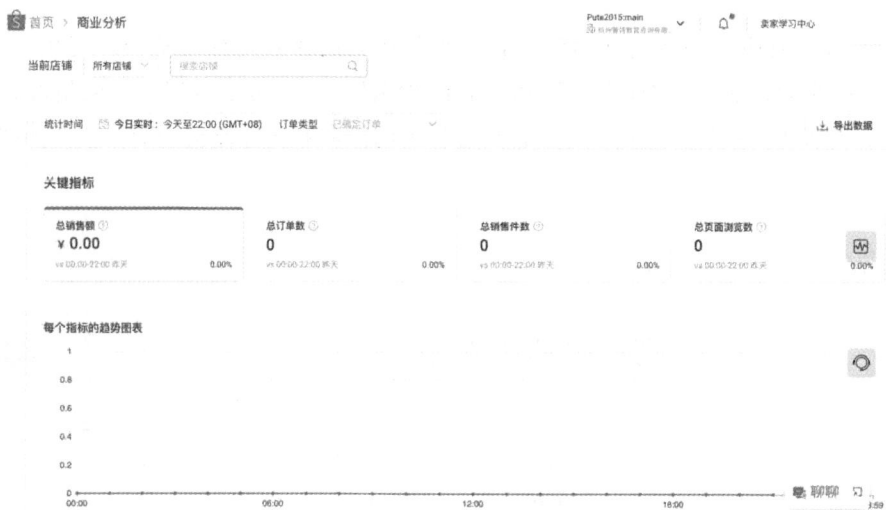

图 3-20　商业分析

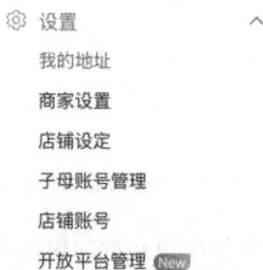

图 3-21　"设置"栏目

最后一个栏目是"设置"。在"设置"中，卖家可以设置卖家地址，进行商家设置和店铺设定等（图 3-21）。

思维导图

```
                                            ┌─ 速卖通入驻注意事项
                      ┌─ 速卖通平台卖家入驻知识 ─┤
                      │                     │                  ┌─ 开通店铺
                      │                     └─ 速卖通基础操作 ───┤── 平台规则
                      │                                        ├── 产品上架
                      │                                        ├── 填写完善商品信息
                      │                                        ├── 产品详细描述
                      │                                        ├── 包装信息
                      │                                        ├── 物流设置
                      │                                        ├── 信息服务管理
                      │                                        └── 其他设置
第3章　跨境店铺注册操作 ─┤
                      │                     ┌─ Wish平台特点
                      │                     │                  ┌─ 开通店铺
                      ├─ Wish平台卖家入驻知识 ─┤── Wish平台基础操作 ─┤── 产品发布
                      │                     │                  └── 履行订单
                      │                     ├── Wish平台账户及付款政策
                      │                     └── Wish Express政策
                      │
                      │                     ┌─ 东南亚电商平台——Shopee
                      └─ 其他新兴平台卖家入驻知识 ─┤                  ┌─ 开通店铺
                                            └── Shopee平台基础操作 ─┤
                                                                └── Shopee卖家界面
```

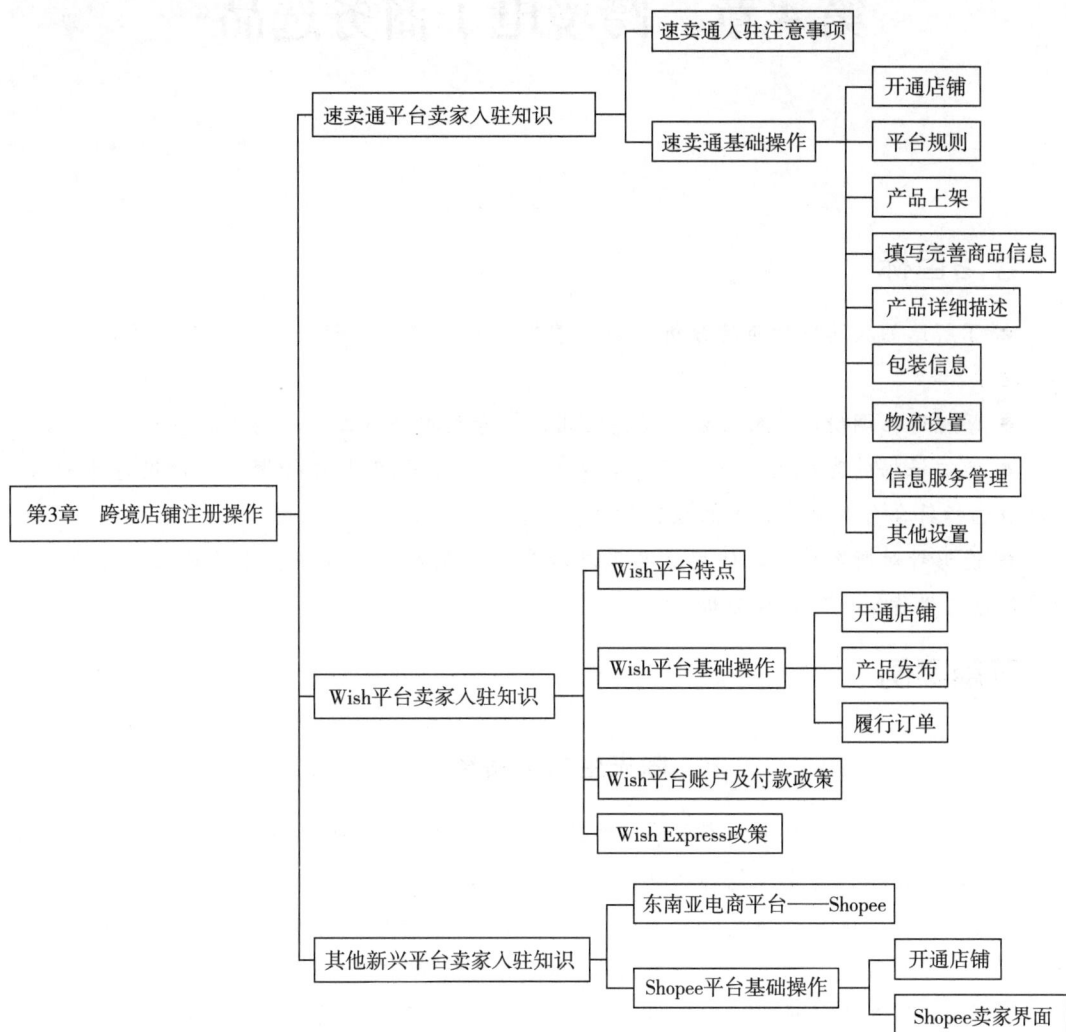

实操项目：以小组为单位，完成全球速卖通平台店铺注册。

第4章 跨境电子商务选品

学习目标

● 了解选品思路中的市场分析方法，掌握淘货源选品、阿里指数选品、统计数据选品等方法。

● 掌握选品调研的一般方法，熟悉常用的平台数据分析工具和调研报告的写作方法。

● 能够根据电商规则和选品要求，对跨境电商平台品类进行调研，把握行业趋势，分析并选择符合自身要求的产品经营类别。

● 能够针对所定单品，使用竞品工具对其进行深入选品分析。能够对工厂货源和线上货源进行供货渠道可行性分析。

开篇案例

陈先生的选品经历

陈先生是某电商平台上一家玩具店的经营者，开店伊始，他的第一个任务就是构建自己店铺的品类结构。首先，他将玩具作为主营方向，其下的次品类包括男童玩具、女童玩具和婴童玩具等。陈先生经过分析选择了重点经营男童玩具，因为男童玩具的销售规模是电商玩具市场里面最大的一块"蛋糕"，这样他的店铺销量应该会有基本的保证。

接下来，陈先生经过研究，发现"男童玩具"下面还有玩偶类、模型类、积木类、智力类、户外类、情景类、运动类、电子类等大分类。根据对消费者偏好的观察，陈先生较为看好智力类玩具市场的潜力，于是又将智力类男童玩具作为自己最主要的经营品类。

随后，陈先生还要继续拓展智力类男童玩具品类的宽度和深度。

案例分析

总结上述选品过程，可以说陈先生对商品品类进行的筛选决策都建立在他对品类规模、行业动态、消费者需求及消费者购买偏好的理解上。这种选择过程的实质，就是为了最大限度地满足顾客需求。

4.1　选品的相关概念

无论卖家在哪个电商平台上开店，为店铺选择主营商品的品类都是第一步。在电商领域有一句话：七分产品，三分运营。选择商品并赶在一波潮流趋势的前头，可能收获颇丰；看到市场爆款后跟风销售，可能订单量不错但是利润稀薄。选品不应依据个人喜好，也不能仅看数据报告，选错商品的后果是库存积压、资金浪费。选品不是一个按照个人喜好而进行的工作，而是应该在对商品了解和对目标市场需求了解的基础上，做出综合判断。因此，在选品之前，了解品类的含义、品类结构、选品的原则和理念非常重要。

选品即卖家从供应市场中选择适合目标市场需求的产品，同时也是跨境电商卖家构建店铺产品结构的主要途径。

4.1.1　品类的含义

按照国际知名的 AC 尼尔森调查公司的定义，品类（category）即"确定什么产品组成小组和类别，其与消费者的感知有关，应基于对消费者需求驱动和购买行为的理解"。而家乐福公司则认为"品类就是商品的分类，一个小分类就代表了一种消费者的需求"。

本书认为，品类即商品种类，一个品类是指在顾客眼中一组相关联的且可相互替代的商品或服务。

4.1.2　品类结构

品类结构就是指符合店铺定位及顾客需要的"商品组合"。品类结构是由供货商与卖家协商而形成的，但仍是以消费者需求为出发点。

一般来说，品类结构内含主品类、次品类、大分类、中分类、小分类等，例如，家用电器是一个主品类；电视、空调、洗衣机、冰箱等就是次品类；在电视之下还有曲面电视、人工智能电视、4K 超清电视等大分类；在大分类之下，根据尺寸或品牌等不同标准还可以划分出中分类和小分类等。

4.1.3　选品的原则

在进行选品工作时，很多卖家没有基本思路，他们或者因为对某类产品比较熟悉而直接进行销售；或者从某个卖家的成功案例中列举的产品入手；或者自我感觉某种产品似乎很好卖，于是就开始销售这种产品。

以上种种选品方式既没有明确的目标，也没有深入地思考，最终的结果很难预料。因此，要进行选品工作，必须掌握正确的选品原则。

1. 使用简单的商品，不需要太复杂的操作

如果你经营的是大众商品，那么最好选择不需要复杂操作的，否则会增加售后解释的成本，例如，有些买家耐心有限，没有看使用说明就投诉商品有问题，要求退货退款。

2. 复购率高的商品

最好的是快销品，买家可以反复购买，如果商品因使用性质的原因复购率不高，则必须有足够的利润，且适合口碑传播。

3. 供应链稳定

商品卖爆时需要马上补货，如果无法及时补货或因赶工导致商品质量下降，则会给卖家造成很大困扰。

4. 市场容量够大

有的类目虽然竞争不激烈，但是买家需求也少，即使在市场中成为绝对的"老大"，也不足以支撑运营成本。大类目虽然竞争激烈，但因为有庞大的市场容量，新手卖家也很容易分得一杯羹。

5. 大卖家数量少

如果一个类目已经被几个成熟的大卖家占据了大部分市场份额，那么新手卖家就很难参与竞争。

在市场竞争中要关注商品的生命周期，保持商品的竞争力，可以借鉴以下思路：人无我有，人有我优，人快我新，人新我廉，人廉我转。

4.1.4 选品的理念

在遵守前面几项基本选品原则的基础上，选品工作在不同阶段还应遵循不同的理念，主要有以下几点。

1. 明确需求

一个店铺运营者需要对自己的店铺有足够充分的了解，大到店铺的资金状况，小到每个 listing 的细节，只有在了解店铺的情况下，卖家才能明确自己的选品需要。如果店铺里大多是低价格、薄利润的产品导致店铺利润率太低，那就需要开发几款高价格、高利润的产品来支撑店铺的盈利能力。

2. 确定市场

大致确定产品方向后就需要在大方向里面进行市场细分。根据受众的不同，每个大市场都可以被分割为许多个小市场，每个小市场的用户群体和消费需求都各不相同，卖家需要在细分后的小市场中确定自己将要进入的市场，这个过程同样是复杂的。

3. 市场调查

确定市场后，根据关键词搜索排名等确定 10～20 个做得最好的 listing，将这些 listing 的卖点、价格、销量、上架时间等，做系统的调查和总结。然后，考察产品质量。这些产

品有哪些卖点、哪些痛点，客户差评是偏主观，还是客观存在的问题，后期能否通过优化产品避免这些问题，这些问题可以从卖点中找到答案。

4. 产品差异化

经过以上三个步骤，基本上就能确定产品了，下一步就要考虑产品差异化的问题了。从市场调查的过程中，卖家应该对这个产品的市场现状有了足够的了解，这个时候，为了让自己的产品更具优势，就需要做出差异化的选择。不同的产品有不同的差异化需求，或许是产品升级，或许是配件优化，或许只是一个简单的电源线加长，总之，差异化的最终目标是让你的产品具有其他产品没有的优势，从而更能吸引客户的眼光，提高转化率。

5. 科学使用选品工具

选品最重要的是要有数据的支撑，如果没有数据参考，选品会变成一项艰苦的工作，如果可以更好地结合选品工具，那么选品工作就可以事半功倍了。

经过上述步骤，基本就能选出符合要求的产品了，但这款产品能不能推起来，需要多久才能推起来是不得而知的。选品不仅仅是选出一个产品这么简单，而是要对这个产品进行闭环的监测，从中总结出市场规律，为下一次选品做准备，这才是最重要的。

◤ 知识延伸

如果是新手店铺选择产品，还需要注意产品在市场内的饱和度、大众的使用率、产品类型的市场需求量等问题。不建议选择比较冷门的产品，也尽量不要跟风选择突然爆火的产品，因为这类产品也可能突然爆冷，甚至被市场淘汰。以下选品技巧可供参考。

1. 门槛高竞争相对小的产品

比如一些专业的高科技的产品，如无人机、3D打印机等，这些产品相对来说科技含量较高，门槛也高一点，可以筛选掉一批竞争对手。

2. 一个大行业大需求类的某个专业细分领域

3D打印机这个产品，算是比较大的应用领域，在国内外可以应用到很多领域，但是3D打印机对耗材消耗很大，而耗材是一次性的，用完了就必须买，所以可以专注于某个领域的配件。把这个配件做大到行业领先，也是可以的。

3. 一些看起来冷门偏门的产品但是确实有一定的应用领域

比如香薰机，而且是香薰机里面的一个细分领域，如瑜伽香薰。店铺后期可以买香薰油送香薰机，因为香薰油利润高，可以深入绑定客户。

4. 未来市场需求持续增长但目前还供应不足的

比如现在还算强劲的医疗防护用品等，人们的健康意识越来越强，因而加强了对基础医疗物资的重视程度。

以下产品不建议新手店铺选择。

1. 污染性严重的产品

新手店铺如果选择这类产品，很容易因不了解相关法律法规而面临罚款、整顿甚至关店的风险。

2. 劳动力密集型产品

曾经在我国的境内鞋子、服装生产企业很多都搬到东南亚了。此品类货值低，全靠走量，但如果能做起来，也能够盈利。

3. 简单加工、附加值低的产品

例如，数据线、充电宝等，但掌握了核心技术的此类产品另当别论。

另外，根据自身市场定位、客户定位等选择产品也很重要。这个需要在前期进行周密的市场调研。

4.2 选品的方法

在进行跨境电商选品工作时，很多卖家没有基本思路，他们或者因为对某类产品比较熟悉而直接进行销售；或者从某个卖家的成功案例中列举的产品入手；或者自我感觉某种产品似乎很好卖，于是就开始销售这种产品。

以上种种选品方式既没有明确的目标，也没有深入地思考，最终的结果很难预料。因此，要进行电商选品工作，必须掌握一些基本的选品方法。电商选品的方法非常多，下面对主要的几种进行简单介绍。

4.2.1 评价数据分析法

评价数据分析法包括两个方面：差评数据分析和好评数据分析。其中，差评数据分析就是通过收集跨境电商平台上热卖产品的差评数据，从中找出客户对产品普遍不满意的地方，从而开发出能够解决客户痛点的产品；同时，也要兼顾分析商品的好评数据，从中寻求客户对产品真正的需求点和期望值。唯有双管齐下，才能够找出真正符合消费者需求的产品。

4.2.2 产品组合分析法

产品组合分析法就是指用组合产品的思维来选品，即在构建产品品类结构时，规划20％的核心产品，用以获取高利润；10％的爆款产品，用以获取流量；70％的常态产品，用以互相配合。选品应该兼顾不同的目标客户，不能把所有的产品都置于同一个价格段或保持在同一品质等级，因为体现一定的价格和品质梯度才可能产生更多的订单。

核心产品应该选择小众化、利润高的产品；爆款产品应该选择热门产品或紧跟当前热点的产品；常态产品倾向于选择性价比较高的产品。无论是核心产品、爆款产品还是常态产品，选品的时候都必须对产品的毛利进行评估，计算毛利的简单公式如下：

单品毛利＝销售单价－采购单价－单品运费成本－平台费用－引流成本－运营成本

经典案例

利基产品（Niche Product）是指那些市场不大、客户需求尚未被满足，而大企业又无眼顾及的"冷门"产品，其特点是产品利润较高且竞争较小。来自阿里巴巴的数据显示，平台中小卖家占比达到 70%。当中小卖家选择经营热销产品时，往往面临着非常激烈的价格战，产品的利润会被压得很低。这时，选择一两款利基产品就显得非常重要。

例如，世界上的"左撇子"仅占 10%，因此，大多数产品都是为主要使用右手的人而设计的。在这种情况下，如果卖家开发出左手剪刀、左手吹风机等产品，相信即使将产品价格提高一些，很多"左撇子"也会毫不犹豫地下单。

4.2.3　行业动态分析法

每个产品品类都拥有行业背景，因此从行业的角度研究品类更具有全面性和前瞻性。目前，了解某个品类的交易情况主要有以下 4 种途径。

1. 登录电子商务研究平台的官方网站

中国电商大数据网——电子商务研究中心网站是一个致力于电子商务研究的开放性网络研究平台，免费提供各种电商数据、电商报告、热点专题、行业动态等信息。卖家可以在网站上了解当前电商的具体发展状况。

电子商务研究中心网站：http://www.100ec.cn/zt/bd

2. 查阅第三方研究机构或贸易平台发布的市场调查报告

第三方研究机构或贸易平台具备独立的行业研究团队，这些机构具备全球化的研究视角和资源，因此，它们发布的研究报告往往可以给卖家带来较系统的行业信息。

艾媒咨询：http://www.iimedia.cn/

艾瑞咨询：http://www.iresearch.com.cn/

3. 参加行业展会

行业展会是行业中供应商为了展示新产品和技术、拓展渠道、促进销售、传播品牌而进行的一种宣传活动。参加展会可以获得行业最新动态和企业动向。

深圳会展中心官网：http://www.szcec.com

4. 直接与供应商进行沟通

资质较老的供应商对所在行业的交易情况和市场分布都很清楚，卖家可以通过与他们沟通获得较多有价值的市场信息。

4.3　选品市场分析

市场分析是对市场供需变化的各种因素及其动态、趋势的分析。通过搜集有关资料和数据，采用适当的方法，分析研究、探索市场变化规律，了解消费者对产品品种、规格、质量、性能、价格的意见和要求，了解市场对某种产品的需求量和销售趋势，了解产品的市场占有率和竞争单位的市场占有情况等，并从中判明商品供需平衡的不同情况（平衡或供大于需，或需大于供），并运用一些数据分析工具来辅助卖家进行更加有效的选品。

下面重点介绍亚马逊平台市场分析选品。

4.3.1 站内选品

1. 销量排行榜：Best Sellers

步骤1：

登录亚马逊网站（https://www.amazon.com），在首页打开"Department"（类目）下拉列表，依次选择"Electronics，Computers&Office"（电子产品、计算机和办公用品）和"Video Games"（视频游戏）（图4-1）。

图4-1 亚马逊平台首页

步骤2：

在跳转的"Video Games"搜索结果页中单击搜索框下方的"Best Sellers"（畅销榜）按钮，页面将会显示出Video Games类目下销量前100名的产品（图4-2）。

图4-2 亚马逊平台畅销榜页面

步骤 3：

查看其他类目下销量排行前 100 名的产品。在左侧的"Any Department"（任意分类）区域下方，卖家可以查看更多品类下销量排行前 100 名的产品，此处选择"Camera & Photo"（照相机和照片）选项。操作完成后，亚马逊平台畅销榜排名如图 4-3 所示。

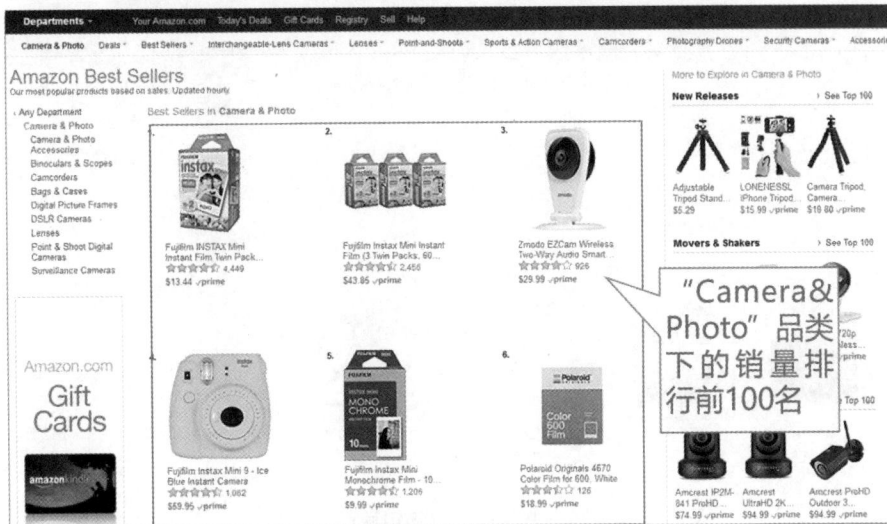

图 4-3　亚马逊平台畅销榜排名

2. 热销新品榜：New Releases

New Releases（热销新品榜）是亚马逊平台基于产品销量得出的热门新品榜单，其数据每小时更新一次。在这个榜单中可以查看目前亚马逊平台最热销的产品，同时也可以用来发掘未来的爆款产品。New Releases 通常出现在某一个类目 Best Sellers 搜索结果页面的右上方。以 Cell Phone & Accessories（手机及配件）为例，亚马逊平台热销新品榜页面的位置如图 4-4 所示。

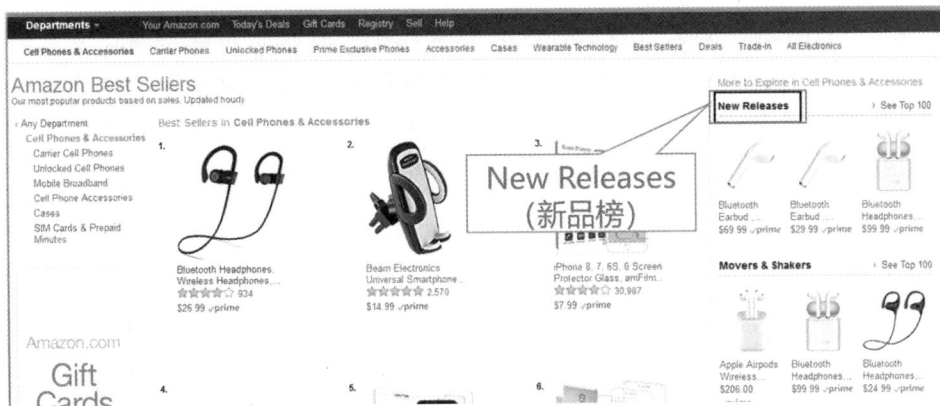

图 4-4　亚马逊平台热销新品榜页面

步骤：

单击图右上角的 New Releases 超链接，进入搜索结果页面（图 4-5）。在搜索结果页面的左侧还可以通过"Any Department"查看更多品类的 New Releases 数据。

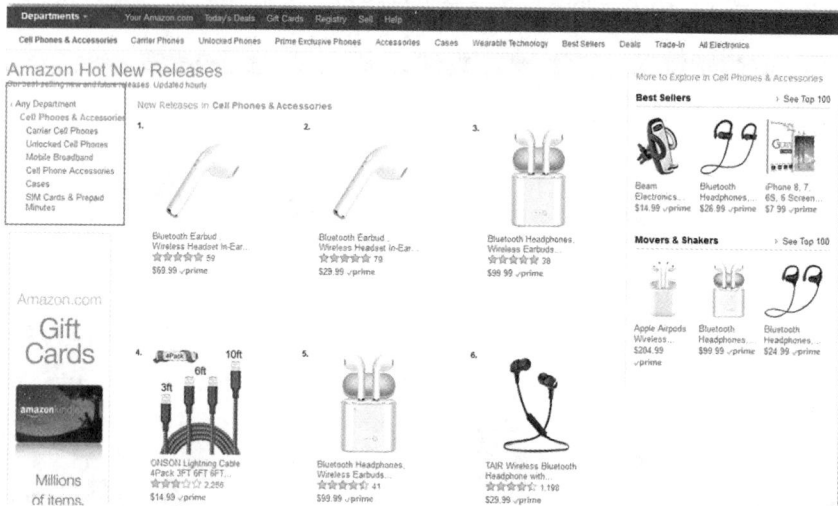

图 4-5　亚马逊平台热销新品榜查看

3. 销量飙升榜：Movers&Shakers

Movers&Shakers 显示的是过去 24 小时内某类目下销量变化最大的产品榜单。根据网页上箭头旁边的百分比数据，卖家可以选出潜力较大的产品。Movers&Shakers 通常出现在某一类目 Best Sellers（或 New Releases）搜索结果的右上方。此外，还可以通过直接单击"Any Department"按钮，在打开的新页面中查询 Movers&Shakers。单击该页面左侧的各个类目，可以查询具体类目下的 Movers&Shakers 信息。

4. 收藏排行榜：Most Wished For

亚马逊平台买家一般会将自己喜欢的商品或想要的商品先放入购物车，然后再决定是否购买。"Most Wished For"搜集的就是过去一段时间内买家收藏的产品的排名。通过直接单击"Any Department"按钮可以查询到"Most Wished For"，它位于 Movers&Shakers 的右侧。单击该页面左侧的各个类目，可以查询具体类目下的 Most Wished For 信息。

5. 礼品推荐榜：Gift Ideas

Gift Ideas 是经常被买家作为礼品的产品榜单，买家可以通过这个榜单来选择最心仪的礼物。而对于卖家来说，这个榜单也可以作为在节假日来临之前选品的参考。通过直接单击"Any Department"按钮可以查询 Gift Ideas 榜单，其位于 Most Wished For 右侧（图 4-6）。进入 Gift Ideas 页面后，单击左侧的各个类目，可以查询相应类目下的 Gift

Ideas 信息。

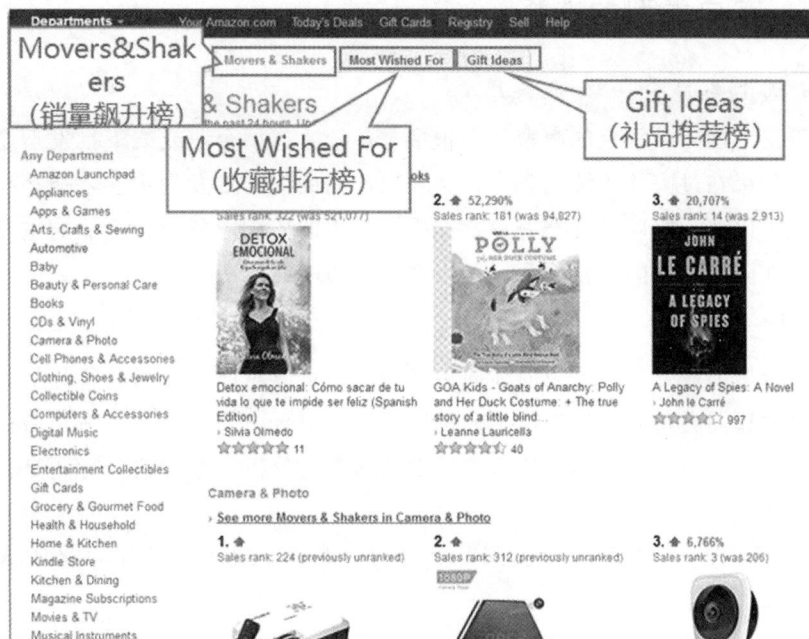

图 4-6　亚马逊平台礼品推荐榜

4.3.2　站外选品

1. Keepa 工具

Keepa（https://keepa.com）是一款追踪亚马逊产品销售情况的工具，卖家可通过它查看亚马逊平台上各类产品的历史价格、产品销售排名等，被关注者的亚马逊 Listing 中的价格一旦发生变化，Keepa 会自动向用户发送邮件提醒。

2. Trendsamazon 工具

Trendsamazon 工具（www.Trendsamazon.com）利用数据统计技术收集并整理产品信息。这些产品信息包括商品历史价格信息、客户评论数、好评百分比、卖家数量、各项产品信息得分、综合得分评比等。数据报告将所有信息放在同一面板中，便于用户查看。Trendsamazon 工具提供的数据每 5 天更新一次，是亚马逊最及时、最准确的市场调研数据。

4.4　海外客户分析

跨境电商平台上的客户类型很多，并不是所有的客户都是我们需要的，我们应该结合店铺发展规划、库存情况、销售模式、运营及服务团队的配备等来确定我们到底满足什么类型的客户需要。可以从以下两个维度进行客户分析。

4.4.1　客户类型的选择

1. 结合线下客户类型选择客户

目前阿里巴巴国际站平台的商家，有很多是传统生产型企业或线下批发型企业转型做跨境业务的。如果在过去的传统业务中，企业以产品的定制批发为主业，那么在阿里巴巴国际站平台上可以选择定制批发类客户；如果在过去的传统业务中，企业的主要客户是外贸客户，那么在阿里巴巴国际站平台上可以选择跨境电商客户。

2. 平台横向数据分析

如果不确定店铺业务是否可以向横向市场发展，可以对横向市场进行分析，在一些特定的网络平台对比同类产品的销售情况。例如，想知道自己的产品是否适合微供市场，就可以进入微供平台，对同类产品的代理商转发数据进行分析，看看这个行业是否有大量的微商进货。

通过以上两种方法，在阿里巴巴国际站平台上基本上就可以确定自己所需要的客户类型。

4.4.2　客户画像

每种客户都有自己的特征，称之为"客户画像"。在平台上找到自己需要的客户后，还要了解这类客户，以便选品时更有针对性和有效性。下面就针对平台上的两种主要客户，"描绘"客户画像。画像的内容：分布、上网习惯、黏性、下单特点、交易特点等，"描绘"的依据是生意参谋中的"客户特征"和"流量概况"两个板块。

"描绘"客户画像的目的是更好地了解客户，从而更加精准地选品和推广，以及更加精准地服务和营销。

4.5　竞品分析

跨境电商能不能做好平台店铺选品，不仅要看会不会产品优化技巧，还要看会不会做数据分析，特别是对同行业商家、竞争对手做相应的分析，也就是对竞品的分析。

4.5.1　如何寻找竞品

以女式T恤为例，分析如何找对竞品。首先在电商平台进行搜索，再选取热门属性及价格，最后按销量排序找出前五名，把前五名的产品确定为我们的竞品。这种方法也可以用于其他类目的产品。

通过阿里指数取得各项数据后，制成一个表格，见表4-1所列。

表 4－1　平台女式 T 恤属性及价格表

女士 T 恤				
基础属性			价格带	
	第一	韩版	价格区间	销量占比
服装风格	第二	欧美	0～17 元	20.5％
	第三	日系	17.01～28 元	24.5％
	第一	印花	28.01～40 元	29.9％
流行元素	第二	拼接	40.01～58 元	13.9％
	第三	刺绣	58.01～104.5 元	7.9％
	第一	短袖	104.5 元以上	3.3％
袖长	第二	长袖		
	第三	无袖		
	第一	印花		
图案	第二	纯色		
	第三	字母		
	第一	印花/印染		
工艺	第二	拼贴/拼接		
	第三	刺绣/绣花		

4.5.2　竞品分析指标及方法

我们通过以下四个维度查看竞品的各项数据。

1. 单品数据

采集平台某单品的价格、30 天交易数、30 天成交金额、收藏量、评价、SKU 等数据。

2. 店铺数据

包括累计成交数、累计买家数、重复采购率、近 90 天退款率等，还要评估 BSR（买家服务能力）。

3. 横向市场

包括淘货源、微供、直播、跨境专供等市场的分析。

4. 买家体验

买家体验是一个广泛的概念，主要涉及物流、产品品质、包装、售后服务等方面。

4.5.3　竞品分析策略

1. 确定产品

通过前面的分析，会发现定价为 17～40 元的韩版印花短袖女式 T 恤，或 17～40 元的欧美拼接短袖女式 T 恤是比较受欢迎的，所以主推款可以是这两种。

2. 自我分析找到差距

在确定了主推产品后，再分析自己的单品及店铺数据，找到与对手的差距，根据实际情况，提升自己，超越对手。分析的维度与前面分析竞争对手时的维度保持一致。

3. 特定场景下跟款选品

还可以用其他方法选品，紧跟平台热卖产品。如果产品以跨境专供为主，那么可以选择速卖通、Amazon、eBay、Wish、敦煌网等跨境平台进行跟款。

4.6　爆款的选择与打造

众所周知，爆款在跨境电商里非常重要。它不仅能给一家店铺带来大的销量和展现，还承载了店主太多的希望。所以很多人对做好店铺的理解是打造好爆款。到底爆款具有什么样的潜质呢？这里我们将详细讲述爆款是如何"长出来"的。

4.6.1　爆款的重要性

一个爆款在电商中非常重要，它能提升店铺中其他产品在搜索排序中的排名及销量。我们常说："火车跑得快，全靠火车头带。"但现在你会发现这句话在动车和高铁盛行的时代已经不适用了，现在需要的不是一个火车头，而是更多独立的火车头。

爆款的主要作用：产生羊群效应，给店铺带来收益；给店铺带来流量，促使店铺的销量提升；给店铺带来更多展现的机会，让店铺有机会在世人面前曝光，同时也是客户体验的入口。如果客户体验好，后期会形成口碑效应，让爆款自然而然传播。它也是撕开客户口袋的一个工具，让客户对你有更多的期待和接触，从而形成后期的二次、三次购买。

4.6.2　打造爆款的准备工作

任何级别的店铺，都想打造自己的爆款，因为它可以有效地带动销量。任何事要做好的前提是一定要先打好地基，这是最基本的工作，打造爆款首先要从以下三个方面入手：

1. 选好款式

想和做是两码事，很多人想做爆款，但是连什么样的商品可能会成为爆款都不知道。因此选款非常重要，这是做爆款的第一步。

简单来说，选款可以按照三个步骤展开：第一，依据市场需求和人群需求选款；第二，供货商推荐且经过数据检验证明是可以推的款式；第三，上一年销量还不错、市场口碑很好的爆款。

2. 价格梯队策略

选好款式的下一步是要准确定价，在做产品之前就要想好，后期应做一些促销或者打折，而这些促销手段就属于价格梯队策略。各大跨境电商平台里自带很多促销活动（如打折、包邮、满减），在卖家操作平台处可以看到有限时促销，创建优惠券、包邮券，满减等。多做些促销活动能吸引客户的眼球，吸引他们购买推荐的款式。

很多客户喜欢促销的东西。如平常价格 50 元、活动价格 30 元，很多人会选择这样的产品。但是，切记不要跟同行打价格战，要做出自己的风格。

3. 店铺能力

（1）供应链要做到自己能把控，有必要保障

供应链指商品到达消费者手中之前，各相关者的连接或业务的衔接。它是围绕核心企业，通过对信息流、物流、资金流的控制，从采购原材料开始，到制成中间产品及最终产品，再到由销售网络将产品送到消费者手中，将供应商、制造商、分销商、零售商以及最终用户连成一个整体的功能网链结构。这个网链是不能断的，我们要保障这个供应链的通畅和最佳状态。

（2）要有店铺的自我运营能力

店铺的自我运营能力包括推广能力、客服能力、美工能力、数据分析能力。现在都在说自媒体，做好自媒体的核心也是要拥有良好的自我运营的能力。做店铺也一样，一定要想办法把自己的店铺推广出去，让店铺和产品展示在更多的人面前。

在店铺运营过程中，要及时发现存在的问题，并采取相应的改进措施。如果是客服方面的问题，就要对客服进行相应的培训，或聘用更加专业的客服人员；如果是美工方面的问题，就要安排专业的美工处理我们的产品图片；如果是数据分析的问题，就要安排运营人员或者店长分析店铺的各项数据，然后根据数据决定下一步做什么。

有好的产品，但推广不出去，不被人看见，也卖不出去；即使有人看到了，若没人给他们详细介绍或者介绍不到位，他们也不会下定决心去买，其实这些现象背后都有具体的原因，要能够准确地发现这些原因，并及时采取改进措施。

4.6.3　如何选择爆款

很多人做爆款会经历很多尝试和失败。如何检验一款产品是不是爆款呢？或者怎样判

定它到底是不是爆款呢？

1. 爆款的选择

任何一个爆款的打造和形成都是有规律的，不是乱选择、乱投放，而是要经过市场的检验。可以从以下方面来确认爆款的取向。

（1）阿里指数——产品排行

从阿里指数的产品排行来确定哪些产品适合打造爆款。可以从上升榜、热门榜及最新榜中找出和自己款式类似的产品，并通过数据分析的方法来判断是否适合爆款打造。

（2）生意参谋——货——产品效果

通过"生意参谋——货——产品效果"来判断产品是否适合打造成爆款。

利用这些数据可以判断某些产品是否适合做爆款，可以参考的数据有"我的展现次数""我的浏览次数""我的点击转化率"。

适合做爆款的产品应有这样的特点：无论是展现次数还是浏览次数、点击转化率，都高于市场平均值或同类产品平均值。

（3）爆款实验室

爆款实验室是一个好东西，很多人不知道该如何利用它选产品，一个秘诀是最好选择系统推荐的试爆款。而且选择时有个规律，即选择爆款指数高的产品，越高越好。按照爆款指数由高到低的顺序依次选择，一共选择10款。

2. 四个选款关键词

（1）研究趋势走向

做跨境电商一定要懂数据，一定要知道某款产品是否适合推荐做爆款，要学会依据数据分析来得出结论。数据分析是根据近三年的数据对比，分析出以后的趋势走向，相应的数据可以在阿里指数里看到。要知道客户比较喜欢的款式是什么样的，店铺定位是否准确，店铺中是否有客户喜欢的款式。

看一款产品是不是具备爆款潜质，首先需要做的事就是选款之前常去看看数据，具体包括自己选的款是否和市场上的风格相似、这款产品的关键词最近的展现曝光是否呈上升趋势等。一般而言，客户只看搜索量位居前20页的关键词。看完数据之后，便要研究哪些款式的风格比较受欢迎。也可以看看同类店铺有哪些款式卖得比较不错，或者去阿里巴巴看看其他供货商的哪些款式卖得不错。

有人的地方就有市场，所以在市场上一定会有人和你做同样的产品。所以要看同行的热销款式，以及热销款式的近似款是否具有爆款潜质，这些往往都是选款的重点参考对象。首先，要研究自己店铺产品的风格和定位，研究这些款式是否符合自己店铺的风格；其次，对照市场受欢迎的款式进行对比分析；最后，结合生意参谋、阿里指数或其他工具，进行一个星期的观察，然后再决定其是不是真正的爆款。

（2）判断顾客的消费趋势

除了一些数据分析外，我们也要做一些主观的判断，包括选款和数据方面。很多人认为选款很难，其实关键在于你会不会通过经验和数据分析来判断客户的消费趋势。

成为一位好的卖家不是一蹴而就的，而是要通过对买家或客户数据进行日积月累的分析、思考，以及相应的运营实践来逐渐锻炼和培养敏锐的行业观察力。如果能够依据自己的经验判断最好，但不是所有的卖家都具备这样的能力。不够敏锐的卖家其实可以借力，也就是按照之前讲的，依据一些工具或者技巧判断流行趋势，如用阿里指数查看用户搜索趋势，然后去首页看看竞争对手的数据和详情，学习其他商家是如何做的，取长补短。

有的人会说："我要做的款别人已经卖了半个月，怎么办？我要不要上这款？"

有的人看到别人做某款产品成功了，就投入资金，模仿生产，这不是很明智的做法。建议不要抱着"别人已经在卖了，我现在加入也不迟，别人赚钱我也赚钱"的想法，而应先进行分析，然后再决定是否投入。

（3）有竞争就有淘汰

做跨境电商一定要学会分析，看清楚自己的优势和劣势，不要看到别人做成了爆款就跟着投入生产。做爆款一定要看数据，要拿 3～5 款新品去做测试，通过数据和客户反馈决定是否投入生产，不要盲目。

正确的做法是根据阿里巴巴的生意参谋、阿里指数一年的同行销量数据、与客户的沟通情况及对行业经验、数据的积累来确定款式，同时，所选择的产品一定要符合自己店铺的定位和风格。所以选择款式时应该学会用减法，而不是一味地做加法。不合适的款式一定要剔除，剔除标准就是看其是否符合客户群体的口味，换句话说就是客户是否喜欢。

剔除什么样的款式呢？或者剔除有什么标准吗？

剔除款式的标准有三个：第一，过于个性、不适合定位的款式；第二，使用过程过于复杂烦琐的款式；第三，已经被人们证实很少使用的款式。几轮下来，你就会发现剩下的基本上是消费者能够接受的款式。

爆款需要经过实验测试，用个性和客户需求来吸引客户人群。

打造爆款不能只停留在表面了解的基础上，只知道自己想要做爆款，但不知道从哪里入手，也不会挑选产品，这实际上是不知道打造爆款要做哪些具体工作。打造爆款首先要学习消费者心理学。大众化的、绝大部分人喜欢的、平易近人的款式容易成为爆款，这并不代表个性化的款式不行，而是这类款式有一定的选择性，或者是需要客户具备一定的条件。做个性化款式要先了解客户的个性，最关键的是了解客户的需求，吸引客户人群才是最重要的。

（4）产品的性价比

在选择爆款商品时，要注重商品的性价比。因为商品热销的前提是价格不能太高，并且质量有保障，所以性价比就显得尤为重要。卖家要把握好质量和盈利的中间点。

另外，选择产品的款式除了要分析数据外，还应注意产品是否符合客户的审美标准和趋势。要知道当时流行什么、什么样的样式和工艺是客户喜欢的。可以先找出几个品类做测试，然后让老客户选择，看哪个款式比较受欢迎。把这些款式同时上架，尽量做到每个产品所获得的流量基本一致，过一段时间，通过对老客户的调研及近期成交量的分析，找出销量和流量转化比较大的那个款式，将它作为比较有潜质的款式进行爆款打造。

3. 爆款有三种类型

(1) 引流款

引流款是卖家为了提高店铺的信誉和销量主推的某款产品。引流款产品一般价格比较实惠，而且质量也不错。

引流款能否火爆很难预测，不过与卖家做的准备工作充分与否有非常大的关系。

如果某款产品人气和销量都很高，甚至供不应求，为店铺贡献了非常大的流量和人气，那就可把这款产品称为引流款或爆款。但是，引流款并不能直接给店铺带来很多利润，甚至可能带来战略性亏损，但其所带来的流量、定向客户群及间接流量很大，也带动了店里其他产品的销售。如带动利润款的销量和流量，则会促使店铺整体运营处于盈利状态。

(2) 定位款

定位款就是店铺的招牌款、代表店铺主打风格的款式。如果是做现货，那就要做好店铺定位。

店铺定位有三种，一是风格定位（如服装是欧美风还是韩版）；二是价格定位（低、中、高端）；三是产品类型定位（是定制还是市场类型）。

(3) 利润款

利润款，顾名思义，就是能给店铺带来丰厚利润的款式。一个好的利润款几乎是店铺中销售占比最高的款式，卖得最好，但利润款不一定是主流款。做跨境电商一定要了解自己店铺中出售的产品或者能给自己店铺增值的服务产品，否则后续要运营可能会困难重重。

利润款和定位款、引流款有所不同，利润款相当于店铺的镇店之款，只卖给懂得的人，所以利润款在前期选款时对数据挖掘的要求会更高，这样的款式只精准地针对小众人群的偏好，要适合他们对款式、风格、性价比、卖点等多方面因素的需求。毕竟和定位款不一样，利润款的人群定向推广更精准，所以，这些款式推广起来可能需要花点精力。和定位款一样，利润款在推出前也需要进行定向数据测试，通过预售或者老客户产品调研等方式，做精准化营销。

需要注意的是，不管什么款式，要想将现货打造成爆款，质量和库存一定要有保障。

4.6.4 打造爆款的宣传

1. 耐心引导

把爆款要做活动的信息通过旺旺、QQ、电话、微信等各种渠道通知客户，目的是把线下的一些客户引导至线上，提高在线订单数量。

2．多报名专场活动

一分钱拿样、免费拿样、火拼、快订等活动，能引来许多免费的流量和客户。对于阿里巴巴这些免费的活动我们一定要重视起来，因为只要报名成功，就能给我们带来一定的流量、曝光量和成交额，所以一定要充分利用好。

快消品可以一分钱拿样。有的卖家表示自己做过一分钱拿样，流量倒是挺多，但是意向客户不多。其实这个活动重在转化及后期客户感情的培养，有很多人都在客户拿了样品后进行大批量生产。

3．店铺轮播图布局

一家店铺里最好的广告位就是自己店铺的轮播图，轮播图在一定程度上相当于自己店铺的招牌，如果做好了能起到很大的宣传作用。

需要注意的是，在轮播图上产品的卖点一定要放大，一定要找到和别人不一样的卖点，且配备的文案一定要让人有购买欲望。这样客户进店后，就能明白你这款产品的特殊性和优势了。

4.6.5　爆款的成长

很多事情的发生、发展一般都会经历几个阶段，这些阶段会呈现不同的发展态势。从整体上看，我们可以把爆款的成长过程分为初期、中期和后期三个时期。

1．初期

初期创造数据，有一定的数据后进行分析优化，根据市场数据做好前期工作。需要优化的内容有产品主图、详情页、转化率、跳失率、标题、上下架时间。

一张好的产品主图必须符合以下基本原则。

（1）尺寸要适中

750×750 像素最好，主图最好是正方形。

（2）主图主题要突出

换句话说，主图主要展示的是产品，所以图片背景最好是纯色，主题明了，怎么让它突出呢？一定要让客户第一眼看到就知道你卖的是什么，不要让客户看到你的主图还要研究半天才能确定你卖的是什么产品。

（3）搭配文字的技巧

在图片上的文案，一定要突出卖点，不要写太多文字，要做到简洁明了。主图中加上说明文字很有必要，但切记不能过多，要做到简、精、明这三点。

所谓简，就是长话短说，简明扼要。如邮费方面，最简单的表达就是"包邮"二字，有的卖家会把包邮的原因也写上，如"店庆包邮""年中包邮""限时包邮"等，其实有点浪费资源。

所谓精，就是做到精致、精确、精准。用最准确、精简的文字展示出商品的必要信息。

所谓明，就要做到明确、明了，一针见血。文字说明要让人看得懂，要用最清晰明了、通俗易懂的词语，不可用生僻、含义模糊等容易使人难以理解的词语。

另外，图片上的文字可以涉及打折信息、产品优势、产品特有功能等。

（4）颜色搭配要慎重，不是什么颜色都可以混搭

有些主图配上文字就非常抢眼，给人眼前一亮的感觉。原因很简单，主要是美工颜色搭配得好。如果颜色搭配得好，会使主图锦上添花；但是如果颜色搭配不好，很可能就是画蛇添足了。以下是基本的颜色搭配方案，可供参考。

① 红底白字；

② 红底黄字或者黄底红字；

③ 黑底白字或者白底黑字；

④ 蓝底白字或者白底蓝字；

⑤ 红底黑字或者黑底红字。

做好产品详情页，吸引买家进店查看，买家在店铺中找到适合自己的产品，然后咨询下单。这样，爆款产品的转化率自然而然就提高了，跳失率也就减少了，为爆款打下了坚实的基础。

写好产品标题、选好关键词，有助于提高产品的展现量及被搜索量。

不同行业的产品更新的时间不一样。产品上架时间很关键，因为它直接关系到产品在前台亮相的机会，一天之中人流量高峰时段主要有以下几个。

9：00～11：00，★

14：00～19：00，★★★★

20：00～22：00，★

23：00，★

卖家可以将这些高峰时段细化，如上午10点钟，分2个时间上架，第一次在10点10分左右，第二次在10点40分左右。下午3点比上午10点的流量大，就可以分3个上架时间。把热卖的产品安排在黄金时段上架。不同的行业具体划分也会不一样。比如，今天在这个时间段发布，明天可以换一个时间段，争取把这些时间段都用上，做好记录，经常对比，看看哪个时间段流量比较高，后期可以重点关注。

2．中期（推广期）

不管任何时期，都需要对产品做各种推广，其中包括搜索推广、付费推广、展现流量、产品关联等。在中期，主要的工作就是尽最大能力和限度，用各种手段把产品推广出去，让更多人看到产品。

3．后期（清仓期）

后期比较重要的工作是清理库存、带动新品、引导客户流量。这个阶段常做的活动有限时促销、新品上市、清库存，或者在店内进行其他促销活动，主要目的是把库存清出去，把新款带出来。

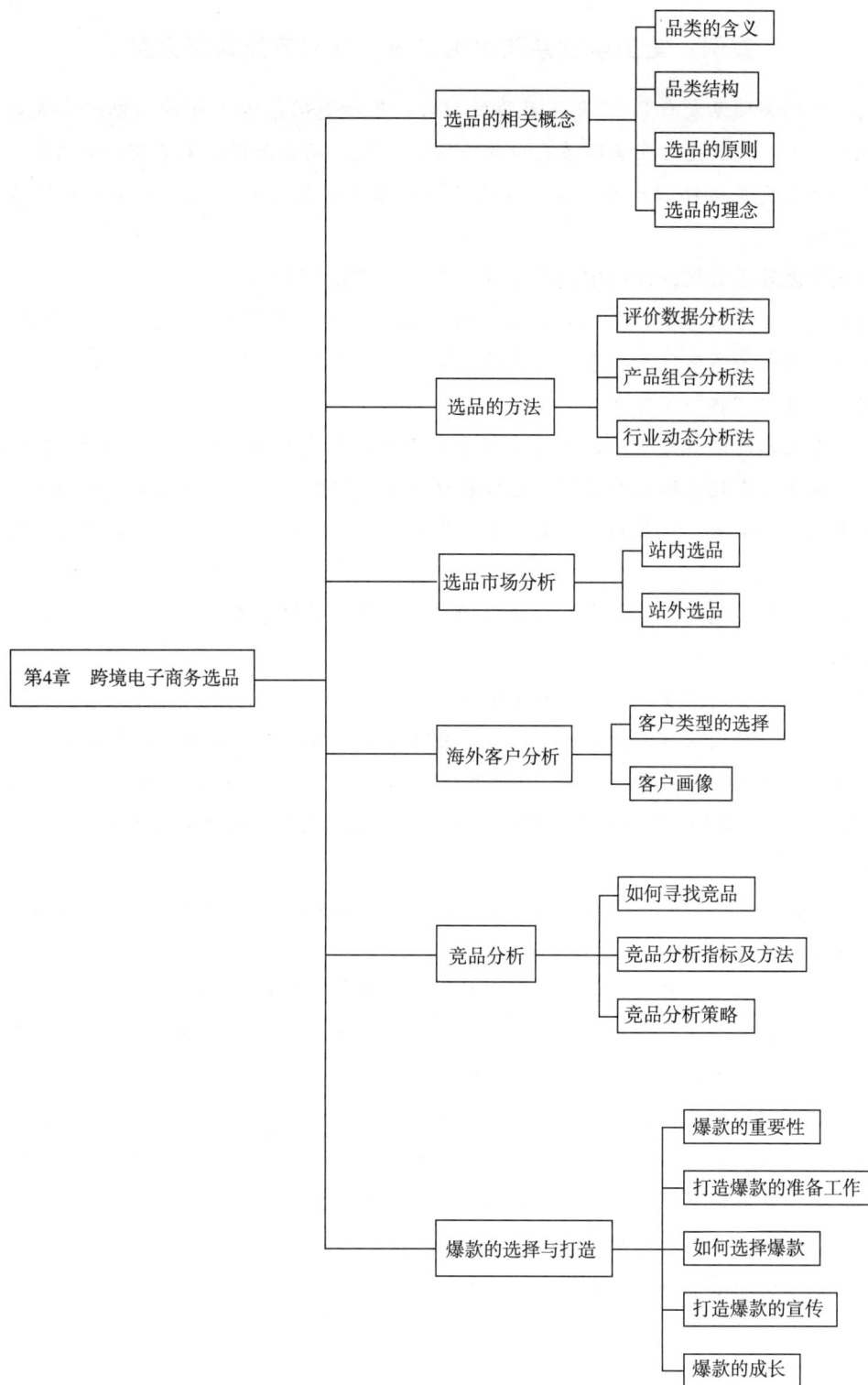

思维导图

```
第4章 跨境电子商务选品 ┬─ 选品的相关概念 ┬─ 品类的含义
                      │                ├─ 品类结构
                      │                ├─ 选品的原则
                      │                └─ 选品的理念
                      │
                      ├─ 选品的方法 ┬─ 评价数据分析法
                      │            ├─ 产品组合分析法
                      │            └─ 行业动态分析法
                      │
                      ├─ 选品市场分析 ┬─ 站内选品
                      │              └─ 站外选品
                      │
                      ├─ 海外客户分析 ┬─ 客户类型的选择
                      │              └─ 客户画像
                      │
                      ├─ 竞品分析 ┬─ 如何寻找竞品
                      │          ├─ 竞品分析指标及方法
                      │          └─ 竞品分析策略
                      │
                      └─ 爆款的选择与打造 ┬─ 爆款的重要性
                                        ├─ 打造爆款的准备工作
                                        ├─ 如何选择爆款
                                        ├─ 打造爆款的宣传
                                        └─ 爆款的成长
```

案例分析

案例：美国暴雪急购中国秋裤，欧洲节能家装火爆

阿里巴巴国际站发布 2023 年 1 月跨境指数，显示美国暴雪天气带动中国柔性定制类服装机会显著，尤其是防寒类服装出口同比增长 29％。而在欧洲，家装翻新成热潮，中国建材商将迎来更多商机。此外，在阿里巴巴国际站上，新能源行业的优质商机增速超过94％，继续领跑。

美国突发暴雪天气，使得中国柔性定制类服装需求大涨

随着北半球进入冬季，尤其是最近美国国家气象局发布消息，美国多个地区在 2023 年开始迎来新一轮冬季风暴、暴雪、冻雨天气以及龙卷风。这些天气变化，让中国的服装外贸供应链终于"热"了起来。

阿里巴巴国际站数据显示，当前美国地区各类服装需求明显回升，来自中国的通勤、防寒类服装出口表现亮眼，大衣防寒类服装出口同比增长 29％。尤其是在近期海外订单高增长十大上升品类中，服装相关品类占据了 8 个，其中男士秋衣和秋裤订单分别位列第一和第二。

由于这一轮天气变化来得突然，使得国内柔性定制类服装需求大涨，"快"成了这轮服装商机的关键词。

来自山东潍坊的阿里巴巴国际站商家赛尔服饰介绍称，他们可以做到每周推出近千款服装新品，从下单到收货，赛尔的柔性供应链可以在三周内将服装成品运至美国。赛尔服饰的外贸运营总监孙洪祥表示，从 2022 年 10 月开始，美国的毛衣和棉服订单就应接不暇，"虽然这两年都在说纺织外贸不好，但我们小单快返的服装定制，每年却保持着 100％的增速"。

来自山东济宁的阿里巴巴国际站商家艾美服装介绍称，2022 年 8 月以来公司的大订单就已经接不过来了。

中国是全球第一大服装出口国。中国服装制造拥有完整的产业链条及集群效应，使得"趋势设计""小单快返"的柔性制造能力在跨境电商中具有显著优势，柔性定制服装跨境出口持续性高速增长，自 2020 年以来，每年增速达 34％。

阿里巴巴国际站行业负责人秦奋表示，近期服装外贸升温，不排除受到短期突发偶然因素影响，但长期看存在必然性：随着国内商家对跨境电商平台的重视程度和运营能力不断提高，国内商家捕捉海外市场突发需求的敏感度和响应能力极大提高，因此总能第一时间"跑赢"他国竞争对手，获得市场红利。

海外家装翻新成热潮，欧美急需"中国施工队"

阿里巴巴国际站跨境指数显示，当前海外家装翻新也成热潮。这意味着，具备海外工程能力的中国建材商将成为这一商机的主要受益者。海外不止需要产品，更需要"中国施工队"。

　　这一需求来自欧盟对于新建房屋必须符合低能耗建筑标准的新要求,同时对于现有存量房屋,欧盟也计划定期完成所有建筑的改造。其中政府管理的公共建筑,要求每年完成改造的面积不低于 3%,各国政府对于房屋节能改造提供了相应的财政支持,数据显示,预计到 2026 年前,整个欧盟的建筑翻新市场规模将从 9500 亿美元增加至 10120 亿美元。

　　市场需求激增,带动家装建材出口增长。成立 14 年的阿里巴巴国际站商家广东省佛山市南海弘宙木业有限公司主营橱柜、衣柜、浴室柜,专攻北美市场。在 2022 年外贸环境复杂严峻的情况下,弘宙木业全年逆势增长 25%,其中一半销售额来自阿里巴巴国际站。弘宙木业负责人刘伟南透露,新冠肺炎疫情三年来,海外家装市场火爆,每年增速在 20% 以上。

新能源继续领跑,阿里巴巴国际站将开展碳合规服务

　　阿里巴巴国际站跨境指数显示,新能源行业继续领跑,预计 2023 年中国新能源出口将增长 74%。当前,在阿里巴巴国际站上,新能源行业的优质商机增速达到 92%,继续领跑出海大盘。据悉,在阿里巴巴国际站,新能源行业已经连续三年保持三位数成长。

　　新能源行业涉及的产品主要包括光伏组件、锂离子电池等,主要出口欧洲市场。尤其是随着欧盟"碳关税"信号的发出,欧洲市场对中国新能源产品的需求将进一步增长。

　　近期,欧洲议会和欧盟各国政府相继宣布"碳关税"将从 2026 年正式起征,进口商必须从 2023 年 10 月起申报其收到的货品当中所包含的碳排放量。据悉,阿里巴巴国际站已经联手第三方认证机构积极布局碳合规,并将在服务市场上线碳合规产品,助力国际站商家积极开展碳足迹核算服务。

复习思考题

　　1. 王蕾正处于选品阶段,她想知道什么产品适合在速卖通平台销售,请你为她分析应该如何选品。

　　2. 王蕾看到其他专员都在店铺里打造爆款产品,也给自己的店铺选择了爆款产品,但是她选择的产品并没有成为她期待的爆款。选品或打造爆款产品时需注意哪些问题?

第5章 跨境电子商务产品价格制定

学习目标

- 了解跨境电子商务产品价格的构成。
- 掌握为产品计算价格。
- 掌握为产品制定合理价格。
- 掌握在跨境电子商务平台为产品设置价格。

开篇案例

拼多多跨境电子商务平台进军美国超半月变身"价格屠夫"，Shein 员工慌了？

（资料来源：微信公众号"跨境电商"）

Temu App 上线仅半个月，这个"跨境版拼多多"已经凭借着"十分内卷"的低价俘获了消费者的"芳心"，这款"跨境版拼多多"不仅商品繁多，而且价格也是低到令人"怀疑人生"！下载数量已经突破 1 万次。目前平台覆盖了家居、服装、服帽鞋包、电子产品等 14 个大类商品，整体价格偏低。据平台方商品页面显示，用户首单还有 30% 折扣，大部分商品包邮且免费退换。

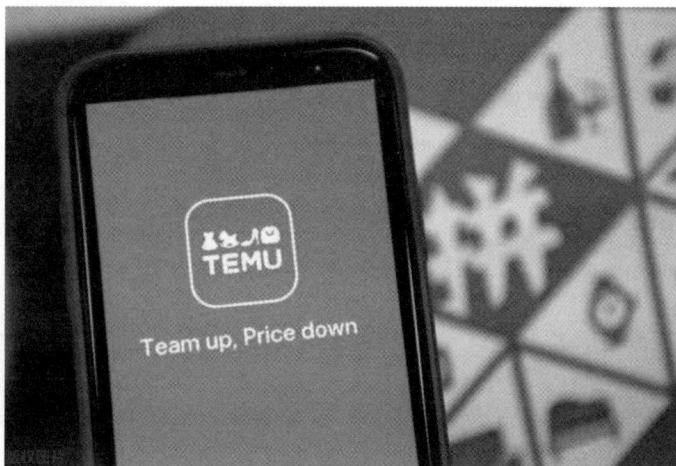

在知名应用商店应用商店中，"跨境版拼多多"Temu App 的下载量已有 1 万多次，用户对 Temu App 的评分也高达 4.8，甚至还有不少用户给出五星好评，称物美又价廉。

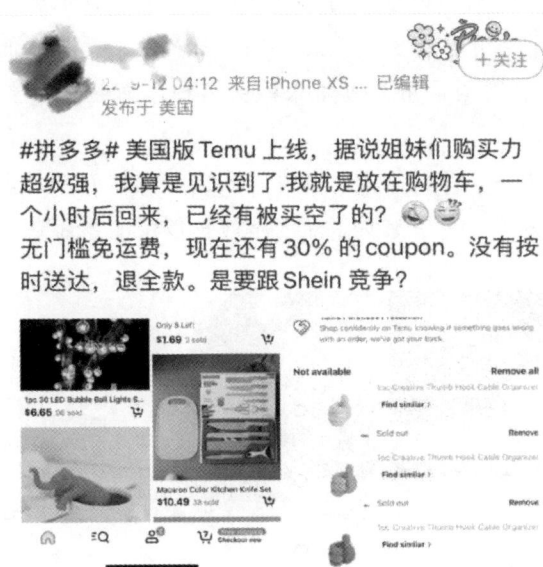

——"在跨境拼多多的购物体验真不错！这里的东西真便宜啊！而且还是正品，退款也很便利。"

——"很不错的 App，客户服务质量高，还免费送货，关键是还有 90 天以上的免费退货服务。"

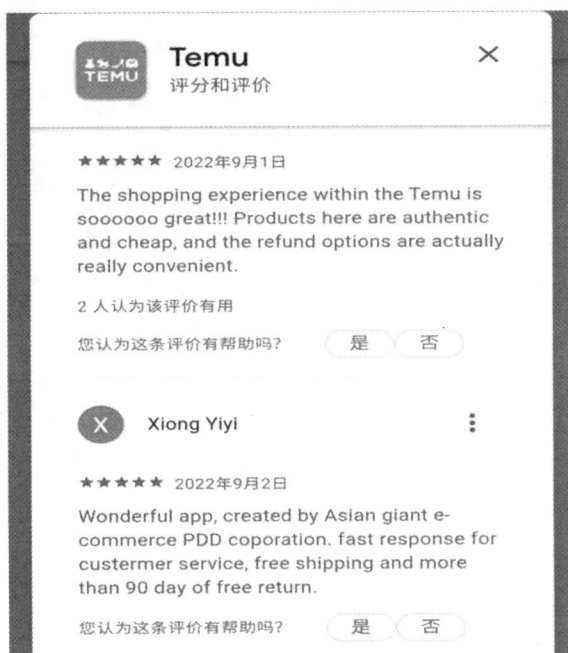

作为一个上线半个月的跨境电子商务购物平台，这个数据是十分优秀的。对比刚上线时，Temu 网页版本改进了原先的导航栏，凸显了"最畅销商品"以及"新品"，将具体品类藏在"类目"按钮里，凸显的重要内容可以让消费者一目了然。

此外，Temu 还为平台用户发放了三张 30％的折扣券，没有最低消费要求，最高可减30 美元。优惠券有效期为两周，用户可用来购买返校季商品、珠宝首饰、万圣节相关商品及 3C 电子产品等。

在"最畅销商品"中，一些畅销产品的订单已达一两百单，万圣节幽灵卡通图形的胸针出售量达到 204 件，另外一款宇航员卡通人形的投影仪出售量为 173 件。

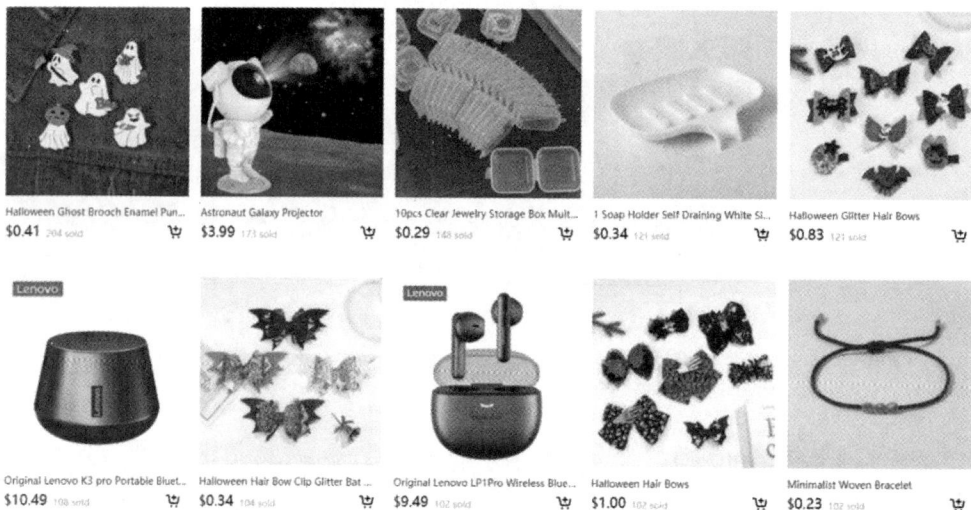

但最近不少卖家观望平台情况时，发现多个产品出现 0.99 美元的售价，从 3C 产品到外套服装不一而足，这让大家对 Temu 上的价格"内卷"感到担忧。

例如，下图中的这款联想牌蓝牙音箱售价仅为 0.99 美元，而即使在国内电子商务平台，这款产品的定价也在 40 元人民币左右，产品成本加上运费，难以想象销售利润从何而来。卖家们直呼："这价格也太低了吧，要被'卷死'了。"

价格内卷？引流手段卖家堪忧

然而有部分入驻的卖家却感到失望。"作为已经入驻的卖家，觉得根本没意思。Temu 平台选款招商不重视款式和质量，只要求低价。"其中一位卖家说。

在招商的时候，拼多多跨境平台受到大多数电子商务卖家青睐，但是该平台更适合工厂型卖家。拼多多跨境平台会从供应商中选取价格较低的，所以通过赚取销售差价获得利润的商家就很难在 Temu 平台上拿到较高的利润，这也是部分卖家被劝退的原因所在。

Temu 这一名称来源于"Team Up, Price Down"，从其英文名称含义中可以看出，Temu 的定位就是低价，如今看来，其在海外似乎还在延续国内的模式。多位分析人士认为，单靠这种模式肯定会遭遇"水土不服"。

拼多多早期通过"砍一刀"低成本带来了大量的流量，但在海外"客场作战"，失去了微信的加持，拼多多出海的短板很明显，如何"砍"来便宜的客户是一个大问题。

对于拼多多来说，能否效仿并创新出一条不错的道路，是非常重要的问题。而且 App 的推广成本相比 Web 昂贵不少。现阶段，Google 和 Facebook 的美国获客成本普遍反馈已经超过了 20 美金/客户，拼多多在前期一定需要"烧"大量的钱才能完成用户原始积累；但如果只是砸钱投放广告，不仅成本过高，而且留存效果不一定好。

有卖家表示，结合 Temu 中端用户而非下沉用户的定位来看，早期的低客单价无非是为了低成本引流，亏物流费来引流其实比直接投放获客更加划算。

不少卖家认为 Temu 更适合供应链源头的工厂型卖家，仍然看好"卷王"的海外发展，认为把心态放好，把拼多多当成是一个零批客户也许更为合适，目标是做吃到平台初期红利的第一波人。"国内版拼多多不也一直被人喷，结果越喷越大。"也许才是大部分正在入局以及正在观望的中国卖家的真实所想。

正面对刚，Temu 和 Shein 谁更慌？

谈到发展模式，有业内卖家直言，Temu 跟 Shein 的模式简直一模一样。外媒甚至报道称 Temu 是 Shein 的模仿者。

知情人士介绍，Temu 上线之前就在定向邀请 Shein 的供应商入驻，且拼多多供应链团队也搬到了 Shein 供应商聚集地——广州番禺。

也有相关消息称，Temu 项目在筹备阶段就有针对性地接触过 Shein 员工，多位 Shein 员工也证实收到了拼多多海外项目递来的橄榄枝，且拼多多给出了有竞争力的工资。其中，海外社交运营岗位的招聘月薪为 20～30K，16 薪，工作地为上海；运营经理岗位给出的月薪为 20～40K，14 薪，工作地正是番禺。

从多个方面来看，Temu 都在试图成为 Shein。而且得益于拼多多在国内累积的供应链优势，Temu 提供的很多商品的价格都低于 Shein。

"不少 Shein 员工挺关心拼多多的'Temu'项目进展。"问及"拼多多的 Temu 对于 Shein 的影响"，一位接近 Shein 员工的知情人表示，"Temu 刚刚上线不久，还不能看出未来市场格局，但现在拼多多已经派过去不少'多多买菜'的核心骨干。"

作为中国最神秘独角兽，Shein 不缺竞争对手，比如阿里巴巴、字节跳动，但能让 Shein 产生危机感的企业并不多，拼多多是其中之一。

众所周知，拼多多是国内人效最高的互联网公司之一，而在上一个新业务"多多买菜"项目中，员工们已经表现出了超强战斗力。如今，曾负责"多多买菜"前期开城任务的大将一级主管冬枣（花名）和葡萄（花名），又被派往跨境电子商务项目，足以见得该项目被重视的程度，Shein 提高警惕也不足为奇了。

低质、低价让 Shein 俘获海外市场消费者，拼多多跨境平台的模式针对 Shein 的迹象十分明显，但 Temu 仅靠低价，能在海外市场站住脚吗？

Shein 发展到如今体量，的确与低价策略强相关。但要说 Shein 的发展只靠"价格"是片面的。在国外，低质低价产品主打消费群体中的低收入人群，这类消费者喜欢低价，但更拒绝不了的是低价背后的快时尚感。

Shein 出圈的原因，是对快时尚的"快"进行了新的定义。其主要用小单快返的打法，通过小批量（100 单左右）测试产品，然后批量上架，找准爆款以后再全力推荐。并且，利用中国广州地区的服装生产力，Shein 自建了专业的成本核价部门和供应商战略合作价格体系，按照长期合作模式保障供应商在一定时间范围内的经营利润，做到了"上新快"（从产品设计到上架仅需 14 天）、"款式多"（截至 2021 年 10 月 11 日统计 66 万＋SKU）以及低价。其价格、数量和上新速度，很难不让中低端市场的海外消费者感到"真香"。

根据公开招商手册，Temu 的低售价源于挤压供应商利润。比如，Temu 对供应商的要求是，消费者要求退换货时，如果不是产品质量问题，Temu 会承担全部损失；但如果是产品质量问题，供应商将被处以产品成本五倍的罚款。若长期如此，本身赚取微薄利润的供应商是否会继续支持拼多多，就需要打上一个问号了。Temu 从供应商处拿货，然后定价卖给消费者，自己扮演零售商角色，通过采取这种策略，平台能够更好地管理供应、物流、履行，并提供优质的售后服务和客户支持，这也与 Shein 很类似。

即使从一开始就因被指完全对标 Shein 模式饱受争议，但拼多多董事长兼 CEO 陈磊在财报会上仍强调："我们不会去简单重复别人做过的事情，会努力创造出自己独特的价值。"

"低价"不再是"杀手锏"，出海品牌如何长期经营？

外媒的一些报道指出，拼多多打入美国市场还面临着不小的挑战。仅有低价显然是不够的，成熟的配套服务支撑体系，才是出海品牌长期经营的法门。

一个反面案例是，当年字节跳动旗下的 Fanno 便是凭借"低价＋补贴"的模式在法国、意大利等国家跑了一遍，更是一度进入意大利购物类 App 的前三名。Fanno 在支付、配送时效和退货等方面的低服务质量，给用户留下了比较差的体验。

拼多多有国内电子商务经验，或许会比字节跳动较快适应海外市场，未来 Temu 的市场表现暂不好预测，但可以肯定一点，低价会成为拼多多的出海"利器"，但很难成为其"杀手锏"。

不过，有知情人士透露，拼多多正在组建自己的物流专线，与拼多多深度绑定的极兔快递已与海航货运有限公司签署了战略合作框架协议，双方约定将在全球范围内开展航空物流合作。而且随着 Temu 供应商数量增加，其网站产品的丰富度也会大大提高。重要的是，Temu 的价格真的具有优势，这会是其和亚马逊竞争的最大优势。

以前，人们总称 Shein 为"美版拼多多"，称 VOVA 为"欧版拼多多"，可见拼多多的低价有多么深入人心，这实际上也是一种用户心智上的占领。而这一次，正版拼多多跨境电子商务平台 Temu 正式打响第一枪，我们有理由相信，平台红利期与未来发展的可观性仍值得期待。

案例思考：

1. 在跨境电子商务平台中为产品制定低价能否取胜？

2. 在跨境电子商务平台中如何为产品制定价格？

3. 在跨境电子商务平台中制定价格要规避哪些问题？

5.1　跨境电子商务产品价格的构成

5.1.1　生产企业直接进行跨境电子商务出口

生产产品的企业直接进行跨境电商出口，即 B2B 或 B2C，生产产品的企业通过互联网直接向企业或消费者提供产品或服务，流通环节减少甚至做到了一对一，使销售成本大大降低。跨境电商产品的批发业务，一般在互联网上报的是 FOB 价，且有最低起订数量，具体交货条件可以和供货商进一步具体沟通商量。

FOB 价格构成和传统外贸类似，即（生产或加工成本＋费用＋利润－出口退税）/银行外汇买入价。

这里的生产成本是指制作商生产某一产品所需的投入，加工成本是指加工商对成品或半成品进行加工所需的成本。

国内费用项目较多，与传统外贸一样主要有加工整理费用、包装费用、保管费、国内运输费用、证件费用、装船费、银行费用（贴现利息、手续费等）、预计损耗、邮电费等。一般企业会折合成国内费用率进行简单计算。跨境电商还需要计算的费用有自建网站商城或使用跨境平台的费用以及电商运营的费用，可以将以上费用统称为跨境电商运营费用。

结合外贸业务常常采用的出口成本核算公式，生产企业直接进行跨境电商出口的成本核算：FOB 价＝（实际成本＋贷款利息＋出口业务定额费＋包干费＋跨境电商运营费用）/（1—银行手续费率—销售利润率）/银行外汇买入价。

如果客户询问或要求使用 CFR 或 CIF 成交，还要进行价格换算，这里关键是如何确定国际运费和国际保险费。国外运费的计算情况相对复杂，要视具体情况的不同来具体分析。如果成交数量多，要安排出口运输，这与传统外贸相同；如果成交数量少，可以走邮政小包或跨境物流；如果建有海外仓，可能先进行一般贸易出口再进行海外本地配送。国际保险费因国际运输的不同而有所不同。如果生产企业做的是零售业务即 B2C，可以在批发价格的基础上增加利润率，如果没有海外仓的话，一般国际运输走邮政小包。

5.1.2 个人购进产品通过跨境电子商务平台出口

在我国鼓励大众创业的大背景下，很多个人购进产品通过跨境电子商务平台出口，当然常常采用先有国外订单后购进产品的形式。此时跨境电子商务产品价格里主要包括采购价格、费用、利润。

其中的采购价格为从产品供应平台（如 1688）或从工厂采购（批发或者零购）的成本价格，可含税（增值税，如能提供增值税发票，可享受退税）。

费用主要包括跨境物流运费、平台交易费用（推广、佣金等）、关税（用邮政小包等个人物品申报的零售出口一般在目的国不交关税）及其他费用。

利润是指合理利润，可根据产品的实际情况、竞争者的价格以及市场情况确定合理的利润率。

再根据出口价格换算原则，把人民币价格折算成外币价格，需要将上述之和除以银行外汇买入价。银行外汇买入价可以实时查看各大银行的外汇牌价获得。

5.1.3 跨境电子商务产品成本核算和利润分析

跨境电子商务卖家经过层层筛选产品之后，还需要了解自己所销售产品的成本花费，所以需要对产品成本进行核算，同时还需要对商品的利润进行分析，跨境电子商务卖家要为店铺的盈亏负责，这也是后期制定产品价格的前提。

跨境电子商务商品成本是指商家采购跨境商品所需支付的综合性成本，包括正品商品价格、运费、税费等。其计算方式不同于常规销售商品的按原价结算，跨境电子商务商品成本的结算要加上运费、税费等支出，才能达到实际的成本核算。

商品的实际成本主要由以下几种成本组成：进货成本（产品价格＋快递成本＋破损率）、跨境平台的成本（包括推广成本、平台年费、活动扣点）、跨境物流成本、售后维护成本（包括退货、换货、破损），以及其他综合成本（人工成本、跨境物流包装成本等）。

产品的销售利润是指销售收入与销售成本之间的差额，产品的销售利润率就是销售利润占销售收入的比例，具体可以表示为以下公式：

$$销售利润率＝\frac{销售收入－销售成本}{销售收入}$$

利润率在 20% 以上的产品都可以考虑销售。

5.1.4　跨境电子商务平台的成本

跨境电子商务指的是商家出售跨越国界的商品和服务，在网上购买和销售产品。随着跨境电子商务经营活动的增加，为了满足跨境电子商务卖家需求，许多主要电子商务平台也都开始提供该服务，令全球商家有机会通过多种渠道销售产品。因此，当商家开始考虑进行跨境电子商务的时候，首先需要了解各种平台的成本，以便制定相应的经营策略。

1. 淘宝跨境电子商务平台成本

一般来说，淘宝跨境电子商务服务需要使用淘宝国际版。首先，开店费用为每月 299 元，需要缴纳保证金，不同类目需要交纳的保证金不同；其次，跨境电子商务商品上架需要支付一定的上架费用，每个商品收费 3～10 元不等；最后，淘宝的跨境商品必须在线支付，需要使用第三方支付服务，这些服务费费率根据支付方式以及平台收费而定。

2. 亚马逊跨境电子商务平台成本

卖家使用亚马逊跨境电子商务平台需要缴纳的费用主要包括卖家费用、实物商品销售费用，以及其他服务费用。首先，卖家费用每月需要支付 39.99 美元，此外还可能需要支付应收贷款费用；其次，实物商品销售费用是每笔订单一定比例的费用；再次，亚马逊的货到付款需要使用第三方收费服务，因此需要支付相应的费用；最后，亚马逊的全球速卖通上架服务需要支付一定的上架费用。

3. eBay 跨境电子商务平台成本

eBay 跨境电子商务服务费用主要由 eBay 仓储费、eBay 平台费，以及付款费用组成。eBay 仓储费按照每季度存储产品的实际体积计算。eBay 平台费针对每笔订单收取，具体金额取决于商品价格。此外，eBay 上的货到付款也需要使用第三方收费服务，需要支付相应的费用。总的来说，eBay 的费用结构比较简单，但仍有不少开支，需要商家特别注意。

4. Wish 跨境电子商务平台成本

Wish 跨境电子商务平台服务费用包括 Wish 平台费用、运费、支付服务费以及广告费等。Wish 上架费用比较低，而且要求较低，无需缴纳保证金。此外，Wish 跨境电子商务平台下订单时需要支付运费，买家可以选择支付代收费；同时，物流单及钱款结算需要使用第三方支付服务，需要支付相应的费用；最后，要注意的是，Wish 的跨境广告服务也要收取一定的费用，费率根据广告类型以及实际情况而定。

5.1.5　跨境物流成本

1. 跨境物流含义

跨境物流是国际的物流活动，是指商品从一个国家或地区运输到另一个国家或地区的跨境物流过程，它涵盖国际运输、清关、报关、货物追踪等环节，确保商品按时、安全地送达客户手中。跨境物流能够促进国际贸易的发展，扩大企业的市场范围，提高物流效率，降低成本，是企业国际化的必要手段。

在电子商务领域，尤其是跨境电子商务中，跨境物流起着至关重要的作用。跨境物流的意义在于推动国际贸易的发展，打破贸易壁垒，扩大市场范围，提升供应链管理的效率，减少交易成本。跨境物流对于企业而言也有很大的价值，能够提高企业的竞争力，降低物流成本，提高运营效率，带来更多的商业机会和价值。

2. 跨境物流成本组成

在跨境电子商务中，跨境物流主要由以下流程组成：发货、报关、运输、清关和送达。

（1）影响物流成本的主要因素

① 货物重量、体积、价值：跨境物流成本与货物重量、体积和价值成正比。货物越重、越大、越值钱，物流成本就越高；

② 运输方式：不同的运输方式对物流成本有不同的影响。例如，海运比空运更加经济实惠；

③ 物流路径：物流路径的长短与物流成本成正比关系。贸易、运输和人员费用是影响物流路径的主要因素；

④ 关税和税率：不同国家的关税和税率不一样。关税和税率会直接影响跨境电子商务的物流成本。

在跨境电子商务中，物流成本对企业的经营影响极大，如果物流成本过高，可能导致货品售价过高，从而降低企业产品的竞争力，进而影响企业的市场份额，增加企业的运转成本，损害企业的利益。如果能够将物流成本严格控制在合理范围内，企业将在价格、服务和形象等方面得到更大的竞争优势，从而更好地满足市场需求，实现商业价值。如何降低跨境物流成本是每个企业都需要重视的问题。

① 优化物流路径，选择最优的路线，减少物流时间，使物流成本最小化；

② 根据货物的性质合理安排运输方式，可以让企业在物流过程中节省高昂的费用；

③ 与物流公司达成合作协议。商业合作可以让企业获得更多的优惠折扣，从而降低物流成本；

④ 推广前置仓，预先布置一些仓库，把货物存储在当地，接到订单后可快速发货，节省物流成本。

5.1.6 售后纠纷成本

1. 售后纠纷成本核算

售后纠纷成本核算是很多初级跨境电子商务卖家容易忽视的一个成本，很多中小跨境卖家在中国境内发货，跨境物流线长、点多、周期长，经常会出现产品破损、丢件，甚至客户退货、退款的纠纷事件。因为跨境电子商务的特性是售后纠纷的成本比较高，所以在核算成本的时候应该也把这个成本加进去。核算的比例一般是（进货成本＋国际物流成本＋推广成本）×（3％～18％），如果超过这个比率建议你放弃这类产品，选择跨境品类的时候应该选择一些适合国际物流、标准化强，并且不容易发生消费纠纷的品类。

2. 售后纠纷解决方案

统计数据显示，电子商务行业的平均退货率在 15％ 到 30％，其中服装类产品的退货率可能高达 20％ 到 40％。如果遇到售后问题，跨境卖家应该如何处理？首先我们应该理清售后服务的种类，然后根据不同的类别有针对性地处理售后问题。

售后服务一般包含退货、换货和退款等多种形式。我们知道，售后问题是难以避免的，即使你的产品再好，也会有人不满意，而且在跨境交易中，由于距离遥远、沟通不便等因素，售后问题处理起来更加困难重重。

第一个售后问题解决方案是退款处理。客户提出退款要求往往是因为商品质量问题、误解商品描述或者物流延迟等。在处理退款请求时，首先要理解客户的退款原因，再根据情况采取相应的应对措施。例如，如果是商品质量问题，卖家应当无条件为客户退款。但如果是物流延迟，卖家可以首先尝试协调物流，如果无法解决，再考虑退款。另外，退款金额的计算也需要注意。比如，是否包含运费、税费等，都需要在退款政策中明确。最后，退款操作完成后，要及时通知客户，以维持良好的客户关系。

第二个解决方案是退货处理。跨境交易的退货处理较为复杂，因为涉及商品回寄的物流费用和时间，甚至可能涉及关税问题。退货过程通常会过多地消耗买家和卖家的时间、精力，甚至财力。因此，如果商品的问题不大，仅存在一些轻微瑕疵，商家可以提出替代性解决方案，如提供大额优惠券、退还部分款项等，劝说顾客撤回退货申请。

如果客户强烈要求退货，独立站卖家可以利用店小保减少自己的损失。店小保是一款海外本地退货解决方案，提供逆向物流和退货商品货值赔付双重保障。若买家发起退货申请，通过在线初审后，可使用店小保提供的免费运单将退货商品邮寄至海外指定本地仓。在店小保查勘通过后，卖家可获得退货商品实际支付金额 80％ 的赔付，同时，退款原路返还给买家。

如果不使用店小保解决方案，可以按照以下流程完成退货。首先，卖家需要在售前就明确退货政策，包括退货流程、退货运费的承担方等。一般来说，如果是商品质量问题导致的退货，卖家应当承担运费；如果是客户个人原因，如不喜欢、误购等，那么运费应由客户承担。其次，卖家需要为客户提供详细的退货地址和退货流程指南，以及说明可能产生的关税问题（如果存在），并且要求客户在退货时提供运输单号和产品照片，以便卖家跟踪物流情况，同时避免在产品损坏时找不到责任方。最后，收到退货产品后，卖家要仔细检查产品状况，如果存在问题，需要及时拍照保留证据，并寻求解决方案。如果产品无任何问题，那么卖家需要将产品重新入库，并更新库存数量。独立站商家可以在后台看到售后订单的状态,对售后订单进行管理。

在跨境交易中,良好的退款和退货处理措施,对于维护客户关系、提升品牌形象都有重要作用。因此,卖家需要有一套完善的退款退货处理机制,以应对各种情况。当然,如果货品客单价不高的话,可以直接将产品送给客户,以维护客户关系,给客户留下良好的印象。

第三个解决方案是换货处理。换货通常意味着商品存在一些问题,此时卖家要尽快确认问题,然后安排新商品的寄送。记住,关键在于效率,给客户留下好印象,增加后续下单的可能性。同样的,由于是跨境业务,如果商品客单价不高,卖家可以选择把原来的商品送给客户,否则卖家可能还要支付很高的运费与沟通成本。

最后,需要强调的是,不论是退货、换货还是退款,关键在于我们如何看待和化解问题,让售后服务成为我们的"利器"。

◢ 知识延伸

走近"店小保"

由于夹杂两道国门清关,商品退货渠道不畅一直是制约跨境电子商务发展的瓶颈之一,尤其是在前几年新冠疫情影响下,海关出口商品退货监管措施加强,出口退运物流成为影响跨境电子商务出口可持续发展的关键问题。

为解决跨境电子商务出口商品"退货难"的问题,国泰产险与 SHOPLINE 合作推出首款以保险为工具的应用——"店小保",专为 SHOPLINE 跨境卖家提供一站式便捷无忧海外退货解决方案,提供免费海外退货服务及退货商品货款赔付双重保障。店小保提供由退货产生的逆向物流、仓储、货值保障,化解跨境行业退货处理难题。若商户的订单出现退货情况,买家可免费邮寄退货商品至海外本地指定地址,且由国泰产险根据货品订单支付金额对商户进行补偿,避免商户与客户之间的纠纷,提升各方体验,助力国内出海商户在跨境电子商务贸易中攻克退货难题。

瞄准商家售后退货痛点　助力商家退货商品处理

历史数据显示，加入海外退货保障服务的卖家月均销售额提升 30％，客诉率降低 52％，买家体验感获得极大提升，有力保障了海淘人群"放心买"、跨境商家"放心卖"。

瞄准商家售后退货痛点，积累跨境领域服务价值

国泰产险在 2019 年就进入跨境电子商务领域，致力于以保险工具解决商家售后问题。据某跨境平台运动服饰卖家王总透露："使用了国泰产险'无忧退'服务，店铺复购率提升了 33％。"在为跨境电子商务服务的过程中，国泰产险积累了大量经验。

此次为 SHOPLINE 独立站卖家定制的退货解决方案"店小保"于 2022 年 6 月正式在 SHOPLINE 应用市场上线，已覆盖美、加、英、法、德、俄、澳、日、韩等 24 国。SHOPLINE 商家加入店小保服务后，如产生退货纠纷，买家在收到货后 15 天内可免运费退货至本地指定仓库，并获得退款，同时，商家按比例获得赔付。

一站式解决退货难题，四项服务保障助力跨境电子商务发展

相比于常见的邮包险、海外退货运费险，店小保的创新服务为商家带来四项服务保障。

一是服务国家覆盖范围广。店小保在全球 24 个国家都建立了海外本地仓，拥有完善的境外物流、跨境仓体系。买家的退货申请审核通过后，可凭借免费的面单将退货商品邮寄至海外指定本地仓。卖家可在应用内查询订单的保障状态和退货物流仓储进度，在本地仓传回商品查勘结果后，卖家还可再次审核确认。

二是"免费逆向物流＋货值赔付"服务，释放了商家售后的人力、时间、仓储成本，减少正向物流＋货品成本的损失。使用店小保服务的商家，遇到买家退货时，只需在线审核判定是否同意退货，买家可以免费邮寄退回商品，卖家还可收到 80％的订单商品金额赔付。

三是快速便捷售后流程提升客户购物体验。国泰产险海外仓收到货后查勘的处理时效为 48 小时，买家从寄出退货到收到退款的时效为不超过一周。同时，使用店小保的店铺可以给商品打出"FREE RETURN"标识，店小保提供售后无忧服务，打消消费者购买顾虑，一键解决店铺增长难题。

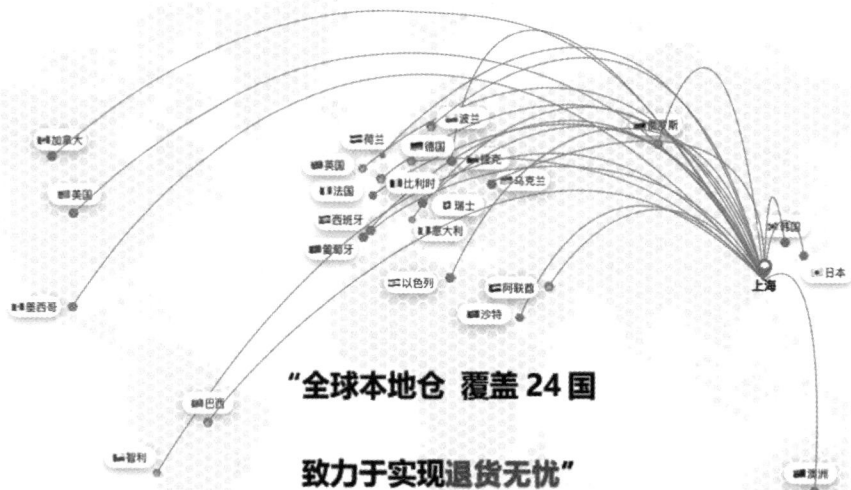

"全球本地仓 覆盖 24 国

致力于实现退货无忧"

四是高效服务响应机制，商家在退货审核通过后，买家可以免费将退货商品邮寄至指定海外仓。国泰产险店小保服务提供 7×24 小时在线服务和专属一对一客服对接。海外本地仓 48 小时完成查勘。买家在退货期间可享受店小保提供的全程贴心咨询服务；卖家也可在应用内查着商品物流状态，掌握商品最新进程，本地仓收货并查勘通过后，买家即可收到退款。

店小保在 SHOPLINE 成功落地，是国泰产险在解决跨境电子商务发展难题经验中的又一项创新服务举措。

5.2 跨境电子商务产品上架价格计算

在跨境电子商务平台里，对排序起着重要影响的两大因素分别是销量以及关键词，而影响销量的最关键因素在于价格。以下是必须了解的一些相关名词。

上架价格（Listing Price，LP）是指卖家在上传产品的时候所填写的价格。

折扣价格（Discount Price，DP）也称销售价格，是指产品在店铺折扣下显示的价格。

成交价格（Order Price，OP）是指用户在最终下单后所支付的产品单位价格。

上架价格包括三个方面：采购价、各种费用和利润。

上架价格、折扣价格、成交价格之间的具体计算公式如下：

上架价格＝（采购价格＋费用＋利润）/银行外汇买入价

销售价格＝上架价格×折扣价格

成交价格＝销售价格－营销优惠（满立减、优惠券、卖家手动优惠等）

例 1：胡某从 1688 平台上采购了一批玫瑰胸针，共 100 个，采购价格为 1 元/个，这批玫瑰胸针国内运费为 12 元，每个玫瑰胸针包装重量为 25g，预期利润假定为 100%。假设当日的外汇买入价为 7.07 元人民币兑换 1 美元，则玫瑰胸针的上架价格应制定为多少？

如果不计算跨境物流费用：

根据公式：$上架价格 = \dfrac{采购价格 + 费用 + 利润}{银行外汇买入价}$

由题干条件所知：采购价格为 1 元/个；由于不计算跨境物流费用，所以费用仅涉及国内运费 12 元，每个胸针的运费为 $\dfrac{12}{100}$ 元；利润为 100%，所以利润为 1 元/个。

$$上架价格 = （采购价格 + 运费 + 利润）/ 银行外汇买入价$$

$$上架价格 = \dfrac{1 + \dfrac{12}{100} + 1}{7.07} = 0.3（美元/个）$$

如果需要考虑跨境物流费用，按照全球包邮计算成本价格为 180 元/kg，折扣 9 折。

在这种情况下，采购价格为 1 元/个；由于需要考虑跨境物流费用，所以费用就涉及国内物流费用和跨境物流费用，每个胸针的国内物流费用为 $\dfrac{12}{100}$ 元，每个胸针的跨境物流费用为 $\dfrac{25}{1000} \times 180 \times 0.9 = 4.05$ 元；利润为 100%，所以利润为 1 元/个。

$$上架价格 = \dfrac{1 + \dfrac{12}{100} + 4.05 + 1}{7.07} = 0.87（美元/个）$$

5.3　跨境电子商务产品的定价策略

在跨境电子商务平台上发布产品之前，电子商务卖家需要为所销售的产品制定合适的价格。然而制定合适的产品价格是件非常棘手的事情，因为卖家基于现实情况，需要确保最后制定的产品价格既能弥补所有支出并获取利润，同时又能吸引买家。

关于定价，最简单有效的方法是搜索看看同一类目下的产品定价范围。搜索结果的前三页是比较畅销的产品，卖家可以参考前三页的产品价格。但是在实际的跨境电子商务经营中需要考虑的因素比较多，制定价格想要达到的目的也各不相同，在这里提供几种常见的定价技巧和策略，电子商务卖家可以根据需要混合使用以下几种定价策略，为所销售的产品制定最合适的价格。

5.3.1　成本利润导向定价策略

这是比较受欢迎的一种定价策略，因为基于利润的定价策略操作起来比较简单，电子商务卖家无需进行大量的客户和市场调研，就能确保最后制定的产品价格具有一定的利润空间。

想要通过基于成本利润的定价策略制定出产品价格，就需要计算出产品的成本，然后加上想要赚取的利润。这里的产品成本包括产品的采购价格以及各项运营运输、人力资源成本等。在成本上添加的价格必须要能维持企业后续的运营，同时还可以让企业获得一定的利润。计算公式：

$$成本＋期望的利润额＝价格$$

假设一家卖衣服的电子商务店铺采购一条牛仔裤需要花费 8 美元；这条牛仔裤的平均运费是 2 美元，所以估计每条牛仔裤的成本是 10 美元；而电子商务卖家想在每条售出的牛仔裤上获得 10 美元的利润，那么这条牛仔裤的价格就应该是 20 美元。

这种基于成本利润导向的定价策略可以让电子商务卖家为产品制定价格的时候，能够对售卖产品的利润做到心中有数，避免亏损。在数据上可以做到非常准确，以便在谈判的过程中游刃有余、张弛有度，能在控制好利润的前提下有效抓住客户心理，获得客户的订单。它的不足之处就是没有很好地考虑市场需求因素对价格的影响。有时候，市场需求量大，而利润率决定的价格相对来说就会较低，从而影响总的营业额；相反，在市场需求量小的情况下，这样制定出的价格就会高出市场价格，势必引起客户的反感，从而错失很多良好的客户。

5.3.2 数量差异化的定价策略

数量差异化定价是根据顾客所定数量来定价格。比如，十个以下什么价格，十个以上什么价格，一百个以上什么价格，等等。这种定价办法的好处是能通过价格差异，增加销售量，达到以销售量提高总营业额的效果。

5.3.3 市场导向的定价策略

市场导向的定价策略是指通过对比市场当中同类产品的竞争对手所制定的价格来进行定价，根据市场中竞争对手的状况来确定和调整价格水平，与所竞争的产品价格保持一定差距，而不过多考虑自身成本及当下市场需求的定价策略。

电子商务卖家可以通过以下步骤来进行市场导向定价。

第一，市场调查。了解目标客户的需求、偏好和购买意愿，同时也需要了解竞争对手的价格策略。

第二，选择定价策略。根据市场调查结果，确定定价策略。例如，高端定价、低价策略、折扣定价等。

第三，制定价格。根据定价策略和成本考虑，制定一个合理的价格。

第四，监控市场反应。与客户沟通，收集反馈信息，并不断调整价格策略。

市场导向定价法的优点：该方法能够充分考虑消费者需求和市场竞争情况，因此制定出的价格更符合市场实际情况。需要卖家注意的是，该方法需要进行大量市场调查和数据分析，如果不能准确地了解市场需求和竞争情况，可能会导致价格不合理，影响销售。

5.3.4　顾客承受能力定价策略

以顾客的承受能力来定价，就是要根据顾客对该产品的价格承受能力并结合商家对利润的追求来确定产品的价格。在市场上，有些产品的价格实际上没有确切的数值，会因为各种因素而不断变动。在选择某些产品的时候，经济能力不同的顾客的承受能力会影响到产品在价格上的变化，比如，化妆品类、化工品类、生物制品类产品大多采用这种定价策略。在这种情况下，商家一定要多跟客户交流，揣摩他们的心理，了解他们的生活状况、经济能力、消费习惯，从而确定一个客户能承受的价格。当然，这种定价的营业额总量肯定会比固定定价的方式高，同时又能提升营销人员的能力，增加他们的收入，为整个公司的长远运作储备人员，为公司未来的发展打下良好的基础。

5.3.5　套餐定价策略

选品不能只选单品，否则，即使产品质量再好，价格再优惠，顾客也会因为买不到全套的产品而选择别的卖家。而在选好成套产品的时候，也要考虑套餐价格。

套餐价格就是顾客在购买某种产品的时候，会考虑购买与此产品相搭配的其他产品。此时，如果能根据客户不同的喜好对产品进行搭配，以成套出售来定价，并给予一定的价格优惠，客户通常会因为一方面能购买到全套产品，另一面能享受到价格优惠，再加上邮费方面的考虑，而最终作出购买套餐产品的选择。

5.3.6　竞拍定价策略

竞拍定价是指卖家确定好一个基础价格，由顾客通过竞争的方式最终确定价格的定价方式。这种方式的好处是，卖家在竞拍平台上确定好基础价格，制订相应的竞拍规则，剩下的工作就由顾客根据自己对商品价值的评估及该商品对他的意义来确定最终价格。当然，最终确定的价格往往高于卖家的定价，而且对于卖家来说，省时省力，收益高。一般来说，顾客非常喜欢这种方式所带来的成就感，也能根据自己的承受能力选择适合的产品，甚至有些产品对他们来说意义非凡，那就不仅仅是价格问题了。

5.3.7　基于产品价值的定价策略

如果专注于能够给顾客带来多少价值来考虑特定的时间段里，顾客会愿意为卖家所售卖的产品支付多少钱，并根据顾客愿意支付的价格来设定所售卖产品的价格，这就是基于产品价值的定价策略。

基于产品价值的定价策略相对于前两种方法较为复杂，原因如下。

基于产品价值的定价策略需要卖家对市场进行研究，同时也要对目标顾客进行分析，了解所售卖产品受众群体的情况，研究顾客购买的原因有哪些，调研产品中的哪些功能对顾客来说是重要的，也要考虑产品的价格因素对顾客的购买行为有多大的影响力。

使用这种定价策略，卖家为上架商品设定价格后不能放任不管，不能认为做完设定价格的前期工作之后就可以一劳永逸，随着对所处市场和所售卖产品了解的不断加深，卖家也应该不断地对价格进行调整，以便产品定价更符合消费者需求。

5.3.8 合理运用定价区间

进行跨境电商产品定价时，可以合理运用定价小技巧，如同价销售术或分类型同价销售、价格分割法、非整数法、弧形数字法等。同价销售术或分类型同价销售，如设置1元钱商品区以及10元、50元、100元商品区等；价格分割法，可以采用以较小的单位报价或以较小单位商品的价格进行比较两种形式；非整数法，有助于激发消费者的购买欲望，即把商品零售价格定成带有零头结尾的非整数的定价方法，如将每件1元的价格销售的商品价格改为9角8分；弧形数字法，用带有弧形线条的数字进行定价，如5、8、0、3、6等。

▶ 知识延伸

敦煌网产品定价小妙招

通过下面的产品定价实例，看看相同的产品不同的定价会产生怎样的影响。

备注：单件出售，免运费，比较合理的价格，销量还不错。

Wholesale - Brand New Stylish Women Handbag
Tote Purse Shoulder bags Come With Dusty bag

| Unit Price: | USD 144.23 ~ 180.60 / Piece |
| Change Currency ▾ | |

Wholesale Price:

Quantity	Price	Detail
1 — 5	USD 180.60	
6 — 20	USD 162.33	
21 — 50	USD 144.23	

| Shipping Cost: | Free shipping to United States Via EMS ▾ |
| Purchase Quantity: | 1   Piece |

180.6 × 1 + 0 = **180.6** (USD)

[Add to cart]

| Time Left: | 90 days 23 hours |
| Payment: | PayPal, VISA, Western Union Detail |

Add to My Favorite Item | Add to My Favorite Seller

备注：单件出售，免运费，较高的价格，利润设置过高，很难销售出去。

Wholesale - Brand New Stylish Women Handbag
Tote Purse Shoulder bags Come With Dusty bag

| Unit Price: | USD 23.76 ~ 45.00 / Piece |
| Change Currency ▾ | |

| Wholesale Price: | 5 items per Lot |

Quantity (lots)	Price(per lot)	Detail
1 — 2	USD 225.00	
3 — 8	USD 165.50	
9 — 20	USD 118.82	

| Shipping Cost: | Free shipping to United States Via EMS ▾ |
| Purchase Quantity: | 1   Lot |

225 × 1 + 0 = **225** (USD)

[Add to cart]

| Time Left: | 90 days 23 hours |
| Payment: | PayPal, VISA, Western Union Detail |

Add to My Favorite Item | Add to My Favorite Seller

备注：打包出售，免运费，利润控制合理，给予了一定的优惠，体现了批发特性，适合批发群体的老买家，销量不错。

从上面的例子中我们可以看到，定价是决定产品最终能否售出的关键因素。这些定价中包含了很多技巧，我们先从平台和买家的角度来看为什么要这样设置价格。

了解了平台和买家特点之后我们就有大概的方向了，对于没有一手货源的卖家，最好将利润控制在5%～30%以内，拥有一手好货源可以从工厂直接拿货的卖家，利润可以根据自己的优势适当增加。

如果还是对制定价格感到无从下手，可以采用一个最简单有效的方法：搜索出你的产品的类目，看看同一类目下的产品定价范围，一般来讲排序在前三页的产品最畅销，价格最具有参考价值。

例如要制定价格的产品是 dog clothing（宠物狗服装）。

如图可以看出其目前的产品定价是 9.23 美元/件，但是该卖家不知道这个价格是否适宜。这时卖家可以点击产品上方的 Dog Apparel 类目链接，查看所有 dog clothing 的产品价格范围，排在前三页的产品都是最畅销的，一般只需查看前三页的产品就可以知道什么质量的产品是什么价位了，搜索结果如下图。

卖家共搜索出了 2513 个 Dog Apparel 产品，其定价基本在 5~20 美元之间，因此根据卖家的产品质量，将价格定在每件 8~9 美元是合理的。如果卖家将价格定为每件 20 美元左右，那就很难卖出去了。从搜索结果中，我们还能清晰地看到其他卖家的打包方式、销售模式等，这都是卖家可以借鉴的内容。

另外应注意的是，跨境电商平台是以美元为报价货币的，定价的时候要关注汇率变动，及时在网上查询汇率浮动，以便及时调整价格。

你还知道有哪些定价策略吗？

其他定价策略

5.4　不同跨境电子商务平台的价格设置

5.4.1　Amazon Business 平台价格设置

Amazon Business 是亚马逊面向企业、机构等买家的一站式商业采购站点，专注于为企业和机构长尾采购提供一站式解决方案，可帮助电子商务卖家在面向个人消费者的同时，又能货供海量优质的企业及机构买家。Amazon Business 于 2015 年上线，仅花费一年的时间就完成了超 10 亿美金的销售额，2018 年全球年销售收入超过 100 亿美金。截至目前，Amazon Business 已经吸引了数百万的企业及机构买家，累积数十万企业注册成为卖家。

企业商品价格指的是卖家为 Amazon Business 买家提供的折扣价，不会受购买数量的限制。跨境电子商务卖家在 Amazon Business 平台可通过以下操作步骤设置企业商品价格。

首先，在亚马逊卖家平台选择"库存""管理库存"（图 5-1）。

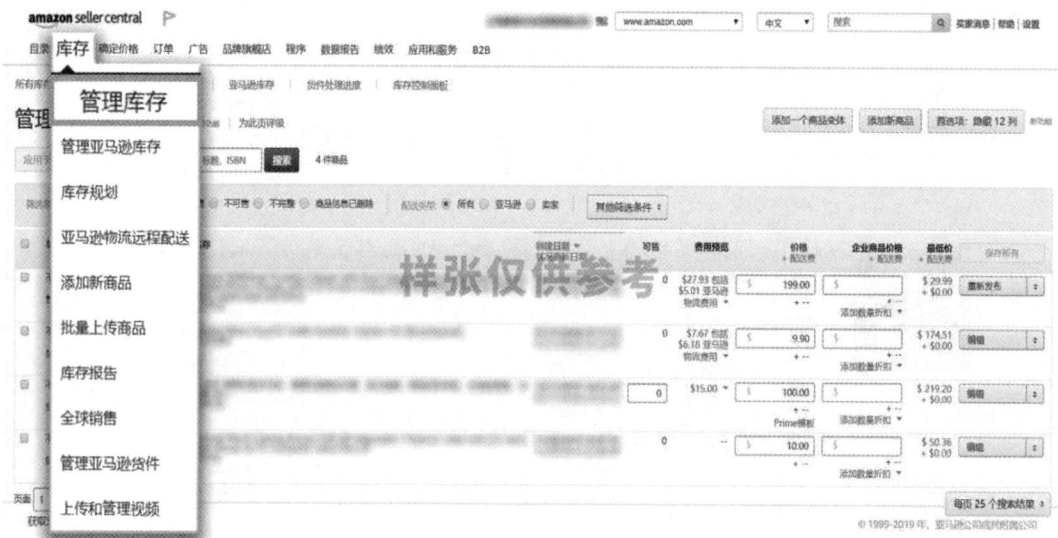

图 5-1　管理库存

然后，选择相应的商品并设置企业商品价格，再点击"保存"即可完成企业商品价格的设定（图 5-2）。

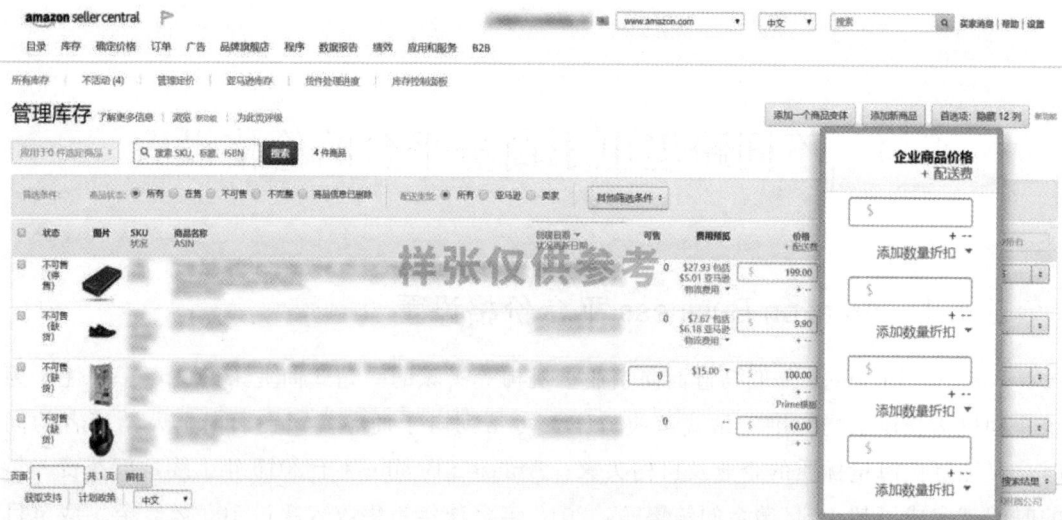

图 5-2　企业商品价格设置

在设置企业商品价格时，卖家应注意避免以下两种错误情况。

错误示范一：未设置企业商品价格（图 5-3）。

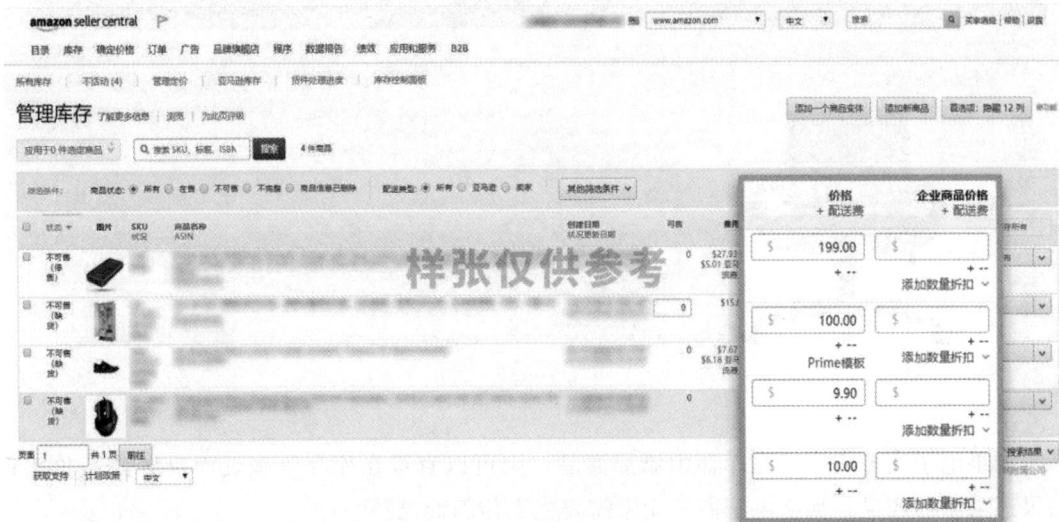

图 5-3　未设置企业商品价格

错误示范二：企业商品价格没有低于 C 端价格（图 5-4）。

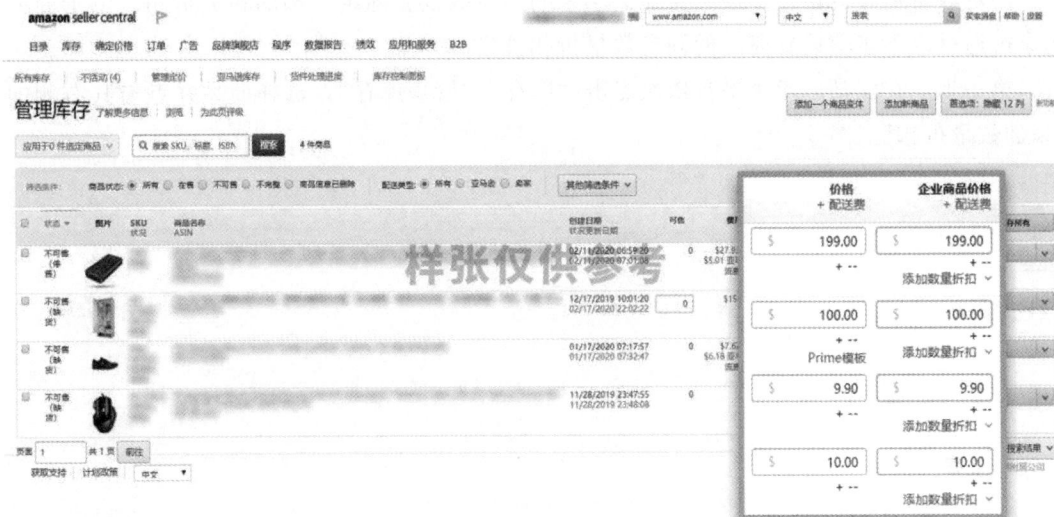

图 5-4　企业商品价格没有低于 C 端价格

建议跨境电子商务卖家在图 5-4 页面中设置企业商品价格的时候，至少将商品价格设置为低于左列 C 端价格的 1%，这样电子商务卖家的商品才会在商品详情页中显示"企业价格徽章"，即图 5-5 中企业价格徽章显示的"Business Price"字样。另外，只有企业买家才能看到该商品的企业商品价格，个人消费者是不会看到该卖家的企业端商品界面的。

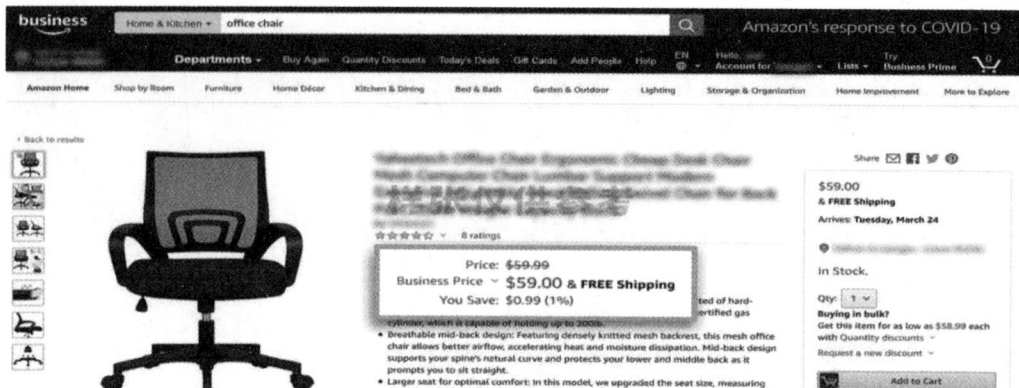

图 5-5 企业价格徽章

如果电子商务卖家已在库存中添加商品，则可以直接在库存管理页面设置商品价格；如果还未添加商品，那么电子商务卖家需要先上传新商品。

卖家还可以根据购买数量设置数量折扣，数量折扣价是为有批量采购需求的 Amazon Business 买家提供的分级折扣。卖家根据购买数量自行设置相应的阶梯价格。数量折扣价分为固定价格和百分比价格两种定价模式。

固定数量折扣价格，即按照企业买家采购的量级设置固定金额的相关折扣。电子商务卖家可通过以下步骤设置商品的固定数量折扣价格。

第一步，在亚马逊卖家平台依次点击"库存""管理库存"，选择商品并点击其右侧的"添加数量折扣"（图 5-6）。

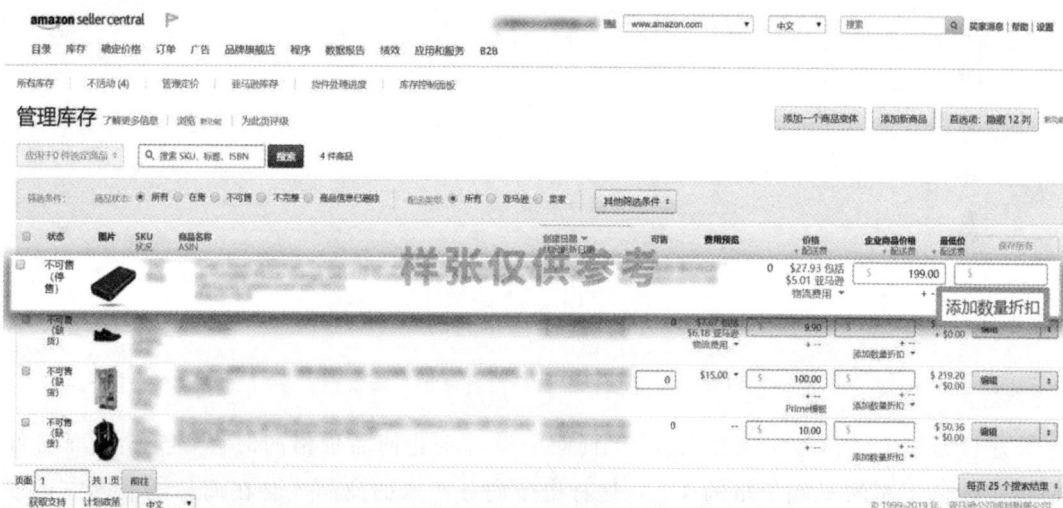

图 5-6 添加数量折扣

第二步，在数量折扣显示框中点击选择"固定商品价格"，在"最小数量"及"您的商品价格/数量"中，电子商务卖家可为该商品设置最多 5 个数量折扣区间（图 5-7）。

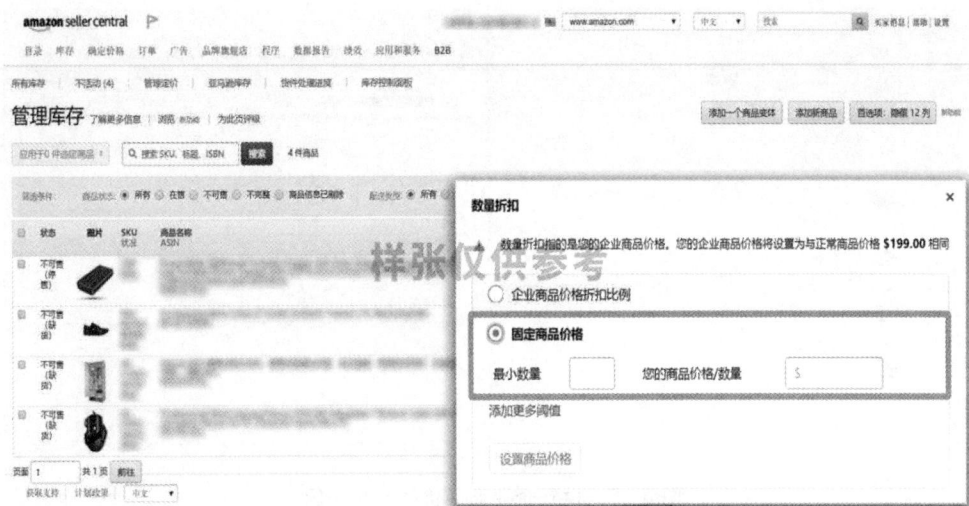

图 5-7　固定数量折扣商品价格设置

第三步，点击"设置商品价格"，保存定价（图 5-8）。

图 5-8　保存固定数量折扣价格设置

百分比数量折扣价格，即按照企业买家的采购量级直接设置折扣率。以下为百分比数量折扣价格设置步骤。

与设置固定数量折扣价格相同，首先点击商品右侧的"添加数量折扣"，在弹出框中选择"企业商品价格折扣比例"，填写"数量"及"折扣"信息。电子商务卖家可为该商品设置最多 5 个数量折扣区间（图 5-9）。

图 5-9 设置企业商品价格折扣比例

填写后，点击"设置商品价格"即完成了百分比数量折扣价格的设置。

在设置数量折扣价格时，卖家应注意以下问题。

第一，Amazon Business 没有限制企业买家的最低起订量，一件商品也可以购买。

第二，为吸引企业买家采购，并获得更多复购，在填写最小数量时，建议电子商务卖家将最小数量设为 2 或大于 2 的整数值。

第三，如果电子商务卖家在 C 端设置了订单商品最大限定的购买数量，那么在设置数量折扣价区间时要注意查看设置的 B 端数量阶梯是否存在高于 C 端最高限定购买数量的情况。若高于 C 端设定的最高购买数量，电子商务卖家的数量折扣价则会显示失败。设置最高限定购买数量如图 5-10 所示。

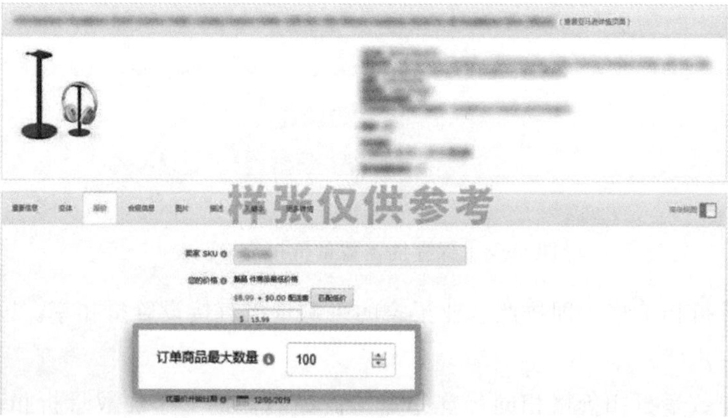

图 5-10 设置最高限定购买数量

电子商务卖家在设置商品的企业百分比数量折扣价格时，建议根据成本做出相应阶梯定价。对于商品的数量阶梯，电子商务卖家可通过查看销售报告，根据 C 端、B 端的平均采购数量来设置数量区间，如图 5-11 所示。

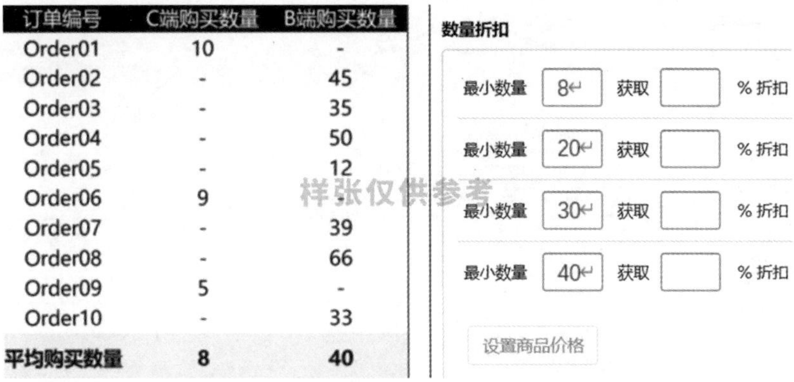

图 5-11   根据 C 端、B 端的平均采购数量来设置数量区间

如果跨境电子商务卖家在 Amazon Business 上销售的商品较多，或想简化企业价格设置流程，那么跨境电子商务卖家可通过使用企业专用输入数据文件来批量输入数据，管理企业商品价格及数量折扣价。

跨境电子商务卖家可以通过批量上传文档更新价格，通过下载输入数据文件，并向其中添加企业商品价格和数量折扣来为商品添加企业商品价格和数量折扣价。以下为操作参考。

第一步，下载企业专用输入数据文件模板：企业商品价格/数量文件。

第二步，打开已下载的输入数据文件，填写"Price Template"表格内的相关信息。其中，"business－price"为必填内容。卖家需要在添加数量折扣价前填写企业商品价格，且企业的商品价格必须低于或等于 C 端价格，如果卖家的企业商品价格高于 C 端价格，则企业商品价格将被停用。数据文件模板如图 5-12 所示。

图 5-12   数据文件模板

第三步，将填写好的数据文件另存为文本文件（＊.txt）格式。

第四步，前往亚马逊卖家平台，点击"库存""批量上传商品"（图 5 - 13）。

图 5 - 13　批量上传商品

第五步，点击"上传您的库存文件"，在文件类型中选择"价格和数量文件"上传数据文件（图 5 - 14）。

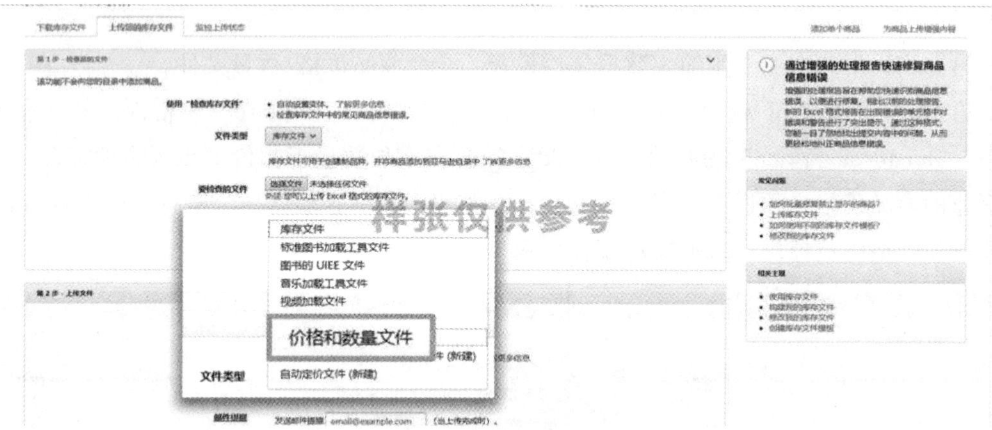

图 5 - 14　上传价格和数量文件

最后，在"监控上传状态"中查看上传文件。当确定文件报告无误后，卖家就通过数据文件完成企业商品价格的更新了。监控上传状态如图 5 - 15 所示。

电子商务卖家还可以使用自动定价功能降低运营难度。使用亚马逊官方的自动定价工具，能够帮助电子商务卖家根据各种情况快速更新库存商品价格（例如，当电子商务卖家调整商品 C 端零售价格时，亚马逊官方的自动定价工具就会自动调整 B 端企业商品价格）。

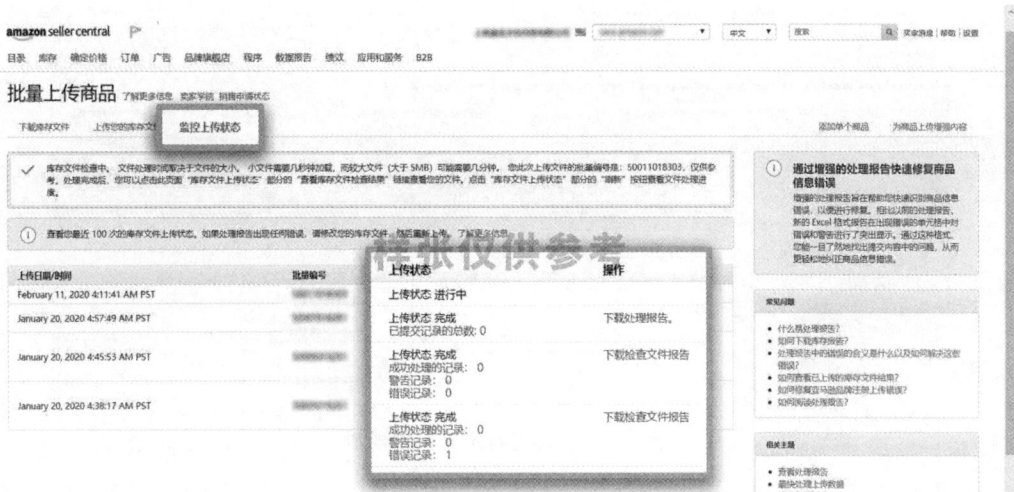

图 5 - 15　监控上传状态

亚马逊官方的自动定价工具会根据电子商务卖家设定的定价逻辑自动为卖家售卖的商品更新定价，减轻电子商务卖家运营工作量。接下来，将介绍如何使用自动定价功能。

第一步，在亚马逊卖家平台，点击"确定价格"，然后点击"确定价格"下列框中的"自动定价"（图 5 - 16）。

图 5 - 16　自动定价

第二步，在自动定价页面，点击"创建自定义定价规则"，为指定的 SKU 创建定价规则（图 5 - 17）。

第三步，在规则类型中选择"企业商品价格"，并填写"规则名称""适用该规则的站点"（如美国站点、欧洲站点等）及详细规则参数（图 5 - 18）。

图 5-17　创建自定义定价规则

图 5-18　设置规则参数

最后，选择适合该规则的 SKU 即完成对商品自动定价的设置（图 5-19）。

图 5-19　选择 SKU

　　该规则仅适用于电子商务卖家指定的 SKU，而非电子商务卖家的整个库存商品。电子商务卖家可通过随时启用/停止自动定价规则或随时更改规则/适用该规则的 SKU 来控制价格。

5.4.2　Shopee 平台价格设置

　　在 Shopee 平台上上架商品时需要为产品设置价格，设置价格前需要考虑所涉及的产品成本。一笔成功的订单有哪些成本呢？佣金、交易手续费、运费、服务费等都属于订单的成本。因此，在给商品定价的时候，我们要考虑商品成本、商品利润、境内途运费、跨境运输成本、佣金、交易手续费、服务费。

　　境内途运费：是电子商务卖家将包裹送到境内转运仓需要的费用。

　　跨境运输成本：跨境运输成本也可以称为"藏价"，是指电子商务卖家使用 SLS 物流所产生的跨境物流成本。

　　佣金：Shopee 平台向电子商务卖家收取的费用，佣金会从每笔订单的拨款金额中扣除。

　　交易手续费：支付给交易清算服务商的费用，各个站点有所不同，有的站点交易手续费率低至 2%。

　　服务费：只有电子商务卖家参加平台特定的活动时才会收取，如果不参加则不会收取。

　　如何为商品设置定价比较合理呢？商品最终定价＝商品成本＋利润＋境内途运费＋跨境运输成本（藏价）＋佣金＋交易手续费＋服务费，这就是商品定价的底层逻辑。

　　商品定价涉及的因素比较多，电子商务卖家可以根据公式自行计算。如果电子商务卖家认为手动计算比较复杂且麻烦，可以使用 Shopee 官方的定价模拟器（图 5－20）。只需要简单输入商品成本、重量、境内途运费等，即可一键计算出推荐的价格。

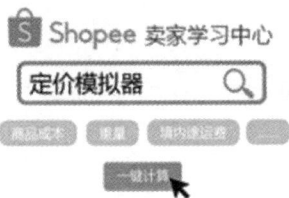

图 5－20　定价模拟器

　　电子商务卖家可以进入卖家学习中心，在搜索框中输入"官方定价模拟器"，点击右侧"搜索"（图 5－21）；进入文章页面，然后可以点击标题为"售价结构一目了然"的文章链接，即可进入 SLS 定价模拟器页面（图 5－22 和图 5－23）。找到该工具后可以收藏，方便以后查找使用。

　　需要在如图 5－24、图 5－25 所示的定价模拟器计算页面和定价模拟器计算步骤页面设置好不同站点的汇率，然后在 SLS 定价模拟器页面左边输入计算模式、站点等基础信息、商品成本、预期利润、重量等商品信息，以及境内途运费、交易手续费、服务费、提现手续费等其他信息，然后点击"计算"，就可以得到如图 5－26 所示的定价模拟器计算结果。

图 5-21 搜索官方定价模拟器

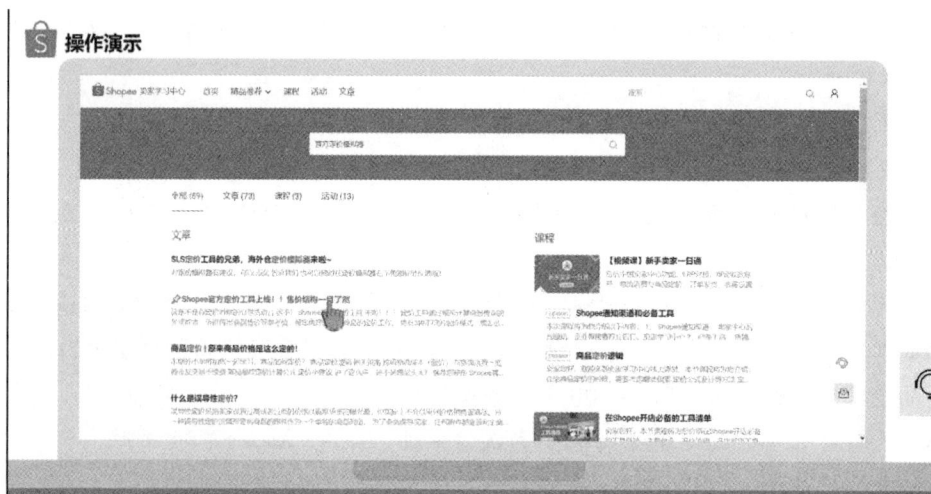

图 5-22 点击文章链接

图 5-23 点击 Shopee 官方定价工具进入模拟器

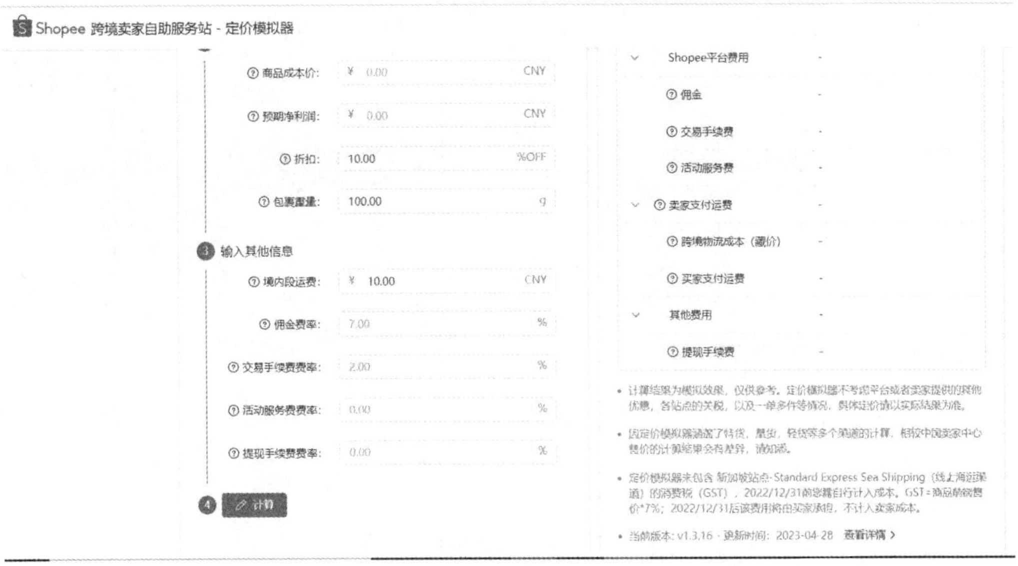

图 5 - 24　定价模拟器计算页面

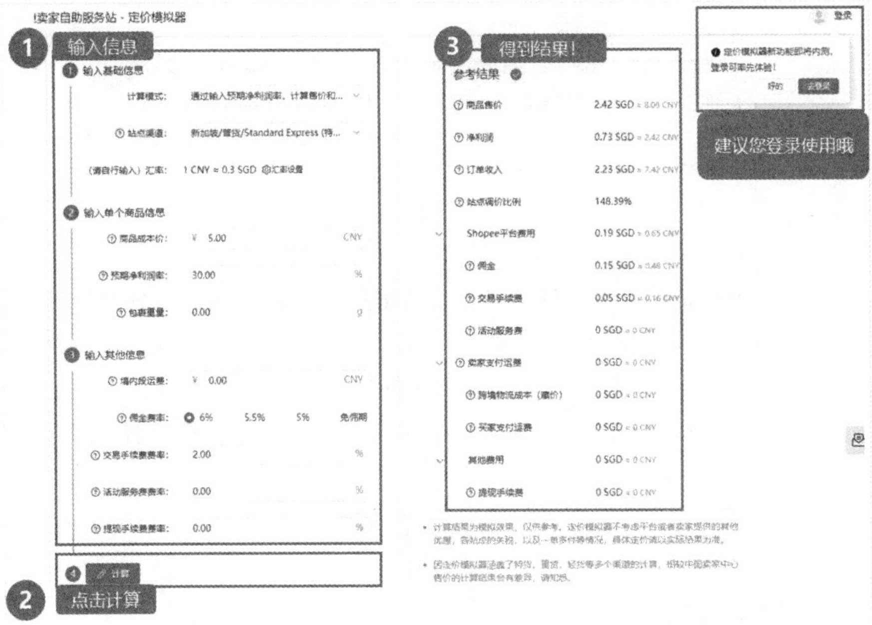

图 5 - 25　定价模拟器计算步骤

　　平台为定价模拟器计算结果所列出的提醒信息，即定价模拟器计算提醒信息如图 5 - 27 所示。

　　建议电子商务卖家在商品定价公式的基础上，根据实际情况保留一些利润空间；定价之前请参考同类的热卖品，如果发现定价过高，可以继续寻求更低成本的货源或降低目标利润以提升竞争力；合理定价设置引流款及主推款，保证流量的持续输入。

图 5-26　定价模拟器计算结果

⚠ 提醒

- 计算结果为模拟效果，仅供参考。
- 定价模拟器不考虑平台或者卖家提供的其他优惠，各站点的关税，以及一单多件等情况，**具体定价请以实际结果为准**。
- 因定价模拟器涵盖了特货，重货，轻货等多个渠道的计算，**相较中国卖家中心售价的计算结果会有差异**，请知悉。

图 5-27　定价模拟器计算提醒信息

　　进入 Shopee 官方平台跨境卖家自助服务站的定价模拟器界面有三种便捷的方式，一是点击链接 https://solutions. shopee. cn/sellers/pricing－simulator/；二是用手机打开腾讯微信软件，点击右上角"＋"，然后点击"扫一扫"扫描二维码，进入 Shopee 平台定价模拟器界面（图 5-28）；三是打开企业微信→工作台→常用工具，进入定价模拟器（图 5-29）。

图 5-28　Shopee 平台
定价模拟器入口二维码

图 5-29　企业微信定价模拟器入口

在利用定价模拟器计算完价格之后需要做的工作是发布商品，以及为商品设置价格等信息，具体操作在商品→添加商品页面进行（图 5-30）。

图 5-30　添加商品

Shopee 商品的价格
公式以及如何定价

5.5　商品折扣对定价的影响

5.5.1　商品打折时的注意事项

第一，研究同行业、同质产品的价格及销售情况，弄清行业最低价格，然后以行业最低价格减价 5%～15% 作为自己产品的价格。这种折扣方式的特点是商家必须有一定的实力，用这种方式打造自己的爆款，吸引客户眼球，引进来客户之后再根据具体情况跟客户商谈价格。这种方式有一定的风险，不能持续时间太长，否则对于自己的总销售额有一定的损害。

第二，直接以产品上架价格为基础进行打折让利，但是这个折扣必须是在利润率的控制范围之内的，比如 5%。这种打折方式最大的特点是客户能直接感受到商家的折扣诚意，但是也会遭到一些精明客户的质疑，因此一定要做到诚心诚意，才能获得更多客户的青睐。

第三，以成交价格为基础打折，具体做法是在销售价格的基础上减去营销优惠价，再进行打折。营销优惠方式有满立减、优惠券、卖家手动优惠、买家好评后返现等。这种打折方式的好处在于能充分调动客户的积极性，为各项数据的提升提供最直接、最可靠的保障。

第四，特别值得注意的是，所有的折扣都应该在一定的利润率控制范围之内，打折是为提高曝光量、提升转化率所做的努力。一定是要在自身所能承受的范围之内进行打折，不能仅仅为了获得短期转换率而做赔本生意。

5.5.2 定价时应考虑客户讨价还价的主客观因素

1. 主观因素

如果该客户是大客户，购买力较强，而且能进行长期购买，可适当根据具体情况把价格报高一点，为后期跟客户谈判留下余地。如果客户的情况与此相反，那就应该把价格报低一点。

如果客户对产品、价格都比较了解，那么就应该用专业"对比法"。在与该客户进行谈判的时候，通过突出自身所售产品的优势凸显同类竞争产品的劣势，进而掌握定价的主动权。通常通过这种方式与客户交流能够长期稳固地"抓"住顾客，形成稳定的供需关系。

如果客户的性格比较豪爽，不太喜欢和卖家进行讨价还价，通常来说，这类客户是比较了解该产品及其价格的。那么，卖家最好在一开始就说出自己能够接受的底价，避免报出的价格太高而使客户反感，失去客户的信任。

如果客户对产品不是很熟悉，那么就应该多为客户介绍产品的用途及优点，通过这些介绍使客户了解该类产品的价格定位。此时，价格也可以报高一点，而且还可以通过后续的技术跟踪，牢牢抓住该客户。

如果有些客户对价格特别敏感，每分每厘都要争，同时对于产品又很中意，这说明他们对产品的特性是了解的。此时，可以试图跟客户交朋友，更专业地为其讲解产品性能和优势，打持久的心理战。当然，在这个过程中，也可以询问或揣摩一下客户的目标价格、消费习惯，从产品的特征上为自己争取主动权。在价格谈判时，可以采取先让多、后让少的策略，比如，了解到客户的目标价格是 22 元，而其心理价格是 20 元，此时卖家最好将报价定为 28 元；当客户还价时，卖家直接让到 24 元，接着再进行一系列讨价还价。千万不可以一步到位，而应步步为营，既要让客户看到成交希望和卖家出售产品的诚意，又要让其通过艰苦议价来努力达成交易，让客户最后有一种赢得谈判的感觉。销售商通过这种方式获得的客户，通常会与之成为好朋友，甚至会带来更多的客户。

2. 客观因素

任何时候，产品价格的高与低都与产品本身的品质和市场供需关系密切相关。卖家在报价之前，必须对所售卖的产品情况、目标定价、目标市场上竞争产品价格等有充分的了解，做到知己知彼，百战不殆。一般情况下，应该把握以下原则。

根据价和值通常是相等的原则，如果产品质量相对更好，报价肯定要更高。

根据供求关系影响价格的原则，如果产品在市场上供不应求，当然也可以报更高的价。

根据人们比较喜欢新鲜事物的特点，如果产品是新品，款式又比较新颖，通常报价比成熟的产品要高些。

综合考虑各方面因素定价，同一样产品在不同的时间阶段，受到市场因素和政府调控等因素影响，报价也会有一定的变化。所以一定要深入研究所售卖的产品的领域和行业，多角度多方面地了解有关产品的信息，打磨出敏锐的嗅觉，实时对价格做出调整。

价格一直是买卖双方最关心的问题，卖家一定要给自己留有余地，不要一开始就直接给客户最低的报价，防止自己手中的底牌被客户摸清，最终无路可退，只能被客户牵着鼻子走。总而言之，在定价时，一定要综合考虑多种定价策略和主客观因素，争取主动，以获得较高的利润。

思维导图

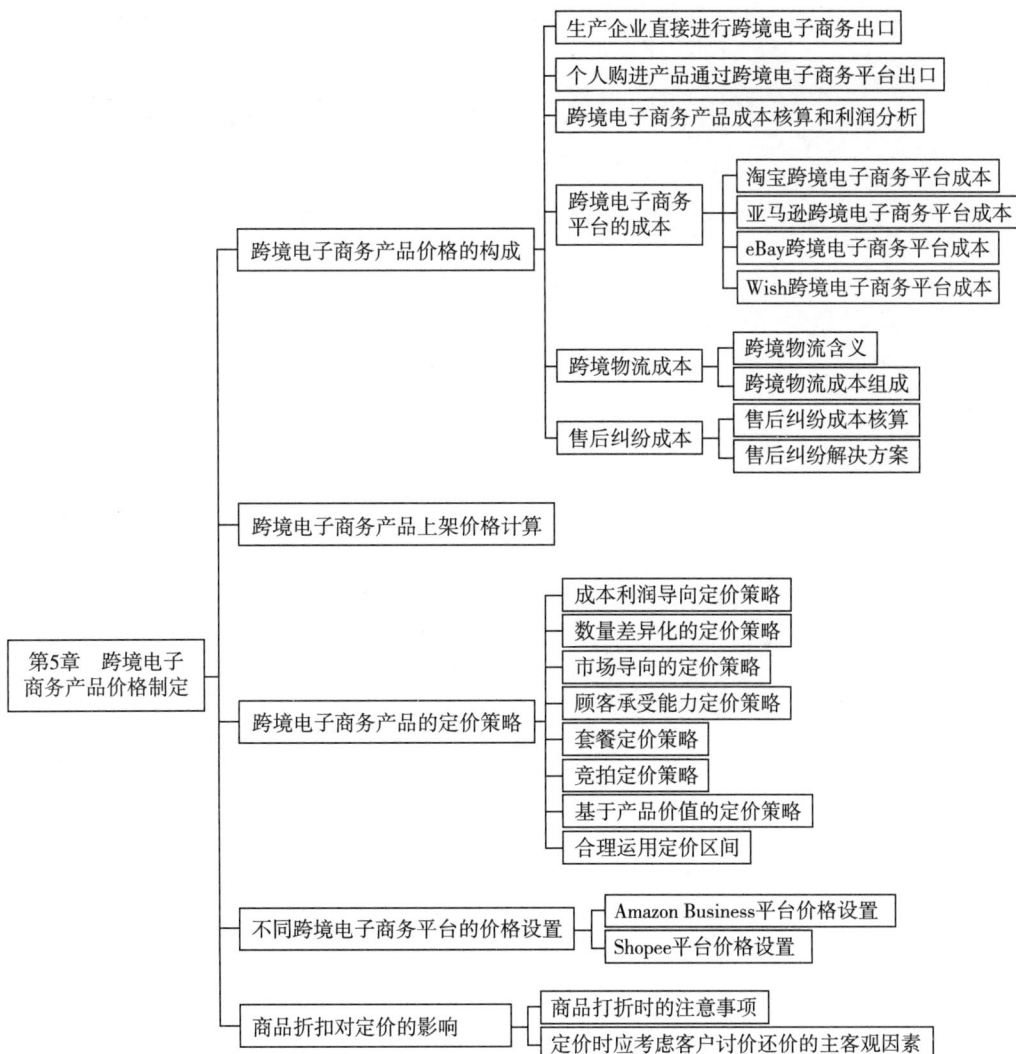

复习思考题

1. 简述跨境电子商务产品价格的构成。

2. 在 1688 平台上架产品，并核算产品价格，最终制定价格。

3. 产品上架价格和成交价格在什么情况下是相等的？

4. 胡某从 1688 平台上采购了一批车载空气净化器，单价为 120 元人民币，国内运费折合每个 5 元人民币。查询得知：运往加拿大的运费为每个 20 元人民币，平台收取的佣金为成交价格的 5%，推广费用为成交价格的 6%，预期利润为成交价格的 30%，其他优惠活动未参加。假设当日的外汇买入价为 7.07 元人民币兑 1 美元，则这款车载空气净化器的上架价格应制定为多少？

第6章　跨境产品发布与店铺优化

学习目标

● 了解跨境电子商务平台产品发布的相关规则。
● 了解在跨境电子商务平台上发布产品的基本常识。
● 掌握跨境店铺的优化技巧。
● 能够在全球速卖通平台上正确发布产品并对产品信息进行优化。

开篇案例

卖家发布侵权产品受到平台处罚

最近，速卖通平台上的一位卖家因为发布了侵权产品而受到了平台的处罚。这位卖家在平台上销售的产品是一款名为"AirPods"的无线耳机，但是这款产品的外观和功能与苹果公司的 AirPods 非常相似，甚至可以说是直接抄袭了苹果公司的设计。卖家在发布这款产品之后，很快就收到了苹果公司的投诉，苹果公司认为这款产品侵犯了他们的知识产权。随后，速卖通平台也收到了苹果公司的投诉，并对卖家进行了调查。在调查过程中，速卖通平台发现这款产品确实存在侵权问题，因为它的外观和功能与苹果公司的 AirPods 非常相似，而且卖家并没有获得苹果公司的授权。因此，速卖通平台决定对卖家进行处罚，包括下架该产品、冻结该卖家的账户等措施。卖家在收到处罚通知后，非常懊悔自己的行为，并向速卖通平台和苹果公司道歉。他表示并没有意识到自己的行为是侵权行为，只是想通过销售这款产品来赚取一些利润。同时，他也意识到了自己的错误，并承诺以后不会再发布侵权产品。这个案例告诉我们，作为卖家必须遵守知识产权相关法律法规，不得发布侵犯他人知识产权的产品。否则，不仅会受到平台的处罚，还可能会面临更严重的法律后果。因此，我们应该尊重他人的知识产权，创造自己的产品，或者通过正当的渠道获得授权，才能在速卖通平台上获得长期的成功。

讨论题：

为了避免店铺违规经营和产生不必要的纠纷，卖家在"全球速卖"平台发布商品时应该遵循哪些相应的规则？怎样进行合法合规的产品发布？发布产品后，要想增加产品的曝光，提高店铺流量，实现转化，为卖家带来更大的收益，应该如何对产品信息进行优化？

6.1　全球速卖通平台发布产品须知

6.1.1　全球速卖通发布新规

速卖通跨境电子商务平台在 2019 年发布了一条新的规则，要求速卖通的卖家在进入速卖通之前，必须缴纳一笔保证金。保证金是为了保证卖家在速卖通平台上的合法运营，此笔费用会在商家结算时，按照流程提取部分或全部费用，作为担保买家规范支付的费用。跨境保证金属于一种金额相当可观的投资，它可以帮助商家加强对规范商业行为的把控，提升商家经营行为的质量，以维护跨境电子商务平台市场秩序，促进公平规范的跨境贸易发展。

速卖通平台发布的保证金相关规则包括以下几个方面的内容。

1. 每个速卖通账号只准选取一个经营范围经营，并可在该经营范围下经营一个或多个经营大类（只有 9 和 10 经营范围下有多个经营大类）。

2. 保证金按店铺入驻的经营大类收取，如果店铺入驻多个经营大类（仅涉及 9 和 10 经营范围下），则保证金为多个经营大类中的最高金额。

3. 本保证金规则适用于 2019 年 11 月 27 日后入驻的新卖家，针对之前已经入驻的卖家，仍适用年费规则。

4. 部分经营大类下类目需要额外提供资质。

速卖通各类目保证金一览表如表 6-1 所示。

表 6-1　速卖通各类目保证金一览表

经营范围	2021 经营大类	保证金	经营大类下可发布的类目
1	珠宝手表（含精品珠宝）	1 万	Jewelry & Accessories 珠宝饰品及配件 Watches 手表 以下类目可共享发布： Apparel Accessories 服饰配饰（男/女/儿童配件，婴儿配饰发到婴儿服装） Men's Clothing 男装 Women's Clothing 女装 Novelty & Special Use 新奇特及特殊用途服装 Underwear，Socks，Sleep & Lounge Wear 男女内衣/袜子/家居服 Weddings & Events Wedding Accessories 婚庆配饰 Consumer Electronics ＞ Smart Electronics ＞ Wearable Devices ＞ Wristbands 腕带 Consumer Electronics ＞ Smart Electronics ＞ Wearable Devices ＞ Smart Watches 智能手表

（续表）

经营范围	2021经营大类	保证金	经营大类下可发布的类目
2	服装服饰	1万	以下类目可共享发布： 1. 珠宝饰品及配件、手表 2. 箱包部分类目 3. 孕婴童＞儿童服装（2岁以上）＞亲子装 4. 男女鞋类目 5. 泳装类目 6. Apparel Fabrics & Textiles 服装面辅料 & 纺织品
3	婚纱礼服	1万	Weddings & Events 婚礼及重要场合 以下类目可共享发布： 1. Jewelry & Accessories Fashion Jewelry 流行饰品 2. Apparel Fabrics & Textiles 服装面辅料 & 纺织品
4	美容个护 （含护肤品）	1万	Beauty & Health Tools & Accessories 工具/配件 Beauty & Health Skin Care Tool 护肤工具 Beauty & Health Shaving & Hair Removal 剃须及脱毛产品 Beauty & Health Sanitary Paper 卫生用纸 Beauty & Health Oral Hygiene 口腔清洁 Beauty & Health Nail Art & Tools 美甲用品及修甲工具 Beauty & Health Makeup 彩妆 Beauty & Health Hair Care & Styling 头发护理/造型 Beauty & Health Bath & Shower 沐浴用品 Beauty & Health Fragrances & Deodorants 香氛/除臭芳香用品 Beauty & Health Skin Care 护肤品 Home Appliances＞Personal Care Appliances 部分类目 以下类目可共享发布： Massage & Relaxation 按摩 Massage Products 按摩产品 Massage Appliance 按摩器具
5	真人发 （定向邀约制）	5万	Hair Extensions & Wigs Beauty Supply Hair Extensions & Wigs Hair Salon Supply Hair Extensions & Wigs Human Wigs Hair Extensions & Wigs Human Hair 1 Hair Extensions & Wigs Human Hair 2 以下类目可共享发布： Beauty & Health－Hair Care & Styling

（续表）

经营范围	2021 经营大类	保证金	经营大类下可发布的类目
6	化纤发	1万	Hair Extensions & Wigs Synthetic Hair 化纤发 以下类目可共享发布： Beauty & Health—Hair Care & Styling
7	母婴玩具	1万	Mother & Kids 孕婴童 Toys & Hobbies 玩具 以下类目可共享发布： Shoes 鞋子
8	箱包鞋类	1万	Luggage & Bags 箱包 Shoes 鞋子 以下类目可共享发布： Mother & Kids Children's Shoes 童鞋 Men's Clothing 男装 Women's Clothing 女装 Mother & Kids Baby Shoes 婴儿鞋 Apparel Accessories 服饰配饰（男/女/儿童配件，婴儿配饰发到婴儿服装） Novelty & Special Use World Apparel 世界民族服饰 Novelty & Special Use Stage & Dance Wear 舞台表演服和舞蹈服
9	健康保健	1万	Beauty & Health Health Care 健康保健 以下类目可共享发布： Beauty & Health —Sex Products—Safer Sex 安全/避孕 Skin Care Tool 护肤工具
	成人用品	1万	Beauty & Health Sex Products 成人用品 以下类目可共享发布： Novelty & Special Use—Exotic Apparel 情趣服装（不要发布日常穿着的性感内衣）
10	3C 数码（除【内置存储】，【移动硬盘，U盘，刻录盘】、电子烟、手机、电子元器件）（对投影仪实行定向邀约制）	1万	Security & Protection 安全防护 Office & School Supplies 办公文教用品 Phones & Telecommunications 电话和通讯 Computer & Office 电脑和办公 Consumer Electronics 消费电子产品

（续表）

经营范围	2021 经营大类	保证金	经营大类下可发布的类目
10	内置存储，移动硬盘，U 盘，刻录盘	1 万	Computer & Office Internal Storage 内置存储（包含内置固态硬盘、储存卡、存储卡配件（读卡器、存储卡卡套/适配器/转卡器/内存卡盒）、固态硬盘托架和支架）
			Computer & Office External Storage 移动硬盘，U 盘，刻录盘（包含刻录盘、外置机械移动硬盘、外置固态硬盘、硬盘壳包、硬盘盒、U 盘）
	电子烟	3 万	Consumer Electronics Electronic Cigarettes 电子烟
	手机	3 万	Phones & Telecommunications Mobile Phones 手机
11	电子元器件	1 万	Electronic Components & Supplies 电子元器件
12	汽摩配件	1 万	Automobiles，Parts & Accessories 汽车及零配件
			Motorcycle Equipments & Parts 摩托车装备配件
13	家居家具家装灯具工具	1 万	Furniture 家具和室内装饰品
			Home & Garden 家居用品
			Home Improvement 家装（硬装）
14	家用电器	1 万	Home Appliances 家用电器
			以下类目可共享发布：
			Hair Care & Styling 头发护理/造型
			Skin Care Too 护肤工具
			Shaving & Hair Removal 剃须及脱毛产品
			Bath & Shower 沐浴用品
15	运动娱乐（含电动滑板车）	1 万	Sports & Entertainment 运动及娱乐
			Sports & Entertainment Cycling Self Balance Scooters 平衡车
			Sports & Entertainment Roller，Skateboard & Scooters Scooters
			Electric Scooters 电动滑板车
16	特殊类		Special Category 特殊类

6.1.2　全球速卖通禁限售规则

速卖通平台规定禁止发布违禁商品信息，禁止发布限售商品信息，禁止发布不适宜速递的商品信息。其中违禁商品是指因涉嫌违法、违背社会道德或违背平台发展原则等原因，而禁止发布和交易的商品。限售商品是指信息发布前需要取得商品销售的前置审批、凭证经营或授权经营等许可证明，否则不允许发布的产品。

德国 EPR 新增
EEE 类目管控

具体的禁售、限售产品列表请参见《全球速卖通禁限售商品目录》。登录速卖通首页，单击"速卖通规则"按钮进入速卖通规则页面，在分布类规则下单击"全球速卖通禁限售

商品目录"查看禁售、限售产品列数,如图6-1所示。

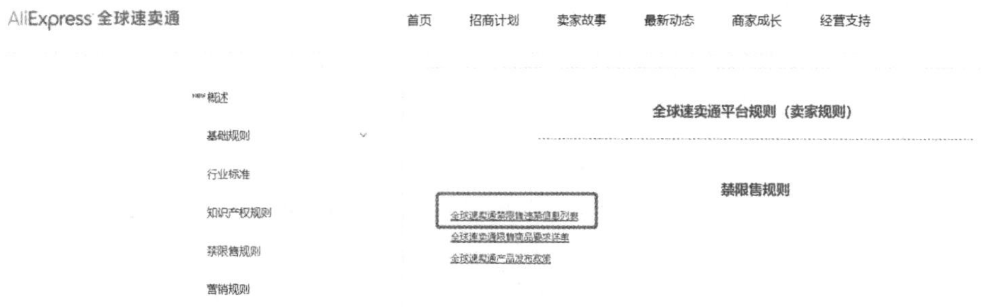

图6-1 单击"全球速卖通禁限售商品目录"查看禁售、限售产品列表

禁售、限售商品主要分为14大类,包括枪支、军警用品、危险武器类,毒品、易制毒化学品、毒品工具类;易燃易爆、危险化学品类;反动等破坏性信息类;色情低俗、催情用品类;涉及人身安全、隐私类;药品、医疗器械、美容仪器类;非法服务、票证类;动植物、动植物器官及动物捕杀工具类;涉及盗取等非法所得及非法用途软件、工具或设备类;烟草及制品、电子烟类;收藏类;虚拟类;其他类。

卖家在经营店铺前一定要认真阅读有关平台的禁售、限售的商品目录,否则发布了相关违规产品并达到一定的积分,店铺将会面临处罚。全球速卖通平台的禁限售积分处罚规则如表6-2所列。

表6-2 全球速卖通平台的禁限售积分处罚规则

处罚依据	行为类型	积分处罚	其他处罚
《禁限售规则》	发布禁限售商品	严重违规:48分/次(关闭账号)	①退回或删除违规信息 ②若核查到订单中涉及禁限售商品,速卖通将关闭订单。如买家已付款,无论物流状况均全额退款给买家,卖家承担全部责任
		一般违规:0.5~6分/次(一天内累计不超过12分)	

卖家发布产品时要遵循平台的规则,一旦卖家被买家投诉货不对版,平台将根据卖家违规行为情节严重程度进行相应的处罚。全球速卖通平台对货不对版情况的处罚规则见表6-3所列。

表6-3 全球速卖通平台对货不对版情况的处罚规则

违规行为	处罚措施
严重货不对版一般违规	2分/次
严重货不对版严重违规	12分/次
严重货不对版情节特别严重	48分/次

6.1.3　知识产权规则

全球速卖通平台严禁用户未经授权发布、销售涉嫌侵犯第三方知识产权的商品以及发布涉嫌侵犯第三方知识产权的信息。知识产权是指人们根据自己所创造的智力活动成果依法享有的占有、使用、收益和处分的权利。如果未经知识产权所有人的许可，使用其依法享有的知识产权，即为知识产权侵权。知识产权侵权行为包括但不局限于以下三类。

1. 商标侵权是指未经商标权人的许可，在商标权核定的同一或类似的商品上使用与核准注册的商标相同或相近的商标的行为，以及其他法律规定的损害商标权人合法权益的行为。

2. 著作权侵权是指未经著作权人的同意，又无法律根据，使用他人作品或行使著作权人专有权的行为，以及其他法律规定的损害著作权人合法权益的行为。

3. 专利侵权是指未经专利权人许可和授权，以生产经营为目的，实施了侵犯依法受保护的有效专利的违法行为。

全球速卖通平台严禁用户未经授权发布、销售涉嫌侵犯第三方知识产权的商品。如果卖家未经知识产权人的许可及授权就发布、销售涉嫌侵犯第三方知识产权的商品，则有可能被知识产权所有人或者买家投诉，产生相关的纠纷，平台也会随机对商品（包含下架商品）信息进行抽查，若涉嫌侵权，则信息会被退回或删除。投诉成立或者信息被退回/删除，卖家会被扣以一定的分数，一旦分数累计到达相应节点平台会执行处罚。全球速卖通平台知识产权侵权处罚规则见表 6-4 所列。

表 6-4　全球速卖通平台知识产权侵权处罚规则

侵权类型	定义	处罚规则
商标侵权	严重违规：未经注册商标权人的许可，在同一种商品上使用与其注册商标相同或相似的商标 一般违规：其他未经权利人许可使用他人商标的情况	三次违规者关闭账号 1）首次违规扣 0 分 2）其后每次重复违规扣 6 分 3）累达 48 分者关闭账号
著作权侵权	未经版权所有人许可而使用具有版权的文字、图片、录像、音乐和软件，构成著作权侵权。 实物层面的侵权： 1）实物商品及其外包装的盗版 2）实物或其包装不是剽窃的，但是包含了未被授权的有著作权的作品 信息层面信息： 商品和包装不会涉及侵权，但是，在没有得到许可的情况下，在店铺信息中使用了图片和文字等受版权保护的作品	1）首次违规扣 0 分 2）其后每次重复违规扣 6 分 3）累达 48 分者关闭账号

侵权类型	定义	处罚规则
专利侵权	侵犯他人外观专利、实用新型专利、发明专利、外观设计（一般违规或严重违规的判定视个案而定）	首次违规扣0分；其后每次重复违规扣6分；累达48分者关闭账号

1. 速卖通会按照侵权商品投诉被受理时的状态，根据相关规定对相关卖家实施适用处罚。

2. 同一天内所有一般违规及著作权侵权投诉，包括所有投诉成立（商标权或专利权：被投诉方被同一知识产权投诉，在规定期限内未发起反通知，或虽发起反通知，但反通知不成立；著作权：被投诉方被同一著作权人投诉，在规定期限内未发起反通知，或虽发起反通知，但反通知不成立），及速卖通平台抽样检查，扣分累计不超过6分。

3. 同三天内所有严重违规，包括所有投诉成立（即被投诉方被同一知识产权投诉，在规定期限内未发起反通知，或虽发起反通知，但反通知不成立）及速卖通平台抽样检查，只会作一次违规计算；三次严重违规者关闭账号，严重违规次数记录累计不区分侵权类型。

4. 速卖通有权对卖家商品违规及侵权行为及卖家店铺采取处罚，包括但不限于（Ⅰ）退回或删除商品/信息；（Ⅱ）限制商品发布；（Ⅲ）暂时冻结账户；（Ⅳ）关闭账号。对于关闭账号的用户，速卖通有权采取措施防止该用户再次在速卖通上进行登记。

5. 每项违规行为由处罚之日起有效365天。

6. 当用户侵权情节特别显著或极端时，速卖通有权对用户单方面采取解除速卖通商户服务协议及免费会员资格协议，直接关闭用户账号及速卖通酌情判断与其相关联的所有账号及（或）采取其他为保护消费者或权利人的合法权益或平台正常的经营秩序，由速卖通酌情判断认为适当的措施。该等情况下，速卖通除有权直接关闭账号外，还有权冻结用户关联国际支付宝账户资金及速卖通账户资金，其中依据包括为确保消费者或权利人在行使投诉、举报、诉讼等救济权利时，其合法权益得以保障。

"侵权情节特别显著或极端"包括但不限于以下情形：

- 用户侵权行为的情节特别严重。
- 权利人针对速卖通提起诉讼或法律要求。
- 用户因侵权行为被权利人起诉、被司法、执法或行政机关立案处理。
- 因应司法、执法或行政机关要求速卖通处置账号或采取其他相关措施。
- 用户所销售的商品在产品属性、来源、销售规模、影响面、损害等任一因素方面造成较大影响。
- 构成严重侵权的其他情形（如以错放类目、使用变形词、遮盖商标、引流等手段规避）。

7. 速卖通保留以上处理措施等的最终解释权及决定权，也会保留与之相关的一切权利。

8. 基于商品合规和贸易风险，平台会基于各国合规要求，针对历史因知识产权禁限售累计扣分满24分及以上或历史多次因风险品牌投诉侵权，平台保留针对特定商家在重点国家区域做流量屏蔽等管控的权利。

9. 本规则如中文和非中文版本存在不一致、歧义或冲突，应以中文版为准。

6.1.4　搜索排序规则

全球速卖通搜索的整体目标是帮助买家能够快速、便捷地找到符合自己需求的商品，并能享受平台良好的采购交易体验，以此促进市场的良好发展。影响卖家搜索排名的因素有很多，包括商品的信息描述质量，商品与买家搜索需求的相关性，商品的交易转化能力，卖家的服务能力，搜索作弊的情况等。

1. 商品的信息描述质量高

对于卖家而言，销售的商品描述一定要真实、准确，这是最基本的要求，这样有助于促使买家快速地做出购买决策。由虚假描述引起的纠纷会严重影响商品排名情况甚至受到平台的违规处罚。商品描述信息尽量准确、完整，其内容应包括商品的标题、发布类目、属性、图片、详细描述等。

① 标题是产品信息描述中的关键要素，卖家一定要在产品标题中对商品的名称、型号以及关键的特点和属性进行清晰的描述，这样才能更好地吸引买家进入详情页进行进一步的浏览。

② 产品分类要精准，不要将产品放在无关的分类中，这样不仅会降低卖家找到物品的概率，还会受到平台的惩罚。

③ 必须尽可能地详细填写产品的属性，这样才能帮助买家更好地了解产品，更好地促成交易。产品的主图是产品描述中不可缺少的一部分，高质量、多角度的产品照片可以帮助买家对产品有更清晰的了解，进而做出购买决策。

④ 提供的产品资料必须真实、准确，并附有图片和文字。对产品的功能、特点、品质、优势等进行详尽的描述，配合精美的产品实物照片，有利于提高产品的转化率。

2. 商品与买家搜索需求的相关性

相关性是搜索引擎技术里面一套非常复杂的算法，简单地说，就是根据买家输入的搜索关键词以及浏览的类目，判断卖家的产品与买家实际需求的相关程度。相关性越高的商品，排名越靠前。在判断相关性的时候，主要考虑商品的标题，其次会考虑发布类目的选择、商品属性的填写以及商品的详细描述等内容。增加相关性，有助于增加商品的曝光机会。

3. 商品的交易转化能力

商品的交易转化能力是指一个商品曝光的次数以及最终促成的成交之间的转化能力，转化高代表买家需求高，有市场竞争优势，从而会排序靠前；转化低的商品会排序靠后或没有曝光的机会，甚至逐步被市场淘汰。

一个商品累积的成交和好评有助于提高其排名，相反，如果一个商品买家的评价不好，会严重影响商品的排名。

4. 卖家的服务能力

除商品本身的质量外，卖家的服务能力也是直接影响买家采购体验的因素。卖家的服务能力主要体现在卖家的服务响应能力，订单的执行情况，订单的纠纷、退款情况及卖家的好评率等方面。卖家整体表现差，将影响其销售的所有商品的排名。

5. 搜索作弊的情况

对于搜索作弊骗取曝光机会、排名靠前的情况，全球速卖通会进行日常的监控和处理，及时清理作弊的商品。常见的搜索作弊行为及处罚措施见表6-5所列。

表6-5 常见的搜索作弊行为及处罚措施

违规行为类型	处罚措施
类目错放	
属性错选	
标题堆砌	
黑五类商品错放	
重复铺货	① 对违规商品给予搜索排名靠后或下架、删除、扣分处罚；
广告商品	② 同时根据卖家搜索作弊行为累计次数的严重程度对整体店铺给予搜索排名靠后或屏蔽等处罚；情节特别严重的，平台将给予冻结账户或关闭账户的处罚。
描述不符	注：对于更换商品的违规行为，平台将增加清除该违规商品所有销量记录的处罚，对违规商品给予搜索排名靠后或下架、删除、扣分处罚。
计量单位作弊	
商品超低价	
商品超高价	
运费不符	
SRU作弊	
更换商品	
标题类目不符	

6.1.5 排名规则常见问题

1. 什么是重复铺货？有什么工具可以自查？

目前，全球速卖通平台主要从商品主图、标题和属性三个方面来判断商品是否重复铺货。如果商品的主图完全相同，并且产品标题、属性雷同，或商品主图不同，比如，主图是同一件商品只是从不同角度来拍摄图片，但商品的标题、属性、价格高度雷同，就视为重复铺货行为。全球速卖通平台将重复铺货行为列为搜索作弊行为，主要是因为重复铺货会导致平台上不断出现同样的产品，增加了买家的选购成本，严重影响买家的购物体验。所以，重复铺货不但不会得到更多的曝光机会，反而会严重影响产品的搜索排名。

速卖通平台已推出重复铺货自查工具，可以在卖家的速卖通首页或搜索诊断页面查看重复铺货产品的相关信息。

2. 什么是类目错放？

（1）发布类目错误

卖家在发布产品的时候选择的产品类目和商品实际的品类并不相符。商品的实际类目和选择的类目不相符属于违规情况,情节严重的会被封店。所以卖家在发布产品时一定要仔细查看所选类目,所选择的类目要符合商品的实际品类。

（2）重要属性错误

虽然卖家发布类目选择正确,但是重要属性（发布表单中标星号＊或绿色感叹号!）的属性值选择错误。卖家在发布产品时一定要根据产品的真实信息填写相应的产品属性。

3. 产品的标题是否越长越好?

目前,产品搜索排名系统判断商品是否与买家搜索词相关时,主要参考的内容包括标题、类目、属性等。同时,产品发布时设置的产品关键词也是搜索排名相关性方面的参考指标之一。关键词堆砌和填写不相关的内容都会降低商品真正相关核心内容的影响力,从而影响商品排名。因此,标题并不是越长越好,而是越精准越好。

4. 频繁重新发布商品,更新商品的在架时间,是否有利于商品排名?

短期内多次重新上架/下架商品只会更新商品的在架时间,即更新商品在网站展示的有效期限,对商品搜索排名没有任何提升作用。

目前,商品发布时间、重发时间、修改时间、距离下架剩余时间等在全球速卖通平台均不对商品排名构成影响。平台会淘汰旧的、有曝光但没有交易的商品和卖家,从而给新商品和卖家以更多曝光机会。

5. 影响产品搜索排名的因素有哪些?

① 产品的信息描述质量;

② 产品与买家搜索需求的相关性;

③ 产品的交易转化能力;

④ 卖家的服务能力;

⑤ 搜索作弊的情况。

6. 为什么搜索不到自己店铺正在销售的产品?

（1）产品刚发布

如果产品是刚刚发布的,那么在后台使用关键词或产品标题一般会搜索不到该产品,这是因为系统尚未同步该条产品信息。

（2）产品显示在架状态

① 店铺部分产品搜索不到,可能有以下原因:产品在架时间到期,自动下架;产品因侵犯第三方知识产权被删除;受搜索规则调整影响,部分产品的搜索排名靠后。

② 店铺全部产品搜索不到,可能有以下原因:卖家有无货空挂、拍而不卖等情节较为严重的行为,其所有商品将不会参与排序;卖家店铺产生的纠纷严重,其所有商品将不参与排序;卖家平台介入的纠纷率过高,其所有商品将不参与排序。

7. 卖家的产品原来排名在前几页,为什么现在排名下降了?

产品排名不是一成不变的,根据搜索排名规则,产品的转化能力和卖家过往的服务表现等都会影响产品的排名情况。成交转化好、卖家服务好的产品，其排名将会靠前。排名靠前的产品，倘若卖家服务质量指标下降，排名也将下降。要特别注意，如果卖家有相关的搜索作弊行为，将会大大影响商品的排名，甚至失去排名的机会。

8. 橱窗有什么作用？如何获得？

全球速卖通的橱窗设置是一种奖励机制，新注册的卖家只有一个橱窗，卖家等级越高，奖励的橱窗就越多，最多奖励 30 个。另外，卖家也可以通过卖家积分引流获得积分后兑换获得橱窗。

在其他排名因素同等的条件下，橱窗推荐的产品能在排名上获得一定的加权，帮助卖家提升其提交的产品在买家搜索时的排名，使产品有更多的曝光机会。

9. 是不是图片越多，越有利于排名？

在其他排名因素相同的条件下，有图片的产品排名会比无图片的排名有优势。有图片的产品有助于优化买家购物体验，但要真正提高产品排名，仅仅依靠增加图片数量还不够，还应该注重产品图片的质量。买家在查找商品时，最先看到的就是图片，如果产品图片不够精美，就会导致买家失去浏览的兴趣，最终放弃浏览。所以，产品图片要多角度呈现商品的特点和细节，尽可能清晰地展示产品。要让买家对产品产生兴趣并购买商品，就要把图片做得更吸引人。可以对产品图片进行美化处理，要注意的是，不要过度美化图片，注意产品图片的质量和真实性。

全球速卖通平台提倡卖家对自己所销售的商品进行实物拍摄，并对商品进行多角度、重点细节的展示，同时确保图片清晰、美观，这些都有利于买家快速了解商品。另外，严禁盗用其他卖家的图片，因为这样做不但会让买家怀疑店铺的诚信度，还会受到平台严厉的处罚。如果自己的图片被其他卖家盗用，可直接联系平台进行投诉，平台有专人负责受理并将严厉处罚盗用图片的卖家。

10. 发现他人盗图，该如何进行投诉？

卖家在发现其他卖家盗用自己的图片后，可以将相关证据发送到盗图处理邮箱：postservice@service.alibaba.com。平台根据证据核实后，将对盗图方进行处理。其中，被盗用图片可发送的证据包括但不限于以下几种。

① 被投诉方盗图的具体链接；

② 大于 200KB 的没有 PS 痕迹的原图或其他版权证明；

③ 如若不能提供大于 200KB 的原图，那么在被投诉方的图片中含有不属于被投诉方的水印，投诉一样可以成立。

11. 为何一家公司能有多条信息出现在前几页？

目前，商品搜索排名只与产品本身的表现有关，与店铺没有关系。所以说一页搜索内容中是可以出现一家店铺的多条产品信息的。

6.2　优化产品信息的方法

6.2.1　优化产品标题

产品标题是产品能被客户在平台搜索到并吸引客户进入产品详情页的重要因素。好的产品标题有助于促进客户较快地了解产品特点并产生购买行为。一个优秀的产品标题能够为产品引流，提高产品曝光量，进而增加订单量，激发更多客户的购买欲望。

1．产品标题构成分析

优秀的产品标题一般是由满足客户需求的产品核心关键词、准确描述产品特性的属性词和激发客户购买欲望的流量词或促销词构成。

（1）核心词

核心词是顶级热搜词，也叫产品词，是产品标题的核心，是流量最大的词，用来描述你卖的是什么产品，词的竞争度比较高。比如，产品标题"夏季 2023 年新款设计感不规则短袖连衣裙女装法式小众甜美茶歇裙子"，其中"裙子"就是核心词。买家主动搜索时，往往会输入核心词来查找自己想要的产品。

（2）属性词

属性词是对产品信息的重要补充，帮助买家在搜索时更容易匹配到相应的产品。属性词主要包括产品的外观、参数、风格、季节、材质、规格等。用以区分该产品与其他产品的不同之处，比如雪纺、短袖等词。

（3）流量词

流量词就是能带来流量的词，也称长尾词或促销词，如某种衣服的特殊尺码、代表节日或特殊群体的词，能够吸引消费者的注意力，从而提高商品的点击率和转化率，例如"包邮""明星同款""特价"等。

【例】标题：2023 New Women Casual Clothes Spring and Summer Sexy Slim Bandage Vestidos powder blue Plus Size Same style as celebrities。

译文：2023 年新款女式休闲服春夏季性感修身绑带裙粉蓝大码明星同款。

解析：该标题依次列出了产品的年份（2023）、风格（Casual）、适用季节（Spring and Summer）、款式（Sexy Slim Bandage）、名称（Vestidos）、颜色（powder blue）、尺码（Plus Size）、流行风格（Same style as celebrities）等各项信息。

此标题中，Vestidos 为核心词，是葡萄牙语，意为裙子，Plus Size（大尺码）为促销词，New（新款）、Same style as celebrities（明星同款）也为促销词，其他关键词为产品属性词，这些词从多个层面表现了产品的特征。

2. 产品标题中的常见错误

一个好的产品标题能够吸引买家点击浏览该产品，同时能够让买家第一时间判断你卖的产品是什么，他们是否需要该产品，从而引导其做出正确、快速的购买行为，实现转化。但是，并不是每个卖家都能够编写好产品标题。一个好的标题应当尽量避免出现以下几种错误。

（1）搜索作弊行为

搜索作弊行为会对搜索结果产生负面影响，损害消费者的利益和商家的信誉，常见的集中标题搜索作弊行为主要有

① 滥用关键词：在标题中添加与商品本身无关的热门关键词，以提高商品的搜索曝光率。

② 堆砌关键词：在标题中堆砌多个与商品本身相关的关键词，以提高商品在搜索结果中的曝光率。

③ 重复标题：多个商品使用相同的标题，以提高商品在搜索结果中的曝光率。

④ 虚假宣传：在标题中夸大宣传商品的性能、品质等，以吸引更多的消费者点击购买。

⑤ 标题党：故意制造引人入胜的标题，但实际内容与标题不符，以吸引消费者点击。

例如，某卖家发布一款带钻石的新娘发饰，该产品中的钻石为人造钻石，标题为"New Bride Diamond Hair Band Weaving Hair Ornament Diamond Crystal Tassel Hair Band Hairpin"。然而"Diamond（钻石）"与产品实物不符，会误导客户。因此，应该把"Diamond"改成"Rhinestone"（人造钻石），或者用"Synthetic"（合成物）和"Simulated Diamond"（模拟钻石）等词代替。

例如，某款商品标题为"Blue tooth MP3 reading novel dedicated MP3 player high school student Walkman music MP3 player ebook artifact"。标题中有关键词堆砌，例如"MP3，MP3 player，music MP3 player"，这种设置标题的行为属于关键词堆砌，是不合规的。

（2）涉及知识产权侵权行为

例如，某卖家发布一款塑料拼接玩具，标题设置为"Building Blocks Set LEGO Friends 446 Pcs 2 Toy Figures DIY Swimming Pool Brinquedos Bricks Toys for girls"。

标题中出现的"LEGO"（乐高）是丹麦著名玩具品牌，但卖家的产品并不是乐高品牌的产品，因此产品标题里面出现该词属于侵权行为。如果该产品跟乐高相关，比如与"LEGO"正品搭配使用或作为替换装使用，可在"LEGO"一词前加上"compatible with"（与乐高产品兼容）字样，那么该产品就可正常发布。

（3）滥用"Free Shipping"

例如，某卖家发布一款动漫玩具，其运费模板设置为邮政小包，对亚洲及欧洲地区的订单免运费，对其他地区不免运费。该产品标题设置为"Anime Dragon Ball Z super

Saiyan Son Goku PVC Action Figure Collectible Toy 15cm Free Shipping DMA976"。

在国内淘宝天猫购买产品，大部分买家喜欢挑选包邮的产品，在跨境电子商务平台也是一样的，海外消费者在选购产品的时候也偏向选择包邮产品。卖家为吸引买家注意力会在产品标题中使用 "Free Shipping"（免邮），但只有当产品对所有国家免邮时，才能在标题中设置 "Free Shipping"。所以该标题属于运费设置作弊，会影响产品搜索排名。

3. 优化产品标题的情形或时机

① 档期内滞

② 在与同款产品的竞争中处于弱势

③ 曝光量低、跳失率高

④ 上新的第二天

⑤ 产品的潮流趋势变换

6.2.2　优化产品详情页

对于产品来说，详情页是直接影响产品展示的关键因素。商品详情页不仅能向买家展示商品的规格、颜色、细节材质等属性信息，还能向买家展示商品的特点及优势。商品详情页是提高转化率的首要入口。一个好的商品详情页就像一个好的推销员，面对各式各样的买家，一方面用语言打动他们，另一方面用视觉传达的方式展示商品特点。

1. 详情页的常规布局

详情页的常规布局如图 6-2 所示。

2. 详情页的设置方法

（1）主图设置

主图在详情页设置中具有非常重要的地位，一张优质的主图能立刻抓住买家的眼球，吸引他们关注。所选用的主图要具有视觉冲击力，比如，销售的产品是服装，一般选用模特正

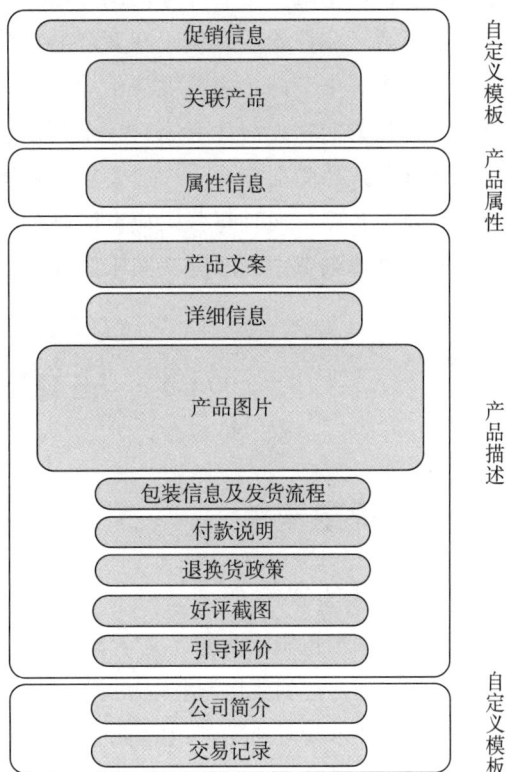

图 6-2　详情页的常规布局

面或者稍侧面照为佳，尽量完整呈现服装的效果与亮点。同时，可以在主图的设计上搭配文字等设计元素，增加买家对品牌的认知度，渲染气氛，体现调性。

（2）详情图突出亮点

详情图的选择需要根据商品的特点从不同的角度提炼亮点。以服装为例，详情图可以选择潮流趋势、亮点解说、版型特点、工艺解读、细节卖点以及面料的解析等内容。卖点的提炼除了从产品的自身特点出发，更要站在消费者的角度，了解其消费需求与关注点。好的文案能够用简短的几个字直击用户的心灵，激发其购买欲。

（3）精准的产品信息，满足客户需求

主图和详情图主要是为了激起用户的购买欲，而商品的详细信息描述则是用户决定是否购买的关键。依然以服装为例，准确、真实、有效且美观地展示商品的面料、尺码等信息能够在很大程度上直接促成客户的购买行为。

（4）售后好评渲染

旨在向用户展示卖家对于售后服务的承诺和信心。购买产品只是服务的开始，卖家更要致力于提供优质的售后服务，让每一位用户都能享受到满意的购物体验。在产品详情页中，应该介绍售后服务政策、退换货流程以及客户评价等内容，让用户在购买前就能够对售后服务有全面的了解。售后好评的图片也是产品详情页的一个重点。在详情页中增加其他客户的推荐或产品评论，有助于在客户心中建立信任感，促使购买行为的发生。

（5）平铺图、细节图，多角度展示

由于平台化的购物无法让买家直接全面地感受实物的触感和质量，因此平铺细节图是唯一能够弥补用户感受的方式。一般要求平铺图能够规整地展示商品的正反面效果；细节图的展示需要多角度，而且每张图应有清晰的关键点，体现其质量。对于品牌附加值较小的产品，通过精修细节图、匹配文案来画龙点睛，更有助于用户下单。

6.3 店铺优化策略

6.3.1 视觉营销

1. 什么是视觉营销？

视觉营销是利用色彩、图像、文字等造成视觉冲击力，从而吸引消费者的关注，增加店铺和产品的关注度，达到营销制胜的效果。视觉营销是为达成营销目标而存在的，是将展示技术和视觉实现技术与对商品营销的彻底认识相结合，努力将商品提供给市场，加以展示销售的方法。商家通过其标志、色彩、图片、广告、店堂、橱窗、陈列等一系列的视觉展现，向顾客传达产品信息、服务理念和品牌文化，以达到促进商品销售、树立品牌形象的目的。

有这样一个实验：国外某设计师团队将一个婴儿纸尿裤的平面广告初稿给许多人观看，并按照他们观看的重点和先后次序，得出图片上的视觉轨迹。结果发现，人们往往会将产品的主要卖点也就是大标题的描述放在最后浏览，并且他们并没有将注意力放在产品信息上，而是将注意力更多地放在了旁边的宝宝身上。该实验的视线轨迹研究和视线热点研究如图 6-3 所示。

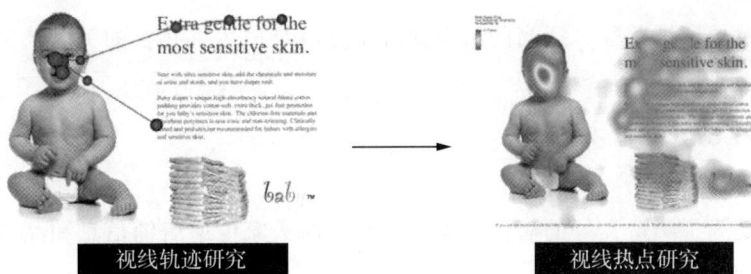

图 6-3　视线轨迹研究与视线热点研究图

原本，宝宝只是作为"配角"出现在海报广告中，以便让消费者知道这种商品是宝宝使用的，然而，这种海报却让所有人的注意力放在了宝宝身上，而非商品本身。这种视觉广告显然是不成功的。所以，设计师们稍微修改了一下这幅海报。修改后的海报及其视线研究结果如图 6-4 所示。

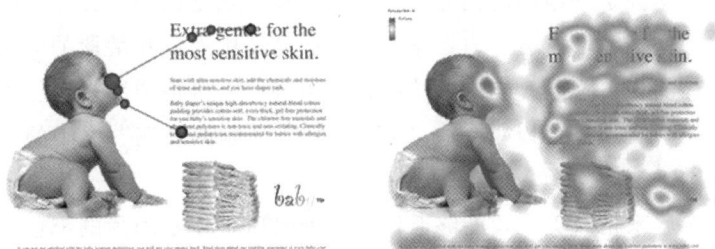

图 6-4　修改后的海报及其视线研究结果

虽然观看者的目光还是以婴儿为起点，但当他们的目光落在婴儿身上时，注意力会随即转移到婴儿所看的地方，所以，他们就会在婴儿的"指引"下，去阅读商品的介绍和卖点。这是视觉营销领域很有名的一个案例。

法国有一句商业格言：即使是水果蔬菜，也要有像一幅静物写生画那样艺术的魅力，因为商品的美感能够激起客户的购买欲。视觉营销是市场营销中不可或缺的营销手段之一，作为卖家一定要知道一个公式：销售额＝流量×转化率×客单价。

（1）提高流量

好的视觉广告图能吸引用户的眼球，这一点从直通车、钻展图以及站内外推广的点击数据上就能明显地看出来。同时，好的视觉效果能够让访问者停留更长时间，提高店铺的曝光率。

（2）提高转化率

好的产品描述详情页能吸引用户仔细阅读产品信息，可以利用高质量的图片设计来展示产品的细节和功能，让客户更直观地了解产品。好的视觉设计提供适量的信息，以便客户快速了解产品，从而提高产品详情页的转化率，增加销售量，这一点也是毋庸置疑的。

（3）提高客单价

好的视觉营销店铺路径、适当的店内广告位置以及描述页必要的关联营销等，都将为提高客单价创造机会。

2. 做好视觉营销的方法

（1）明确目的

视觉营销是为了塑造良好的店铺形象，完整地向买家传递店铺信息和品牌形象，让潜在顾客了解店铺，吸引买家购买。

（2）提高审美眼光

熟悉买家的网页浏览习惯，视觉设计避免使买家产生审美疲劳。依据买家的审美规律，摸透他们对色彩的审美心理，在产品图片展示和店铺整体设计上形成统一鲜明的风格。切忌东拼西凑，店铺装修风格与产品定位不一致。

（3）把握图片三要素

无论多么优秀的网店，在视觉设计上的图片往往都由非常简单的三要素组成。掌握了这三个要素就如同掌握了一扇门的钥匙。这三个要素分别是文字、图片、产品。

文字：要简短精辟，富有吸引力，符合所卖产品适用人群年龄段的需求。内容可以包括品牌故事、产品的相关背景、规格、功能、使用特点、价格说明，用尽可能简短的文字描述产品详细情况。卖家还可以写一些"郑重说明""购买说明"之类的交易说明，特别是常见的售卖问题、汇款问题。

图片：必须看起来精致美观，能够抓住人们的眼球，注重图片的配色。图片的配色十分关键，因为画面的色调会营造一种氛围，以配色方案确定风格，从而特色鲜明地展现产品的特点。

产品：要把商品最好的一面充分展现出来，让顾客产生更多的购买欲望。

对于卖家来说，选择合适的产品类别也是非常重要的。买家在购买商品时，通常会依据商品类别进行搜寻，商品类别是买家选择卖家的一种主要方式。跨境电子商务平台是一种线上交易平台，没有营业员，整个推销过程是非常静态的，没有面对面的交流和互动，外国买家主要是通过图片视觉决定是否购买。所以，漂亮的设计对于线上店铺展示是非常重要的。

6.3.2 文案策划

文案策划主要是通过文字内容来塑造画面、情景，刺激顾客感官让其产生联想，从而唤起顾客的购买欲望。

1. 店招文案

卖家通常采用团队名称或者店铺名称作为店招文案，当然也可以用口号、服务理念等作为店招文案。速卖通改版之后店招添加了关键词搜索功能，在店招中也可以添加一些热门的关键词作为营销型文案，速卖通改版后的店招示例图如图 6 - 5 所示。除此之外，店招还可以使用店铺促销信息的文案、参加平台活动的文案，以及店铺特色优势介绍的文案等。一个好的店招文案能够在店招图像说明的基础上，增强商品或品牌的文字推广效果，并引起消费者对商品详细信息的关注。那么，如何设计一个好的店招文案呢？首先来了解一下店招的组成部分。速卖通店招一般由店名、文字说明和商品图片组成。在文案设计中，要求有明确的产品定位，再加上适当的文字说明。

改版之后的店招增加了关键词搜索功能，在这里也可以添加一些热门的关键词作为营销型文案。

图 6 - 5　速卖通改版后的店招示例图

2. 海报文案

网店的海报图片设计需要有一定的创意和艺术效果，这样才能获得更高的点击量，提升店铺的流量，提高店铺的转化。可以在海报中放一张有关公司文化的设计图片，展示店铺的软实力和品牌力，增加买家信任度。总之，卖家一定要认真对待网店海报设计和图片素材的处理，要符合一定的设计原则。

（1）突出主题

海报图片要有一个明确的主题。没有明确主题和概念的设计只是一个空壳，没有任何意义。店铺可以根据自己的目的确定主题。无论是推新品、清库存、推活动、打品牌、打爆款，海报的主题都一定要鲜明、有特色。一张标准精美的海报一般包含一个主标题和一个副标题，因此标题一定要恰当。

（2）文字处理

海报设计的字体最多使用三种，并且字体颜色不宜太多；文字和图片相结合，让人动心的折扣优惠等信息是高点击量的关键；产品自身的信息也很重要，海报中的文字一定要简明扼要。

（3）配色

配色是指在设计中使用的颜色组合。配色的选择对于海报的视觉效果和传达信息的效果都有很大的影响。因此，进行海报设计时需要认真考虑配色的选择。首先，海报的配色需要与海报的主题相符；其次，海报的配色需要考虑色彩的搭配。一般来说，可以选择相邻色、互补色、三色组合等方式进行搭配；最后，海报的配色需要考虑色彩的明暗度和饱和度。总之，海报的配色需要根据主题、色彩搭配和明暗度、饱和度等因素进行选择，以达到视觉和传达信息的最佳效果。

（4）排版布局

排版布局是指将海报中的文字、图片、图形等元素进行合理地排列和组合，以达到视觉上的美感和信息传达的效果，画面要给人留下适当的空间，做到简约而不简单；整个创意文字加图片内容部分应不超过海报整体的 2/3，同时应注意采用合适的构图方法。

3. 详情页文案

产品详情页文案有许多选择，可以按部就班地做一个从产品实际属性角度出发的文案，也可以做一个更加灵活、富有创意、有一定故事情节的文案。产品详情页文案直接关系到店铺产品的成交转化，因此需要多费一些功夫。一个好的产品详情页文案，不仅能更好地体现产品卖点，打动顾客的心，还能提高店铺页面的访问深度，起到引导客户购买、提高转化率的作用。产品详情页文案策划的思路主要包括以下几个方面。

（1）突出产品特点，让消费者能够快速了解产品的优点和特点。这些特点可以是产品的功能、材料、设计、品质等。通过突出产品的特点，可以让消费者更加了解该产品，从而提高购买率。

（2）使用简洁明了的语言，避免在产品详情页中使用过于复杂的词汇和句子。消费者在浏览产品详情页时，通常只会花费几秒钟的时间，因此，文案应该能够迅速地传达产品的相关信息。

（3）强调产品的优势。在产品详情页中，应该强调产品的优势，让消费者能够清楚地了解该产品相对于其他产品的优势。这些优势可以是价格、品质、功能、服务等。通过强调产品的优势有助于让消费者更加倾向于购买该产品。

（4）提供详细的产品信息。在产品详情页中，应该提供详细的产品信息，包括产品的规格、尺寸、材料、重量、包装等。这些信息可以帮助消费者更好地了解该产品，从而做出更加明智的购买决策。

（5）使用图片和视频。在产品详情页中，应该使用图片和视频来展示产品的外观和功能。图片和视频可以更加直观地展示产品的特点和优势，从而让消费者更加充分地了解该产品。

总之，一个好的产品详情页文案可以帮助消费者更好地了解该产品，从而提高购买率。因此，电商平台应该重视产品详情页文案策划，并不断优化和改进产品详情页的设计和内容。

国外顾客在网页浏览的过程中更加关注文字内容的描述。因此，建议卖家在上传产品详情的时候使用文字和图片，做到图文并茂，有利于提高产品的搜索匹配度。

6.3.3 店铺装修

进入全球速卖通卖家后台，单击"店铺"按钮，可开通商铺（发布产品数量达到 12 个后）。进入"店铺装修及管理"页面，就可对店铺进行装修。店铺装修及管理页面如图 6-6 所示。

进入店铺装修页面（新版）后，可以看到页面顶部有"页面管理与装修""店铺与导航设置""多语言文案管理""素材中心""新手帮助"5 个导航栏，其中前 2 个是最常用的功能。全球速卖通店铺装修的步骤如下。

图 6-6　店铺装修及管理页面

步骤 1：在店铺装修页面中单击"新建页面"按钮新建图文模板（图 6-7）。

图 6-7　新建图文模板

步骤 2：填写好页面名称后单击"请选择页面模板"按钮（图 6-8）。

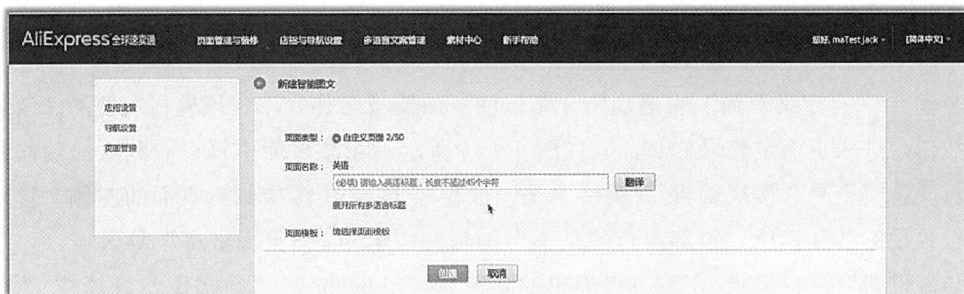

图 6-8　填写页面名称后选择页面模板

步骤3：打开"选择模板"后，可以看到各模板以行业分类排列展示。此处选择"店铺首页默认模板"，选择完成后单击"确认"按钮（图6-9）。

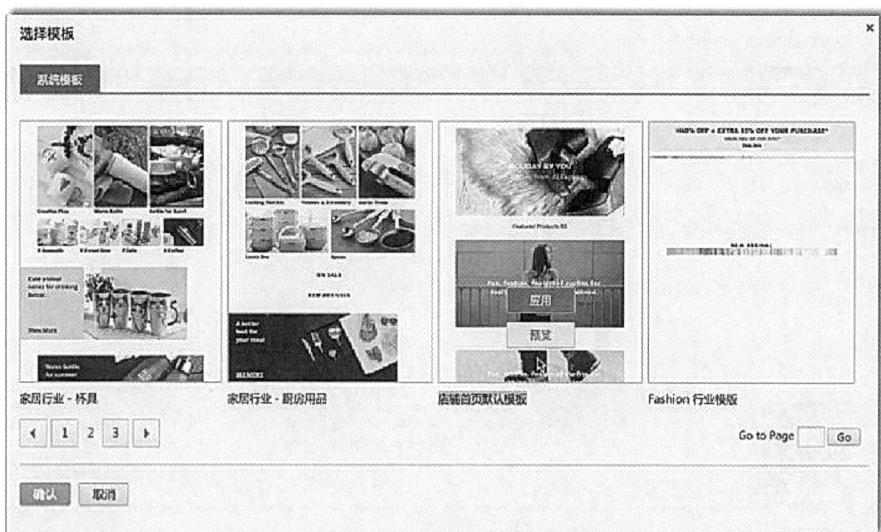

图6-9　选择"店铺首页默认模板"

步骤4："自定义页面"中展现刚才新建的页面模板名称，单击该模板右侧的"装修页面"按钮，进入页面装修操作页面，如图6-10所示。

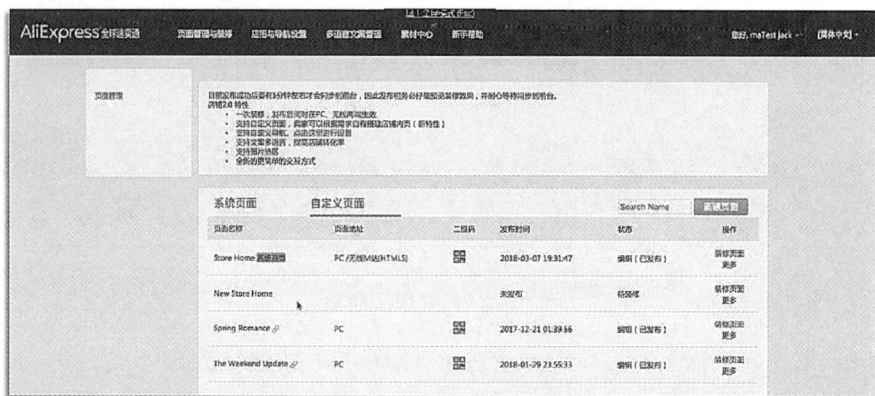

图6-10　单击"装修页面"按钮

步骤5："自定义页面"中展现刚才新建的页面模板名称，单击该模板右侧的"装修页面"按钮，进入页面装修操作页面，如图6-11所示。在此页面中可以看到页面装修具有两大板块，一个是"楼层编辑"，另一个是"模板样式"。在楼层编辑页面的左侧，排列着该模板预设的各种模块，顶部灰色的是不可编辑的"店招""页面底部"等区域（由"店招与导航设置"进行编辑），下方可编辑的是比如"Slideshows（轮播图幻灯片）""CategoryImage（类目分流图片）"等默认模板中的特色模块。

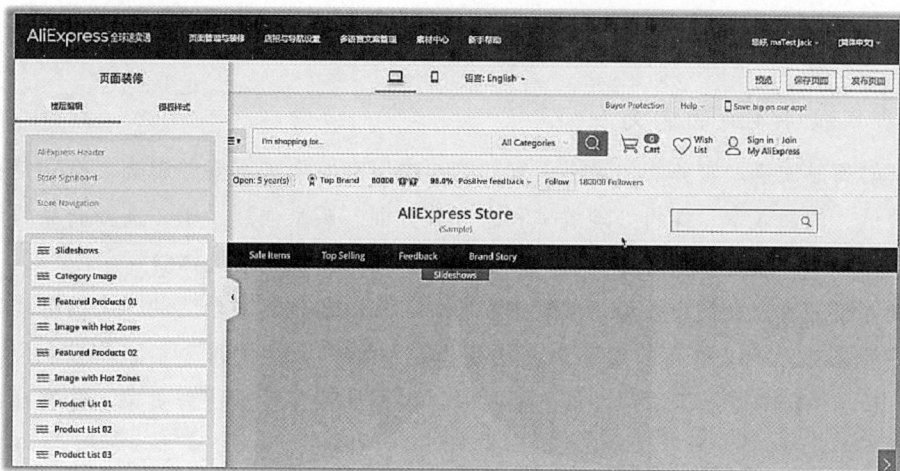

图 6－11　进入页面装修操作页面

6.3.4　统一店铺风格

店铺风格是指店铺装修设计方面的视觉元素组合在一起并展现给用户的直观感受，主要包括店铺配色、字体、页面布局、页面内容、交互性、海报、宣传语等。店铺风格一般与卖家的整体形象相一致，与目标顾客相关，与产品定位相一致，卖家提供的相关产品或服务都应该在店铺风格中得到体现。在店铺装修页面中，单击"模板样式"可对店铺风格和色彩进行设置，如图 6－12 所示。各项设置编辑完成后，可单击页面右上角的"发布页面"按钮发布店铺页面。

店铺装修之装修后台介绍

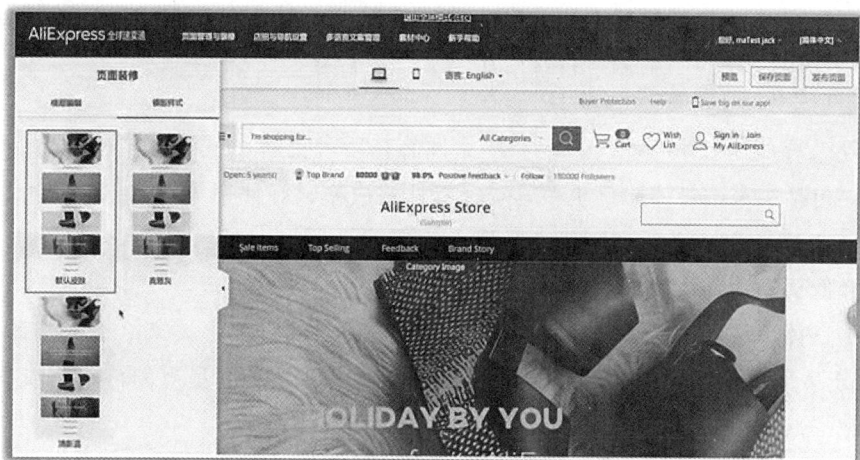

需注意的是，当店铺参加平台的营销活动时，店铺的设计风格除了与产品属性和目标顾客相关外，还应该与平台活动在氛围上契合一致。

图 6－12　单击"模板样式"对店铺风格和色彩进行设置

6.3.5 提升卖家服务等级

1. 卖家服务等级的意义

卖家的商品质量及服务能力对于买家的购买决策有着至关重要的影响，特别是在商品描述及评价、沟通效率、纠纷处理效率和态度等方面。买家强烈希望在选择商品时能够快速识别商品和服务表现都很好的卖家，以提高自己在网上购物中的体验。

不同等级的卖家在橱窗数量、搜索排序曝光、提前放款、平台活动、店铺活动等方面享有不同的资源。等级越高的卖家享受的资源奖励越多，"优秀"卖家将获得"Top－rated Seller"的标志。卖家可以在搜索商品时可以据此快速发现优秀卖家，并选择优秀卖家的商品下单。

指标表现较差的卖家将无法报名平台活动，且在搜索排序上会受到不同程度的影响。对于服务等级被连续评级为不及格的卖家，平台保留清退的权力，因此卖家要尽可能地提升自己的服务能力。全球速卖通不同卖家服务等级享受的资源见表6-6所列。

表6-6 全球速卖通不同卖家服务等级享受的资源

奖励资源	优秀	良好	及格	不及格	成长期
橱窗推荐数	3	1	无	无	无
搜索排序曝光	曝光优先＋特殊标志	曝光优先	正常	曝光靠后	正常
提前放款特权	有机会享受最高放款比例	无法享受最高放款比例	无法享受最高放款比例	无法享受最高放款比例	无法享受最高放款比例
平台活动	优先参加	允许参加	允许参加	不允许参加	允许参加
营销邮件数	500	200	100	无	100

2. 提升卖家服务等级的方法

服务等级每月月末评定一次，下个月3日前在后台更新，主要考核过去90天卖家的经营能力，包括买家不良体验订单率、卖家责任裁决率、好评率等，重点考核买家不良体验订单率（ODR）和好评率。

（1）降低买家不良体验订单率

买家不良体验订单是指考核期内满足以下任一条件的订单：买家给予中差评的订单、DSR中低分（商品描述≤3星或卖家沟通≤3星或物流服务＝1星）的订单、成交不卖的订单、仲裁提起订单卖家5天不回应纠纷导致纠纷结束的订单。

降低买家不良体验订单率的方法包括：加强与买家的沟通、安抚买家可能产生的负面情绪；买家咨询时，清晰地解答其疑问；关注物流信息并与买家及时沟通。

（2）提升买家好评率

① 产品应与描述相符。买家购物最看重的还是产品本身，卖家在描述产品时应实事求是，不可过分夸大。卖家在销售产品时，要实事求是地介绍产品的情况，让消费者对产品有一个全面、客观、理性的认识。同时，也要给消费者提供良好的购物体验。

② 选择性价比高的物流方式。卖家选择物流方式时，首先应考虑买家可接受的物流方式，然后再根据与各物流商达成的协议进行选择。卖家在选择物流时一般考虑的因素有距离远近、物品大小、货物安全。除此之外，还应注意物流公司的服务质量是否能满足自己的需求。

③ 适当发起感情攻势，提升买家购物体验。结合店铺运营经验分析客户类型，针对经济型客户，可向其推荐平价的产品，并附赠小礼物，可获得客户好感；针对感性型客户，可通过节日问候、生日关怀等方式，表达对客户的重视，提升客户对店铺的好感。

6.4 产品发布与标题优化的操作介绍

6.4.1 在全球速卖通平台上发布产品

通过发布产品，卖家可以向消费者展示自己的产品，吸引消费者的注意力，提高产品的曝光率和点击率。同时，合理的产品分类和关键词设置等也能够提高产品的可搜索性和易用性，帮助消费者更方便地找到卖家的产品。

步骤 1：登录全球速卖通账号，进入卖家后台，在"我的速卖通"选项卡中单击"商品"中的"发布商品"按钮（图 6-13）。

图 6-13 在卖家后台单击"发布商品"按钮

步骤 2：跳转至"发布产品"页面后，首先需要按照品类结构逐级为需要发布的产品选择对应的类目（图 6-14）。卖家发布产品一定要根据产品所属的实际类目进行选择，以

155

方便买家更加快速地找到产品。如果卖家有一定英文基础，可直接在类目列表上方的搜索框中输入产品名称，系统就会弹出这个物品适用的类目供卖家选择。

图 6-14　按照品类结构逐级为需要发布的产品选择对应的类目

步骤 3：确定选择的类目与产品实际情况一致，然后单击"我已阅读以下规则，现在发布产品"按钮。建议卖家认真阅读卖家规则，以免在后续产品上传的过程中出现违规操作。

步骤 4：跳转至新页面后，首先填写产品属性相关信息。产品属性是买家选择产品的重要依据，带红色＊号的是必填内容，其他可选择性填写，能够填写的尽量填写详细，以便给买家提供更好的选择。自定义属性的填写可以补充系统属性以外的信息，让买家对产品了解得更加全面，资料填写的完整度越高，产品曝光率就越高。"产品属性"页面如图 6-15所示。

图 6-15　"产品属性"页面

步骤 5：产品标题是使买家搜索到产品并吸引其进入商品详情页面的重要因素。产品标题要尽量准确、完整、简洁。一个好的标题必须包含产品的名称、核心词、重要属性及引流的流量词。

步骤 6：填写产品销售属性，主要包括颜色、价格、库存等，同一款产品可以根据不同颜色设定不同价格，也可以设置不同的库存。填写产品销售属性如图 6-16 所示。

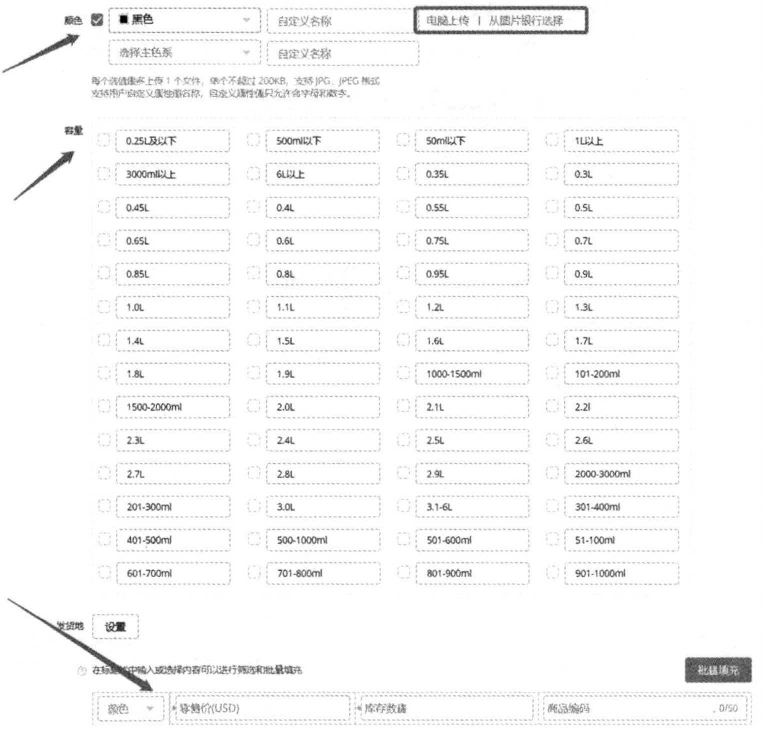

图 6-16　填写产品销售属性

步骤 7：在上传产品图片之前，一定要准备好产品的图片素材，确保图片是实拍的、清晰的，最好能够突出产品的卖点，这样才能让客户更好地了解产品。一个好的详情描述主要包含以下三个方面：商品重要的指标参数和功能（例如，服装的尺码表，电子产品的型号及配置参数），详细描述图片，售后服务条款。在上传图片时，要仔细阅读并严格遵守上传说明中提到的要求。填写产品详细描述如图 6-17 所示。

步骤 8：如果产品图片保存在计算机硬盘中，可以单击"从我的电脑选择"按钮进行上传操作。如果已预先将产品图片保存在"图片银行"里，则可以单击"从图片银行选择"按钮进行上传。

步骤 9：填写包装信息时，应依据产品预先设置好的实际情况依次填写（图 6-18）。

步骤 10：进入"管理运费模板"页面。打开速卖通卖家后台，单击顶部导航栏中的"产品管理"按钮，在跳转的页面中单击"模板管理"栏目下的"运费模板"按钮（图 6-19）。

步骤 11：在跳转的"管理运费模板"页面中单击新手运费模板名称（即后台显示的

详细描述

图 6-17 填写产品详细描述

图 6-18 填写包装信息

图 6-19 单击"运费模板"按钮

"Shipping Cost Template For New Sellers"),进入"查看运费模板:新手运费模板"界面后,可以看到该页面拥有"运费组合"和"运达时间组合"两个板块(图 6-20)。

图 6-20　"运费组合"和"运达时间组合"板块

6.4.2　对产品标题描述进行优化

某卖家在全球速卖通平台上发布了一件女性上衣，其原始标题：Sexy V－neck knitted top tees Women black short sleeve bustier Party white tops tank slim female camisole。经过两周的发布，这名卖家在"数据纵横"平台上发现了该产品的流量并不尽如人意，因此决定利用"数据纵横"板块提供的关键字分析工具来进一步优化产品的标题，以下为相关操作步骤：

步骤1：在全球速卖通卖家的后台登录后，点击导航栏里的"数据纵横"选项。在"数据纵横"页面的左侧找到"商机发现"的快捷菜单，然后点击菜单中的"搜索词分析"按钮，打开"搜索词分析"页面，如图 6-21 所示。

图 6-21　"搜索词分析"页面

步骤 2：在如图 6-22 所示的"热搜词"搜索页面中选择"行业"为"服装/服饰配件"，"国家"为"美国"，"时间"为"最近 30 天"。点击"搜索"按钮以查找与本产品紧密相关的行业热搜词，从排名前五的搜索结果可以观察到"crop top（露脐上衣）"这一热搜词与该产品有着密切的关联，但在标题部分并没有明确指出这一点，因此在进行产品优化时，建议将其添加进去。

热搜词	飙升词	零少词					
行业: 服装/服饰配件 ▼		国家: 美国 ▼		时间: 最近30天 ▼			
搜索: 请输入搜索词		搜索					↓下载

搜索词		是否品牌原词 ⇕	搜索人气 ⇕	搜索指数 ⇕	点击率 ⇕	浏览-支付转化率 ⇕	竞争指数 ⇕
dress	查看商品	N	99,955	1,092,995	34.78%	0.22%	23
two piece set	查看商品	N	61,100	909,528	40.03%	0.15%	16
sunglasses women	查看商品	N	98,719	890,733	40.14%	1.17%	10
crop top	查看商品	N	76,952	853,813	36.38%	0.41%	16
jumpsuit	查看商品	N	75,641	763,655	36.59%	0.18%	18
summer dress	查看商品	N	63,889	708,307	34.80%	0.35%	23

图 6-22 "热搜词"搜索页面

步骤 3：继续尝试用关键词"top（上衣）"来分析飙升词，选择"飙升词"选项卡，同样选择"行业"为"服装/服饰配件"，"国家"为"美国"，"时间"为"最近 30 天"，在搜索框中输入关键词"top"，然后点击"搜索"按钮，得到检索结果。"飙升词"搜索页面如图 6-23 所示。

搜索词分析

热搜词	飙升词	零少词			
行业: 服装/服饰配件 ▼		国家: 美国 ▼		时间: 最近30天 ▼	
搜索: top		搜索			↓下载

搜索词		是否品牌原词 ⇕	搜索指数 ⇕	搜索指数飙升幅度 ⇕	曝光商品数增长幅度 ⇕	曝光卖家数增长幅度 ⇕
crop top	查看商品	N	853,813	-6.85%	6.34%	16.88%
womens tops and blouses	查看商品	N	381,682	-5.59%	9.11%	9.19%
tube top	查看商品	N	250,727	15.65%	19.29%	16.79%
tank top	查看商品	N	187,550	-13.90%	1.49%	2.54%
off shoulder top	查看商品	N	151,996	-13.68%	1.32%	7.56%
summer tops for women 2018	查看商品	N	150,365	44.46%	37.47%	26.94%

图 6-23 "飙升词"搜索页面

步骤 4：根据图 6-23 可以看出在前五名的飙升词中有"tank top"，而原标题仅为"tank（无袖）"，这说明虽然卖家考虑到了产品的无袖特点，但和买家的搜索词却不相符。同时考虑到产品为夏季流行品，参考同类商品标题都包含有"Summer（夏天）"关键词，因此综合上述所有因素，可考虑修改标题为："Summer Sexy V-neck knitted top tees Women black short sleeve bustier crop top Party white tops tank slim female camisole"。

标题关键词常见误区

思维导图

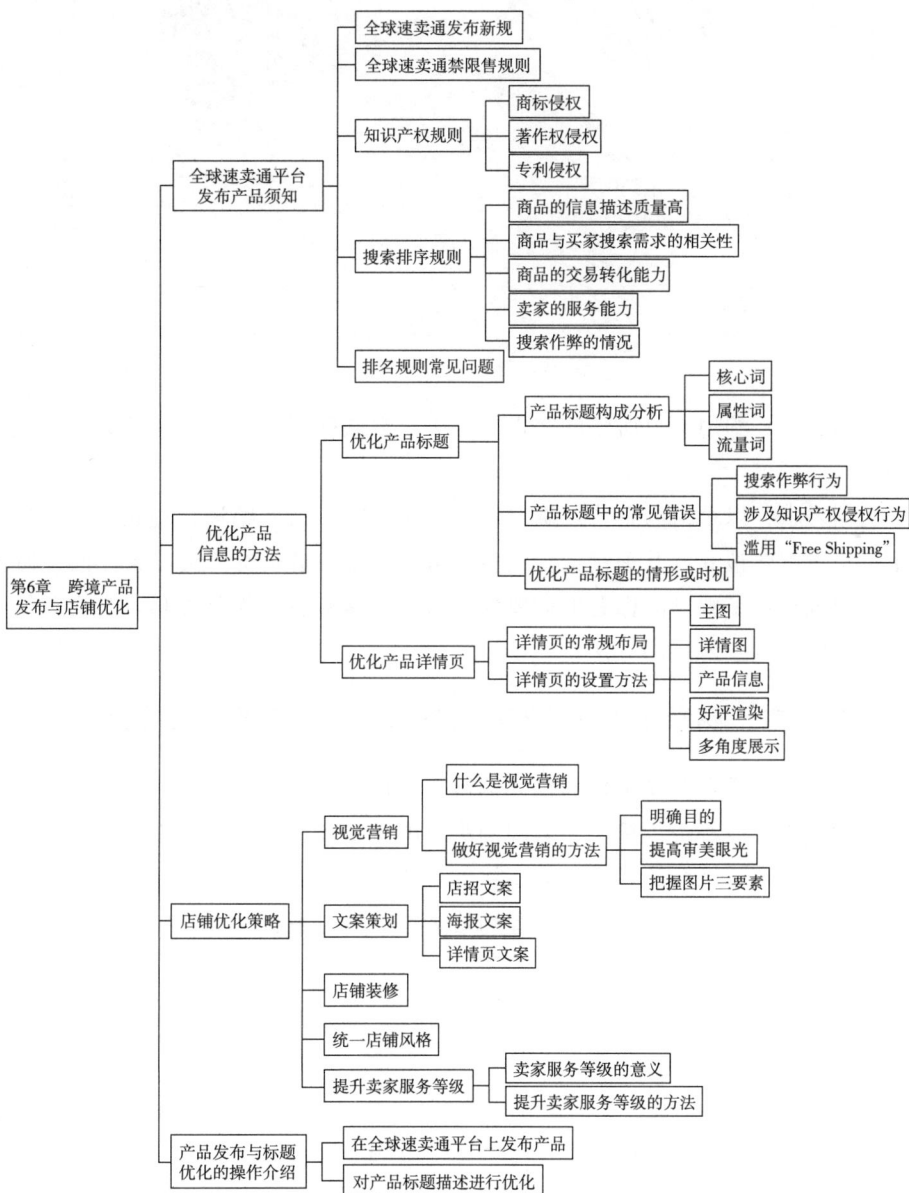

实训任务

实训一　根据下列产品图片和相关信息，编写该产品的标题

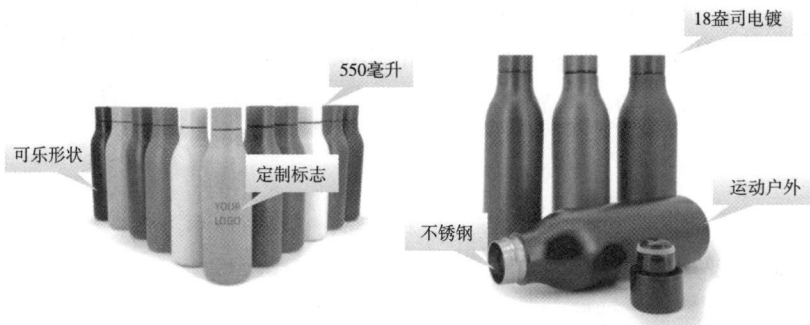

18盎司电镀

550毫升

可乐形状

定制标志

不锈钢

运动户外

Essential details

Drinkware Type:	Water Bottles	Applicable People:	Adults
Thermal Insulation Performance:	Thermal Insulation	Outdoor Activity:	Gym
		Boiling Water:	Applicable
Anti-corrosion Coating:	Equipped	Water Flowing Method:	Direct Drinking
Accessories:	WITH LID, WITH ROPE	Occasion:	Back to School
Design Style:	Minimalist	Material:	Stainless steel
Feature:	Sustainable, Stocked	Place of Origin:	SHG
Brand Name:	BWELT	Model Number:	BW303
Commercial Buyer:	E-commerce Stores		

一、实训目标：利用本节所学的知识和方法，尝试撰写商品标题，掌握产品优化的方法及技巧。

二、实训要求：以小组为单位，确定组长，对上图产品标题进行优化，分工协作，由一部分组员负责"热搜和飙升关键词"词表，另一部分组员负责"热搜属性词"词表。

三、实训成果：了解产品标题的重要性，掌握产品标题的优化技巧，学会总结在拟定标题中遇到的问题以及解决的方法。

实训二　熟悉敦煌网的产品发布规则，并在平台发布产品

一、实训目标：掌握产品上传和优化的基本操作。

二、实训要求：以小组为单位在敦煌网跨境电子商务平台发布2件分属不同类目的产品，且发布的产品获得平台认可，并有不错的自然排名。

三、实训成果：产品成功上架到敦煌网跨境电子商务平台。

复习思考题

1. 填写产品标题时应该突出哪些卖点？

2. 简述产品详情页的基本布局，并指出哪些板块是常用的，以及如何优化这些常用板块。

3. 搜索作弊的行为有哪些？会受到哪些相应的惩罚？

第 7 章　跨境电子商务营销推广与数据分析

学习目标

● 掌握跨境电子商务营销推广的基础理论，包括 4P 理论、4C 理论。
● 了解跨境电子商务网络市场调研的方法、步骤及调研报告的撰写。
● 掌握跨境电子商务营销推广的方式，包括站内营销、站外营销。
● 了解跨境电子商务平台的营销数据分析，包括行业数据分析、站点数据分析。

开篇案例

销量增 50%！非洲网红如何帮助卖家提升产品销量？

"在小小的花园里面，挖呀挖呀挖，种小小的种子，开小小的花……"

你是否也曾经被这首童谣"洗脑"呢？而这首"洗脑"神曲《小小花园》使得多名幼教老师的社交账号受到了极大的关注。

其中，有位幼教老师得到众多网友的关注后，便在社媒平台上开始了带货，其账号橱窗内仅有两件产品，均是儿童非洲鼓。而且根据销售记录可知该幼教老师推荐的"宝贝"目前已经售出 960 件。

相较于之前广为传唱的这首儿歌，该名幼教老师在社媒平台上直播带货儿童乐器，似乎更能吸引更多家长消费者的关注。不少家长都会因为该名博主是幼教老师而在潜意识中认为其推荐的儿童产品具有更高的专业性或可信度，从而做出购买决策，而这种现象背后反映的是社交媒体背景下的网红经济效益。

中国的网红经济蒸蒸日上，那么网红经济在非洲地区是否和在中国一样呢？

基于互联网的普及程度越来越高，以及手机价格在普遍下降，非洲社交媒体的渗透率逐渐升高。据 DataSparkle 数据显示，截至 2024 年 2 月，TikTok 已成功占据非洲社交应用活跃用户规模排行榜第二位。

此外，据 DataSparkle 数据显示，非洲互联网用户平均每天在社媒平台上停留的时长约为 3 小时 10 分钟，仅比南美少 14 分钟。非洲社交媒体日均使用时长如图 7-1 所示。

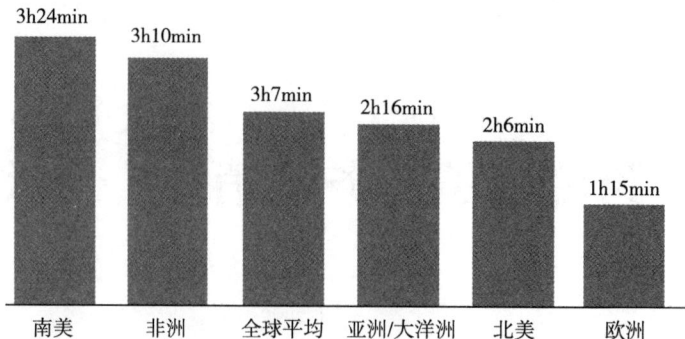

图 7-1 非洲社交媒体日均使用时长

数据来源：DataSparkle

网红营销潮正席卷全球，卖家根据自身调性，搭建出调性合适、精准对路的传播矩阵，将在消费者购物决策时发挥有力效用。对于想要更好落实本土化营销的卖家，网红营销或许是个不错的尝试。

据 NoxInfluencer 调查显示，非洲 87% 的社媒用户表示，在选择品牌的时候会听从网红的建议。有 73% 的企业表示，会增加在网红营销方面的投入。此外，非洲"00 后"消费者对网红"种草"更具有依赖性。

资料来源：雨果官方品类报告小组

引导案例分析：非洲社交媒体是否也与中国一样有网红效应呢？通过社交媒体的营销，是否可以提升本土品牌的竞争力？

7.1 跨境电子商务营销理论基础

7.1.1 网络营销

1. 网络营销的概念

网络营销是以互联网为主要手段开展的营销活动，它以互联网媒介替代了报纸、杂志、电视等传统媒体，是以全新的方式、方法和理念实施的营销活动，使交易参与者之间的交易活动更符合新型的营销形势。网络营销是对传统营销体系的有力补充，贯穿于企业开展网上经营的整个阶段。

网络营销是基于互联网及社会关系网络连接企业、用户及公众，并向其传递价值信息与服务的营销管理活动。网络营销是为实现企业总体经营目标而进行的，是企业整体营销战略的一个组成部分。

网络营销和电子商务是一对具有密切联系又有明显区别的概念，电子商务包含了电子化交易的交易方式和交易过程的各个环节。网络营销是电子商务的一个组成部分，而且是核心部分。网络营销本身并不是一个完整的商业交易过程，而是为促成电子化交易提供支持，因此网络营销是电子商务活动中的一个重要环节，尤其是在交易之前，网络营销发挥着主要的信息传递和曝光引流的作用。

知识拓展

网络营销与传统营销的异同

随着互联网的迅速普及，网络营销有了更多新的特点，这使得网络营销与传统营销既有密切的联系，又有很大的不同。

二者的相同点主要有以下两个方面。

(1) 营销目的相同。网络营销和传统营销的目的都是通过销售、宣传和服务，加强企业与消费者之间的交流和沟通，最终实现企业以最小投入获取最大盈利。

(2) 都需要通过营销组合发挥作用。二者都需要通过整合企业各种资源、营销策略等企业要素，开展各种具体的营销活动，最终实现企业预期的营销目的。

二者的不同点主要体现在以下几个方面。

(1) 营销理念不同。传统营销主要以生产观念为主，而网络营销突出市场营销观念。

(2) 信息传播方式不同。传统营销的信息传播方式比较局限，而网络营销突出交互式的双向信息传播。

(3) 营销竞争方式不同。传统营销的竞争者主要是通过线下且面对面的竞争，而网络营销的竞争者是在互联网的虚拟空间里进行竞争。

(4) 营销策略不同。传统营销的营销策略以价格、产品、渠道和促销方式为主，网络营销侧重于以顾客、成本、便利、沟通为主的营销策略。

网络营销与传统营销的区别见表 7-1 所列。

表 7-1　网络营销与传统营销的区别

	营销理念	信息传播方式	营销竞争方式	营销策略
传统营销	以企业的利益为中心，如生产观念、产品观念、推销理念等	企业单向的信息传播方式（如广告宣传），消费者处于被动地位	在现实空间中企业进行线下面对面的竞争	以价格、产品、渠道和促销方式为主，受限于地域
网络营销	以消费者需求为中心，如市场营销观念、社会营销观念等	交互式双向的信息传播方式，企业与消费者之间能够及时充分地沟通	在网络虚拟空间中进行竞争	没有地域概念，宣传和销售渠道都依赖于网络，以顾客、成本、便利、沟通为营销策略原则

2. 网络营销的特点

跨时空：营销的最终目的是使企业获取更大的市场份额，由于互联网的信息交换是没有时间约束和空间限制的，所以企业便有足够的时间和空间进行营销，可以 7 天×24 小时随时随地实施全球性营销活动。

多媒体：互联网可以传输多种形式的信息，如文字、声音、图像等，这也使得为达成交易进行的信息交换能以多种形式存在，可以充分发挥营销人员的创造性和能动性。

交互性：网络营销通过互联网展示商品图像、商品信息资料，以及提供线上客户咨询服务等，来实现供需互动与双向沟通。同时，还可以进行产品测试与消费者满意度调查等活动。互联网为产品联合设计、商品信息发布，以及各项技术服务提供了最佳工具。

个性化：互联网上的促销是一对一的、理性的、消费者主导的、非强迫性的、循序渐进式的，而且是一种低成本与人性化的促销，避免推销员强势推销的干扰，并通过信息提供与交互式交谈，与消费者建立长期良好的关系。

成长性：互联网使用者数量快速成长并遍及全球，使用者多具有年轻、中产阶级、受教育水平较高等特点，由于这部分群体的购买力强而且具有很强的市场影响力，因此是一条极具开发潜力的市场营销渠道。

7.1.2 营销组合

1. 4P 理论

20 世纪 60 年代，美国营销学家杰罗姆·麦肯锡把各种营销因素归纳为 4 大类：产品（Product）、价格（Price）、渠道（Place）、促销（Promotion），简称为"4P"。4P 营销理论就是将这 4 个"P"进行适当组合与搭配，它体现着现代市场营销观念的整体营销思想。4P 理论基本结构如图 7-2 所示。

（1）产品（Product）

产品是满足消费者需求的物品或服务，可以是有形的产品，也可以是无形的服务。

（2）价格（Price）

产品的定价要根据不同的市场定位，制定不同的定价策略。

（3）渠道（Place）

分销就是通过不同的销售渠道把产品销售到目标市场。

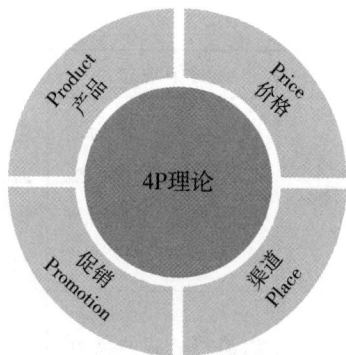

图 7-2　4P 理论基本结构

（4）促销（Promotion）

促销就是通过不同的促销手段，如人员推销、活动促销等方式促进消费的增长，吸引众多的消费者。

4P 理论认为，在供不应求的年代，产品至上成为一种真理。企业需要从供方出发，以供方生产的产品为主，来研究市场和需求的变化，以帮助企业在竞争中取胜；价格＝产品＋利润，而价格会极大影响市场营销的成败，企业认为只要是物美价廉的产品一定会拥有广阔市场；渠道（代理商、批发商、零售商）是决定市场营销的重要环节；促销主要是刺激消费者购买欲望的手段，通过各种促销手段，促使消费者产生购买意愿的活动。

2. 4C 理论

20 世纪 90 年代，罗伯特·劳特朋提出"以消费者为核心"的 4C 理论，4C 即顾客（Customer）、成本（Cost）、便利（Convenience）、沟通（Communication），其理论基本结构如图 7-3 所示。与 4P 理论的不同之处在于，4C 理论开始把研究重点转向如何满足消费者日益突出的个性化需求。如果说 4P 理论是以产品为导向，那么 4C 理论就是以消费者为导向，瞄准消费者的需求和期望。

（1）顾客（Customer）

主要是了解、研究、分析消费者的需要与欲求，而不是先考虑企业能生产什么产品。

（2）成本（Cost）

主要是指在营销过程中的成本，不仅包括企业的生产成本，还包括顾客的购买成本。

（3）便利（Convenience）

主要是指为顾客提供最大的购物便利和产品使用便利。

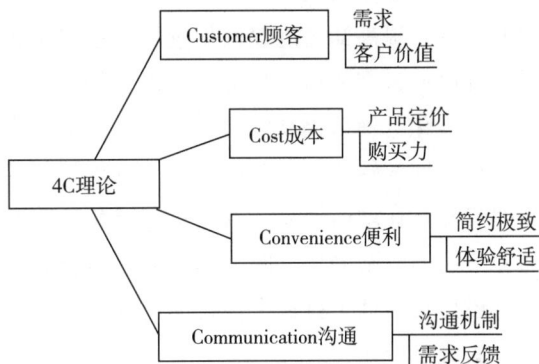

图 7-3　4C 理论基本结构

（4）沟通（Communication）

主要是指在网络营销过程中的沟通应当是顾客与企业的双向沟通。通过互动、沟通等方式，将企业内外营销不断进行整合，把顾客和企业双方的利益无形地整合在一起。

4C 理论认为，顾客最重要；企业不仅要关注生产成本，还要关注顾客的购买成本；企业在营销过程中需要通过缩短顾客与产品的物理距离和心理距离，提升产品被选择的概率，为顾客提供便利；同时，4C 理论还认为，消费者更倾向于那些以积极方式适应消费者情感、进行有效沟通、建立基于共同利益之上的新型企业。

7.1.3　跨境电子商务网络营销

1. 跨境电子商务网络营销的概念

跨境电子商务网络营销是以国际互联网为基础，利用数字化信息和网络媒体的交互性来辅助跨境电子商务活动实现营销目标的一种新兴的营销方式。

跨境电子商务网络营销的主体是分属于不同关境的主体。

2. 跨境电商网络营销的发展趋势

随着我国网络购物市场的高速发展，跨境电子商务活动开始成为网络零售市场新的增长点，影响力直达全球。近年来，在经济环境受新冠肺炎疫情影响的背景下，全球电商依旧保持增长态势，取得快速发展，而跨境电商在其发展过程中仍有不少突破口，其未来可能有以下发展趋势。

（1）个性化营销提升用户的满意度

目前，在跨境电子商务活动中，大多数消费者还是愿意去选择或尝试个性化定制商品的，因为个性化定制产品对用户来说有很多好处：可以突出用户独特的个性；可以纪念用户生活中的重要事情；可以作为很好的送礼选择；其制作过程让用户有参与感，容易使用户获得满意的购物体验。

（2）多元化营销成为跨境出海电商的新趋势

在跨境电子商务活动中，若能采取高互动性以及强有力的内容进行营销，对于商家在平台中的引流、提高知名度以及促进转化都有很大的帮助，因此为了避免对单一平台的依赖，尽量可以通过多渠道、多形式布局来加大站外流量。

（3）精准化营销可提高定向转化

为提高店铺的转化率，跨境卖家需以更精巧的运营方向来提高流量的利用效率，或挖掘更深的流量，让增值产品、营销更多元化，同时还要对用户群体有更加细致的划分和认识。随着市场的复杂多变，跨境卖家需逐渐提高成本和企业获客门槛，加大推广引流的力度，同时还需在店铺中打造个性化的内容，对页面进行优化，让用户增加体验感，从而达到更有效的流量转化。

7.2 跨境电子商务的网络市场调研

7.2.1 跨境电子商务网络市场调研的概念

1. 网络市场调研

网络市场调研，又称为网上调查或者在线调查，是指企业基于互联网系统将消费者、竞争对手及整体市场环境等与营销有关的数据进行收集、整理、调查、分析与研究，同时还可利

跨境电子商务网络调研

用各种搜索引擎寻找市场行业的供求信息及竞争对手信息。在网络市场调研的过程中，需要调研的内容包括顾客需求、市场机会、竞争对手、行业潮流、分销渠道以及战略合作伙伴的情况等。

通过网络市场调研，企业应该对以上相关情况有一个整体的了解，即使没有精确的答案和报表，但是对预期的市场必须有一个明确的概念。市场调研是营销活动的重要环节，网络市场调研是互联网时代背景下企业进行市场调研的主要手段。

2. 跨境电子商务网络市场调研

跨境电子商务网络市场调研是指借助互联网和社会网络等信息技术手段，对跨境电子商务的相关市场和行业进行不断深入的调查研究，以全面识别和把握市场规律、预测行业趋势，从而帮助跨境电商企业更好地进行市场策略制定和行动规划。

7.2.2 跨境电子商务网络市场调研的特点

在传统的营销活动中，无论市场调研采取何种手段和方法，企业都需要投入大量的人力、物力和财力。而在跨境电子商务活动中，利用互联网技术和手段，企业可以节省大量的时间，同时提高调研效率，调研结果也更加精准。与传统市场调研相比，跨境电子商务网络市场调研具有以下特点。

1. 调研覆盖面广

相比于传统调研的地理局限性，网络调研的覆盖面非常广，可以迅速覆盖全球范围内的受众，可以更加全面地了解不同区域的情况。

2. 调研信息的及时性

相比于传统的调研方式，网络调研的速度是非常快的，同时网络调研市场是相对开放的，在互联网上的任何用户都可以看到调研问卷并进行参与。被调研者填写完成问卷后，调研人员即刻便能收到调研结果。

3. 调研方式的便捷性

相比传统调研来说，网络调研是非常便捷的。调研人员在网络平台上发布调研问卷，被调研者只需要一台电脑或者智能手机即可完成调研问卷的填写。调研完成后，可通过网络平台上的统计软件将调研结果导出并进行分析，从而节省了大量的时间和精力。

4. 调研过程交互性强

网络市场调研的最大优势是交互性强。相比于传统的调研过程，网络调研过程中被调研者可以与调研者有进一步的交流和互动，同时，被调研者在填写调研问卷可以不受时间、地点的限制。因为是匿名调研，可以很好地保护被调研者的隐私，被调研者可以更加自由、充分地表达自己的看法和观点。被调研者也可以在调研过程中留下自己的联系方式，若有相应的建议，可与调研人员进行进一步的交流。

5. 调研结果可靠性强

在网络市场调研的过程中，由于被调研者是在完全自愿的情况下进行调研的，他们大多是因为对调研问卷的内容感兴趣才进行填写的，因此调研结果的可靠性非常强。同时，被调研者在填写调研问卷的过程中，也是在独立思考的环境下进行的，不受其他因素的影响，调研结果相对比较真实。

综上所述，跨境电子商务网络市场调研具有覆盖面广、调研信息及时、调研方式便捷、调研过程交互性强、调研结果可靠性强等特点，是深入研究跨境电商市场发展趋势、获取准确信息的必备工具。它是企业进行市场研究、识别和评估市场机会的重要方式，可以为企业提供有效的战略指导，实现企业的市场导向竞争优势。

7.2.3　跨境电子商务网络市场调研的内容

1. 国际市场环境调研

企业开展跨境电子商务活动时，首先需要了解国际市场环境。国际市场环境调研的主要内容包括以下几个方面。

（1）经济环境

包括企业将要投放的国家的经济结构、经济发展水平、经济发展前景、就业前景、收入分配情况、使用电子商务平台进行购物的情况等。

（2）政治和法律环境

包括企业将要投放的市场所在政府的重要经济政策、当地政府对贸易进出口的鼓励政策，以及有关外贸方面的法律法规，如关税、配额、外汇限制、卫生检疫等。

（3）文化环境

包括企业将要投放的市场中人们的交际语言、教育水平、宗教信仰、风俗习惯、价值观念等。

（4）其他环境

除以上内容外，还应当对将要投放的市场中的人口环境、交通运输环境、地理环境等进行调研。

2. 市场需求调研

市场需求的调研主要包括对跨境电商产品进行市场渗透分析，确定跨境电商平台的市场定位，然后了解消费者行为，包括消费者偏好、消费者兴趣、消费者购买行为以及消费者对产品印象等，并对商品选择和消费者信任机制进行研究。同时，对被调研产品或者企业所在市场的需求容量进行预测，从而根据实际情况拟定有效的市场推广策略。

3. 国际市场客户调研

跨境电子商务企业要进行国际市场的业务投放，必须了解所投放市场客户的背景、购买行为等内容。国际市场客户的调研主要包括客户的政治背景、经济情况、业务活动能力、资金融通能力、贸易关系等。同时，还要了解客户是中间商、使用商，还是兼营商。

4. 推广渠道调研

对跨境电商产品进行媒体分析，洞察跨境电商平台在传播媒体上的受众构成，了解媒体受众对平台产品的反馈，以及受众对各种促销活动的反应和影响，并从中分析总结出改进建议。同时，还需要进行品牌营销活动分析，了解跨境电商平台品牌活动在传播媒体平台上的受众组成及影响，以及消费者对品牌营销活动的反应，找出品牌营销活动的优缺点，并对未来的品牌营销活动提出更具指导性和实践性的建议。

总之，跨境电子商务网络调研是一项贯穿跨境电子商务营销活动全程的行业分析，它通过对消费者行为、价格影响因素、市场渗透、媒体行为、品牌营销等内容进行不断深入的调研，从而获取有价值的数据，帮助跨境电商企业更好地进行市场策略制定和行动规划。

7.2.4 跨境电子商务网络市场调研的方法和步骤

1. 调研方法

跨境电子商务网络市场调研的方法主要有两种：一是直接进行的一手资料调研，即直接调研法；二是利用互联网的信息功能进行的二手资料调研，即间接调研法。在实际的调研过程中，具体应采取哪一种方法，需要根据企业的实际调研目的和需求来定，但无论采取哪一种方法都应当遵守相关的网络规范。

（1）直接调研法

直接调研法是指为达到特定的调研目标，在互联网上收集一手资料或原始信息的过程。直接调研法主要包括网络访问法、网络现场观察法、专题讨论法和网络问卷法。其中，使用最多的是专题讨论法和网络问卷法。

（2）间接调研法

间接调研法主要是通过互联网资源收集二手资料。二手资料的来源有很多，如网络图书馆、行业协会网站、搜索引擎等。通过搜索引擎进行调研，是最直观且在互联网上使用最普遍的间接调研法。在搜索信息的过程中，若想要在众多的网页中找到自己所需要的信息，一定要注意信息的筛选。在跨境电子商务活动中，采用 Google 搜索引擎的商家较多，其结果具有一定的代表性，可以通过关键词工具得知全球各地哪些关键词的热度较高。同时，在进行跨境电子商务活动前，还可以利用一些海关数据网站对近期的海关数据进行查询，以便及时了解相应的海关政策和信息。

2. 直接调研法的调研步骤

直接调研法须遵循一定的步骤进行，具体如下。

（1）确定目标

确定一个明确的调研目的，即明确为什么要进行调研，调研对象是谁，在调研的过程中想要了解哪些内容，想要发现和解决哪些问题等。

（2）设计调研方案

设计方案的过程中要确定好调研人员、被调研对象、具体的调研方式、调研的计划进度安排等内容。

（3）执行调研方案、收集调研信息

在调研方案确定后，即可执行调研方案。若采用的是网络问卷调查法，则可通过各种网络渠道发布调研问卷。若采用的是专题讨论法，则可通过网络专题的形式展开讨论调研。

（4）调研结果的整理和分析

调研结束后，需对调研结果进行整理和分析。

（5）撰写调研报告

根据调研所收集到的信息，分析数据，整理和撰写调研报告。同时，在调研报告中还需对调研的工作流程、调研形式、调研中遇到的问题等进行总结，并提出改进措施。

3. 调研报告

网络调研报告是将调查、收集、记录、整理、分析的所调研市场中用户对产品的需求、行业市场状况、竞争对手情况等，以书面形式形成的报告。

网络调研报告是整个调研过程的总结，需要在报告中陈述调研的起因、过程和影响，其内容一般包括以下几个方面。

（1）调研的背景和意义

在此部分需介绍调研的背景、意义、原因，有助于读者进一步了解调研的目的。

（2）研究方法

在此部分需阐述具体的调研方法、调研样本的选择过程、问卷的制定过程等。研究方法决定了数据的来源和调研的结果，因此对研究方法的描述必须详细、准确。

（3）调研内容

在此部分需阐述具体的调研过程和调研内容，若采取的是网络问卷调研，则需将问卷中的问题和回答结果详细列出。此部分需详细、全面地进行描述，尤其对调研结果需有条理地进行展示和总结。

（4）调研结论

此部分是对整个调研过程的总结，是调研人员通过前期的调研得出的发现和结论，并提出一定的发展建议，因此需要在此部分对调研结果进行总结和展望。

📚 知识拓展

制霸非洲市场的传音手机

深圳传音控股股份有限公司（以下简称"传音控股"）成立于2006年，2019年登陆科创板，主要从事以手机业务为核心的智能终端的设计、研发、生产、销售和品牌运营，主营业务具体可分为手机业务、扩品类业务和移动互联业务。目前，传音手机在非洲市场的占有率将近一半，是当之无愧的"非洲之王"。2006年，传音控股就开始进军非洲手机市场。2022年，传音手机在非洲智能机市场占有率为43%，排名第一。2015—2022年，传音公司在印孟巴的市场占有率逐渐提高。2022 年，传音公司在印度、孟加拉国和巴基斯坦的市场占有率分别为 6.39%、21.51% 和 37.93%。2022 年各大手机品牌在非洲的市场份额如图 7-4 所示。知名杂志 *African Business* 发布的 "2020、2021 年度最受非洲消费者喜爱的品牌" 百强榜中，传音控股的 TECNO 和 itel 手机分别多年蝉联中国入选品牌的第一名和第二名。那么，传音手机是如何制霸非洲市场的呢？

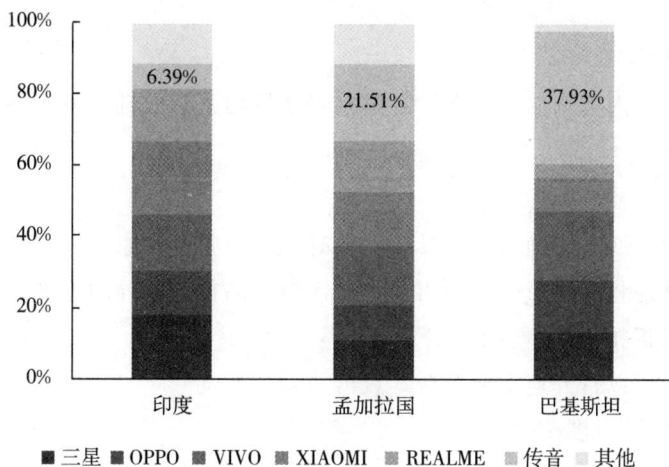

图 7-4 2022 年各大手机品牌在非洲的市场份额
数据来源：IDC 兴业证券经济与金融研究院整理

因为非洲地域广阔、人口分布散乱，当地手机市场很难做到集中推广。为此，传音控股创始人竺兆江组建了自己的销售团队，去了所有品牌都不愿意去的非洲贫民窟。初始团队人员走到哪里，就把店铺开到哪里。经过长期的实地调研后，竺兆江和他的团队发现非洲当地经济落后，因此将传音手机定位为价格便宜的产品。非洲是全球电气化最低的大洲，当地经常断电，所以非洲人很难随时随地充电，因此传音手机设置了可以超长续航的电池。另外，考虑到非洲当地天气炎热，非洲人民经常汗流浃背，一般的手机很容易浸入汗水，传音手机加强了防汗防腐蚀的功能。众所周知，非洲人非常喜爱音乐和舞蹈，因此传音手机将其扬声器的声音设置得非常洪亮，音乐功能强大。

另外，非洲人天生皮肤比较黝黑，他们在用一般的手机拍照的时候通常只能定位到比较亮白的牙齿，拍照效果并不是很理想。于是传音在非洲收集了上万张个人照片，针对非洲人的深肤色进行实验，对其脸孔进行脸部的轮廓分析改善，花了四千万美元研发打造了适合黑皮肤的美颜模式，所以传音手机和其他手机的差异在于，其手机摄像头可以根据非洲人的眼睛和牙齿进行定位，同时增强局部曝光，这种美颜模式深受非洲女孩子的喜爱。所以说传音能在非洲市场站稳脚跟的关键就是本土化。

总的来说，传音手机之所以能如此成功，除了非洲手机市场空缺外，更重要的是传音有着独特的产品定位和营销方式，使得产品非常适合非洲人的需求。

7.3 跨境电子商务站内营销

7.3.1 速卖通

1. 店铺的自主营销

速卖通平台的站内营销活动较多，有限时限量折扣、全店铺打折、满立减、店铺优惠券等自主营销活动。

（1）限时限量折扣

在速卖通平台的四大店铺营销工具中，限时限量折扣是卖家最常用的工具。利用限时限量工具可以更好地将新流量引入到店铺，从而使产品得到额外的曝光。

设置限时限量折扣的具体步骤如下：

第一步，商家可以打开速卖通后台，点击"营销活动"—"店铺活动"—"限时限量折扣"—"创建活动"（图7-5）。

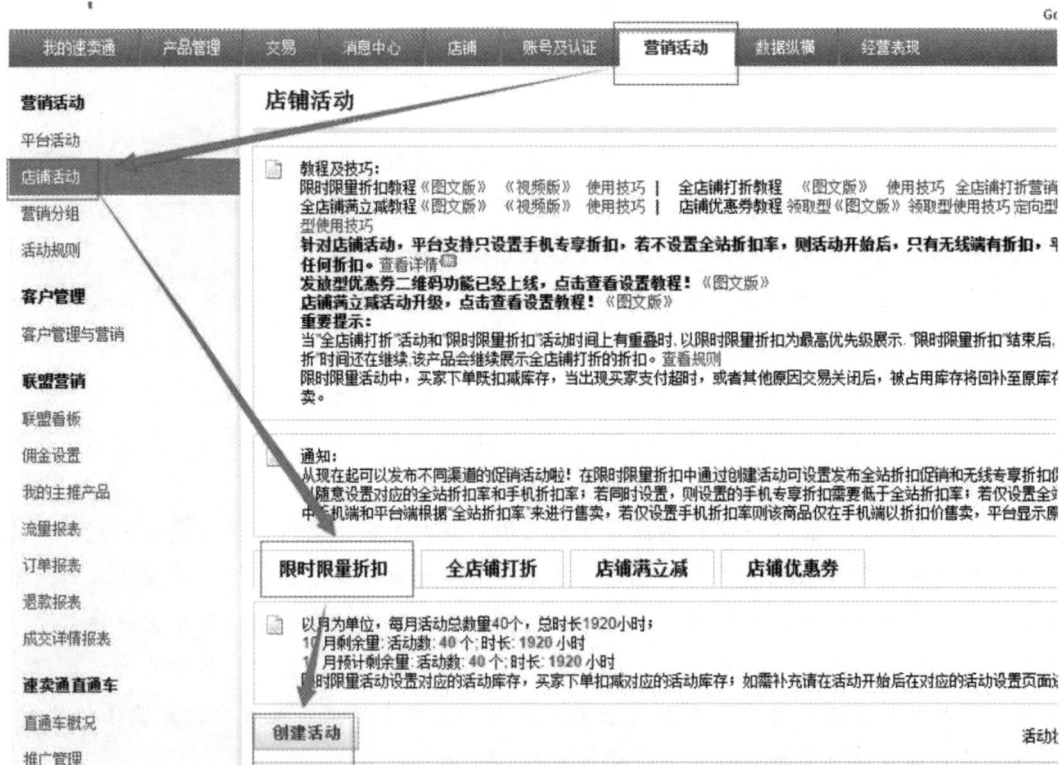

图7-5 限时限量折扣创建

第二步，点击"创建活动"的按钮进入到"活动基本信息"页面（图 7 - 6）。

图 7 - 6　"活动基本信息"的填写

第三步，选择"参与活动的商品"，勾选需要参加活动的商品，每个活动最多只能选择 40 个商品（图 7 - 7）。

图 7 - 7　"参加活动的商品"选择

第四步，设置"商品折扣率"及"活动库存"（图 7 - 8），可设置折扣率和活动库存，此处可对折扣库存进行批量设置，也可以单独设置。

图 7 - 8　"商品折扣率"和"活动库存"设置

（2）全店铺打折

相比于限时限量折扣来说，全店铺打折对于新手店铺的作用更为明显。通过全店铺打折，新手店铺能够提高店铺的综合曝光率，能够快速提高店铺的销量和信用。

第一步，登录"我的速卖通"，点击"营销中心"；在"店铺活动"中选择"全店铺打折"后，点击"创建活动"。

第二步，填写"活动基本信息"和"促销规则"（图 7-9）。

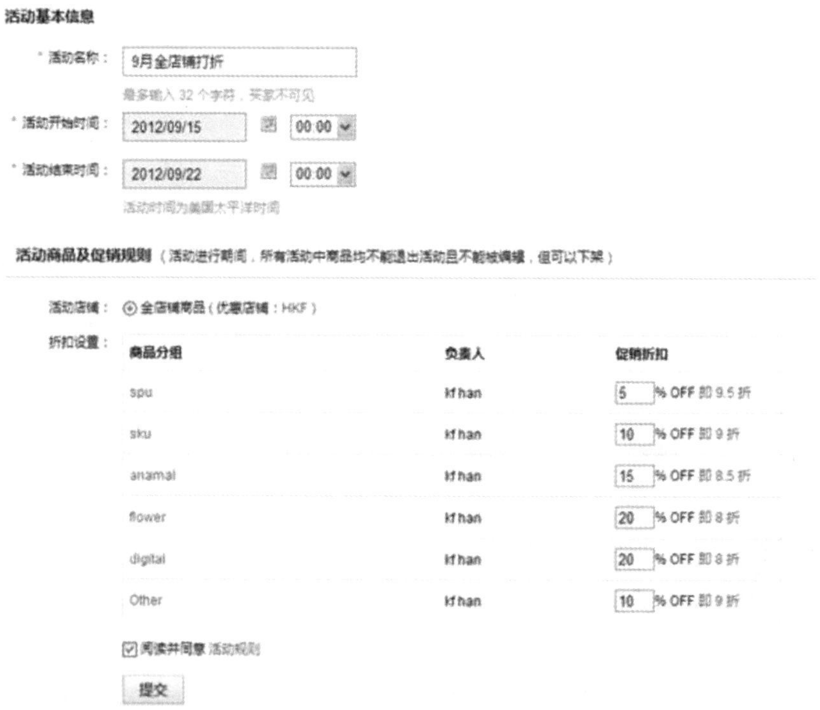

图 7-9　全店铺打折活动基本信息和促销规则

（3）满立减

满立减指的是商家可以针对店铺部分商品进行设置达到一定的金额减免的活动，在该活动的设置过程中，商家只需选择指定商品和满足金额，即可设置好针对部分商品的满立减活动。不定期的商品的满立减活动可以帮助商家对店铺中的商品进行关联销售、搭配减价，从而提升客户订单金额。

那么，如何设置全店铺满立减活动呢？

第一步，登录"我的速卖通"，点击"营销中心"；在"店铺活动"中选择"店铺满立减"，点击"创建活动"；在"活动类型"中选择"店铺满立减"（图 7-10）。

第二步，填写满立减活动的"活动基本信息"：在"活动名称"一栏内填写对应的活动名称，注意此活动名称买家端不可见；在"活动开始时间"以及"活动结束时间"内设置活动对应的活动开始时间以及活动结束时间，注意此活动时间买家端可见（图 7-11）。

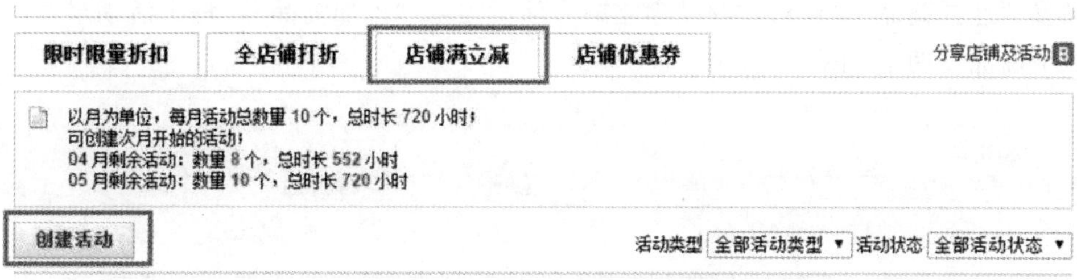

图 7-10　满立减活动的创建

图 7-11　满立减活动基本信息的填写

第三步，设置活动商品及促销规则。

设置"活动类型"：选择"商品满立减"，即设置了活动的部分商品的满立减活动（图 7-12）。

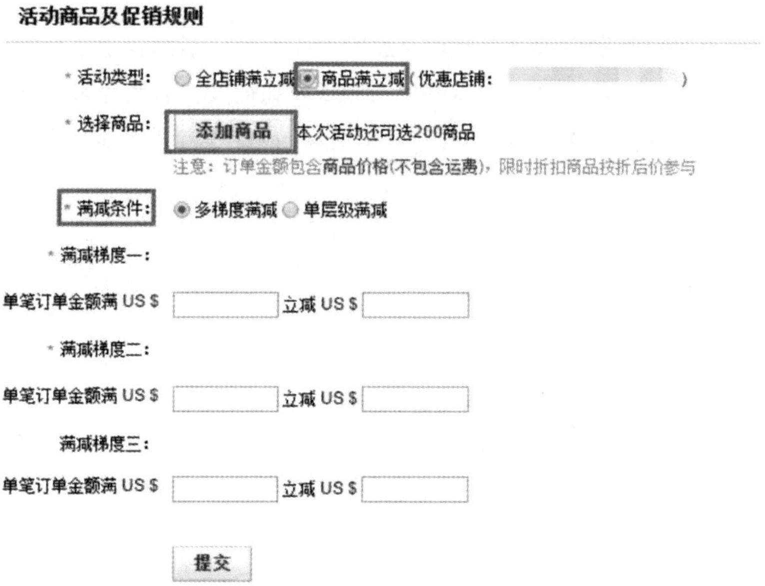

图 7-12　满立减活动商品及促销规则填写

设置"选择商品":针对"商品满立减"活动需要"添加商品",每次活动最多可以选择200个商品(图7-13)。

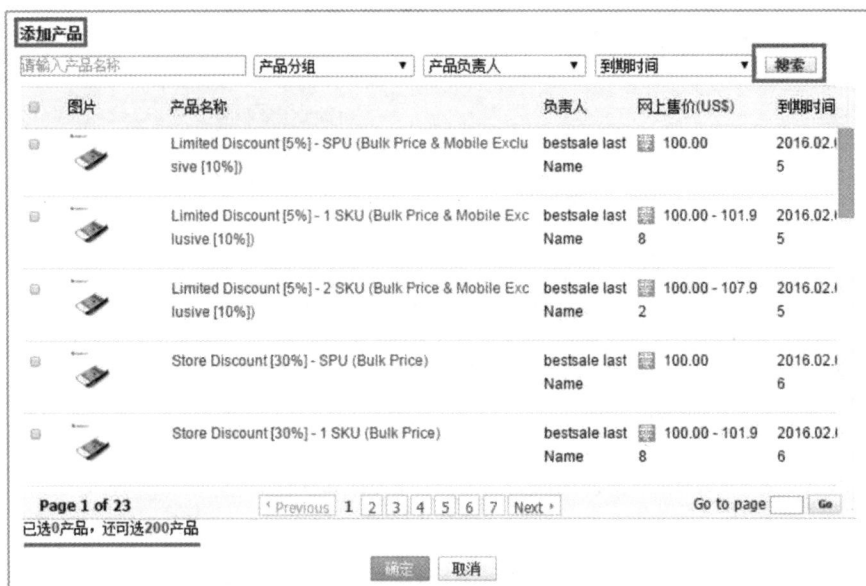

图7-13 满立减商品的选择

需要注意的问题,速卖通的商品满立减活动至少需要提前24小时创建活动。限时折扣和满立减的优惠是可以叠加的,因此商家在设置时一定要考虑两个活动是否要同时叠加、折上折时的利润问题。

(4)店铺优惠券

店铺优惠券是可以长期设置的活动,通过设置速卖通店铺的优惠金额和使用门槛,可以刺激消费者的下单转化,同时提高客单价。那么,如何设置店铺优惠券折扣呢?

第一步,登录"我的速卖通",点击"营销活动";在"店铺活动"中选择"店铺优惠券",点击"添加优惠券"(图7-14)。

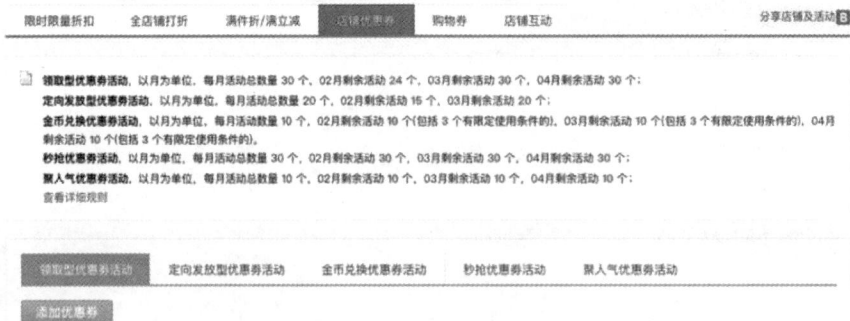

图7-14 店铺优惠券的添加

第二步，设置"优惠券信息"（图 7 - 15），可设置优惠券的领取规则。在设置规则时，需要注意"面额"和"使用条件"。在设置"面额"和"使用条件"时，仔细核对金额，这里的"面额"为优惠券的优惠金额。注意：优惠券为满 X 美金优惠 Y 美金时，这里的面额指的是 Y。

设置使用条件时需注意，可设置优惠券使用条件为不限，但订单金额就是满优惠券面额＋0.01，该优惠券即可使用。若需设置订单金额，则在订单金额里填写，若满 X 美金优惠 Y 美金，这里的订单金额指 X。

设置好以后，点击"确认创建"，即完成活动创建。

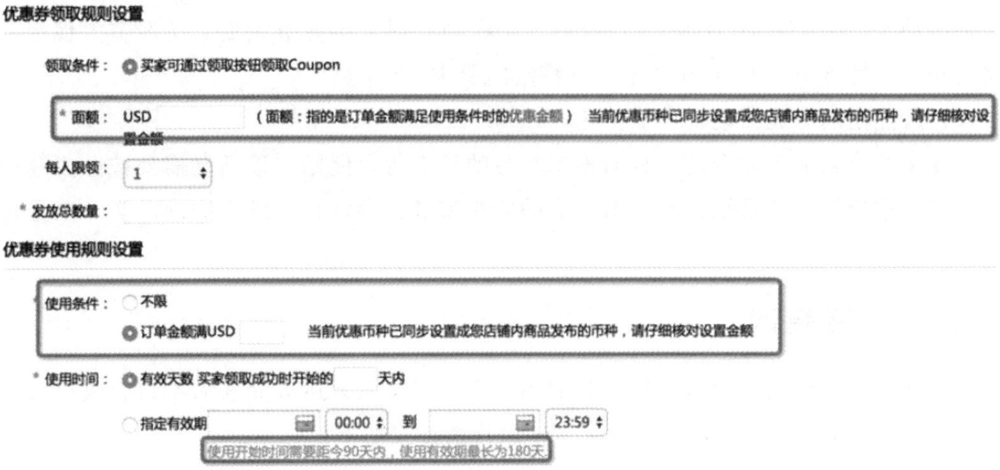

图 7 - 15　店铺优惠券领取规则的设置

第三步，设置好优惠券后，可查看前台展示效果，在 Sale Items 处（图 7 - 16）。

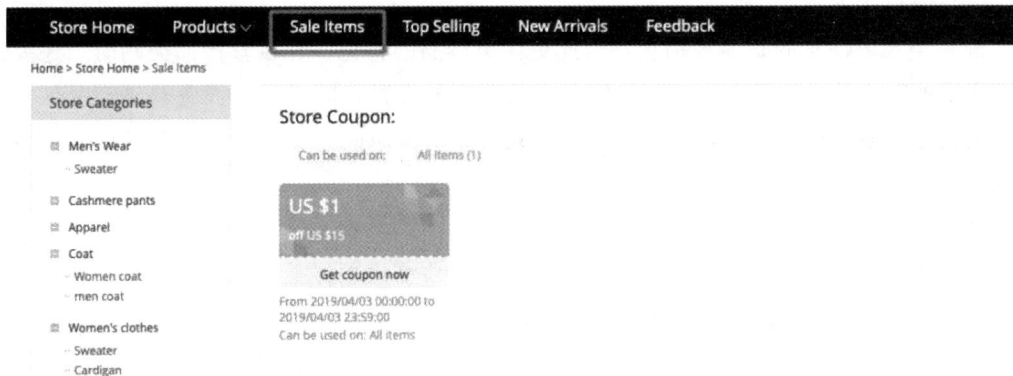

图 7 - 16　店铺优惠券的查看

2. 平台营销活动

平台营销活动是阿里巴巴速卖通面向卖家推出的免费推广服务，主要包括团购活动、大促活动和针对特定行业的主题专题活动。

（1）团购活动

一般针对特定国家开展营销活动，包括 Today Deals、Weekend Deals、Featured Deals 等不同的团购方式。目前，速卖通已开通俄罗斯、巴西、印尼和西班牙等国家的团购活动报名入口。值得注意的是，俄罗斯团购、巴西团购和 Today Deals 不能一起报名。

（2）大促活动

速卖通平台中不定期的大促活动较多，商家通过大促活动能够获取非常大的流量，尤其是"双十一"的平台大促。除此之外，还有其他的大促活动，如新年换新季活动、情人节大促活动、618 大促、"双十一""双十二"联动大促、感恩节大促、圣诞节大促等，对价格折扣、店铺等级、90 天好评率都有特定的要求。

（3）行业主题专题活动

行业主题专题活动适合商家针对推出新品的日常行业促销，该活动需要按照主题商品进行报名。这项活动能够结合买家对商品的购买需求，发现行业的潜力新品类，以推进行业的发展。

7.3.2　敦煌网

敦煌网对其会员实行免费注册，采取佣金制，买卖双方达成交易后平台会收取订单金额的 7%～15% 作为佣金。敦煌网的主要站内营销方式如下：

1. 店铺专区设置偏好

根据敦煌网的卖家类型，可以将卖家分为偏 C 类卖家和偏 B 类卖家，针对两种卖家可设置不同的营销推广策略。

（1）偏 C 类卖家

偏 C 类卖家注重的是零售销售，因此更注重产品的特色。在设置产品类别时，还要鼓励卖家增加新产品上架区、快递区等定制产品分区的设置，同时还可设置热销产品区、相关营销区等。通过这些分区，买家可以清楚地看到卖家店铺主页上分类产品的区别，更方便买家进行筛选。

（2）偏 B 类卖家

偏 B 类卖家注重的是批量销售，因此买家在供应商的选择上非常慎重。在营销的过程中，除上述零售业务设置外，还可设置专属定制区、72 小时交货区、工厂区等。通过这些不同区域的不同产品，买家可以清楚地了解偏 B 类卖家的业务实力，包括生产能力、交货能力、售后能力等综合服务能力。该平台在网站前台专门设置了 B 类场景营销区，并不断扩大更多潜在的曝光资源。

2. 平台营销活动

平台营销活动主要包括行业活动、平台大促活动以及站内各个板块促销活动。商家可以通过店铺的活动报名入口进行相关产品的提报，行业会择优推荐到各个活动和板块，商家也可以通过行业群针对优势商品主动联系行业同事进行推荐。

3．店铺营销活动

店铺营销活动主要是由敦煌网的店铺商家自己在店铺内进行操作，主要分为拼团、满几件打几折、限时限量折扣、全店铺打折、店铺满立减、店铺优惠券等，商家可以通过每个活动的具体要求来设置，也可以通过点击右上角"更多店铺活动帮助"来了解每个活动规则和操作方法。通过店铺营销活动，店铺商家对活动内容自主可控、便捷精准、易操作易分析。

以下是卖家常用、活动效果好的集中店铺营销活动：

（1）满几件打几折

通过满几件打几折的促销形式，可以缩短买家购买相同商品的购买周期，同时以折扣的价格刺激买家购买更多商品。对于商家来说，可以通过满几件打几折活动，利用一些爆款带动店铺其他产品的销售，也可通过该活动把积压的商品清仓销售。但需注意，在同一时间段内只能设置一个满几件打几折活动。该活动最多可设置 2 个阶梯，例如：满 2 件 9 折，满 3 件 8 折，商品数量不能低于 2 件。

（2）限时限量折扣

卖家设置限时秒杀，通过多频活动提高产品曝光度和转化率。

（3）全店铺打折

前台显示折扣价格，降低买家预期。由于全店折扣活动的优先级最低，所以设置了全店折扣活动的产品可以报名平台活动或限时限量促销活动。如果同时报名了平台活动、限时限量促销、全店铺打折等多个活动，则只会展示平台活动或者限时限量促销。

（4）店铺满立减

满立减活动可以提高用户的客单价。

（5）店铺优惠券

根据平台数据反馈，设置优惠券的卖家销售额是未设置优惠券的 1.8 倍，因此，建议卖家在店铺多设置优惠券，提高转化率。在优惠券的设置中，很多卖家会选择智能优惠券。智能优惠券是用算法进行智能发放优惠券的技术，自动结合买家行为等数据千人千面地发放优惠券，有利于店铺精细化运营和提高优惠券下单率。

在设置优惠券时，卖家可以参考店铺产品的买家单价设置优惠券。建议至少设置以下三种类型。

① 低档优惠券：低于平均买家单价，可吸引买家下单。

② 中档优惠券：接近平均买家单价，多数买家可以使用此类优惠券。

③ 高端优惠券：店铺买家单价较低。由于买家有一个以上的订单，他们仍然可以设置高门槛的优惠券，鼓励支付订单，以增加订单的销售。

7.3.3 阿里巴巴国际站

阿里巴巴国际站以先进的数字化格局产品和技术服务全球企业，重构跨境贸易全链路，精准匹配跨境电子商务活动中买卖双方的业务需求，为客户提供数字化营销、交易、金融及供应链等服务。

阿里巴巴国际站橱窗

1. 橱窗

橱窗是阿里巴巴国际站中陈列产品的一个板块。橱窗产品，顾名思义，就是国际站平台上优先展示橱窗内推荐的产品，橱窗产品会比普通产品增加一定的曝光率。国际站中的"出口通"付费会员的橱窗产品展位为 10 个，而"金品诚企"会员则可拥有 40 个橱窗产品展位。因为橱窗产品在阿里巴巴国际站自然搜索结果中享有排名优先的地位，所以卖家一定要在橱窗产品的选取中仔细、慎重。在橱窗产品的选择时，可以选一些热门的搜索词的产品，因为越是热门的产品，潜在搜索的用户也会越多，使用橱窗产品来竞争热门产品的排名效果也会更好。同时，还可以结合自己收到的询盘数量，查看哪一款产品的询盘最多，就可以把这款产品放到橱窗上。

橱窗产品就是企业的主推产品，能比其他的产品得到更多的曝光机会。在排名系统里面，橱窗产品是优先排名的，只有信息质量高、客户喜好度高的产品才会排在前面。橱窗产品在一定程度上可以定义为店铺主推产品。

2. 顶级展位

顶级展位是阿里巴巴国际站提供给商家的付费推广资源位，卖家可付费抢购某个搜索词的结果展示区的第一位，优先的排名可以帮助商家提升产品曝光和店铺流量。阿里巴巴国际站顶级展位如图 7-17 所示，搜索结果第一页第一名，展示结果中还带有专属皇冠标志和"Top sponsored listing"的字样。

顶展的优势就是买家在搜索某个关键词的时候，商家锁定的这个关键词所绑定的产品，会显示在搜索页第一页的第一个显要位置。简言之，只要买家搜索到商家所买下的这个关键词，无论绑定的产品怎么样、是否达到买家期望，这个关键词所绑定的产品都会展现在第一的位置，得到足够的曝光。这样就增加了被点击的概率，吸引了更多的客户了解公司和产品，可以提升产品询盘量，带来更多商机。

图 7-17 阿里巴巴国际站顶级展位

3. 外贸直通车

外贸直通车（Pay For Performance）是阿里巴巴国际站的会员商家通过自助设置多维度关键词关联到商品信息并免费展示，进而通过大量的曝光产品来吸引潜在买家。外贸直通车是阿里巴巴国际站效果类广告，是按照点击付费的网络推广方式进行的。通过对关键词进行实时竞价，提升产品信息的排名，让客户的产品和服务从众多同行中脱颖而出，帮助客户获得更多展现机会和精准流量。此外，外贸直通车除了在 http://alibaba.com 展现，还有机会获得 Google 等其他网站的展示机会。

外贸直通车服务包括三种推广方式：搜索推广、商品推广和品牌推广。商家可以根据自己的需求和目标选择适合自己的推广方式，并支付一定的费用。

阿里巴巴外贸的匹配关系是多对多关系。也就是说，一个关键词可以匹配多个相关产品。如果您想在指定的关键词下展示指定的产品时，需要设置"产品优先推广"的功能。

在设置的过程中，需注意以下问题：

① 只有推广评分为三星及三星以上的关键词才能将对应产品设置为优先推广。如果关键词为一星或者二星，则可修改该词对应的产品信息；在推广评分提升为三星及三星以上后，再进行优先设置。

② 一个关键词最多只能设置一个产品优先推广。设置后，一般需要十分钟左右时间才能同步；若设置未成功，请取消优先推广后再设置一次。

第一步：进入推广管理界面，找到想要重点推广的关键词，点击该关键词所在行最右侧的"推广产品数"指标下的具体数字。

第二步：出现对话框"匹配×××关键词的推广产品"，此时可以选择商家要优先推广的产品，点击"设置优先推广"，即为设置成功。在此之后，买家如搜索商家所设置的这个关键词，外贸直通车将优先展示所设置的该产品；如不设置，系统会自动选择评分最高的产品进行推广展示（图 7-18）。

图 7-18　设置优先推广

7.3.4 亚马逊

亚马逊（Amazon）在推广跨境电子商务的过程中，采取的主要方式是收购或者自建本土化网站进入国外市场；同时，在世界各地推出全球开店的业务，目标直指全球范围内的采购和销售。此外，亚马逊还为卖家提供了非常完善的 FBA 仓储物流体系，以及基于平台"重产品、轻店铺"的理念，可使平台卖家具备"精品化选品、精细化运营"的经营策略。

1. 优惠券

优惠券（Coupon）是亚马逊商家可以在后台自行设置的一个促销功能，买家可以在产品页面直接使用优惠券针对具体商品订单，直接减免金额，也可减免百分比折扣。商家在后台设置优惠券的方式比较简单，买家在前台也可以通过明显的标识获取到优惠商品信息。

优惠券充分利用了消费者追求产品物美价廉的心理，能够吸引消费者点击产品，并促成订单，提升转化率。

（1）优惠券的展示和条件

产品若设置了优惠券，产品的展示页中就会有一个绿色的小徽章。相比没有设置优惠券的链接，设置了优惠券的链接在搜索结果展示中显得格外亮眼。亚马逊优惠券的展示图7-19所示。

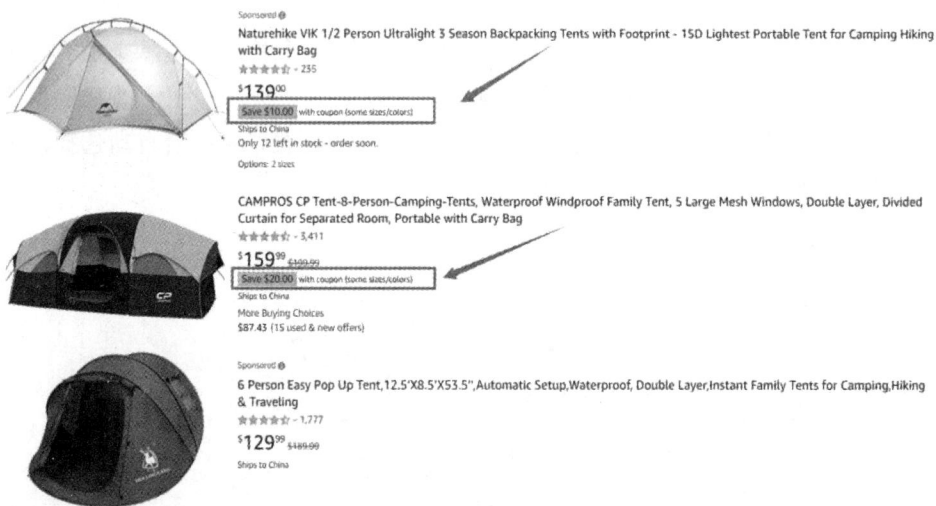

图 7-19 亚马逊优惠券的展示

要想获得设置优惠券的资格，必须满足以下条件：

① 对于卖家来说，卖家反馈评分必须达到 3.5 星以上；卖家必须参加专业销售计划，且非个人卖家。

② 对于商品来说，允许 0 评论商品（没有评论）；如果某商品有 1~4 条评论，那么该商品的评分必须达到 2.5 星或更高；如果某商品有 5 条或 5 条以上，甚至更多评论，那么该商品的评分必须达到 3 星或更高；商品单价在 5 美元以上；商品必须处于新品状况；商品的配送渠道（FBA，MFN）没有影响。

（2）优惠券的创建

那么，如何创建优惠券呢？

第一步：在亚马逊卖家中心的广告设置下拉菜单中，选择"优惠券"选项："Seller Central"—"广告"—"优惠券"（图 7-20）。

图 7-20 选择"优惠券"

第二步：若是第一次设置优惠券，则在 advertising 中点击"coupon"—"Create your first coupon"（创建你的第一张优惠券）—开始创建优惠券（图 7-21）。

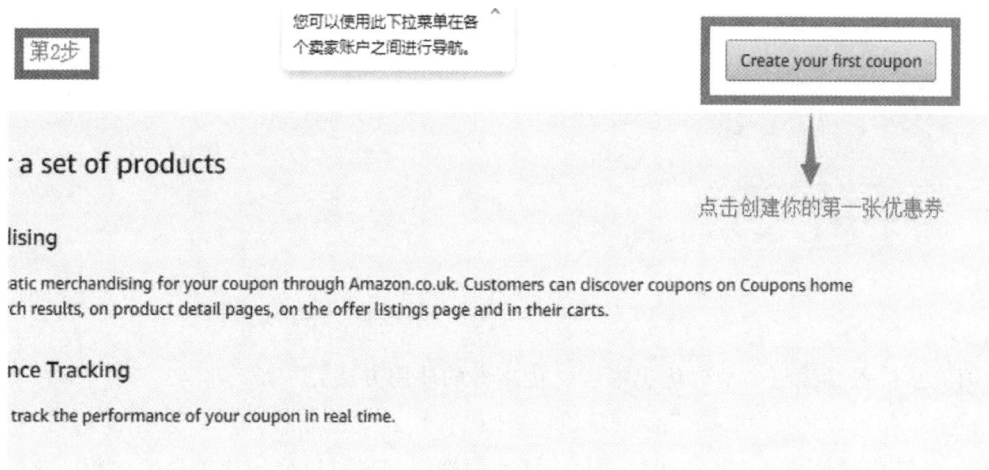

图 7-21 创建优惠券

第三步：设置优惠券的内容，把需要设置折扣促销的商品添加至 Coupons，search "SKU 或 ASIN"后，点击"Add to coupon"（添加到优惠券），即可将其添加至右侧待设置优惠券产品的区域（图 7-22）。

图 7-22　优惠券的内容设置

第四步：对于待设置区域的产品，可以添加，也可以删除（图 7-23）。

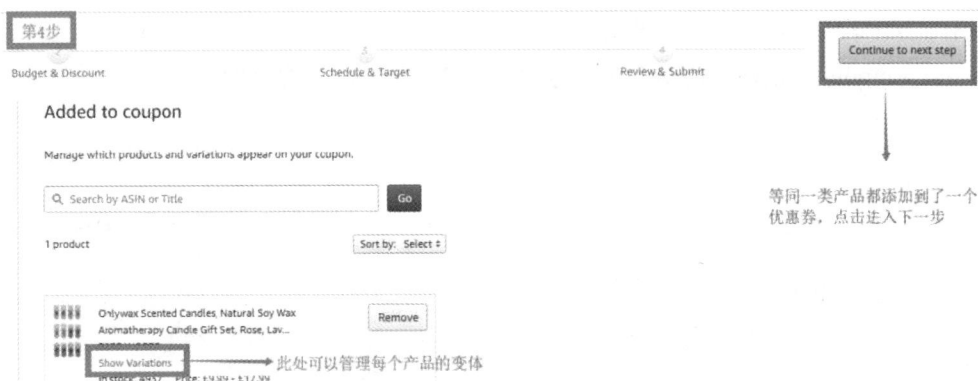

图 7-23　优惠券产品的设置

第五步：设置优惠类型、优惠幅度、优惠券的使用方法。

设定折扣可以选择"Percent off"（百分比优惠）或"Money off"（现金优惠）（折扣必须是 30 天内最低价的 5%～80% off），接着要选择客户可以使用优惠券的次数，这时要考虑是否限定一位客户只能使用一次（图 7-24）。

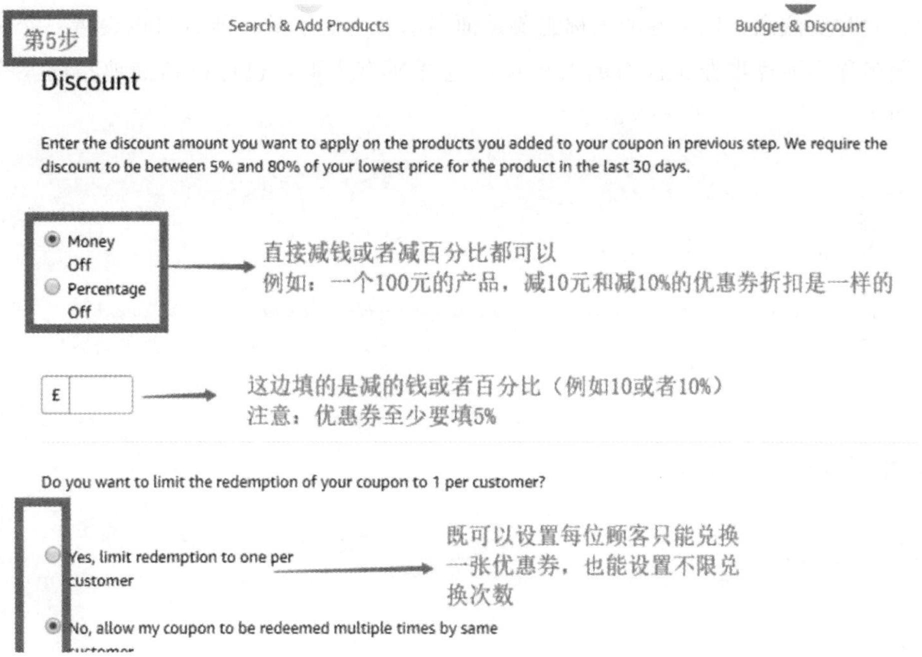

第5步

Search & Add Products　　　　　　　　　　Budget & Discount

Discount

Enter the discount amount you want to apply on the products you added to your coupon in previous step. We require the discount to be between 5% and 80% of your lowest price for the product in the last 30 days.

○ Money Off
○ Percentage Off

直接减钱或者减百分比都可以
例如：一个100元的产品，减10元和减10%的优惠券折扣是一样的

£ ▢

这边填的是减的钱或者百分比（例如10或者10%）
注意：优惠券至少要填5%

Do you want to limit the redemption of your coupon to 1 per customer?

○ Yes, limit redemption to one per customer
○ No, allow my coupon to be redeemed multiple times by same customer

既可以设置每位顾客只能兑换
一张优惠券，也能设置不限兑
换次数

图 7-24　优惠类型的设置

第六步：设定预算（Budget），每个 Coupon 的使用，亚马逊都会收取 0.6 美金的费用。当预算使用完后，优惠券就会下线（图 7-25）。

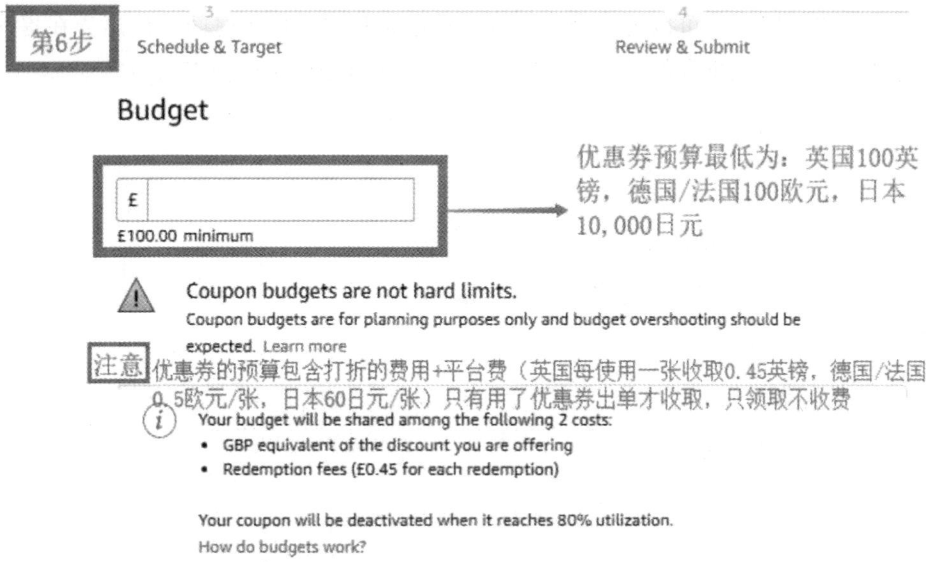

第6步　　3 Schedule & Target　　　　　4 Review & Submit

Budget

£ ▢
£100.00 minimum

优惠券预算最低为：英国100英镑，德国/法国100欧元，日本10,000日元

⚠ Coupon budgets are not hard limits.
Coupon budgets are for planning purposes only and budget overshooting should be expected. Learn more

注意 优惠券的预算包含打折的费用+平台费（英国每使用一张收取0.45英镑，德国/法国0.5欧元/张，日本60日元/张）只有用了优惠券出单才收取，只领取不收费

ⓘ Your budget will be shared among the following 2 costs:
• GBP equivalent of the discount you are offering
• Redemption fees (£0.45 for each redemption)

Your coupon will be deactivated when it reaches 80% utilization.
How do budgets work?

图 7-25　优惠券预算的设置

第七步：提交。添加产品，输入优惠券的标题，再选择该优惠券所针对的对象，确认后提交。此时要注意，优惠券的名称主要是面向消费者展示的，所以可以设置一个简洁易懂的标题名称。而优惠券所针对的对象可以选择所有人群，也可以精准地指向某个群体（图7-26）。

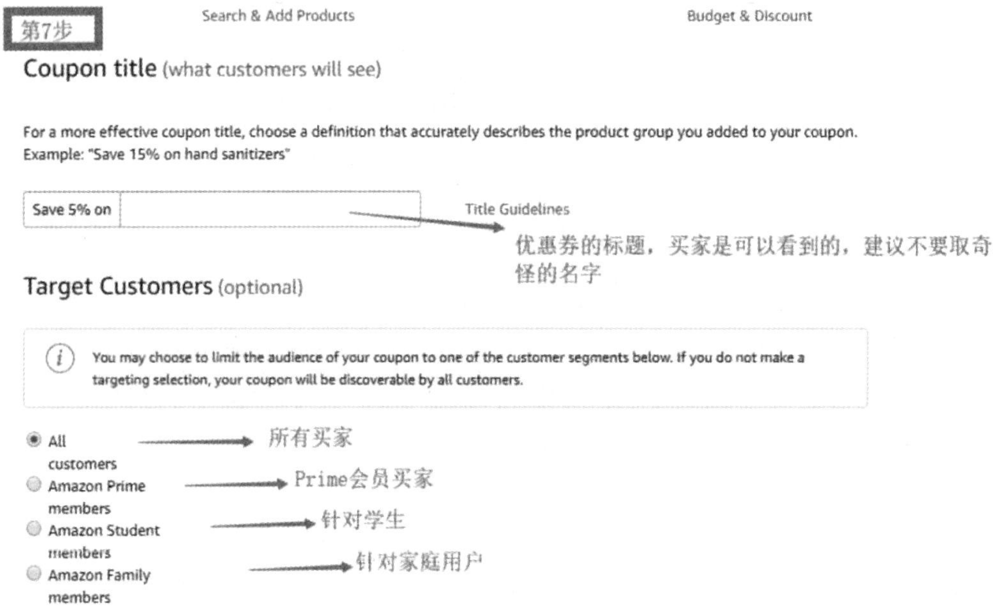

图7-26　优惠券名称和对象的设置

第八步：设置时间。可以为每个优惠券选择起始日期和截止时间，优惠券在提交后经过6小时才能生效。优惠券的最长使用时间不得超过90天（图7-27）。

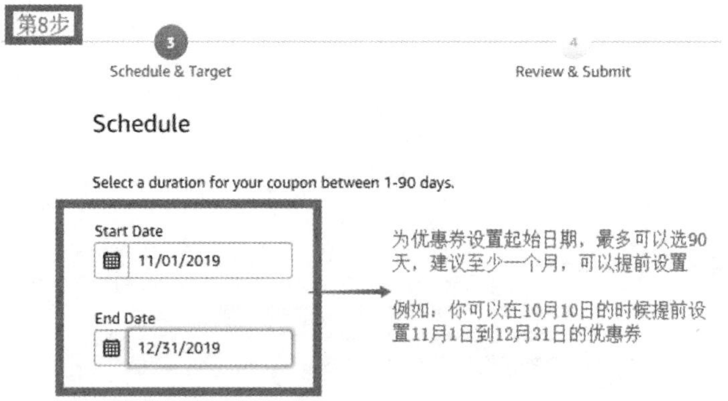

图7-27　优惠券使用时间的设置

最后一步：提交优惠券，图7-28所示。可以预览优惠券的生成效果，确认无误后提交，这样一个优惠券的活动就设置完成了。

图 7 - 28　提交优惠券

（3）优惠券申报注意事项

在设置优惠券活动时，不建议与其他促销活动一起使用，当多个活动同时进行时，可能会导致某个活动资格被取消，产生折上折造成消费者混淆。

① 需注意优惠券的有效期最多是 90 天。商家可以为每个优惠券选择起始日期，优惠券在提交后经过 6 小时才能生效，因此一定要设置好使用时间。

② 需注意优惠券的折扣设置只能为 5%～50%（美国：5%～80%）。

③ 如果商品在设置了优惠券并激活后出于某种原因失去了优惠券资格（低库存、产品评分等），亚马逊平台会禁止该商品使用优惠券。

④ 如果优惠券在产品设置时包含了 10 种产品，其中有 2 种不符合资格，那么买家可以看到剩下的 8 种产品，其优惠券仍然有效。

⑤ 一旦优惠券被激活，允许进行的编辑仅限于延长持续时间（最多共可延长 3 个月）或增加预算。如果想做任何其他更改，商家需要取消现有的优惠券，然后再创建新的优惠券。

2. 购买折扣（满减）与买一送一

购买折扣（满减）与买一送一是亚马逊站内促销的两种类型。顾名思义，购买折扣就是指，购买 1 个或多个商品，或者是每购买指定数量产品，可以获得对应折扣；买一送一就是指，购买 1 个以上本商品，可以免费获得 1 个本商品，或者购买 A 商品，可获赠 1 个 B 商品。折扣促销可以帮助商品从竞争中脱颖而出，并能刺激客户下单。只有当商品加入购物车后，折扣促销才能发挥最大效用。否则，折扣促销信息不会显示在详情页面上。

当销量增长缓慢时，可以考虑创建折扣促销，以刺激现有买家和新买家购买商品的需求。也可以作为清库存的一种方法，选择对应的促销类型，折扣促销的创建如图 7 - 29 所示。

3. Prime 会员折扣

Prime 会员是付费加入亚马逊会员的一个群体，和京东 plus、淘宝的 88VIP 一个概念。据网络数据显示，亚马逊美国有超过 1 亿的付费 Prime 会员，并且会员消费水平是非

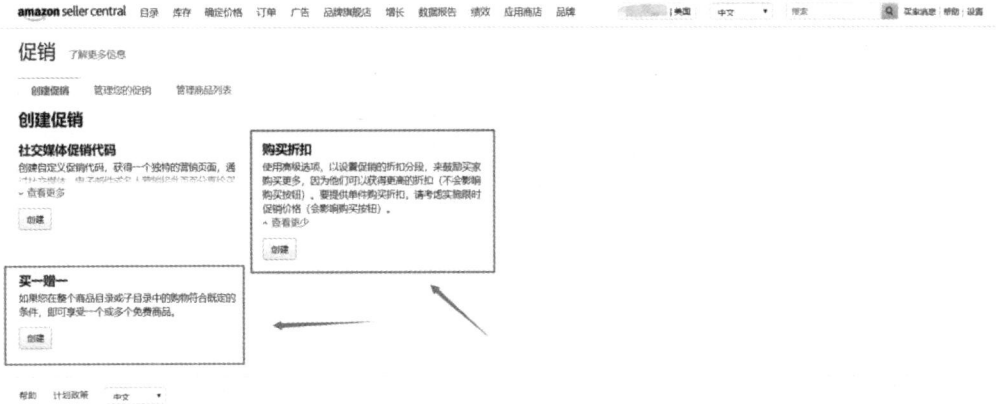

图 7 - 29　折扣促销的创建

会员的 2 倍以上。Prime 会员折扣就是针对这部分会员人群推出的打折优惠。

Prime 会员折扣在前台的显示如图 7 - 30 所示。

Prime 会员折扣的设置不会向卖家收取任何费用，但是要注意的是 Prime 会员折扣和优惠券是可以叠加使用的，即产品已设置了优惠 10% 的优惠券，同时也开通了优惠 10% 的会员折扣，那么 Prime 会员最终享受到的是 10%＋10% 幅度的优惠。

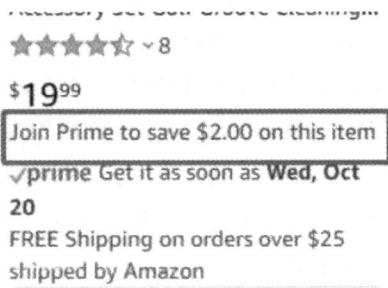

图 7 - 30　Prime 会员折扣在前台的显示

Prime 专享折扣设置方式也是比较简单的，选择亚马逊卖家中的"广告"—"Prime 专享价格"—创建 Prime 商品折扣—输入商品的折扣信息即可（图 7 - 31）。

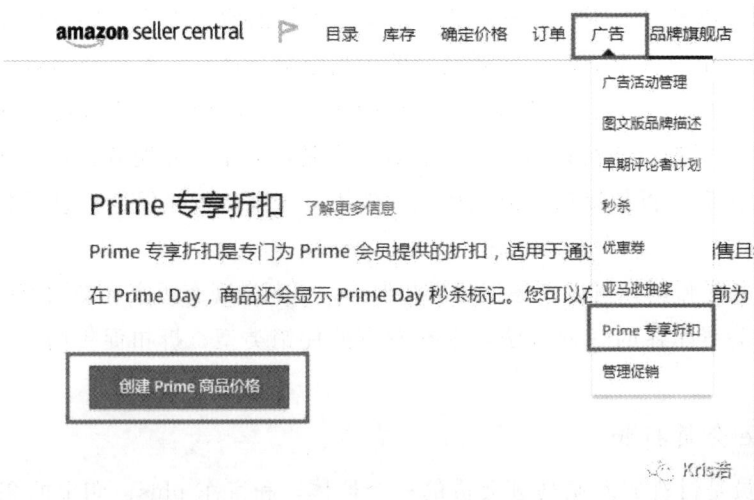

图 7 - 31　Prime 专享折扣设置

Prime 专享折扣和优惠券都是亚马逊商家使用较多的两种促销方式，不同的折扣方式有不同的折扣力度和折扣时间，商家可以根据自身的需求选择，从而提升产品销量。

7.4　跨境电子商务站外营销

7.4.1　搜索引擎营销

搜索引擎营销指利用搜索引擎、分类目录等具有在线信息检索功能的网络工具进行网站推广的方法。

搜索引擎营销就是利用网民对搜索引擎的依赖和使用习惯，在网民检索的时候将信息传递给目标用户。企业通过搜索引擎付费推广，让用户找到企业，并点击企业的广告，进入到企业的网站或店铺咨询，与企业产生联系，完成下单转化。

搜索引擎营销

目前，搜索引擎营销主要有两种方式：一是点击付费的，即竞价推广（SEM），另一种是点击免费的，即搜索引擎优化（SEO）。

1. 竞价推广

竞价推广补充 SEM 的就是商家添加相应的关键词并且对关键词付费后才能被搜索引擎收录并排名靠前，付费越高者可能排名越靠前。竞价排名服务，是由客户为自己的网页购买关键词排名按点击量计费的一种服务。客户可以通过调整每次点击付费的价格，控制搜索结果中的排名，并可以通过设定不同的关键词来捕捉目标访问者。竞价推广排名完全按照给企业带来的潜在用户访问量收费，即按点击付费。每个关键词按每次单击收费的起步价不同，如果多个竞争者同时购买同一个关键词，则搜索结果按照每次单击竞价的高低进行排序。

每个竞价的用户所能提交的关键词数量没有限制，无论提交多少个关键词，均按照实际的被点击量进行计费。这种方式效果好、针对性强，企业的推广信息只出现在兴趣的潜在客户面前，更容易达到销售目的。

2. 搜索引擎优化

搜索引擎优化（Search Engine Opimization，SEO），是指在了解搜黏自然排名机制的基础上，通过站内优化如网站结构调整、网站内容与网站代码优化等，以及站外优化如网站站外推广、网站品牌建设等，满足搜索引擎收录排名需求，在搜索引擎中提高关键词排名，从而使精准用户进入网站，提高网站访问量，最终提升网站的销售能力或宣传能力的技术。搜索引擎优化是竞价推广的一部分。

7.4.2　社交媒体营销

社交媒体营销是近年来互联网发展的新趋势，不管是国外的媒体平台，还是国内的知乎、微信、微博等，都极大地改变了人们的生活，将用户带入了一个社交网络的时代。相

比国内的微博、微信等社交工具，国外的社交网站用户活跃度和社交影响力也很强，人们会借助社交平台来分享自己的收藏、分享自己的生活。跨境商家会借助国外社交媒体的影响力和平台的互动特点来推广企业品牌，从而形成更好的口碑传播。社交媒体营销的特点如下：

社交媒体营销

（1）可以满足企业不同的营销策略

作为一个不断创新和发展的营销模式，越来越多的企业尝试着在各大社交媒体平台上"施展拳脚"，无论是开展各种各样的线上活动（如悦活品牌的种植大赛、伊利舒化奶的开心牧场等）、产品植入（如地产项目的房子植入、手机作为送礼品的植入等），还是市场调研（在目标用户集中的城市开展调查意见），以及病毒营销（植入了企业元素的视频或内容被病毒式传播）等，都可以充分展示社交媒体人与人之间的互动，也可以满足各个企业的不同营销需求。

（2）可以有效降低企业的营销成本

通过社交媒体，企业可以采用较低的成本组建粉丝团队，如 Ins 的网红博主，很多都是几万甚至十几万粉丝，每个帖子都有点赞和观看量，活跃度挺高，有部分博主的粉丝忠心度、黏性都很高。社交媒体意见领袖凭借其在某一领域的专业性，能够获得大批消费者的关注和信任，对企业进行互联网营销产生了重要影响。社交媒体意见领袖一般自身带有高流量、具有广泛的消费者基础，并在某个领域有着高于常人的知识和见解。社交媒体的公开信息也可以使商家有效地找到意见领袖，通过意见领袖的宣传攻势，便可以以低成本获取高流量。

（3）可以拉近企业和用户的距离

互动性是社交媒体相比于传统媒体比较明显的优势之一。在传统媒体的广告投放后，无法及时看到用户的反馈回复，而部分企业的官方网站上虽然用户可以评论，但商家的回复也不够及时，双方沟通起来不是很顺畅。通过社交媒体的互动，用户可以及时地了解商家及产品的信息，也可通过社交媒体来分享产品的信息和观点。这与以往传统营销中"自上而下"的理念不同，社交媒体强调"自下而上"进行品牌推广，企业必须进入社交媒体营销中去，通过与消费者的对话和互动，与消费者建立情感联系，情感是市场的主题之一，如果能赢得消费者的情感认同，距离赢得市场也只有一步之遥了。

7.4.3 电子邮件营销

1. 电子邮件营销的特点

电子邮件营销（Email 营销）是互联网商家通过电子邮件的方式向目标用户传递有价值信息的一种网络营销手段。相比于传统的邮件来说，互联网时代的用户更加青睐于使用电子邮件，庞大的用户基数和较高的使用频率，为电子邮件营销提供了大量的目标群体。同时，对于互联网商家来说，电子邮件营销还具备以下特点：

（1）营销成本低

Email 营销是一种低成本的营销方式，专业的电子邮件发送平台中单封电子邮件的计算费用低至几分钱甚至只需一分钱，其他费用支出主要是上网费和人员工资，整体成本比传统广告形式要低得多。

（2）覆盖范围广

电子邮件的传递不受时空的限制，只要拥有足够的电子邮箱地址，就可以在短时间内向这些邮箱所有者发送电子邮件，营销范围可以是全国甚至是全球。同时，广告的内容也不受限制，适合各行各业。因为广告的载体就是电子邮件，所以具有信息量大、保存期长的特点，还具有长期的宣传效果，且收藏和传阅非常简单方便。

（3）操作简单方便

使用专业的邮件群发软件，一台计算机每天可以发送上万封甚至更多的电子邮件，同时操作不需要高深的计算机知识，也不需要烦琐的制作及发送过程。

（4）反馈效果好

电子邮件本身具有定向性，你可以针对某一特定的人群发送特定的广告邮件，你也可以根据需要按行业或地域等进行分类，然后针对目标客户进行广告邮件群发，使宣传一步到位，这样可使营销目标明确，效果非常好。

2. 电子邮件营销的注意事项

（1）标题

应吸引人，但是前提是要表述清楚内容，同时不要过长。

（2）页面内容

重要的内容必须使用文字，哪怕是使用了图片也要给出文字标识。

（3）图片的使用

建议每个图片设定一个固定的宽度和高度及 Alt 属性文字提示标识，同时，注意不要使用背景图片。

（4）一致性

如果你定期向客户发送 EDM（电子邮件营销），那么请注意使用统一的风格，主要是页头和页尾的风格统一。如果是有期刊号的，那么请将期刊号和时间也一并加入。

📚 知识拓展

第一封电子邮件

1971 年秋季的一天，为阿帕网工作的工程师雷·汤姆林森使用改进后的 SNDMSG 程序在自己的计算机上通过 ARPA 网成功地向另一台计算机的"邮箱"中发送了一条电子消息，而这条他事后连内容都记不起来的电子文档成了世界上第一封真正意义上的电子邮件，并首次使用@分隔用户名与计算机名。SNDMSG 是第一个能够在连接到 ARPANET

的不同主机用户之间发送邮件的系统。据说这并不是他的工作任务，而是纯粹觉得有意思，顺手实现的。

在雷·汤姆林森给同事说明了这件事之后，阿帕网的科学家们以极大的热情欢迎了这个石破天惊般的创新。他们天才的想法及研究成果，在那之后可以用极快的速度来与同事共享了；此后他们中的许多人回想起来，都觉得阿帕网所获得的巨大成功当中，电子邮件功不可没。

第一次 Email 营销

1994 年 4 月 12 日，一对从事移民业务的夫妇坎特和西格尔，把一封"绿卡抽奖"的广告信发到他们可以发现的 6500 个新闻组，在当时引起疯狂的下载与转发。他们的"邮件炸弹"使很多服务商的服务处于瘫痪状态。后来这对夫妇在 1996 年还合作编写了一本书，在书中介绍了他们的这次辉煌经历：通过互联网发布广告信息，只花了不到 20 美元的上网通信费用就吸引来了 25000 个潜在客户，其中有 1000 个转化为新客户，从中赚到了 10 万美元。

7.5 跨境电子商务数据分析

7.5.1 阿里巴巴国际站的行业数据分析

本节主要针对阿里巴巴国际站的行业数据和产品类目进行分析。

2020 年以来，受通胀、地缘冲突及消费信心等影响，消费者纷纷转向"低价"＋"高品质"刚需品。2022 年阿里巴巴国际站各品类数据如图 7 - 32 所示，可以看出，家居园艺、消费电子、服装、GMV（商品交易总额）居于前三级。

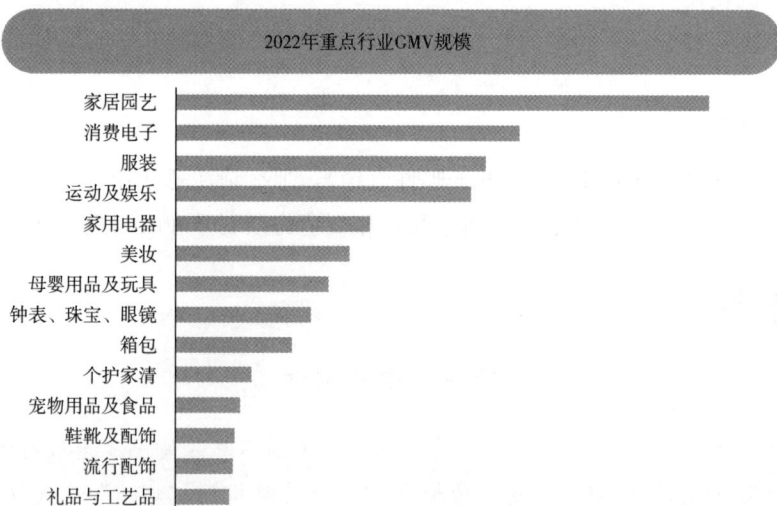

图 7 - 32　2022 年阿里巴巴国际站各品类数据

数据来源：阿里巴巴国际站 2022 年数据

2021—2025 年，全球家居园艺品类预计将保持稳定增长，与全球零售行业整体增速基本持平。除美国市场以外，德国和英国市场在家居园艺品类出口中也是非常有吸引力和可行性的机会市场。家居园艺的买家主要集中在欧美地区，TOP10 集中的区域买家在全行业占比 50% 左右，其中美国占比 23%。此外，阿里巴巴国际站家居行业各市场机会分布如图 7-33 所示，美国/加拿大/英国/德国的商机转化率远高于行业平均，巴西、法国、澳大利亚等增速高于其他市场，建议商家多关注以上机会市场引流。

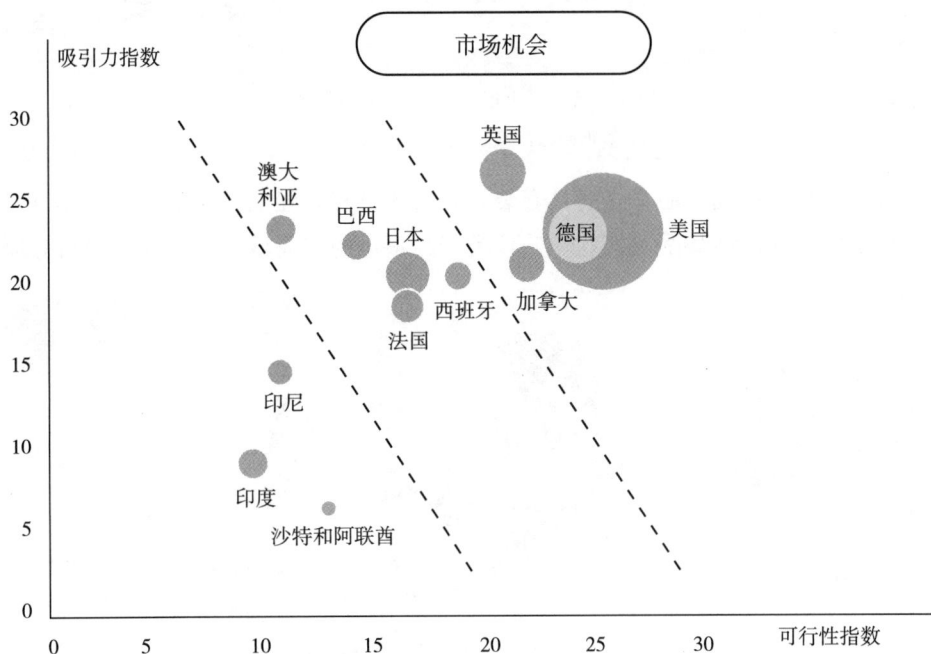

图 7-33　阿里巴巴国际站家居行业各市场机会分布

来源：Kantar research；Euromonitor，Google，Statista，World Data Bank，Zonos

接下来，以家居园艺行业为例，分析阿里巴巴国际站的重点行业数据。

在阿里巴巴国际站家居园艺的各二级类目中，餐厨是流量、商机和转化率三方面均高的细分品类，其次是家饰和家纺。阿里巴巴国际站核心品类如图 7-34 所示，餐厨、家饰、家纺、收纳、园艺和节庆六大类目是目前家居园艺贡献值最集中的品类，其流量和商机转化率在家居全行业占比 85% 以上。

据亚马逊 2022 年的数据分析可知，饮具是餐厨行业第一名的核心品类，占餐厨整体 1/4 商品及流量规模（图 7-35）。目前的热门单品有保温杯、摇摇杯等，热门单品具备的特征：以塑料、不锈钢材质为主，主打运动、健身、户外风格，产品色系以渐变色系为主。行业第十名的商家主要分布在浙江（占比 60%），重点产业城市集中在永康、杭州、宁波等地。

厨房工具，供给及需求份额均为餐厨三级类目第二名，产品形态五花八门（22 个叶子类目），重点叶子类目为果蔬工具（占比 30%）和厨房器具（占比 28%）。

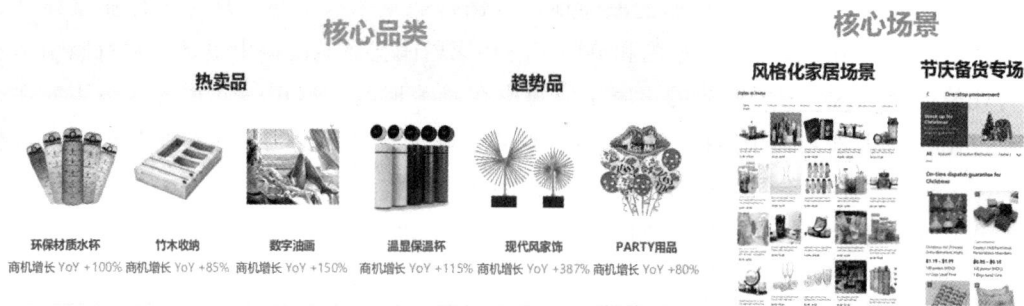

核心品类 核心场景

图 7-34　阿里巴巴国际站核心品类

数据来源：阿里巴巴国际站数据

餐具行业最热门的细分品类是餐具套装，餐具类目有较强的风格属性，目前北欧风格和日式风格的餐具在网站最受买家欢迎。该类产品重点的产业城市为长沙、潮州等地。

图 7-35　阿里巴巴国际站热门饮具餐具产品

7.5.2　亚马逊的站点数据分析

亚马逊在 2022 年 10 月推出了比利时站，该市场是亚马逊在欧洲的第 10 个活跃市场，亚马逊的站点总数达到 21 个。主要分布在北美洲、欧洲和亚洲，包括美国、日本、德国、英国、印度、意大利、法国、加拿大、西班牙、巴西、墨西哥、澳大利亚、土耳其、荷兰、阿联酋、沙特阿拉伯、瑞典、波兰、埃及、新加坡、比利时等。

通过 2021—2022 年亚马逊对各站点访问量的统计数据（图 7-36），美国站目前仍然是亚马逊最重要的站点，占其全球 21 个市场总访问量的 45%。接下来的 3 个站点依次为日本、德国和英国，各占大约 10%。美国、日本、德国、英国和印度等 5 个站点约占其网络流量总额的 77%。不过，移动设备可能占亚马逊订单的 50% 或更多，所以网络流量不再是唯一的关键指标。

但从以上数据依然能得出，亚马逊在越来越小的新国家的扩张需要数年时间才能为其业务做出实质性贡献。

Prime Day 成为美国社交商务的最佳范例——带有 ♯primeday2022 和相关主题标签的

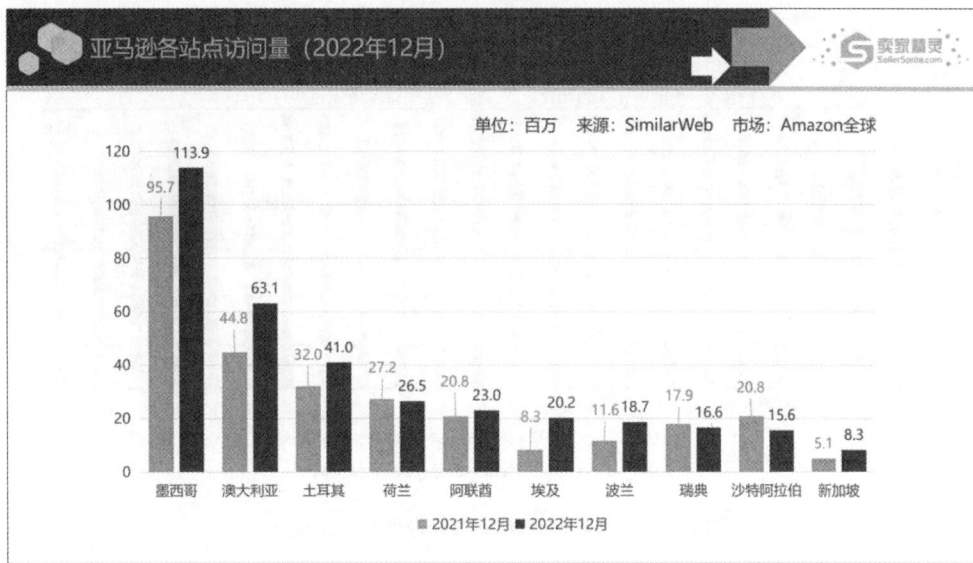

图 7 - 36　亚马逊 2021—2022 年各站点访问量

视频在 TikTok 上的浏览量已达 7700 万次（图 7 - 37）。2021 年是 3000 万次，2020 年近 600 万次，2019 年几乎为零。

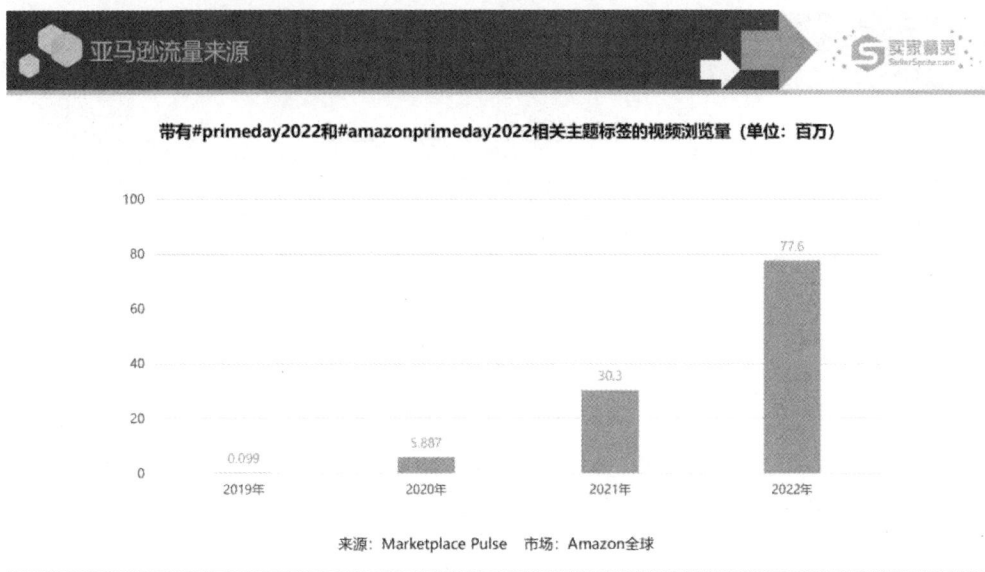

图 7 - 37　相关主题标签视频浏览量

　　平均而言，亚马逊广告价格在 2022 年保持稳定，与 2021 年相比略低。美国站 2022 年 11 月的平均每次点击费用（CPC）为 1.06 美元，低于一年前的 1.24 美元（图 7 - 38）。

　　平均广告销售成本（ACoS）为 22%。广告的平均转化率保持在 14%，相对稳定。因此，平均销售成本为 7～8 美元，低于 2021 年的 9～10 美元，但高于 2020 年的 6～7 美

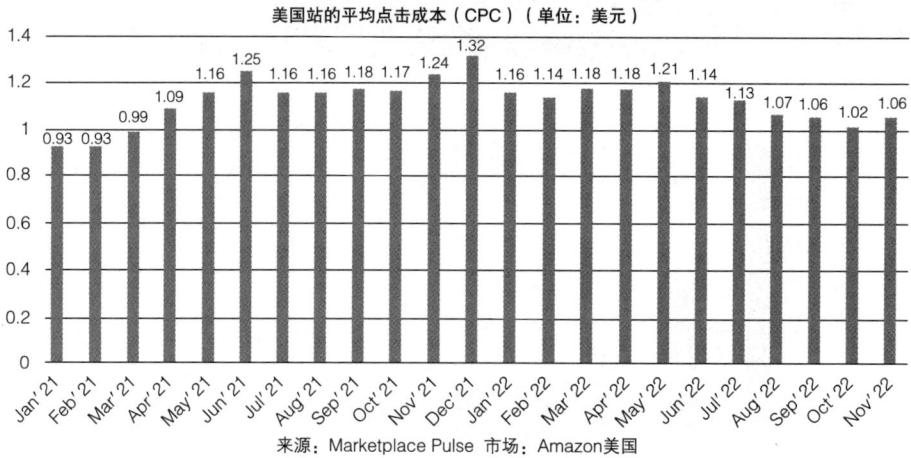

图 7-38 亚马逊美国站的广告平均点击成本

元。也就是需要 7 次点击，平均价格为 1.06 美元才能产生一笔销售。

亚马逊广告服务业务营收如图 7-39 所示，年度营收已达到 377.5 亿美元，从 2021 年的 311.6 亿美元增长到 2022 年的 377.5 亿美元，增长了 21%。截至 2022 年底，亚马逊广告业务年度营收在 5 年内增长了 10 倍。

图 7-39 亚马逊广告服务业务营收

亚马逊中国卖家关注的类目如图 7-40 所示，亚马逊通过统计卖家精灵关键词反查工具中美国站卖家查询次数最多的 100 个 ASIN 的所属类目，得出了中国卖家 2022 年在美国站关注的十大类目，分别是家居厨房用品、美容和个人护理、庭院草坪和园艺、工具、手工制品、服装鞋靴和珠宝、电子、艺术工艺和缝纫、汽车用品、手机和配件。

图 7-40　亚马逊中国卖家关注的类目

思维导图

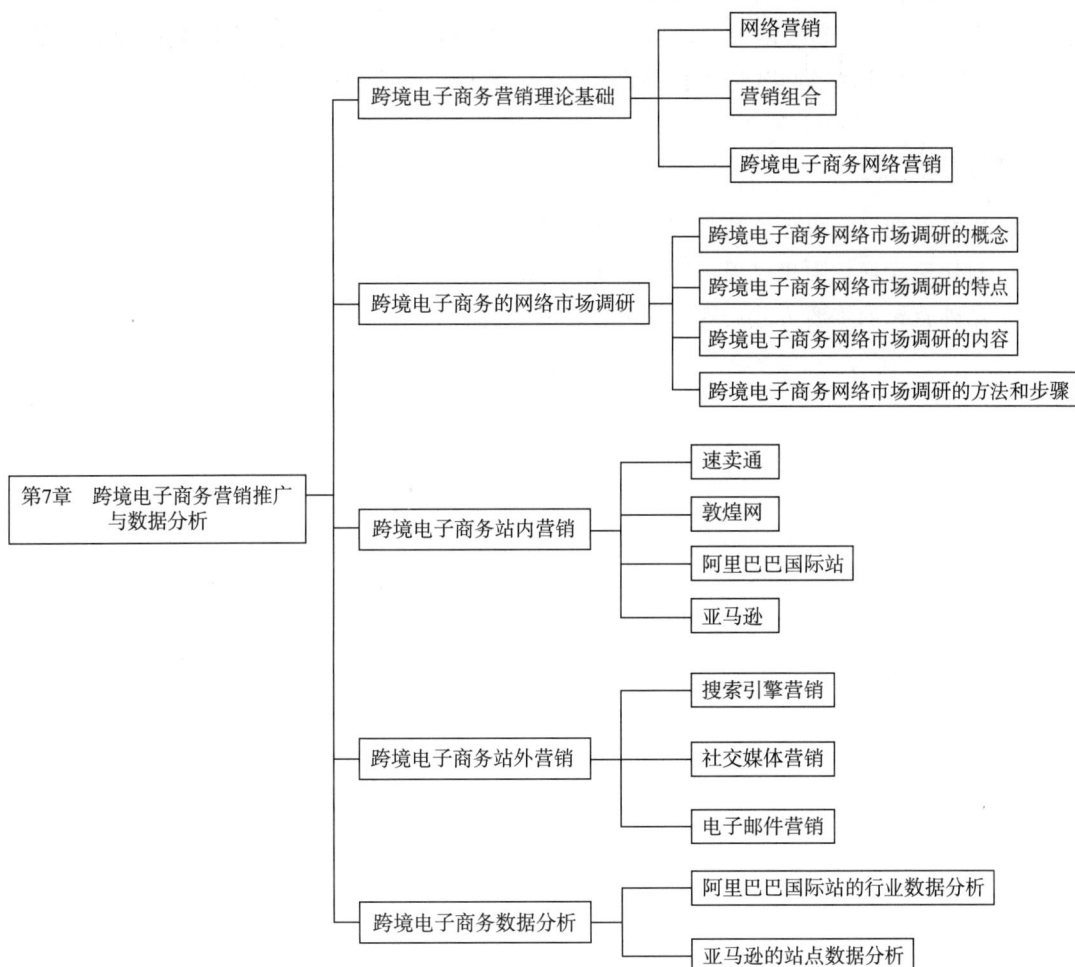

实训任务

跨境电商营销活动策划

活动名称：疯狂万圣节，搞怪大行动——吉百利｜复活节彩蛋狩猎

活动背景：在西方每年 10 月 31 日有个叫"Halloween"的节日，中文为"万圣节之夜"，又名"鬼节"，它是西方的传统节日。每当万圣节之时，孩子们会迫不及待地穿上五颜六色的服装，戴上千奇百怪的面具，提着"杰克灯"走家串户，向大人们索要节日礼物，如果不给糖，那么捣乱的恶作剧就开始了。

活动目的：让消费者感受西方传统文化节日的气氛，通过互动游戏来提升消费者的参与度。

活动时间：2018 年 10 月 25 日－10 月 31 日

活动效果：这个活动覆盖了超过 700 万人，实现了 1628％的投资回报率，并使吉百利在复活节的总销售额比 2017 年增长了 4.2％。

实训任务内容：参考以上活动示例，选择一家跨境电商企业或一个跨境电商的产品，基于圣诞节为活动背景，以亚马逊为活动平台，撰写一篇营销活动策划书。

复习思考题

1. 跨境电商网络市场调研报告应该如何撰写？
2. 对比速卖通、阿里巴巴国际站、亚马逊等平台的站内营销方式，谈一谈其异同点。
3. 站外营销的主要方式有哪些？各自的特点是什么？

第 8 章　跨境电子商务支付与结算

学习目标

- 了解跨境电子商务支付与结算的基本定义。
- 掌握主要的跨境电子商务支付模式。
- 熟悉跨境电子商务的跨境清算和跨境结算的分类和流程。
- 掌握传统支付方式与电子支付方式的区别。
- 熟悉跨境电子商务支付与结算的主流业务模式。

开篇案例

中国跨境支付行业的发展

中国跨境支付行业经历了从早期外资主导到内资服务公司崛起，再到 B2B 贸易市场探索和反向赋能与产品创新的阶段，目前正通过技术创新和政策支持，推动行业的持续发展。这一进程与中国经济的不断增长和对外开放政策密切相关。《2023 年中国跨境支付行业研究报告中》指出自 2017 年以来，该行业市场规模从 0.47 万亿元增长至 2022 年的 1.98 万亿元，显示出了 33.54% 的年复合增长率。预计在未来五年内，随着数字经济的快速发展和"一带一路"倡议的深入实施，跨境支付行业将以 8.15% 的年复合增长率继续增长。

随着数字经济的快速发展和"一带一路"倡议的深入实施，人们生活方式和消费观念的变化，数字经济已成为中国经济增长的关键引擎。2023 年，中国跨境电商市场规模达到 16.85 万亿元，同比增长 7.32%。其中，出口 13.24 万亿元，同比增长 7.64%。进口 3.61 万亿元，同比增长 6.17%。占中国货物贸易进出口总值 41.76 万亿元的 40.35%。这种增长势头预示着跨境电商、旅游等领域的迅速扩张，将进一步推动跨境支付市场的增长。同时，随着移动支付技术的创新和普及，跨境支付变得更加便捷和快速，这无疑将增加跨境贸易的交易频次，进一步促进市场发展。

原本依托跨境贸易市场发展的跨境支付服务公司已经开始进行反向赋能，不断进行前瞻性的产品创新。在提供完备的基础设施服务基础上，这些公司已经衍生出了丰富的"支付+"服务。这些服务不仅解决了支付问题,还涵盖了供应链金融、风险管理、数据分析等多个方面,为中国企业"放心在全球卖货"提供了有力支持。这标志着它们成为跨境新经济生态中较重要的建设者之一。

根据商务部的预测,到 2025 年中国跨境电商交易额将达到 2.5 万亿元。考虑到 2020—2025 年间中国跨境电商交易额的年均增速为 8.15%,可以预测未来五年内跨境支付行业的市场增速也将保持在 8.15%。基于这一预测,到 2027 年中国跨境支付行业的市场规模有望达到 2.92 万亿元。

8.1 跨境电子商务支付与结算概述

8.1.1 传统支付方式与电子支付方式

目前,全球跨境电商支付市场的主要参与者有四种。首先是银行。银行电汇普遍采用 SWIFT(环球同业银行金融电讯协会管理的国际资金清算系统)通道实现跨境汇款,费用高昂且交易进度较慢,3~5 天才能汇款到账,适用于大额汇款与支付。其次是汇款公司。汇款公司通常与银行邮局等机构有较深

跨境电子商务支付

入的合作,代理网点众多,汇款方便。第三是国际信用卡组织。国际信用卡是由国际信用卡组织发行的卡,可以透支消费(先消费后还款)。最后是第三方支付机构,随着跨境贸易的发展,特别是跨境电商平台的兴起,简单易用、结算速度快、使用成本更低的第三方支付顺势兴起,加上政策的鼓励因素,目前第三方支付机构已成为跨境支付市场上的重要参与者。按照跨境电商支付与结算发生的渠道,我们将跨境电商支付与结算分为线下支付与结算和线上支付与结算。传统支付方式主要为线下支付,现代跨境电商支付方式主要为电子支付方式。因此,本节具体介绍传统支付方式与电子支付方式。

1. 传统跨境贸易与跨境电商的区别

在了解传统支付方式之前,我们首先要了解传统跨境贸易和跨境电商的区别。传统跨境贸易一般指对外贸易,是指一个国家(地区)与另一个国家(地区)之间的商品、劳务和技术的交换活动。跨境电商是指不同国家(地区)的交易主体之间,以电子商务的方式达成交易,在线订购、支付结算,并通过跨境物流递送商品、清关、最终送达,从而完成交易的一种国际商业活动。跨境电商是传统跨境贸易的升级,它是传统跨境贸易与电商平台的合体。因为传统跨境贸易和跨境电商在运营发展上有着一定的相似之处,所以很多人容易将传统跨境贸易和跨境电商混为一谈。其实,传统跨境贸易和跨境电商有着很大的区别。

从流通渠道上看,传统跨境贸易的商品流通环节较长:A 国厂商—A 国出口商通过线

下磋商，到达 B 国进口商—B 国批发商—B 国零售商—最后到达 B 国消费者。而跨境电商大大减少了商品流通环节，通过当地的电商平台直接触达消费者，使贸易流程大大简化，一方面降低了产品销售成本，另一方面扩大了辐射市场，让货品有更多接触消费者的机会。从发货时间上看，传统跨境贸易的发货时间长，跨境电商的发货时间短。从发货规模和发货频率上看，传统跨境贸易的发货规模大，采用集装箱方式，发货频率低；跨境电商的发货规模小，采用包裹方式，发货频率高。从通关分工上看，传统跨境贸易采用货物方式通关；跨境电商则以邮件、快件的方式通关，非常灵活。从结算方式上看，两者也不一样，传统跨境贸易主要通过现汇交易进行收款结算，跨境电商则主要通过跨境电商平台支持的方式进行收款结算。除此之外，传统跨境贸易与跨境电商在主体运营方向、优化主体、交易方式、税收待遇、商业模式等方面也有着很大的不同。

除此之外，传统跨境贸易与跨境电商在主体运营方向、优化主体、交易方式、税收待遇、商业模式等方面也有着很大的不同。

（1）主体运营方向不同

传统跨境贸易和跨境电商在主体运营方向上的不同主要体现在业务引流的操作上。其中，传统跨境贸易为了能够获得稳定的客户资源，在运营发展过程中，主要通过外贸开发信或其他社交平台进行新老客户的开发和维护，从而增加客户资源；在对客户进行争取和维护的过程中，重点是靠各种积极的"干货"信息来吸引客户的加盟。而跨境电商侧重于商品销售，所以其在运营发展过程中虽然也会采取各种推广营销方式，但是其最主要的目的是销售商品。

（2）优化主体不同

传统跨境贸易涉及的业务内容规模较大，交易的一般都是大宗的货物，所以总体利润值较大，在客户收到货物之前，运输时间及目的港口等问题并不是卖家关注的主体内容，他们更加关注的是交货日期、贸易合同要求及货物运输安全性，因此在实践工作中传统跨境贸易侧重于优化货物运输安全性等问题。而跨境电商多为直接交易，总体利润水平取决于销量及成本控制，而运输时间及运输工具的选择等因素都是影响成本投入水平的重要因素，因此跨境电商为了提升总体利润水平，会采取积极措施优化运输时间，尽可能地选择性价比高的货物运输方式。

（3）交易方式不同

传统跨境贸易的交易方式主要为线下交易，更加侧重于与客户的接触与商谈，确定贸易订单后，将重点事项通过线下接触谈妥，至于合作中的一些临时问题基本上通过邮件或电话联系的方式进行处理。而跨境电商的交易方式主要是线上交易，从商品重要信息的咨询到整个贸易订单的顺利达成，这些过程主要发生在线上。当然，也有少数外贸客户因订货量较大提出参观商品生产工厂的要求，不过在跨境电商交易中，这种类型的客户较少。

（4）税收待遇不同

在税收待遇上，传统跨境贸易的税收操作要比跨境电商的税收操作麻烦一些。因为传统跨境贸易涉及的贸易订单合作规模较大，所以在海关申报及税收的处理上要按照规定执行，有时候可能要缴纳多项税。而跨境电商交易活动主要发生在商家与个体之间交易方式，类似于现在的网上购物，因此在税收的操作上较为简单，一般缴纳行邮税即可。

(5) 商业模式不同

传统跨境贸易的商业模式主要是企业对企业，即常规意义上的 B2B 模式，在运营上需要企业内部多个组织的协调运转，从而努力推动商业贸易合作的达成。而跨境电商的商业模式主要是企业对消费者，即 B2C 模式，企业更加注重业绩与总体利润水平的提升。

2. 传统支付方式

传统支付方式是指通过银行等金融机构直接进行支付的方式，包括银行的电汇、信用证等。手续较为复杂，时间较长，但安全性高，效率也随着网络发展大大提升。一般适用于跨境电子商务 B2B 模式。

目前，在跨境贸易中，传统支付方式依然与电子支付方式并存。传统支付使用现金或银行存款结算，通常在银行柜台办理，属于银行柜台支付。传统支付方式主要包括现金支付、票据支付、汇兑、委托收款、托收承付，其中票据支付工具主要包括汇票、支票本票。

汇票是出票人签发的，委托付款人在见票时，或者在指定日期无条件支付确定金额的款项给收款人或持票人的票据。按出票人的不同，汇票分为银行汇票、商业汇票。银行汇票是出票人和付款人均为银行的汇票。商业汇票是出票人为企业或个人，付款人为其他企业、个人或银行的汇票。

按付款时间的不同，汇票分为即期汇票和远期汇票。即期汇票又称见票即付汇票，即持票人向付款人提示后对方立即付款。远期汇票是在一定期限或特定日期付款的汇票。

按承兑人的不同，汇票分为商业承兑汇票和银行承兑汇票。商业承兑汇票是以银行以外的任何企业或个人为承兑人的远期汇票。银行承兑汇票是以银行为承兑人的远期汇票，银行承兑汇票图例如图 8-1 所示。

3. 网上支付方式

网上支付方式包括信用卡支付模式和第三方支付模式，其主要通过非金融机构，如各大信用卡公司和第三方支付平台进行，但这些非金融机构仍然需要先与银行达成合作。网上支付方式一般适用于跨境电子商务 B2C、C2C 模式。

4. 支付活动包括交易、清算和结算

支付活动包括交易、清算和结算。其中，清算和结算均是清偿收付双方债权债务关系的过程及手段，也是跨境电子商务支付中两个重要的概念和步骤。以跨境进口电子商务为例，其支付流程如图 8-2 所示。

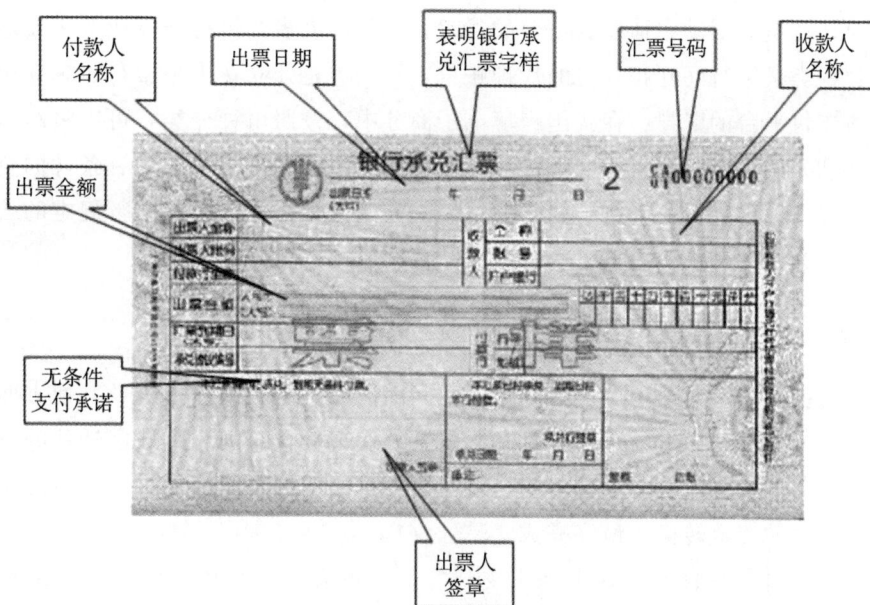

图 8-1 银行承兑汇票图例

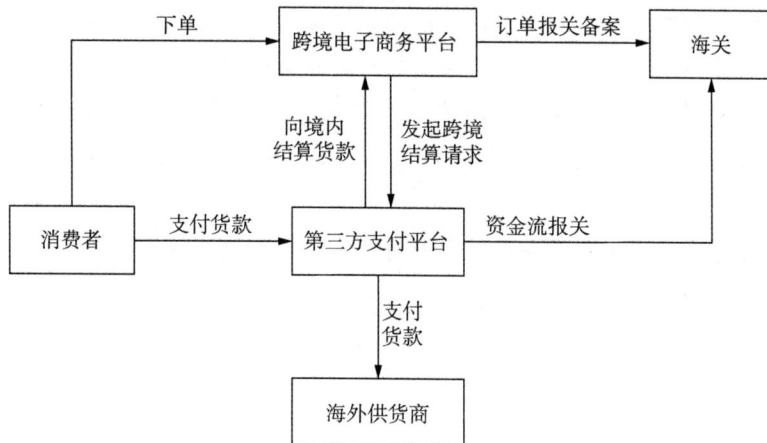

图 8-2 跨境进口电子商务支付流程图

（1）清算

清算是结清不同银行间资金账户往来债权、债务关系和金额的过程。该环节发生在结算前，其结果是全面交换结算工具和支付信息，并建立最终结算头寸。其主要功能是提高结算的标准化水平和结算的效率。跨境电子商务中的企业或个人在进行跨境电子商务支付时可以自由选择使用外币或人民币支付，因此按照币种分类，可以将跨境清算模式分为外币清算模式和人民币清算模式。

（2）结算

结算是清偿贸易活动中债权、债务的过程。当前，大多数银行结算业务主要通过两类账户完成：一类是银行间互相开立的代理账户，另一类是开立在中央银行、独立金融机构或者第三方支付平台的账户。在我国跨境电子商务中，按照币种分类，可以将跨境结算分为外币结算和人民币结算。其中，人民币结算是指经国家允许指定的、有条件的企业在自愿的基础上以人民币进行跨境电子商务的结算。商业银行在中国人民银行规定的政策范围内，可以直接为企业提供跨境电子商务相关结算服务。

8.1.2 跨境电商支付与结算概述

跨境支付指两个或两个以上国家或地区之间因国际贸易、国际投资及其他方面所发生的国际债权债务，借助一定的结算工具和支付系统实现资金跨国和跨地区转移的行为如跨境电商中，由于买卖双方所持币种不同，就需要通过一定的结算工具和支付系统实现两个国家或地区之间的资金转换，最终完成交易。

如果是国内电商，收款方式不外乎支付宝、财付通等，而且不用担心手续费、安全性、即时性等。但是把国内电商范围扩大至跨境电商，收汇款方式就变得不那么简单了，需要考虑很多问题，不同的收汇款方式的差别很大，它们有各自的优缺点和适用范围。

在互联网时代，一国的消费者在网上购买国外商家的产品或国外的消费者购买此国商家的商品时，由于币种不同，需要通过一定的结算工具和支付系统实现两个国家或地区之间的资金转换，最终完成交易。跨境电商支付与结算是指在国际经济活动中的当事人通过一定的支付工具和方式，清偿因各种经济活动而产生的国际债权债务，并产生资金转移、外币兑换的行为，如在国际贸易中所发生的、由履行金钱给付义务的当事人履行义务的行为。

跨境电商支付与结算伴随着商品进出口而发生，具有以下特点。

1. 产生的原因是跨境电商活动引起的债权债务关系

进行跨境电商支付与结算需要处理跨境电商活动中的资金，由交易引起的债权债务关系正是跨境电商支付与结算产生的原因。

2. 主体是跨境电商活动中的当事人

跨境电商活动中的当事人的含义依据不同的活动而定。

3. 需要借助一定的工具进行支付

跨境电商支付与结算的工具一般为货币及票据。一方面，由于国际支付当事人一般是跨国（或地区）的自然人、法人，而各国（或地区）所使用的货币不同，这就涉及货币的选择、外汇的使用，以及与此有关的外汇汇率变动带来的风险问题；另一方面，为了避免直接运送大量货币所引起的各种风险和不便，就会涉及票据或凭证的使用问题，与此相关的是各国（或地区）有关票据或凭证流转的一系列复杂的法律问题。

4. 需要以一定的支付方式来保障交易的安全

在跨境贸易中,买卖双方通常从自身利益出发,力求在货款收付方面得到较大的安全保障,尽量避免遭受钱货两空的损失,并想在资金周转方面得到某种融通。这就涉及如何根据不同的情况,采用国际上长期形成的汇付、托收、信用证等不同的支付方式以处理好货款收付方面的安全保障和资金融通问题。

5. 收付双方处在不同的货币圈

跨境电商支付与结算的收付双方通常处在不同的货币圈,这属于异地结算中的特殊情况。

6. 收付双方的法律约束受限

由于收付双方处在不同的法律制度下,受到相关法律的限制,不能把一方的通行情况施加于对方,应以国际结算的统一惯例为准则,协调双方之间的关系,并相互约束。

7. 需要采用国际通行的支付结算货币

跨境电商支付与结算必须选择收付双方都能接受的货币作为支付结算货币。为了支付的方便和安全,跨境电商支付与结算一般采用国际通行的支付结算货币,如美元、欧元、英镑等,特殊情况除外。

8. 需要银行作为中间人

跨境电商支付与结算需要银行作为中间人,以确保支付的安全、快捷、准确、保险及便利。

9. 具有一定的汇兑风险

由于跨境电商支付与结算一般选择不同于支付双方本国(或本地区)货币的货币作为支付结算货币,所以在结算过程中有一定的汇兑风险。

8.1.3　第三方跨境支付

第三方跨境支付指第三方支付机构为跨境电子商务、境外线下商务的交易双方提供跨境互联网支付或移动支付服务,包含外汇资金集中收付及相关结算等业务,具有快速便捷、安全性高等特点。

与传统跨境 B2B 贸易相比,跨境 B2C 贸易有着小额、高频、对回款速度要求高的特点,而传统跨境支付手段无法满足这样的需求。传统银行电汇汇款到账时间一般需要 3~5 天,而第三方跨境支付可以实现更快到账。快速回款不仅大大降低了商家的汇率损失风险,同时保证了其资金得以正常运转。银行电汇及汇款公司都存在手续费高昂、流程烦琐的痛点,第三方跨境支付机构通过聚集多笔小额跨境支付交易,有效降低交易成本,非常适用于金额小、数量多的跨境电商交易。第三方跨境支付与传统跨境支付手段优劣势对比如图 8-3 所示。

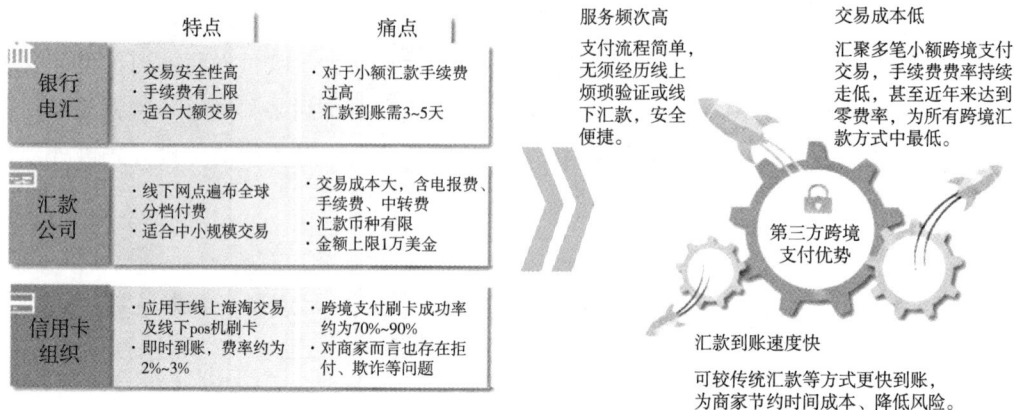

图 8 - 3　第三方跨境支付与传统跨境支付手段优劣势对比

数据来源：艾瑞咨询　www.iresearch.com.cn

8.2　跨境电子商务线下支付方式

按照是否需要去柜台现场办理业务，跨境支付工具有两大类：一种是线下汇款模式比较适合较大金额的跨境 B2B 交易；另一种是线上支付，包括各种电子账户支付方式和国际信用卡，由于线上支付手段通常有交易额的限制，所以比较适合小额的跨境零售线下支付是相对于线上支付而言的，具体方式有信用证、托收、电汇、西联汇款、MoneyGram 速汇金、香港离岸账户。

8.2.1　信用证支付

信用证是进口商向进口国银行（即开证银行）提出申请，向出口商开立的一种有条件的书面付款保证，出口商凭符合信用证条款的单据，银行承诺即期或在一定期限内向其支付指定金额。信用证是开证行与出口商之间存在的一项契约，该契约虽然是以贸易合同为依据开立，但一经开立就不再受贸易合同的约束。

信用证的种类繁多，不同类型的信用证在业务流程上存在一定的差异性，在国际贸易中，一笔信用证支付业务通常要经过申请开立信用证、通知信用证、通知信用证受益人接单、指定银行垫款、开证行偿付、开证申请人付款赎单等一系列业务流程。信用证支付流程图如图 8 - 4 所示。

信用证（Leter of Credit，L/C）是指由银行（开证行）依照（申请人的）要求和指示或自己主动，在符合信用证条款的条件下，凭规定单据向第三者（受益人）或其指定方进行付款的书面文件，即信用证是银行开立的有条件的承诺付款的书面文件。

在传统国际贸易活动中，买卖双方可能互不信任，买方担心预付款后，卖方不按合同要

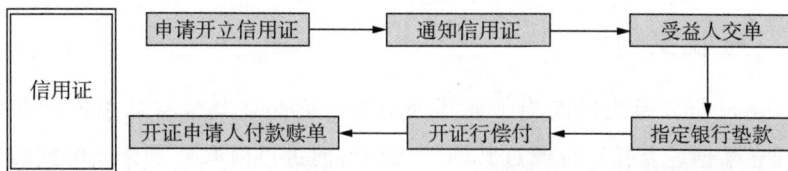

图 8-4　信用证支付流程图

求发货，卖方也担心在发货或提交货运单据后买方不付款。在信用证结算方式中银行以银行信用代替商业信用，为交易双方提供信用保证，从而促进交易的顺利达成和资金的安全支付。信用证是银行有条件保证付款的证书，成为传统国际贸易活动中常见的结算方式。买方先提交信用证申请书，支付保证金和银行费用，由银行开立信用证通知异地卖方、卖方按合同和信用证规定的条款发货，开证银行在审单无误的条件下代买方先行付款。

1. 费用

信用证相应的银行费用项主要可分为以下几类。

① 开证：开证费、改证费、撤证费；

② 信用证传递：信用证预先通知费、通知费、转递费；

③ 信用证交单：邮递费、电报费、审单费；

④ 信用证收汇：议付费、承兑费、保兑费、偿付费、付款手续费、转证费、无兑换手续费、不符点费、不符点单据保管费。信用证中可能涉及的罚款项等。

同一银行对不同费用项的收费方式也不一样，有些是定额收取的，如通知费、不符点费等，按笔收取；有些则是按比例收取的，如议付费、兑换费等；还有按时间循环收取的，如承兑费、保兑费等。另外，不同银行间的收费标准也是不一样的。

2. 优点

有银行信誉参与，国际贸易相对比较安全，风险相对较低；在交易额较大、交易双方互不了解且进口国施行外汇管制时，信用证的优越性更为突出；受《跟单信用证统一惯例》的约束，贸易双方交易谨慎度较高；相较于电汇、托收方式，信用证方式中交易双方资金负担较平衡；买方开立信用证需要缴纳一定比例的保证金，保证金比例多少取决于买家的资信和实力，资信越高比例越低，卖方可以从中粗略了解买方的资信状况；即使买方拒付，卖方仍可以控制货权，损失相对较少。

3. 缺点

信用证是独立、自足的文件，银行只审单不管货，因此容易产生欺诈行为，存在假单的风险；信用证方式手续繁杂，环节较多；信用证对单据要求较高，容易出现不符合情况而被拒付；费用比较高，影响出口商利润，如果信用证金额较小，各项银行费用总和将超过 1%；遭遇软条款陷阱，审证、审单等环节有较强的技术性。

4. 适用范围

主要适用于成交金额较大（一般大于 5 万美元）的线下交易。

8.2.2 托收支付

托收（Collection）是出口商为了取得因劳务、商品及其他交易引起的应收款项，根据发票金额开立票据，委托银行通过其国外代理行向进口商取得承兑或付款的业务。

根据交付单据的条件不同，托收可以分为付款交单（documents against payment，D/P）和承诺交单（documents against acceptance，D/A）两种。

托收属于商业信用，银行办理托收业务时，既没有检查货运单据正确与否或是否完整的义务，也没有承担付款人必须付款的责任。托收虽然是通过银行办理，但银行只是作为出口人的受托人行事，并没有承担付款的责任，进口人不付款与银行无关。出口人向进口人收取货款靠的仍是进口人的商业信誉。如果遭到进口人拒绝付款，除非另外有规定，银行没有代管货物的义务，出口人仍然应该关心货物的安全，直到对方付清货款为止。托收对出口人的风险较大，D/A 比 D/P 的风险更大。跟单托收方式是出口人先发货后收取货款，因此对出口人来说风险较大。进口人付款靠的是他的商业信誉，如果进口人破产倒闭，丧失付款能力；或货物发运后进口地货物价格下跌，进口人借故拒不付款；或进口人事先没有领到进口许可证；或没有申请到外汇，被禁止进口或无力支付外汇等，出口人不但无法按时收回货款，还可能遭受货款两空的损失。虽然出口人有权向进口人索赔所遭受的各种损失，但在实践中，在进口人已经破产或逃之夭夭的情况下出口人即使可以追回一些赔偿，也难以弥补全部损失。在当今国际市场出口竞争日益激烈的情况下，出口人为了扩大销售、占领市场，有时也采用托收方式。如果进口人信誉较好，出口人在国外又有自己的办事机构，则风险相对小一些。

托收对进口人比较有利，可以免去开证的手续以及预付押金，还有预借货物的便利。当然托收对进口人也不是没有一点风险。如进口人付款后才取得货运单据，领取货物，如果发现货物与合同规定不符，或者根本就是假的，也会蒙受损失。但总体而言托收对进口人比较有利。

1. 费用

托收所发生的正常的银行费用主要有托收费和寄单费。扣费包括两个部分：国外银行扣费一般为 35～85 美元，国内银行扣费 150～350 元人民币。

2. 优点

相比于信用证，托收的操作比信用证简便许多，单据要求相对简单，费用相对较低；先发货后收款，因此对进口商有利，容易促成交易。

3. 缺点

托收是建立在商业信用基础之上的一种结算方式，卖方承担了较大的风险；对出口商不利，因为出口商能否按期收回货款，完全取决于进口商的资信；相比较于电汇等方式，托收手续较繁，费用较高。

4．适用范围

托收对于出口商来说风险较大，只适用于金额较大、往来多年的、彼此比较熟悉和了解的、信誉比较好的客户。

8.2.3　电汇支付

电汇（Telegraphic Transfer）是汇款人将一定款项交存汇款银行，汇款银行通过电报或电传给目的地的分行或代理行（汇入行），指示汇入行向收款人支付一定金额的一种汇款方式。跨境电汇是汇款人通过所在地的银行将所汇款项以电报、电传的形式划转国内各指定外汇银行，同时由国内银行通知收款人就近存取款项。相对于信用证、托收等方式而言，电汇适用范围广，手续简便易行，中间程序少，灵活方便，因此是目前一种应用极为广泛的结算方式。

1．费用

一般来说，电汇的费用分为两个部分。一部分与电汇金额有关，即1‰的手续费；另一部分与汇款的金额无关，而与笔数有关，即每汇一笔就要收取一次电汇费具体费用根据银行的实际费率计算，不同的银行收费标准差距较大，在选择汇款银行时要做好比较。由于汇款手续费一般都有最高限额，超出最高限额即以最高限额为限。

2．优点

电汇没有金额的限制，不管款项多少均可使用；汇兑结算手续简便易行单位或个人均可办理；收款迅速，快速到账；可先付款后发货，保证商家利益不受损失。

3．缺点

需要去银行柜台办理业务，受限于银行网点分布；先付款后发货，买方容易产生不信任感；买卖双方都要支付手续费，相对于一些线上支付工具而言费用较高，相对于第三方在线支付方式，电汇手续较为繁杂；在实际业务中，一般采用前 T/T（发货前付清全部货款），买方承担的风险较大。

4．适用范围

电汇是传统 B2B 付款常用模式，适用于跨境电商较大金额的交易付款。

8.3　跨境电子商务线上支付方式

8.3.1　第三方支付结算方式

1．第三方支付

第三方支付是指由经营第三方支付业务的非银行类金融机构作为交易双方的信用中

介，利用互联网以某种事前确定的形式进行数据交换与信息确认，最终实现买卖双方和银行类金融机构之间的电子支付。

目前，第三方支付模式因其成本低、操作便捷，逐渐成为个人买家的首选支付方式。一般综合型 B2C 跨境电子商务 B2C 平台、自营型 B2C 跨境电子商务平台、小额 B2B 跨境电子商务平台多使用这种支付方式。

不同机构专注不同领域，中国第三方支付公司主要参与跨境电商中的零售领域，其中又分为跨境零售出口电商和跨境零售进口电商，而跨境 B2B 电商仅有小部分支付机构参与，如阿里巴巴旗下的阿里巴巴国际站，其跨境支付服务由支付宝提供。中国第三方支付产业图谱如图 8-5 所示。在跨境出口零售电商领域中，国内第三方跨境支付公司主要参与其中的收款环节，服务于 B 端平台及商户，提供完整支付解决方案；而收单业务则主要由以 PayPal 为首的国际第三方支付公司完成，最终参与结售汇环节的主体除了传统银行外还有国内 31 家持牌公司可与银行展开合作。而在跨境进口零售电商及垂直支付（出国旅游及出国留学线上付费）领域中支付宝、微信因在国内拥有占绝对优势的用户数量及支付市场份额，得以在跨境支付 C 端领域形成双强领先格局。

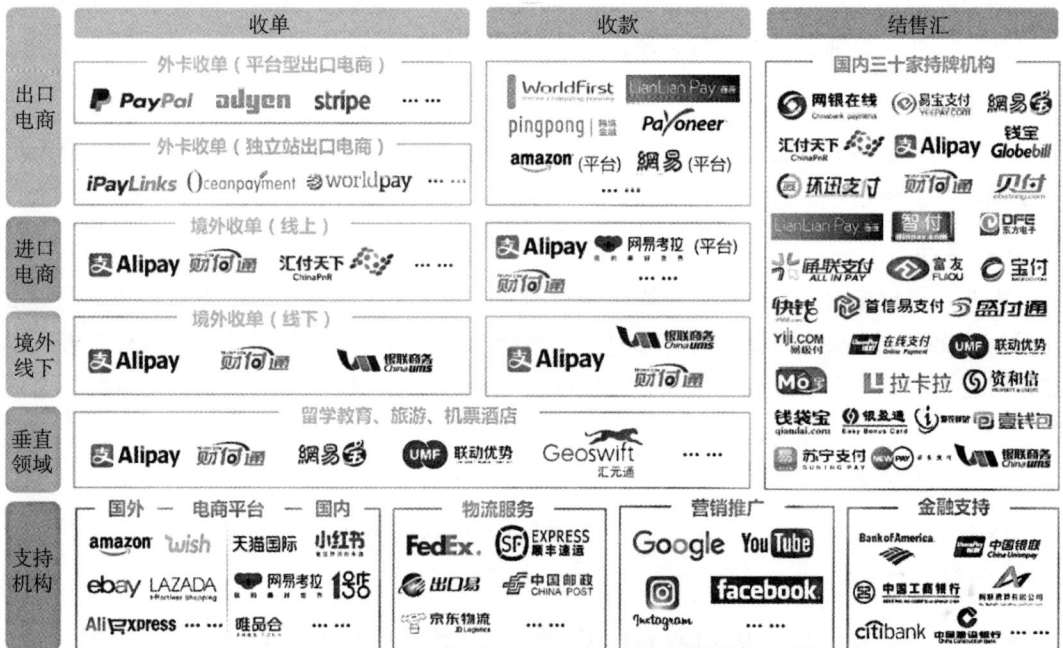

图 8-5　中国第三方支付产业图谱

2. 第三方支付机构参与跨境电商流程

买家在网上下单后使用本币付款，这种结算方式不涉及货币转换，因而相当于在境内使用第三方支付平台与国际银行卡组织合作。通过与国际银行卡组织合作，由国际银行卡组织直接进行资金转换与清算。第三方支付平台与境外跨境电子商务平台合作，通过与境内买家和境外卖家签约,为买家提供购汇和换汇业务。境内买家向第三方支付平台支付本币,由第三方支付平台代理购汇。第三方支付平台直接对接买家和卖家,真正成为跨境电子商务真正的支付交易主体。

由于境内外第三方支付公司掌握平台、渠道资源不同,所以在跨境出口电商中介入环节不同,其中收款环节由境外第三方支付公司完成,汇款入境及换汇服务则由境内第三方支付公司完成。跨境出口电商流程图如图 8-6 所示。

图 8-6　跨境出口电商流程图

在跨境进口电商业务中,中国第三方支付公司参与到支付全部环节,为境内买家提供收单服务,并为跨境电商平台提供收款服务,同时与境内银行合作完成结售汇流程。跨境进口电商流程图如图 8-7 所示。

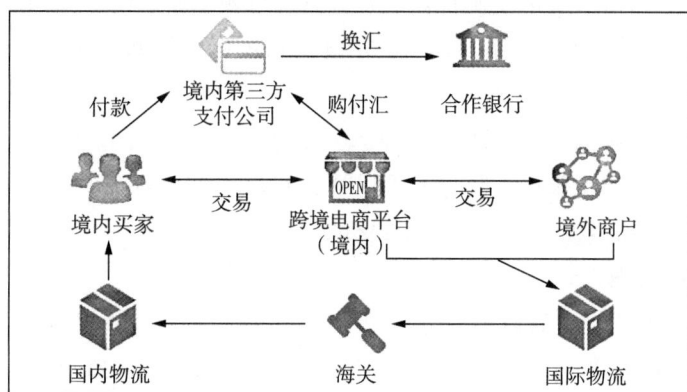

图 8-7　跨境进口电商流程图

8.3.2　主流线上支付工具

1. PayPal

PayPal(在中国的品牌名为贝宝)是倍受全球亿万名用户追捧的国际贸易支付工具,

即时支付，即时到账，全中文操作界面，能通过中国的本地银行轻松提现，解决外贸收款难题，帮助用户成功开展海外业务。用户在注册 PayPal 后就可立即开始接受信用卡付款。作为在线付款服务商，PayPal 是卖家向全世界数亿名用户敞开大门的快捷方式。PayPal 的注册完全免费，集国际流行的信用卡、借记卡、电子支票等支付方式于一身，帮助买卖双方解决各种交易过程中的支付难题。与此同时，PayPal 是名副其实的全球化支付平台，服务范围包括超 200 个市场，支持的币种超过 100 个。在跨国交易中，约 70％的在线跨境买家喜欢用 PayPal 支付海外购物款项。

PayPal 也和一些电子商务网站合作，成为它们的货款支付方式之一；但是用这种支付方式转账时，PayPal 收取一定数额的手续费。2018 年 12 月，世界品牌实验室发布《2018 世界品牌 500 强》榜单，PayPal 排名第 402。2018 年 10 月 4 日，PayPal 宣布退出 Libra 协会，成为首个退出该组织的成员。2018 年，入选"2018 福布斯全球数字经济 100 强"，排第 33 位。2021 年 3 月 8 日，在线支付平台 PayPal 宣布，将收购数字加密货币安全存储技术公司 Curv，以加快和扩大其加密货币和数字资产的计划。

（1）PayPal 支付流程

通过 PayPal 支付一笔金额给商家或者收款人时，可以分为以下几个步骤：

① 付款人首先要有一个电子邮件地址，登录邮件地址开设 PayPal 账户，通过验证成为其用户，并提供信用卡或者相关银行资料，增加账户金额，将一定数额的款项从其开户时登记的账户（例如信用卡）转移至 PayPal 账户下。

② 在进行付款时，付款人先进入 PayPal 账户，指定汇出金额，并提供收款人的电子邮件账号给 PayPal。

③ PayPal 向收款人发出电子邮件，通知其有等待领取或转账的款项。

④ 如果收款人也是 PayPal 用户，在决定接受款项后，付款人所指定的款项即汇入收款人的 PayPal 账户。

⑤ 如果收款人没有 PayPal 账户，收款人要根据 PayPal 电子邮件内容指示连线进入网页，注册取得一个 PayPal 账户。收款人可以选择将取得的款项转换成支票寄到指定的处所、转入其个人的信用卡账户或者另一个银行账户。

（2）PayPal 的提现方式

PayPal 的提现方式主要有以下两种：

第一种提现方式是通过 PayPal 官方合作伙伴连连支付提现，每单收取提现金额 1.2％的手续费。通过这种方式提现的前提是金额不大，如果提现金额的 1.2％超过了 35 美元则应采用第二种提现方式。

第二种提现方式为电汇，不管金额大小，每次提现收取 35 美元的手续费。当提现金额为 2816.67 美元时，两种提现方式的手续费相同；当提现金额大于 2816.67 美元时使用电汇提现比较划算。

买家使用 PayPal 购物，无论是通过信用卡借记卡还是 PayPal 余额付款，均无须支付手续费。手续费一般被卖家添加在了商品金额里面，因此手续费将由卖家承担。如使用其他货币付款，则只需支付小笔兑换费。

（3）使用 PayPal 的费用

商家使用 PayPal 的费用分为两个部分：交易手续费和提现手续费。

① 交易手续费计算公式：

$$PayPal 交易手续费＝交易金额\times4.4\%＋0.3 美元$$

例如，如果客户向商家支付了 500 美元，那么交易手续费就是 $500\times4.4\%＋0.3＝22.3$（美元），因为 0.3 美元是固定不变的，所以进入到商家账户的金额就是 $500－22.3＝477.7$（美元）。

月收款累积达到一定的范围，是可以申请降低手续费的。若月收款超过 3000 美元，则可以联系客服申请下调手续费费率，手续费费率最低可降到 3.4％，PayPal 交易手续费详情如图 8-8 所示。想要降低手续费的卖家，还可以将手续费加在产品定价中，或者和买家商量均摊交易手续费。若想要把这些款项提现到银行账户则可用连连支付提现，手续费费率低至 1.2％，前提是账户必须为卖家账户，并且账户余额不低于 150 美元。

网站、账单或电子邮件收款

	月销售额（美元）	费率
标准费率	3000及以下	4.4%+0.30美元*
优惠费率	3000~10 000	3.9%+0.30美元*
	10 000~100 000	3.7%+0.30美元*
	100 000以上	3.4%+0.30美元*

图 8-8　PayPal 交易手续费详情

② 提现手续费计算公式：

$$PayPal 提现手续费＝提现金额\times3.8\%＋0.3 美元$$

如果按照收款的 1000 美元，扣除手续费 $1000\times3.8\%＋0.3＝38.3$（美元），到账的金额是 $1000－38.3＝961.7$（美元）。PayPal 提现手续费根据提现银行所在国家和地区的不同而不同，若提现至美国的银行账户，美元到账且免收提现手续费；若提现到中国香港地区的银行账户，港币到账，1000 港币以上免收提现手续费，1000 港币以下收 3.5 港币的提现手续费。但是若 PayPal 原账户为美国的银行账户，则提现到香港账户收 2.5％货币转换费；提现至中国内地的银行账户，美元到账按 35 美元/笔收取提现手续费，最低提现金额为 150 美元，认证之后的账户没有提现上限。未认证的 PayPal 账户的月收款不能超 500

美元，累计不超 3000 美元。

人民币到账，提现手续费费率 1.2％。不过自 2018 年 7 月 1 日起，PayPal 与连连支付停止了快捷人民币提现业务。

（4）PayPal 账户限制

关于 PayPal 账户使用中遇到的问题，最常见的就是账户的限制。关于 PayPal 账户限制的主要类型及应对措施主要如下：

① 新账号 21 天低限。新账户的限制很频繁，这是 PayPal 对新账户的审核，不需要提交任何资料，PayPal 会在审核结束后自动解限。遇到这种情况，耐心等待即可。

② 临时审查限制。在多次收款之后的某一天突然被限，是 PayPal 需要了解卖家的经营模式和产品信息，卖家需要做出积极的回应，提供相应的资料让 PayPal 了解卖家所经营的产品，常见的解限资料包括信用卡证明、地址证明、供应商信息、发票等。

③ 风险审查类的限制。该类型的限制是从账户风险的审核引发的。账户的风险包括两个方面：一是来自买家的风险，如果买家账户风险过高，PayPal 会自动退款，交易无法进行；二是来自卖家的风险，那就要从几个方面找原因，是否投诉率过高，是否短期内收款过高。

④ 高限。此类型的限制同样来自高风险，高限的账户不能收款、不能付款。产品违规及投诉率都会导致高限产生。另外，如果账户出现限制的情况而没有及时回应，限制会自动升级到高限，直至被封。所以一旦账户出现限制情况，要第一时间在账户中做出积极回应，按要求提交资料。

（5）PayPal 账户冻结

PayPal 账户冻结，是指账户的某笔交易被临时冻结，账户使用者不能对这笔交易进行退款、提现等操作。一个账户从注册到收款到提现，PayPal 公司从来没有从用户得到过任何的资料，所以每个账户从开通到提现的过程中肯定要被冻结一次；然后要求账户使用者提交身份证明、地址资料等来证明使用者是真实存在并且遵纪守法的公民。出现以下几种情况也会被冻结。

① 收款后立马提现。例如，账户收了 1000 美元，收款后马上提现 800 美元，则存在卖家收了款，货还没发就提现的情况，难免引起怀疑导致被冻结。

② 提现金额过高。例如，收款 1000 美元，发货后，卖家需要资金周转，把 1000 美元全部提现，这种情况比较危险。PayPal 一般提现金额在 80％ 是比较安全的，留 20％ 是为了防止买家退单，也是为了让 PayPal 放心。

③ 被客户投诉过多、退单过多。一般投诉率超过 3％，退单率超过 1％ 就会被 PayPal 公司终止合作。

④ 所售产品有知识产权问题。国外非常重视知识产权的保护，如果出现仿牌或者假货，PayPal 将禁止其交易。一旦国际品牌商投诉 PayPal，后果非常严重，将难以再使用 PayPal 进行支付。

(6) 费用

收款方费用是每笔收取 0.3 美元的银行系统占用费，交易时候收 28%～3.8%的手续费；跨境交易，每笔收取 0.5%的跨境费，每笔提现收取 35 美元。

(7) 优点

无开户费用；PayPal 符合大多数国家人群的交易方式，在国际上知名度较高，拥有不可忽视的用户群。交易完全在线上完成，适用范围广，尤其受美国用户信赖。收付双方必须都是 PayPal 用户，以此形成闭环交易，风控好。

(8) 缺点

不支持仿牌收款。偏向保护买家利益，相对于卖家来讲缺乏保障。交易费用主要由卖家提供。提款等后续限制和费用较多，而且账户容易被冻结，如果有一笔交易存在争议，而买家和卖家不能达成一致意见，PayPal 则会冻结卖家的整个账户，用来保护买家的利益不受损失（其他情况也会冻结账户）。PayPal 用户消费者（买家）利益大于 PayPal 用户商户（卖家）利益，交易费用主要由商户提供，对消费者过度保护；电汇费用较高，每笔交易除手续费外还需要支付交易处理费；账户容易被冻结，使商家利益受损失。

(9) 适用范围

适合跨境电商零售行业，几十到几百美元的小额交易更划算。

2. 国际信用卡支付

国际信用卡收款通常指的是国际信用卡在线支付。目前，国际信用卡收款是支付网关对支付网关模式（类似网银支付），是当今国际流行的一种消费方式，人们习惯用信用卡刷卡进行提前消费。购物时用信用卡在线付钱早已成为主流。信用卡在线支付方式可以拒付，可以保护消费者的利益，而且操作方便快捷，但买家不能轻易拒付，拒付会影响买家的信用卡信誉额度。

(1) 支付流程

信用卡支付的风险来自"先用钱，后还款"，其支付流程如下：

① 买家从自己的信用卡上发出支付指令给发卡银行。

② 银行先行垫钱为其支付给卖家银行。

③ 银行通知持卡人免息期满的还款日期和金额。

虽然卖家已经完成交易，但只有当买家采取如下行动时，货款才有百分之百的保证：买家在还款日到期之前还款，交易顺利完成，卖家收款成功；买家先还部分欠款一般大于银行规定的最小还款额，其余作为向银行的贷款，并确认同意支付利息，以后逐步偿还本息，最终买家得到融资便利，银行得到利息收入，卖家及时得到货款。

(2) 优点

① 客户群巨大：Visa、Master 卡用户量超过 20 亿，在欧美地区使用率很高，迎合了国外买家的提前消费习惯，使支付更方便。

② 扩大潜在客户：信用卡支付是只要买家持有信用卡就能完成付款。信用卡持有人

比在支付公司注册的人数要多得多，是所有人都接受也乐意使用的一种消费模式。

③ 减少拒付：由于是属于银行对银行模式，买家拒付需要到发卡行进行拒付，同时发卡行也会对该笔拒付进行核查，看是否属于恶意拒付（如果是恶意拒付，银行就会在持卡人的信用记录上记录），对买家以后的生活、学习、工作会带来很大的不便，所以持卡人一般不会随意拒付。账号对账号模式的拒付对持卡人的信用记录没有任何影响，所以信用卡支付的拒付比率相对于账号对账号模式的比率要小，根据国际卡组织统计，使用信用卡消费的拒付概率不超过 5%。

④ 不会冻结账号：信用卡支付，如果某笔交易存在交易争议，则会冻结该笔交易的金额，不影响整个账户。信用卡通道注重买家和卖家双方的利益，会根据货品的发货情况以及买家的态度来进行处理，不会关闭通道造成商户资金冻结，因此对拒付的处理无疑更加公平。

⑤ 买家付款过程简单方便：在买家页面选定相应的物品后直接进入信用卡验证页面从而减少付款步骤，方便买家付款，付款快捷，仅需 3～5 秒。

（3）缺点

① 需要开户费和年服务费，门槛有点高。

② 仍可能拒付。国际信用卡本身有 180 天的拒付期（个别信用卡甚至 180 天后还可以拒付）。所谓拒付（charge back），是指信用卡持卡人主动要求把钱要回去的行为，拒付的原因可能有买家没有收到货，货不对板（收到的货品与事先承诺的不符），货物质量问题，黑卡、盗卡、商务卡交易，诈骗分子等。

（4）适用范围

信用卡支付一般用于外贸中的 1000 美元以下的小额支付，比较适合于网店零售主要行业有鞋服、饰品、生活用品、电子产品、保健品、虚拟游戏和订票等。

3. 阿里巴巴 Secure Payment

Secure Payment（原 Escrow 服务）是阿里巴巴国际站针对国际贸易提供交易资金安全保障的服务，它联合第三方支付平台 Alipay 提供在线交易资金支付的安全保障，同时保护买卖双方从事在线交易，并解决交易中的资金纠纷。因原 Escrow 服务系统升级优化，为了让买卖双方更清晰地了解及认知线上交易中资金安全保障的流程、支付方式及纠纷退款问题的处理方法等，Escrow 服务名称更换为 Secure Payment。

（1）Secure Payment 流程

Secure Payment 相当于国际支付宝服务，为在线交易提供资金安全，在买卖双方通过起草快递订单/在线批发订单中提供资金安全的担保保障服务，其流程如下：

① 买家通过阿里巴巴国际站下单；

② 买家通过阿里巴巴 Secure Payment 账户付款；

③ 买家付款后，平台会通知卖家发货，卖家在看到买家的付款信息后通过EMSDHL、UPS、FedEx、TNT、SF、邮政航空包裹等七种国际运输方式发货；

④ 买家在阿里巴巴国际站确认收货；

⑤ 买家收到货物或者买家收货超时，平台会放款给卖家。

（2）费用

仅开通阿里巴巴国际站平台的 Secure Payment 服务不需要支付额外费用，但使用该服务过程中会产生交易手续费和提现手续费。交易手续费比例为 5％，需包含在产品价格中，可根据交易手续费平衡交易产品价格。提现费用，美元提现每次 15 美元；银行收取，人民币提现无手续费。

（3）优点

快速交易：支持起草快递订单或在线批发在线交易，买家线上下单，通过阿里巴巴后台可实时查看订单进展。

多种支付：支持信用卡、西联、银行汇款多种支付方式，方便买家支付。

安全收款：买家支付货款成功后会通知卖家发货，买家确认收货或者物流妥投且超时后，会放款至卖家国际支付宝账户，卖家不用担心收不到钱的情况。

（4）缺点

Secure Payment 是针对国际贸易提供交易资金安全保障的服务，暂不能像国内支付宝一样直接付款或收款。

（5）适用范围

为降低国际支付宝用户在交易过程中产生的交易风险，目前支持单笔订单金额在 10000 美元（产品总价加上运费的总额）以下的交易。

8.3.3　其他线上支付工具

1. Payoneer

Payoneer 成立于 2005 年，总部设在美国纽约，是万事达卡（Master Card）组织授权的具有发卡资格的机构，主要业务是帮助其合作伙伴将资金下发到全球，同时为全球客户提供美国银行/欧洲银行收款账户，用于接收欧美电商平台和企业的贸易款项，为支付人群分布广而多的联盟提供简单、安全、快捷的转款服务。

Payoneer 的合作伙伴涉及的领域众多，服务遍布全球 210 多个国家和地区。不管需要支付的对象是在全球偏远区域的企业员工、自由职业者、联盟还是其他人群，收款人可以申请获得 Payoneer 预付万事达卡并为其提供安全、便利和灵活的收款方式。Payoneer 预付万事达卡可在全球任何接受万事达卡的刷卡机（POS）刷卡、在线购物或从自动取款机取出当地货币。

（1）收费标准

① 转账到全球 210 个国家的当地银行账户，收取 2％的手续费。

② 使用 Payoneer 万事达卡内的资金，ATM 每笔取现收费为 3.15 美元，在中国 ATM 取款机直接取人民币时，还会有不高于 3％的汇率损失，每天最多 2500 美元；POS

机消费不收取费用。

③ 超市商场消费（每天最多 2500 美元，Payoneer 不收手续费）。

④ 根据合作联盟的不同，以上费用会有所不同。

⑤ Payoneer 万事达预付卡的年费为 28.85 美元，每年收一次。

⑥ 向美国银行账户转账收取金额的 1%，每笔进账都收。

（2）优点

① 便捷。用中国身份证即可完成 Payoneer 账户在线注册，并自动绑定美国银行账户和欧洲银行账户，立即添加到欧美平台实现 ACH/SEPA 的入账或者发送欧美银行账户给欧美客户。

② 合规。像欧美企业一样接收欧美公司的付款，并通过 Payoneer 和中国支付公司的合作完成线上的外汇申报和结汇，可避开每年 5 万美元的个人结汇额度限制。

③ 安全。对于欧美客户的入账，在提供一定文件的基础上为卖家审核并提供全额扫保服务。

④ 便宜。电汇设置汇款费单笔封顶价，人民币结汇最多不超过 2%。

（3）缺点

① Payoneer 账户之间不能互转资金，无法通过银行卡或信用卡充值，无法从 PayPal 收款。

② 提现的手续费较高。

（4）适用人群

Payoneer 适用单笔资金额度小且客户群分布广的跨境电商网站或卖家。

2. ClickandBuy

ClickandBuy 是独立的第三方支付公司，收到 ClickandBuy 的汇款确认后在 3～4 个工作日内会收到货款。每次交易最低金额为 100 美元，每天最高交易金额为 10000 美元。如果客户选择通过 ClickandBuy 汇款，则可以通过 ClickandBuy 提款。客户和商家保留选择通过 ClickandBuy 退款的权利。

（1）优点

① 绝大多数情况下是免费服务。

② 很多网店接受使用，在国际范围内也可以使用。

③ 购物者的权益能受到保护。

④ 账户资金过夜就有利息，有正有负。

⑤ 账户资金随着汇率波动有价差，同样有正收益和负收益。

（2）缺点

① 注册麻烦，需要特别认证。

② 必须有 VISA 或万事达卡，并开通国际支付功能。

③ 提现周期长。

④ 有可能受到病毒邮件的攻击。

⑤ 每次购物都会留下信息痕迹。

3. WebMoney

WebMoney（简称 WM）是由 WebMoney Transfer Techology 公司开发的一种在线电子商务支付系统，是俄罗斯最主流的电子支付方式，俄罗斯各大银行均可自主充值取款，其支付系统可以在包括中国在内的全球 70 个国家使用。

WebMoney 使用前需要先开通一个 WMID，此 ID 可以即时与别人聊天，像 QQ、微信一样。ID 里面可设置多种货币的钱包，如以美元计的钱包里的货币就是 WMZ。它有多种使用方式，应用比较多的是 Mini 版本，只需要注册和设置账户就可以转账，但 Mini 版本的转账有日、月限额；还有 Keeper Classic 版本，需要下载软件安装，最新版本的 Keeper Classic 注册需要用 Mini 账号转换进行二次注册。

国际上越来越多的公司和网络商店开始接受 WebMoney 支付方式，它已经成为人们进行电子商务强有力的工具，只需 3 分钟就可以免费申请一个 WebMoney 账号，账号之间互相转账只需 10 秒钟，可以把账号里的收入转到全球任何一个人的账户。目前，许多国际性网站使用 WebMoney 向用户收款和付款，例如一些外汇交易网站和投资类站点接受 WebMoney 存取款。

目前，WebMoney 支持中国银联卡取款，但手续费很高，流程较复杂，所以充值和提现一般通过第三方网站来进行，可找有信誉的兑换站卖出自己的 WMZ、WME，收到人民币或支付人民币，买入需要的电子货币 WMZ、WME 等。

（1）费用

① WMID 下不同钱包之间转账收取 0.8％的手续费，由付款方支付。

② WMZ（美元），收取 0.8％的转账手续费，最低 0.01WMZ，最多 50WMZ。

③ WME（欧元），收取 0.8％的转账手续费，最低 0.01WME，最多 50WME4WMR（俄罗斯卢布），收取 0.8％的转账手续费，最低 0.01WMR，最多 1500WMR5WMG（黄金），收取 0.8％的转账手续费，最低 0.01 克，最多 2 克。

④ 还有其他一些账户，如 WMU、WMB、WMY、WMV 等。

（2）优点

① 安全。转账需要手机短信验证，有异地登录 IP 保护等多重保护功能。

② 迅速。即时到账。

③ 稳定。俄罗斯最主流的电子支付方式，在俄罗斯各大银行均可自主充值取款。

④ 国际性。人人都能在网上匿名免费开户，可以零资金运行。

⑤ 方便。知道对方的钱包号即可转账汇款，不需要去银行办理烦琐的手续，可匿名申请，保护双方隐私。

⑥ 通用。全球许多外汇、投资类站点、购物网站接受 Webmoney 收付款。

（3）缺点

WebMoney 支持中国银联卡取款，但手续费很高，流程很复杂。

4. PaysafeCard（欧洲）

PaysafeCard 主要是欧洲游戏玩家的网游支付手段，是一种银行汇票，购买手续简单而安全在大多数国家，可以在欧洲 37 个国家购买，在澳大利亚以及北美、南美等地区也可以买到。其大多可以用在报摊、加油站等场所。在全球范围有 45 万个销售网点，用户可以在超过 4000 家在线商店使用 PaysafeCard 支付。PaysafeCard 购买手续非常简单，其支付过程也相当快捷安全，要开通 PaysafeCard 支付，需要有企业营业执照。PaysafeCard 主要用于购买虚拟类产品，比如游戏充值、Skype 充值等。国内很多销售到欧美的游戏币交易网站也已经支持 PaysafeCard 支付，比如 offergamers、igxe、igvalut。

用户在网上购物支付时，选择 PaysafeCard 支付方式，然后只需输入一个 16 位的 PIN Code 便可完成交易，不需要银行账号，也不需要提供个人信息，支付的款项将从 PaysafeCard 的账户里面扣除，终端客户可以随时查询账户的余额。PaysafeCard 还可提供面值 10/25/50/100 欧元的代金券，对于大额交易，用户可以使用多张卡组合，最高不超过 1000 欧元。

（1）优点

① 支付过程简单、快捷、安全，消费者无须填写任何银行账号和个人信息，有效提升支付体验，保障交易安全。

② 实时交易，和 PayPal 或者信用卡是一样的。

③ 不能拒付。

④ 无保证金或者循环保证金，大大缓解了商家的资金周转压力。而 PayPal 或者信用卡一般都会有一定的交易保证金，以及 10％的循环保证金。

⑤ 无交易额度限制，可支持英镑（GBP）、欧元（EUR）、美元（USD）、瑞士法郎（CHF）。

（2）缺点

① 交易费用贵。对于商家而言，交易费用一般在 15％左右。费用高是预付卡支付的一个惯例，国内的游戏卡支付一般也是这个费用。

② 企业需要有营业执照才能开通 PaysafeCard 支付。

（3）适用范围

PaysafeCard 的应用范围非常广泛，如游戏、软件、音乐、电影、通信、娱乐业等。

5. CashU（中东）

CashU 是中东和北非地区非常流行的一种预付支付方式，在埃及、沙特阿拉伯、科威特、利比亚以及阿联酋都比较受欢迎，用户线下购买充值卡，线上使用充值卡付款。该地区很多人没有信用卡或者银行账户，以埃及为例只有 2％的人有信用卡，而且本地的信用卡在国外无法使用，当地人更愿意使用现金或者 CashU 完成支付。据统计，该地区 70％～80％的在线购物是通过货到付款形式支付的。

CashU 隶属于阿拉伯门户网站 Maktoob，主要用于支付在线游戏、电信和 IT 服务以及实现外汇交易。CashU 允许使用任何货币进行支付，但该账户始终以美元显示。CashU 现已为中东和原独联体国家广大网民所使用，在中东和北非地区，相对于其他付款方式，CashU 最大的好处就在于它不能恶意退款。

CashU 是一个安全的支付方法和定制服务，现有的服务和支持在所有的阿拉伯语国家和周边国家促进网上购物安全，提供方便和易于使用的支付解决方案，实现了没有歧视的在线购买。CashU 多年来已经成为一个大型的、可信的、平易近人的顶级供应商。

（1）费用

年费 1 美元；不同的国家或地区的汇兑手续费为 5%～7%。

（2）优点

实时交易，和 PayPal 或者信用卡是一样的；不能拒付；无保证金或者循环保证金，减轻了商家的资金周转压力。

（3）缺点

交易费用较贵。CashU 对商家收取的费用为 6%～7%。

（4）适用范围

中东客户的电商以及游戏公司。

6．Yandex. Money（俄罗斯）

Yandex. Money 是俄罗斯 Yandex 旗下的电子支付工具，买家注册后，即可通过俄罗斯所有地区的支付终端、电子货币、预付卡和银行转账（银行卡）等方式向钱包内充值。Yandex. Money 可以让用户轻松安全地完成互联网商品支付，给他人转账或收款。为加强交易保护，Yandex. Money 允许使用一次性密码、保护码、Pin 码等多种安全措施，并将相关的操作信息通过电子邮件或手机短信发送。

（1）特点

充值方便，实时到账；可通过支付终端、电子货币、预付卡和银行转账（银行卡）等方式向钱包内充值；不能拒付，支持多币种交易，目前支持欧元、美元、卢布三种货币进行支付，且每笔交易不能超过 10000 美元。

（2）适用范围

俄罗斯、乌克兰、亚美尼亚、阿塞拜疆、白俄罗斯、哈萨克斯坦、吉尔吉斯斯坦、摩尔多瓦、土库曼斯坦、乌兹别克斯坦、塔吉克斯坦等。

7．Boleto（巴西）

巴西是金砖国家之一，也是拉美发展比较好的国家，除了信用卡，当地人习惯使用 Boleto 支付。Boleto 全称是 Boleto Bancario，是受巴西中央银行监管的巴西官方的一种支付方式。巴西每年大约进行 20 亿笔交易，其中 30% 的交易来自在线交易。由于巴西很多人倾向于使用现金交易，且申请可用于跨境交易的信用卡很困难，故 Boleto 通常是公司以及政府部门唯一支持的支付方式，可以说 Boleto 是跨境电商打通巴西支付的不二之选。国内如全球速卖通、兰亭集势等都支持 Boleto 支付。

Boleto 可以认为是一种现金支付，卖家需要在线打印一份 invoice，invoice 中有收款人、付款人信息以及付款金额等。付款人可以打印 invoice 后去银行、邮局网点，以及一些药店、超级市场等完成付款，也可以通过网上银行完成付款。

特点：非实时交易，买家一般可在 3～5 天内完成支付，具体取决于 invoice 上的日期；不能拒付；交易有限额，每个巴西人每月累计支付不超过 3000 美元（如要突破此限额需联系 Boleto）；交易费用低。Boleto 的交易费用一般低于 4%。无保证金或者循环保证金，缓解商家的资金周转压力。

8. MOLPay（东南亚）

MOLPay 于 2005 年底在马来西亚成立，是马来西亚第一家第三方支付服务公司。MOLPay 支付几乎涵盖了东南亚的大部分地区。通过 MOLPay 可以接入以下支付通道：马来西亚：信用卡（Visa 和 Master Card）以及马来西亚的网上银行支付；新加坡：eNETS、SingPost SAM；印度尼西亚：信用卡、ATM Transfer（VA）；菲律宾：Dragonpay；越南：Nganluong；澳大利亚：POLi Payments；中国：支付宝、银联、财付通。

（1）支付流程

整个支付流程与使用支付宝付款的流程很相似，用户创建订单后选择 MOLPay 作为支付方式。页面跳转到 MOLPay 支付页面，用户选择具体的支付方式，比如信用卡或者银行转账完成支付。

（2）特点

实时交易，和 PayPal 或者信用卡一样，其特点为非信用卡交易不能拒付；交易费用便宜；无保证金或者循环保证金，缓解商家的资金周转压力。

8.4　跨境电子支付方式的风险及防范措施

8.4.1　线下支付方式的风险及防范措施

跨境贸易是一个商品与货款对流的过程。在交易过程中，按照《联合国国际货物销售合同公约》的规定，卖方必须"交付货物，移交一切与货物有关的单据并转移货物所有权"，买方必须"支付货物价款和收取货物"。这种支付受到多种因素的影响，直接关系到贸易能否顺利进行，买卖双方在考虑采取何种支付方式时必须慎之又慎，需要警惕并防范各种可能发生的风险。

1. 欺诈风险及防范措施

欺诈风险是指由人为欺诈所导致的贸易风险，即由贸易主体的欺诈行为导致的始料未及的风险。欺诈行为主体可能是参与贸易的单方、多方或双方，以及由贸易主体与船东共谋或船东自谋等。欺诈的目标可能是定金、预付货款、货款、货物、保险金等。

（1）谨防合同欺诈，完善合同条款规避风险

合同对跨境贸易中买卖双方的责任、权利、义务、费用和风险等进行了明确的划分，具有法律效应。

制订一份完善的合同，至少应做到：对合同中的每一个条款理解准确、深刻；交易磋商时细心、全面；缮制合同时严密、完整；履约时一丝不苟、及时沟通。这需要业务人员具备扎实的进出口相关知识和丰富的经验，外语水平过硬，并且熟悉有关法律知识和国际惯例。

（2）信用证支付结算的风险与防范

信用证方式下贸易双方及开证行面临进口人面临的风险和出口人面临的风险。例如，我方向外方出口冻羊肉 20 吨，每吨 400 美元 FOB。合同规定数量可增减 10%。外方按时开来信用证，证中规定金额为 8000 美元、数量约为 20 吨，结果我方按 22 吨发货装运，但持单到银行办理议付时遭到拒绝，其原因何在？

根据《跟单信用证统一惯例》凡"约""大约"或类似意义的词语用于有关信用证金额或信用证规定的货物或单价者，均解释为允许其金额或数量或单价有不超过 10% 的增减差额。而且，在签约时如数量为约量，则来证之金额前也应有相应规定。否则，不能多装。特别是对外汇紧缺和管制严格的国家尤应如此。

就本例而言，信用证中数量为约量，金额前却没有类似"约"或"大约"的词语。据此，我方可以多装 2 吨的货物，但不可以持 22 吨的发票和 880 美元的汇票向银行办理议付。

2. 交易风险及防范措施

（1）汇付可能产生的交易风险

如果采用预付方式，则进口人的资金占有时间较长，并将承担几乎所有的风险；如果采用货到付款或赊账记账（O/A）方式，则风险将由出口人承担，其经济负担同样较重；在使用票汇时，如果出票一方的信用不好，使用了假汇票或变造的汇票，则可能导致出口人钱货两空；在使用电汇或信汇时，汇款人可能会在将办理好的汇款手续的银行电汇或信汇的收据传真给出口人后，再在款项解付前向汇付行提出撤销汇款的要求。

（2）托收可能产生的交易风险

托收在实际使用中存在诸多风险，主要体现在以下两个方面：

第一，尽管相对于货到付款，托收对于出口人的风险已经降低了许多，但托收方式仍具有商业信用性质。出口人委托银行向买方收取货款，能否收到货款完全取决于进口人的信用，但有些信誉不佳的进口人在货物行情下跌的情况下会拒付或要求折扣。因此，在实务操作中采用托收方式收取货款，对出口人来说仍有较大的风险。

第二，托收往往受到有关国家和地区的法律法规和社会动荡等因素的影响，且不同国家和地区对于托收的规定往往不同。在南美的一些国家中，由于当地的一些习惯和做法，

人们在实际操作中,将付款交单方式等同于承兑交单的方式,在这些地区使用付款交单方式,如果不了解这些习惯和做法,可能会导致收汇失败。

(3)信用证可能产生的交易风险

在跨境贸易中使用信用证同样存在许多风险,主要体现在如下方面:

第一,从效率方面来讲,其机械、刻板的一致性原则常为不法商人所利用,一旦其中一个环节出了问题,即使是很细小的问题,当事人也可能蒙受巨大的损失。

第二,从功能方面讲,信用证的作用体现在风险规避和结算两个方面。相对于出口信用保险的承保范围,采用信用证方式结算除了承保进口人的商业风险,还要承担政治、战争风险。

第三,从实效方面讲,使用信用证方式的程序繁杂,其对于提交的单据要求严格。与托收相比,在出口企业制单、议付行和开证行审单三个环节上至少要多花费 5~6 个工作日;在需要转开证或限制非所在地银行议付的情况下,需要更长的时间。

3. 资金风险及防范措施

在跨境贸易中,进口人或出口人中至少有一方是以外币计价的,但外汇汇率又处于变动之中,为此参与贸易的一方就一定会承担汇率跌落的风险。另外,自国际货物买卖合同成立以后,货物的价格或原材料都可能发生很大的变化,参与贸易的一方就必须承担由价格升降引起的风险,如汇率风险、利率风险及价格风险。那么,在跨境贸易中应该如何进行此类风险的防范呢?

(1)采取稳定的费用结算货币

在跨境贸易中,尽量将本国的货币作为计价、结算的货币,由于本国货币一般不存在货币汇率问题,不会涉及货币兑换等情况,几乎不存在外汇风险。如果本国货币使用的国家不多,就需要选择汇率较为稳定的货币作为计价、结算的货币。最好选择具有一定通用性、国际性的货币,一方面能够防止货币的汇率变化,另一方面能够保障货币的兑换自由性、便利性,如欧元、美元等。在实际情况中,人民币目前并不是可自由兑换的货币,但是人民币已经可以作为结算货币。例如,如果我国进出口企业使用人民币进行结算、计价,那么几乎所有的外汇风险都将被拒之门外;如果使用美元、欧元等较为普遍的货币进行计价、结算,虽然仍然存在一定的风险,但是这些风险所形成的威胁并不会很大。

(2)进出口巧选"硬""软"

企业在签署跨境贸易订单时,订单费用的支付方式需要尽可能地选择"出软、进硬"的方式。因为硬币的价值不易贬值或汇率波动,相反软币的价值无法固定。所以,在出口贸易合同中,应尽可能地选取硬币作为计价、结算的货币;而对于进口贸易来说,则应尽可能地选择软币作为计价、结算的货币,这样能极大程度地降低企业的汇率风险。除此之外,在国际上向外借款时也需要使用这种方式,即在向外支付费用、利息时应尽可能地选择软币,而在向外收取利息时则尽可能地选择硬币。

（3）选择科学的结算方式

对于进出口企业而言，可以通过推迟结算时间或提前结算时间来降低外汇风险。在合同生效之后，企业需要尽可能地追踪预计收取或支付的货币本币汇率的变化，按照对外汇汇价的预计变化情况，适当地调整外汇费用的收取、支付时间，从而降低外汇风险。

（4）采取科学的融资方式

国际贸易融资方式非常多，采用出口融资是解决进出口企业资金周转困难的有力措施之一。需要注意的是，出口融资环节也是易发生外汇风险的主要环节。对于出口贸易企业而言，采用国际贸易融资可以提前获取外币的融资款项并及时地进行汇款结算，提前定义收回款。这样既能够满足收汇期及出口发货的现金流要求，还巧妙地避开了各项外汇风险。中小型企业一般会习惯性地使用信用证下的出口押汇，而进出口企业为了缓解短期内的资金流动短缺现象，如果需要延长融资，则可以使用保理业务或福费廷业务。除此之外，在延长付款出口业务的过程中，出口人需要适当地将承诺兑换的远期汇票向银行贴现。通过这一类方式，除了能够尽快地提取货款，还能够加快流动资金的周转效率从而降低企业自身的资金风险和外汇风险。

8.4.2　线上支付方式的风险及防范措施

线上支付涉及电子货币及交易信息传输，也涉及国家金融、个人的经济利益及交易秘密的安全。支付电子化还增加了国际金融风险传导、扩散的危险。能否有效防范线上支付过程中的风险是线上支付能否健康发展的关键。本节主要介绍欺诈风险、交易风险、资金风险及线上支付风险的防范措施。

1. 欺诈风险

网上诈骗包括市场操纵、知情人交易、无照经纪人、投资顾问活动、欺骗性或不正当销售活动、误导进行高科技投资等互联网诈骗。据北美证券管理者协会调查，网上诈骗每年估计使投资者损失 100 亿美元。

线上支付拓展金融服务业务的方式与传统金融不同，其虚拟化服务业务形成了突破地理国界限制的无边界金融服务的特征，对金融交易的信用结构要求更高、更趋合理。以网上银行为例，网上银行通过远程通信手段借助信用确认程序对借款者的信用等级进行评估，此类评估有可能增加网上银行的信用风险。借款人很可能不履行对电子货币的借贷应承担的义务，或者由于网络上运行的金融信用评估系统不健全造成对借贷人的信用评估失误。此外，从电子货币发行者处购买电子货币并用于转卖的国际银行，也会由于发行者不兑现电子货币而承担信用风险。有时，电子货币发行机构将出售电子货币所获得的资金进行投资，如果被投资方不履行业务，则可能为发行人带来信用风险。

总之，因为信用保障体系不健全，只要同线上支付机构交易的另外一方不履行义务，就会给线上支付机构带来欺诈风险。市场经济不能没有信用，信用可以减少市场交易费用。只有交易双方有足够高的信用度，交易才有可能完成，否则任何交易都需要面对面、以货易货地进行，缺乏信用最典型的交易案例便是物物交易。面对面交易或物物交易不仅会增加交易费用，而且会将交易的规模限制在一个很小的范围内。社会信用保障体系不健全是信用风险存在的根本原因，也是制约线上支付业务甚至电商发展的重要因素。对于跨境电商而言，交易主要发生在线上，相较于传统的物物交易，其所面临的欺诈风险更高。

2. 交易风险

经济周期性波动、软硬件系统的风险、外部技术支付风险等都会导致线上支付面临交易风险。

首先，线上支付和传统金融活动一样，都面临着经济周期性波动的风险。同时，由于线上支付具有信息化、国际化、网络化、无形化的特点，它所面临的风险扩散更快、危害性更大，一旦金融机构出现风险，很容易通过网络迅速在整个金融体系中引起连锁反应，引发全局性、系统性的金融风险，导致经济秩序混乱，甚至引发严重的经济危机，从而无法保证交易的顺利进行。

其次，从整体看线上支付的业务操作和大量的风险防控工作均由计算机软件系统完成。全球电子信息系统的技术和管理中的缺陷或问题成为线上支付最为重要的系统风险。在与客户的信息传输过程中，如果该系统与客户终端的软件互不兼容或出现故障则存在传输中断或速度降低的风险。此外，系统停机、磁盘列阵破坏等不确定性因素也会造成系统风险。根据对发达国家不同行业的调查，计算机软件系统停机等因素对不同行业造成的损失情况各不相同，其中对金融行业的影响最大。发达国家的零售和金融业的经营服务已在相当程度上依赖于信息系统的运行。信息系统的平衡、可靠和安全运行成为线上支付系统安全的重要保障。因此，若软硬件系统不完善，将带来较大的交易风险。

最后是外部技术支持风险。由于网络技术的高度知识化和专业性，又出于对降低运营成本的考虑，金融机构往往依赖于外部市场的服务支持来解决内部的技术或管理难题如聘请金融机构之外的专家来支持或直接操作各种网上业务活动。这种做法适应了线上支付发展的要求，但也使自身暴露在可能出现的操作风险之中：外部的技术支持者可能并不具备满足金融机构要求的能力，也可能因为自身的财务困难而终止提供服务，从而对金融机构造成威胁。在所有的外部技术支持风险中，最具有技术性的外部技术支持风险是线上支付信息技术的选择失误。在各种网上业务的解决方案层出不穷、不同的信息技术公司大力推广自己的方案、系统兼容性可能出现问题的情况下，选择失误将不利于系统与网络的有效连接，还会造成巨大的技术机会损失，甚至使金融机构蒙受巨大的商业机会损失。

总体来说，线上支付主要服务于电商，而电商由于交易制度设计的缺陷、技术路线设计的缺陷、技术安全缺陷等因素，可能出现交易风险。这种交易风险是跨境电商活动及其相关线上支付独有的风险，它可能不局限于交易或支付的各方，而且可能导致整个支付系统的系统性风险。

3. 资金风险

当线上支付机构没有足够的资金满足客户兑现电子货币或结算的需求时，就会面临资金流动性风险。一般情况下，线上支付机构常常会因为流动性风险而恶性循环地陷入声誉风险中，只要线上支付机构在某一时刻无法以合理的成本迅速增加负债或变现资产从而获得足够的资金来偿还债务，就存在资金流动性风险，这种风险主要来自电子货币的发行人。发行人将出售电子货币的资金进行投资，当客户要求赎回电子货币时，投资的资产可能无法迅速变现，或者会造成重大损失，从而使发行人遭受资金流动性风险，同时引发声誉风险。

资金流动性风险与声誉风险往往联系在一起，成为相互关联的风险共同体。电子货币的流动性风险同电子货币的发行规模和余额有关，发行规模越大，用于结算的余额越大，发行者不能等值赎回其发行的电子货币或缺乏足够的清算资金等流动性问题就越严重。由于电子货币的流动性强，线上支付机构面临比传统金融机构更大的资金流动性风险。

4. 线上支付风险的防范

目前，最为常见、最为通俗易懂的是巴塞尔委员会采用的风险管理步骤，这也是在跨境电商支付与结算流程中值得借鉴的线上支付风险管理步骤。

（1）线上支付风险的管理步骤

以网上银行为例，巴塞尔委员会把线上支付风险管理分为三个步骤：评估风险、管理和控制风险及监控风险。

第一步：评估风险。评估风险实际包含了风险识别过程，但识别风险仅是最基本的步骤。识别风险之后，还需要将风险尽可能地量化。经过量化以后，银行的管理层就能够知道银行所面临的风险究竟有多大、对银行会有什么样的影响、这些风险发生的概率有多大，等等。在此基础上，银行的管理层要做出决定，确定本银行究竟能够承受多大程度的风险。换句话讲，如果出现这些风险，造成了相应的损失，银行的管理层是否能接受。到了这一步，风险的评估才算完成了。

第二步：管理和控制风险。管理和控制风险的过程比较复杂，简单地说就是各种各样的控制措施、制度的采用。

第三步：监控风险。这一步骤即风险的监控，是建立在前两个步骤的基础上的。具体操作为，在系统投入运行、各种措施相继采用之后，通过机器设备的监控，以及通过人员的内部或外部稽核，来检测、监控上述措施是否有效，及时发现潜在的问题，并加以解决。

（2）防范线上支付风险的技术措施

① 建立网络安全防护体系。

② 发展数据库及数据仓库技术。

③ 加速金融工程学科的研究、开发和利用。

④ 通过管理、培训手段来防范金融风险的发生。

（3）加强线上支付立法建设

一方面，由于线上支付业务发展迅速，但相关立法相对滞后，导致出现了许多新的问题与矛盾。另一方面，线上支付涉及的范围相当广泛，给立法工作带来了一定的难度。为了防范各种风险，不仅要提高技术措施、健全管理制度，还要加强立法建设。

8.5 跨境支付影响因素、企业类型及地区差异

8.5.1 跨境支付方式选择的影响因素

不同的跨境电子商务平台、市场、消费群体决定了不同的跨境支付方式。在一个跨境电子商务市场进行市场活动，或者计划开发、进入一个新的跨境电子商务市场，选择合适的跨境支付方式具有非常重要的意义。影响跨境支付方式选择的因素有很多，接下来将介绍几个重要的影响因素，这也是从事跨境电子商务活动需要格外重视的。

如何更便利跨境支付

1. 跨境支付方式的普及率与覆盖范围

跨境支付方式的普及率与覆盖范围是选择跨境支付方式的基础与前提。信用卡支付、货到付款、第三方支付平台等不同的跨境支付方式在全球不同市场的普及率都不同，而且不同跨境支付方式的地区覆盖范围与业务覆盖范围也不同，从事跨境支付业务的中国代表性第三方支付企业见表 8-1 所列。针对某个市场或某类市场，跨境支付方式的选择也会出现不同。在欧美等发达地区，金融环境相对成熟，电子商务发展与支付技术相对成熟，所以信用卡支付与第三方支付具有较高的普及率与覆盖范围，从而成为跨境电子商务环境下首选的跨境支付方式。在非洲、拉丁美洲、东南亚等地区，金融环境比较落后，信用卡普及率较低，所以使用信用卡支付、PayPal 等第三方支付工具就不会成为首选，而货到付款成为比较常用的跨境支付方式。

表 8-1 从事跨境支付业务的中国代表性第三方支付企业

支付企业	进入时间	服务/产品	服务对象	海外合作机构
支付宝	2007 年	境外购	境内持卡人	日本软件、PSP、安卡支付、VISA、万事达卡
		外卡支付	境外持卡人	
财付通	2008 年	跨境网购支付	财付通客户	美国运通
快钱	2011 年	国际收汇	外商企业	西联汇款
银联在线	2011 年	跨境网购支付	银联卡持卡人	PayPal、三井住友、东亚银行等境外主流银行卡机构

2. 交易主体使用偏好

在跨境电子商务交易中，存在因目标地区消费群体的支付习惯、偏好以及整体环境因素导致的跨境支付方式的不同，这是从事跨境电子商务活动所要重点关注的，也是影响跨境支付方式选择的重要因素。在中东与拉美地区，移动支付发展速度较快，显著高于欧美等成熟市场，所以移动支付成为一种重要的跨境支付方式。在俄罗斯、印度等发展中市场，由于消费者对电子支付工具缺乏信任感，大部分消费者偏好使用货到付款，尤其是货到现金支付方式。在开发东南亚跨境电子商务市场时，货到付款是一个必备选项，但一般的中小型卖家很难直接与当地物流商对接，所以选择提供货到付款服务的跨境电子商务平台成为一个重要的选择。在日本，手机使用频率极高，加上手机支付生态系统比较成熟，基于手机的跨境支付成为日本跨境电子商务市场的重要支付方式。

3. 跨境支付方式的使用成本

跨境电子商务卖家在货款回收方面远比国内电子商务卖家困难，海外资金结汇困难、周转慢、提款费率高、汇率变动风险等问题，都成为制约跨境电子商务货款回收的重要问题。跨境支付方式的使用成本成为影响跨境支付方式选择的重要因素，使用成本包括时间成本与资金成本，资金成本又包括交易的手续费、汇率的成本等。交易的手续费需要综合比较，目前跨境支付的交易手续费为 1.7%～5%，如欧美市场常用的 PayPal，除了每笔 0.3 美元的收款手续费，35 美元的提现费，还有 3.4%～4.4% 的收款手续费和 2.5% 的货币转换费等。伴随着市场竞争，支付企业的手续费也在不断降低，旨在争取更多的客户。对于跨境电子商务交易而言，由于与不同国家进行商品交易，会涉及货币兑换与汇率的问题，这成为跨境支付方式的成本构成之一。一般而言，跨境支付企业会提供多种币种，避免用户承担汇率损失的风险，采用用户本币直接扣款方式，商户需要从银行或支付公司进行货币转化，也会产生货币转换成本，一般为 0.1%～2.5%。

4. 跨境支付方式的特征与优势

如前文所提到的，不同的跨境支付方式具有不同的优缺点，从而决定了跨境支付方式具有不同的使用范围。几种跨境支付方式对比见表 8-2 所列。不同跨境支付方式在交易时间、手续费、合作门槛与风险等方面各有不同。从事跨境电子商务活动的交易主体，应结合自身特点选择适合的跨境支付方式。所以，跨境支付方式自身的特征与优势，也成为跨境电子商务交易下跨境支付方式选择的重要影响因素。

表 8-2　几种跨境支付方式对比

类别	PayPal	银行转账	支票	西联汇款	信用卡
交易时间	实时	2～5 天	40～60 天	约 10 分钟	实时
手续费	2.4%～3.8%（同时收齐提现手续费等其他费用）	30 美元以上	电信费、手续费	每笔 20 美元以上	2.2%～3.0%

（续表）

类别	PayPal	银行转账	支票	西联汇款	信用卡
合作门槛	低	低	低	低	低
风险	盗号风险	账户信息盗用风险	被冒领、欺诈风险	被冒领风险、已被 eBay 等网站停用	拒付风险

8.5.2 跨境电子商务支付企业类型

跨境电子商务发展推动了跨境支付的发展，传统行业与关联企业纷纷涉足跨境支付业务。通过梳理现有的从事跨境支付业务的企业类型，可将其归纳为以下几类：

① 传统银行业拓宽产品类型，涉足跨境支付市场，如网银在线、各大银行的银行跨境转账业务等；

② 专业信用卡机构涉足跨境支付业务，如 Visa 信用卡、万事达信用卡、美国运通卡等；

③ 专业第三方支付企业从事跨境支付业务，如 PayPal、支付宝、财付通、Yandex. Dengi、Qiwi 钱包等；

④ 社交媒体新增跨境支付业务，如微信支付、QQ 钱包、Facebook 与 Twitter 等；

⑤ 手机企业开发跨境支付业务，如苹果的 ApplePay、三星的 Samsung Pay、小米支付等；

⑥ 电商平台辐射跨境支付业务，如 Amazon 钱包、京东钱包、Snapdeal 等；

⑦ 互联网企业从事跨境支付业务，如 Google 钱包、网易宝等；

⑧ 物流企业提供货到付款业务，如国际快递企业、中国民营快递企业。

8.5.3 不同地区支付习惯差异

1. 中国

在中国，最主流的支付平台是以支付宝、财付通为首的第三方支付平台，这些支付采用充值的模式进行付款，继承了大部分银行的网上银行功能。所以，在中国无论是信用卡还是借记卡，只要银行卡开通了网上银行功能，就可以实现跨境网购。信用卡在中国发展非常快，其普及率猛增，尤其在城市的年轻白领群体中，使用信用卡进行跨境支付已经非常普遍。在一些经济发达城市，Visa 与万事达信用卡支付非常普遍，PayPal 使用率也比较高。此外，QQ 钱包、微信支付等基于社交网络的支付方式也逐渐普及。

2. 北美地区

北美地区指美国与加拿大，是全球最发达的跨境网购市场。在信息技术、网络技术等发展成熟背景下，北美地区的消费者已习惯并熟悉各种先进的电子支付方式，网上支付、电话支付、邮件支付、手机支付等各种支付方式对于北美地区的消费者不再陌生，信用卡是在线使用的常用跨境支付方式之一。美国的第三方支付公司能够处理支持 158 种货币的 Visa 与万事达信用卡、支持 78 种货币的美国运通卡（American Express）、支持 16 种货币的大来卡（Diners）等。同时，PayPal 也是美国人熟悉的电子支付方式。此外，还有 Facebook、Twitter 等社交网络支付，以及 Amazon 钱包等电商企业自有的支付工具。

3. 欧洲地区

欧洲地区的跨境网购消费者最习惯的电子支付方式除了 Visa 与万事达等国际信用卡外，还喜欢使用一些当地的信用卡，如英国的 Maestro 和 Solo、法国的 Carte Bleue、爱尔兰的 Laser、西班牙的 4B、丹麦的 Dankort、意大利的 CartaSi 等。例如，英国等跨境网购市场比较发达的国家，包括 PayPal 在内的第三方支付方式使用率也较高。ELV（Elektronisches Lastschrift Verfahren）是德国非常流行的一种电子直接支付方式，绝大多数德国银行支持这种支付；Giropay 是一种在线支付方式，超过 1500 家德国银行支持该方式，通过该支付方式，用户可以在网上银行实现支付业务；Sofortiberweisung 是一种简便的在线支付方式，无须在线注册，通过银行提供的凭证与交易验证码即可操作；Pre-paidVoucher 是以货币价值储存的付款卡。

4. 拉美地区

在拉美地区，以巴西、墨西哥、阿根廷为首的跨境电子商务市场，支付方式与使用率差异非常显著。巴西、墨西哥、阿根廷支付方式一览表见表 8-3 所列。巴西的信用卡普及率较高，全国拥有约 8260 万张活跃的信用卡，其中 Visa 与万事达卡主导着信用卡市场。巴西网民还使用一些其他支付方式，包括 Boleto Bancario、DineroMail、MercadoPago、MolP、Oi Paggo、Pagseguro. PayPal、SafetyPay、Skrill 等。Boleto Bancario 是第二受欢迎的支付方式，也是那些不拥有信用卡的消费者经常使用的支付方式。此外，还包括像 PayPal、Mercado Pago 等电子钱包，充值卡、礼品卡、预付卡、虚拟卡等。墨西哥跨境网购消费者偏好现金支付。在阿根廷，货到付款的支付方式较为普遍，此外还有 Pago Facil 和 Rapi Pago 以及备选的 Mercado Pago、PayPal、Dineromail 等。

表 8-3　巴西、墨西哥、阿根廷支付方式一览表

国家	支付方式与使用率
巴西	信用卡（78%），Boleto Bancario（24%），借记卡在线支付（4%）
墨西哥	现金（32%），信用卡（28%），借记卡（15%），银行转账（15%）
阿根廷	信用卡/借记卡在线支付（56.2%），货到付款（34.4%）Pago Facil 和 Rapi Pago，备选的 Mercado Pago、PayPal、Dineromail（16.7%），银行转账（5.2%）

✎ 思维导图

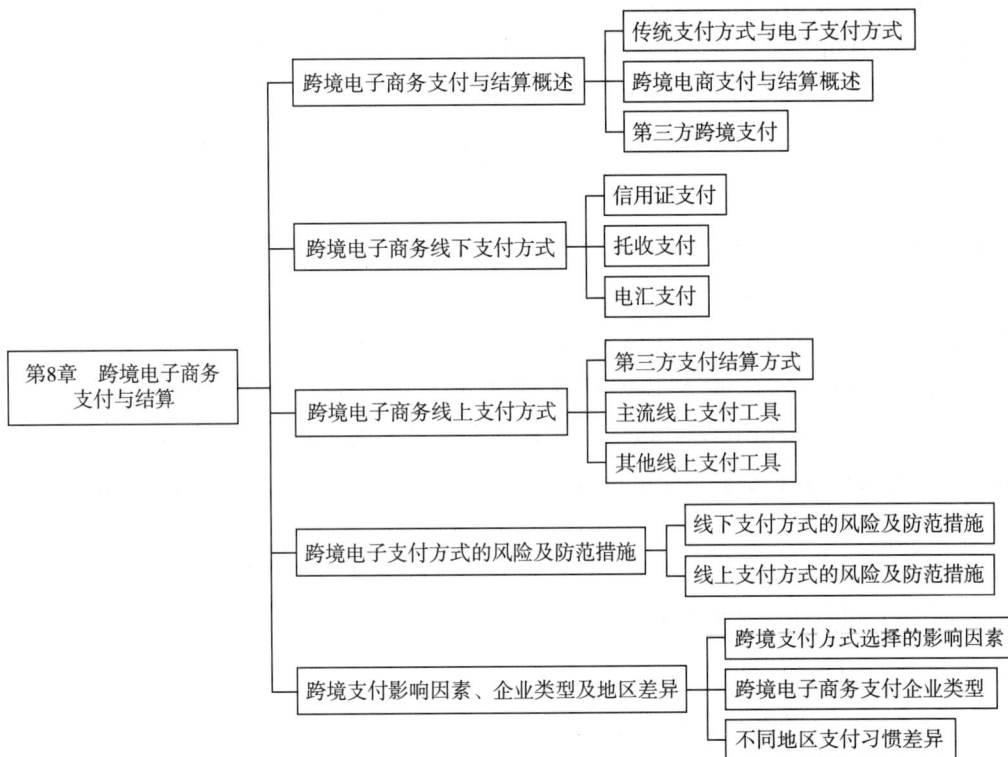

案例分析

易极付跨境支付：从默默无闻到行业前四

2013 年，支付宝、微信、银联已经形成三足鼎立态势，易极付却决定做跨境支付业务。这看似在打一场没有把握的仗，但易极付信心满满。

"我们不光为进口电商提供简单的国内人民币、跨境外汇支付，还支持海关数据对接、批量支付、24 小时订单推送等全面行业解决方案。我们可以为企业量身打造定制化的支付方案。这是其他公司无法比拟的。易极付国际事业部总经理廖晨宇说。为了找到首家愿意接入易极付的商户，公司可谓费尽周折。功夫不负有心人。爱购保税成为第一个使用易极付跨境支付的电商平台。爱购保税是重庆保税港区打造的跨境购物平台。在详细了解爱购保税的情况后，易极付为其定制了包括购汇、跨境付款、境外收单等一整套完善的支付方案，里面的细节都是量身打造的。这家年轻的支付公司成为跨境电商口口相传的服务商。有了爱购保税这块金字招牌，易极付的口碑渐渐打开。取得跨境支付牌照，对接海关，优化支付通道，完善支付系统……

随着系统的优化、服务的成熟以及口碑的积累，易极付在跨境支付圈开始声名鹊起。

如今的易极付跨境支付已经稳居行业前四，合作客户包括聚美优品、唯品会、小红书、达令、波罗蜜等知名进口电商。从默默无闻到行业前四，易极付跨境支付始终秉承"先了解真实需求，后定制解决方案"的宗旨为进口电商提供深受信赖的行业支付方案。

　　资料来源：根据雨果网资讯改编。原始出处：雨果网，易极付跨境支付：从默默无闻到行业前四［EB/OL］.（2016.04 - 13）［2018 - 12 - 15］.https://www.cifnews.com/article/18885

　　讨论题：

　　1. 试分析支付企业如何在跨境电子商务交易中发挥作用。

　　2. 试分析易极付跨境支付是如何成长起来的。

复习思考题

　　1. 有哪些常见的跨境电商支付与结算方式？

　　2. 传统支付方式与电子支付方式主要有什么区别？

　　3. 什么是出口收结汇模式和进口购付汇模式？请举例说明。

　　4. 简述不同跨境电商平台常用的跨境支付模式。

　　5. 简述常用的跨境电子商务线下支付工具。

　　6. 简述常用的跨境电子商务线上支付工具。

　　7. 试列出跨境电子商务支付企业的类型。

第9章　跨境电子商务物流

学习目标

- 掌握跨境电子商务物流的基本概念与主要业务流程。
- 熟悉跨境电子商务物流网络的设计要素与构建方法。
- 了解跨境电子商务物流运营管理的主要内容与技术手段。
- 熟悉跨境电子商务物流客户服务的方式与内容。
- 掌握跨境电子商务物流安全与合规管理的架构与要求。
- 熟悉跨境电子商务进出口报关与清关程序。
- 了解全球供应链管理的理念与业务协作模式。

开篇案例

跨境电子商务物流迎接新挑战

中外运空运发展股份有限公司（以下简称"中外运"）核心优势在于跨境物流，不仅与 DHL 有近 30 年的战略伙伴关系覆盖着全球 200 多个国家和地区，同时也是国内唯一在 7 个跨境电子商务试点城市均有布局的跨境物流公司。

2021 年 7 月，苏宁易购（当时名为苏宁云商）与中外运签署战略合作框架协议。双方将在保税仓代运营、海外仓储租赁及代运营、境内外清（转）关、境外本地配送服务、国际（国内）运力资源获取及运输等跨境物流项目上展开战略合作。据苏宁云商首席运营官侯恩龙介绍，目前跨境电子商务的时效性比较慢，比如美国的商品可能要 10～12 天才能签收。苏宁凭借在美国的自采体系，报关业务都由苏宁自己完成，时效方面可以缩短至 5～7 天。

引导案例分析：结合实际分析跨境电子商务物流当下遇到哪些新挑战？

9.1　跨境电子商务物流概述

9.1.1　跨境电子商务物流概述

随着电子商务的蓬勃发展和全球贸易的不断增长，跨境电子商务物流逐步成为连接全球买家和卖家的重要纽带，为电子商务企业提供一站式的全流程服务已成为当前物流企业转型升级的重要方向。跨境电子商务物流是在电子商务环境下，利用现代物流手段完成的跨国（境）商品运输、仓储、装卸搬运、配送处理等一系列活动的总称。跨境电子商务物流选择方式如图 9-1 所示。

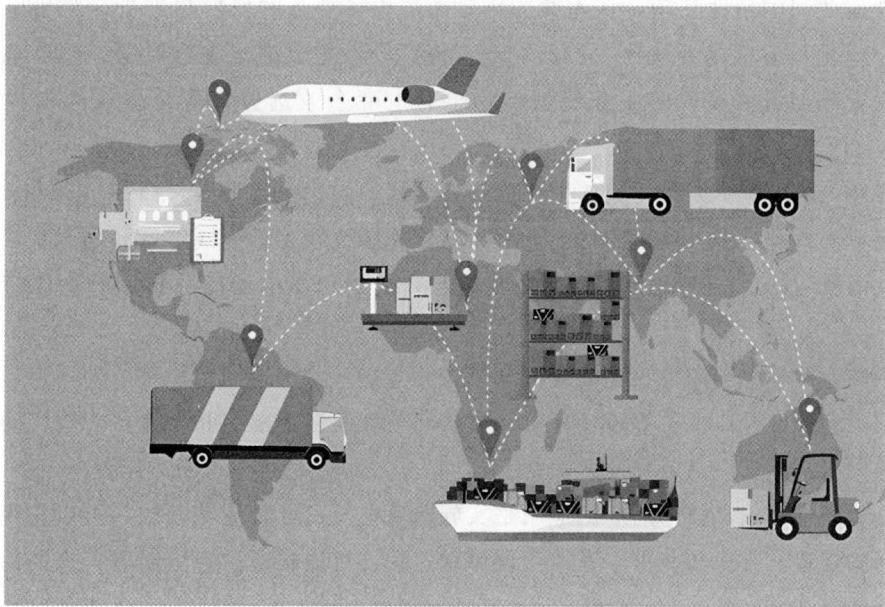

图 9-1 跨境电子商务物流选择方式

跨境电子商务物流具有国别差异性、环节复杂性和信息依赖性等特征。由于参与主体分别属于不同国家或地区，他们在语言、企业文化、消费习惯、法律法规等方面存在较大差异，这使得跨境电子商务物流管理面临较大的挑战。同时，跨境电子商务物流涉及的环节较为复杂，除国内出口环节外，还包括进口清关、国际运输、进口报关等环节，环节之间的衔接和协同管理是关键所在。此外，高效的信息系统支撑是实施跨境电子商务物流的基础，能够实现上下游企业之间的连接、交换、共享，有效提高物流效率。

跨境电子商务物流业态主要包括货代企业、快递公司、电商自营物流和第三方物流平台四种类型。货代企业主要以代理报关和代办清关手续为主；快递公司以小包快递业务为主，但涉及跨境电子商务物流配送的环节较少；电商自营物流以满足自身业务需求为主；第三方物流平台通过整合各类物流资源，为电商企业提供全链路的物流服务，这也是跨境电子商务物流发展的新趋势。

需要指出的是，跨境电子商务物流也面临着一定的问题，主要体现在成本高、周期长、监管要求差异大以及信息孤岛等方面。因此，完善法律法规、运用高新技术、拓展枢纽路线、推行物流标准化等举措有助于推动跨境电子商务物流的健康发展。

9.1.2 跨境电子商务物流主要特点

跨境电子商务的快速发展给物流企业带来机遇与挑战。物流企业需要不断创新与换新，满足电商全球化业务发展的需要；电商企业也需要选择最为匹配的物流服务商与方案，实现彼此间的良性互动，从而共同推动跨境电子商务的发展与进步。跨境电子商务物流以全球化与信息化为基础，实现安全合规、个性化定制与成本控制。它要求物流企业具备专业化与灵活高效的服务能力。这也为电商企业选择物流合作伙伴提供了参考方向。

跨境性：跨境电子商务物流的主要参与者分属不同国家或地区，商品、资金、信息等要素的流转都具有跨国（境）的特征，这使其管理难度较大。不同国家和地区在语言、企业文化、消费习惯、法律法规等方面存在差异，这给跨境电子商务物流的运作带来较大挑战。

复杂性：跨境电子商务物流涉及的环节较为复杂，除国内的出口环节外，还包括进口清关、国际运输、进口报关等跨境环节。这些环节涉及多个部门和企业，环节之间的有效衔接和协同管理是实现高效物流的关键。

信息依赖性：信息技术的广泛应用是实施跨境电子商务物流的基础，可以实现上下游企业之间的连接、交换和共享，有效实现订单追踪、运输状态动态更新等，提高物流运作的速度、效率和精准度。

业态多样性：跨境电子商务物流主要业态包括货代企业、快递公司、电商自营物流和第三方物流平台四种类型。不同业态有各自的优势，都在推动跨境电子商务物流蓬勃发展。其中，第三方物流平台整合各类物流资源，为电商企业提供全链路物流解决方案，这也是跨境电子商务物流发展的新趋势。

面临挑战：跨境电子商务物流也面临一定的问题，如成本高、周期长、监管差异大、信息孤岛等。这些问题制约着跨境电子商务物流的发展，需要采取政策措施加以缓解和改善。

总体而言，跨境电子商务物流具有较强的专业性，其跨境性、复杂性、信息依赖性等特征决定其运营难度较大，同时也催生了各类物流业态共同繁荣发展。随着"一带一路"倡议和电子商务的蓬勃发展，跨境电子商务物流必将迎来广阔的发展前景。

9.1.3 跨境电子商务物流现状与问题

随着电子商务和全球贸易的蓬勃发展，跨境电子商务物流市场规模不断扩大，各国相继出台政策扶持跨境电子商务发展。物流企业也加大对跨境电子商务物流的布局，除传统物流企业外，电商企业和第三方物流平台也积极介入，业态更趋多元化。信息技术的广泛应用使跨境电子商务物流更加智能化和标准化。跨境电子商务物流环境与基础设施更加完备，全球物流网络更加密集，技术手段使仓储与配送更加智能高效，监管环境更加简化，服务能力也在持续提高，进出口跨境电子商务如图 9-2 所示。未来，跨境电子商务物流将在全球化、信息化与智能化的推动下达到更高水平，为电商企业全球业务发展提供有力支撑。

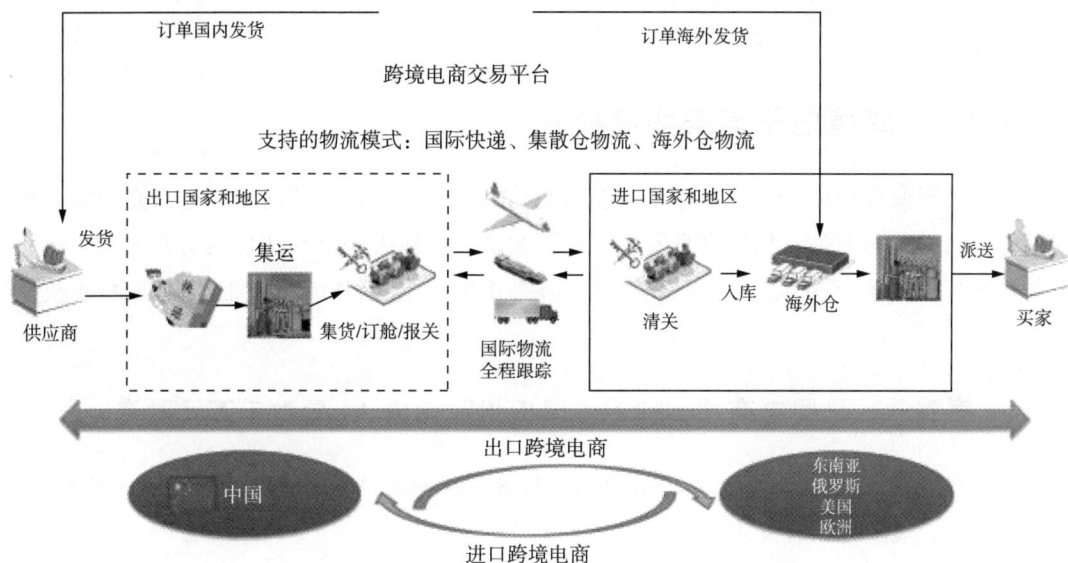

图 9-2　进出口跨境电子商务

但是，跨境电子商务物流也面临诸多问题，制约着其高质量发展。物流企业也面临更高要求，需要不断创新与升级以适应新形势。其主要问题表现在：

成本高、周期长：跨境物流成本远高于国内物流，周期也较长，影响电商运营效率和用户体验。

监管差异大：不同国家在报关、检验检疫等方面监管差异大，增加物流难度和成本。

信息孤岛：信息系统相互独立，无法实现有效集成和资源共享，阻碍跨境电子商务物流的智能化发展。

业态发展不平衡：第三方物流平台发展相对滞后，无法有效整合各类物流资源，提供全链路解决方案。

人才匮乏：跨境电子商务物流涉及贸易、物流、金融、法律等多个领域知识，专业人才较为匮乏。

基础设施不配套：如跨境电子商务试点区和保税物流中心等基础设施相对匮乏，无法支撑跨境电子商务物流快速发展。

安全与合规：如跨境商品质量安全问题、个人信息保护等也是电商物流面临的问题，需要加以重视。

跨境电子商务物流企业需要采取相关措施，缓解和解决上述问题。推动跨境电子商务物流体系和政策环境进一步优化完善，实现高质量和可持续发展。同时，加强人才培养、完善基础设施、提高安全合规性等，为跨境电子商务物流发展提供有力支撑。

9.2　跨境电子商务物流模式

9.2.1　跨境电子商务物流模式

跨境电子商务物流模式在全球化与技术变革的推动下也在不断演进，电商企业需要紧密跟踪新的模式与业态，根据自身发展与资源配备选择最为前沿与适切的运营方式。这也为物流服务商带来运营机遇与管理挑战，需要不断优化与升级服务能力以匹配新模式需求。

案例一：母婴电商"mikibobo 隅田川"完成 A1 轮数千万元融资

事件概述：2018 年 1 月 3 日，mikibobo 隅田川获投数千万人民币，完成 A＋轮融资，宝宝树领投，杭州水木泽华基金参投。

平台概述：主打进口母婴产品，以线下特卖的会员电商模式在三四线市场高速发展，与线上奶粉、纸尿裤占据主力的销售结构不同，隅田川主推长尾非标产品。

专家点评：电子商务研究中心主任曹磊表示，本轮领投方宝宝树，作为中国年轻家庭领军企业，在内容、产品、商业、教育四大业务板块，打造"宝宝树＋"开放平台战略；以中国年轻家庭的消费升级为重点，完成全产业链的赋能与结构整合。此次投资 mikibobo 隅田川，也是布局线下入口的战略选择，未来双方将在大数据、C2M、科学育儿等方面实现业务协同，赋能线下零售。

案例二：母婴 B2B 平台"海拍客"完成 5000 万美元 C 轮融资

事件概述：2018 年 2 月 28 日，母婴 B2B 平台海拍客宣布完成 5000 万美元 C 轮融资，公司估值达 5 亿美元。

平台概述：B2B 模式的母婴电商"海拍客"，其从海淘品类切入，上游对接品牌商、大贸易商，下游面向二线城市郊区、三四线城市的母婴用品店，使其利用微店、扫码的方式引导消费者下单，由供应商直接发货。海拍客只做连接型平台，不做采购、仓储、物流。

专家点评：电子商务研究中心主任曹磊表示，海拍客不仅要将底层的平台搭好，赋能所有人交换数据和使用数据，同时海拍客的门店数据和消费者数据能够帮助到品牌方，从而通过数据赋能和专业服务的方式，去帮助母婴门店更好地运营消费者。

1. 自营物流模式

自营物流模式指电商企业自建物流网络与流程，实现全流程自主运营管理。大型电商企业（如亚马逊、阿里巴巴）投入大量资金建立自己的物流系统和运营网络，提供自营物流服务。

（1）服务流程

① 订单管理：电商企业直接获取交易订单信息，作为物流配送依据。

② 出口报关：电商企业直接申报出口报关，或者委托货代企业代办，进行相关税费缴纳。

③ 仓储运输：委托国际物流企业完成海外仓储和运输，或者自行提供。

④ 进口清关：电商企业直接申请或委托货代企业代办进口清关手续，进行相关税费交纳。

⑤ 配送处理：利用自建物流网络，提供跨境一站式物流服务，实现订单管理、运输配送、仓储等全流程的信息集成和运作控制。

（2）优势

① 高度定制化：电商企业可以根据自身业务模式与发展需求高度定制物流解决方案，满足企业战略与运营需要。

② 成本控制：直接投资与运营，可以最大限度控制物流成本，实现长期成本优化。

③ 业务掌控：电商企业直接掌控全流程物流运营，更加了解客户与市场需求，有利于制定针对性策略。

（3）劣势

① 资源投入大：需要投入大量资金进行物流基础设施建设与运营，资金成本较高。

② 管理难度高：需要复杂的业务规划与流程设计，必须具备丰富的物流管理与运营经验，管理难度较大。

③ 运维成本高：需要建立自有仓储与运输等设施并进行日常运行维护，运维成本较高。

④ 风险大：如果物流运营与管理不善，会对电商主营业务造成较大影响，风险较大。

⑤ 资源局限：自有物流资源难以达到全球化运营与服务覆盖，资源局限较第三方物流模式更大。

（4）自营物流模式适用范围

① 资源较为充裕的大型电商企业。

② 注重业务掌控与定制化的电商企业。

③ 具有一定物流管理与运营经验的电商企业。

④ 处于快速发展期需要灵活高效的物流响应的电商企业。

自营物流模式是电商企业实现高度战略匹配的理想模式，但也面临较大投入与管理难度。电商企业需要权衡自身资源与物流运营能力，选择最为适合的模式实现业务最优解。与第三方物流模式相比，自营物流更加注重自主定制与成本控制，第三方物流更加突出专业服务与资源共享，二者各有优势。

2. 第三方物流模式

第三方物流模式指电商企业选择专业的物流服务商，委托其进行全流程或部分流程的物流运营。第三方物流通过平台整合多个物流企业（如国际货代、快递公司、本地物流商）的资源，为电商企业提供一站式的全流程物流解决方案。其流程与电商自营物流基本相同，不同在于第三方物流平台出于中立地位，能更好地整合各方资源。但在运输环节控制能力可能稍逊于电商自营物流。该模式主要具有一定的优劣势。

（1）优势

① 专业服务：第三方物流企业具备专业的物流运营与管理能力，可以提供专业化的物流解决方案与服务。

② 资源共享：可以实现仓储场地、运输工具与信息系统等资源的共享，降低资产投入与运维成本。

③ 全球网络：主流的第三方物流企业拥有较为完善的全球运营网络，可以为跨境电子商务提供全球化物流服务。

④ 运营经验：第三方物流企业具有丰富的行业运营经验，在服务效率、成本控制等方面具有较大优势。

（2）劣势

① 管理冲突：存在一定的管理利益冲突，物流运营方案与服务质量难以完全按照电商企业意愿进行掌控。

② 依赖性大：电商企业过度依赖第三方物流，可能丧失物流运营的主导权，对方案与成本难有发言权。

③ 定制难度：较难实现高度定制化的物流运营方案，难以完全匹配电商企业的个性化需求。

④ 价格承压：第三方物流企业的价格体系可能加大电商企业的成本压力，电商企业议价能力相对较弱。

（3）第三方物流模式适用范围

① 资源相对匮乏的中小电商企业。

② 希望专注于主营业务，外包物流运营的电商企业。

③ 全球化业务较为发达，需要全球物流网络支持的电商企业。

④ 物流运营经验及管理能力相对较弱的电商企业。

第三方物流模式可以最大限度地发挥物流企业的专业优势，实现资源互补与协同效应。但电商企业也需要加强合同管理以及提高服务质量监督与体系建设，在降低依赖性的同时实现自身与第三方的良性互动。

3. 混合物流模式

混合物流模式指电商企业选择自营某些关键物流环节，同时委托第三方物流完成其他物流流程；或选择不同的物流服务商负责不同的业务品类或国家区域等。通过混合使用各种物流模式，电商企业实现资源优化配置与管理平衡。该模式主要具有一定的优劣势。

（1）优势

① 资源配置优化：可以选择自营与第三方物流各自最适宜的流程与服务，实现资源的优化配置，最大限度发挥各自优势。

② 管理平衡：通过混合使用，可以在一定程度上减轻自营物流的管理难度与投入，也可以增加对第三方物流的控制，实现管理难度与服务质量的平衡。

③ 成本控制：选择自营与第三方物流各自成本最优的方案，可以在一定程度上实现成本的最优控制。

④ 定制灵活：可以选择自营与第三方定制化程度更高的不同服务，满足个性化需求。

（2）劣势

① 管理难度高：需要同时管理自营物流与多个第三方物流的关系，协调各方面工作，管理难度相对较高。

② 资源协调难：自有资源与第三方资源难以实现完全协调，可能导致运力不匹配与资源浪费等问题。

③ 合同管理：需要与各物流服务商签订各项合同，合同管理工作较为复杂，增加管理成本。

④ 服务一致性：不同服务商的工作流程与服务标准存在差异，难以做到服务的完全一致性。

（3）混合物流模式适用范围

① 资源较为丰富，但管理经验还在积累的中型电商企业。

② 希望在自主控制与专业服务之间实现平衡的电商企业。

③ 业务与区域较为分散，难以单一模式覆盖的电商企业。

④ 追求资源配置最优与成本控制的电商企业。

混合物流模式需要电商企业对全流程物流有较强的规划与控制能力，通过资源配置与协调实现各种物流模式的有效结合。相比单一的自营物流或第三方物流模式，混合模式可以实现更加灵活与经济高效的管理，但也面临较高的管理难度与协调成本。

4. 第四方物流模式

电商企业选择物流资源整合平台，在平台下选择不同服务商完成运营。资源平台提高效率与降低门槛，但电商企业面临平台定价与规则难以掌控。这需要平台具备高服务能力与公正性。

第四方物流模式指电商企业选择资源整合平台，在平台下选择不同的物流服务商完成全流程或部分流程运营。该模式通过资源平台实现服务商选择、融合与协同，主要具有以下特征：

① 资源集聚：物流平台将众多物流资源如仓储、运输与信息系统进行集聚，为电商

企业提供统一对接的资源门槛，方便快速选用与配置。

② 运营协同：通过平台下不同服务商实现仓储、运输、报关等流程的有效衔接，提高物流效率与客户体验。

③ 降低门槛：物流平台简化电商企业选用物流资源的流程，不需要与每个服务商逐一签订合同和对接，大大降低管理难度与协调成本。

④ 成本优化：物流平台通过规模化与物流整合，可以在一定程度上对服务商的定价产生影响力，为电商企业争取更佳的价格。

⑤ 一站式服务：电商企业可以一站式完成与多家服务商的选择、对接与管理，简化物流模式的应用流程。

第四方物流模式优势在于实现了物流资源的有效整合，通过平台对物流企业与电商企业进行匹配与服务，具有简单易用、管理便捷等特点。但也存在以下劣势：

① 定价承压：物流平台可能通过规模优势对接入物流企业及电商企业产生较大的价格主导力，增加成本压力。

② 规则难控：电商企业难以完全控制平台的规则制订与调整，特别是定价、服务责任等方面难以参与决策。

③ 服务差异：不同物流服务商的服务水平存在差异，平台无法完全屏蔽这种差异，影响服务质量的一致性。

④ 局限性：物流平台的服务商资源及运营网络无法覆盖全球，存在一定的局限性，难以匹配特定区域或全球化的电商物流需求。

第四方物流模式适用于资源管理与运营经验较弱的中小电商企业；注重物流管理简单化的电商企业；全球化布局相对集中的电商企业。电商企业需要平衡资源获取便利性与管理主动性，选择最适合自身的第四方物流平台并通过平台管理实现服务的最优控制。

5. 社群配送模式

社群配送模式指电商企业利用消费者、商户等社群资源进行最后一公里配送。构建社群与提供必要支持，可以推动社群成员进行配送运营。该模式主要具有以下特征：

① 低成本：利用社群成员的闲暇时间与资源进行配送，可以降低企业的配送成本投入。

② 快速布局：通过社群资源可以快速扩展配送网络，实现短时间内的广布局。

③ 社群互动：可以增加社群成员之间的互动频次与黏性，有利于社群运营与维护。

④ 灵活定制：通过社群可以提供上门自提、送餐上门等灵活多变的配送方式，满足时效性要求高的运营场景。

但也存在以下劣势：

① 管理难度大：需要投入大量资源对海量的社群成员进行引导、支撑与管理，难度较大。

② 服务质量难控：社群成员的服务质量参差不齐，难以通过有效手段进行标准化控

制，影响客户体验。

③ 社群稳定性差：社群成员基于个人兴趣与动机参与，存在较高的流动性，社群规模与活跃度难以持续保障。

④ 奖励机制难定：需要设计适宜的奖励机制才能持续推动社群成员配送，但机制难以既保障成本效益又激发社群热情。

社群配送模式适用于个人电商平台；在特定区域或社区具有影响力的电商平台；注重社群互动与低成本的电商平台。要实现社群配送模式，电商企业需要：

① 构建自身的消费者或商户社群，不断丰富社群内涵和提高粘性。

② 制定灵活的配送机制与流程，方便社群成员参与并提供必要引导与支持。

③ 建立有效的服务标准与管理机制，通过培训、评价等方式推动社群内部的标准自律。

④ 设计兼顾效益与激励的奖励机制，持续推动社群成员的配送活跃度。

⑤ 增加线下活动与互动，加深社群成员的情感认同与黏合度。

⑥ 不断检讨社群特性变化与管理情况，优化运营机制与资源投入，实现与社群长期共生发展。

社群配送作为新型配送模式，可以为电商企业提供低成本与高响应的运营支持，但也面临社群管理难度大与服务质量难控等挑战。电商企业需要精细化运营与持续完善，通过有效构建与管理社群实现资源共享与协同。

电商企业可以根据自身资源与业务模式选择自营、第三方、混合或第四方物流模式；也可以在适用场景下采用社群配送模式。这需要结合全流程管理难易度与成本效益进行权衡，选择最为经济高效与可控的运营方案，这也为电商企业制定物流发展战略与选择合作伙伴提供了思路。

9.2.2　传统跨境电子商务物流模式

传统跨境电子商务物流模式主要包括货代模式和快递模式两种类型。

1. 货代模式

货代（Freight Forwarder）是指提供货物运输代理与相关服务的企业。跨境电子商务企业可选择委托货代完成全部物流流程，或选择在特定环节与货代合作，这种合作模式称为货代模式。货代企业主要通过代理报关和清关手续，为电商企业提供跨境物流服务。其基本流程如下：

① 订单采集：电商企业将订单信息提供给货代企业。

② 出口报关：货代企业代理电商企业进行海关报关手续，包括申报货物名称、数量、价值等，进行征收关税和税款交纳。

③ 仓储运输：货物由电商企业运至出口仓库，之后通过货代企业委托的国际物流企业进行仓储和运输。

④ 进口清关：货物运抵目的国后，货代企业代理电商企业进行海关清关手续并交纳相关税费。

⑤ 最后送达：货物清关后，通过本地物流企业送达收货人。

货代模式的主要特点：

① 专业性强：货代企业专注于货物运输与报关业务，熟悉不同国家与地区的运营规则，具备专业的人才与丰富的实操经验，能够高效完成跨境物流各项工作。

② 资源整合能力强：货代可整合航空、海运企业及陆运公司的运力，能够按照客户需求提供最优的运输方案。同时能够整合各地的仓储、报关及货运资源，实现全流程的协同运作。

③ 成本较低：货代由于大批量运输及与各运输企业的长期合作，能够获得较优惠的价格，有利于为客户提供更具成本优势的物流服务。

④ 风险可控：货代熟悉各种运输工具的安全运作流程与保险理赔规则，并能提供相应的运输保险，有利于控制货物运输的风险。

⑤ 一站式服务：货代可提供门到门的运输服务，承担从起运地的上门提货到目的地的最后配送全过程，简化客户的运作流程。

但是，货代模式也存在一定的劣势：

① 服务定制化难：作为第三方物流企业，货代提供的服务方案难以完全匹配各客户的个性化需求。

② 信息沟通成本高：客户需与货代加强信息交流以监督流程运作，但双方沟通成本较高，信息交互效率较低。

③ 利益分配机制难定：货代与客户难以建立一个公平合理的利益分配机制，削弱双方合作动力。

④ 品牌影响力差：作为第三方服务商，货代自身品牌的影响力及口碑较差，无法完全为客户创造品牌价值。

对于跨境电子商务企业来说，选用货代模式进行物流操作，可以发挥货代的专业优势与运营经验，简化企业的运作流程与降低成本。但企业仍需加强与货代的沟通与监督，并在品牌建设与服务创新上两相协作，才能更好满足客户需求与实现共同提高。货代模式是跨境电子商务企业选择第三方物流合作的重要方式之一，但企业不能完全依赖货代，还需积极发展自营物流，实现资源的灵活配置与服务的定制化，不断提升自身的运营管理水平与服务质量。

2. 快递模式

快递模式是指电商企业选择与全球快递公司合作，完成包裹级别小批量货物的跨境运输与配送的模式。主要采用联邦快递、DHL、UPS 等国际快递企业提供的小包快递服务，流程较为简单，需要电商企业事先与快递企业签订相关合作协议，也需要快递企业在目的国家或地区拥有遍布全国的运营网络，才能实现最后一公里的快速配送。

快递模式的主要优势：

① 速度快：快递公司在全球范围内拥有高效的运输网络，能够快速完成跨境货物的收运与配送，满足电商快速响应的需求。

② 成本较低：快递公司实现大规模运作，单位成本较低，价格优势可转嫁给客户，降低物流成本。

③ 品牌影响力大：全球知名的快递品牌，能够为电商企业带来品牌溢出效应，提高客户信任度。

④ 全球运营网络：拥有覆盖全球各国与地区的运营网络，可为电商客户提供全方位的运输服务。

⑤ 信息化程度高：运用最新的信息技术手段，实现货物运输与追踪的实时监控，保障货物安全与提高客户体验。

但是，快递模式也存在一定的劣势：

① 定制化难度大：快递公司提供的标准化服务难以完全匹配个性化客户的需求，定制化服务能力有限。

② 品类限制多：快递运输仅适用于体积小、单件重量适中的非贵重商品，无法满足电商所有类型产品的需求。

③ 运营效率难提高：依托人工操作与传统模式进行资源配置与路径规划，运营效率较难显著提高。

④ 价格波动大：快递运费价格存在较大波动，增加电商企业成本控制的难度与风险。

快递模式对包裹级别小批量货物的速运与配送具有明显优势，但在服务定制化与运营效率等方面有待提高，且仅适用于部分产品类型，难以满足电商所有项目的需求。对电商企业来说，快递模式是实现短途运输与前端配送的重要选择，但长途或大件运输仍需要借助其他方式完成。因此，电商企业在选择快递合作时，应考虑自身的业务模式与产品特点，选择能够提供最优解决方案的快递公司，并不断强化合作，推动其提高服务定制化与网络覆盖面，实现资源的有机整合，以满足企业多样化的需求。同时，电商企业不能完全依赖快递，也应发展自有的物流网络与运营体系。

总体而言，传统跨境电子商务物流模式以货代企业和快递企业为主，模型简单，但是难以提供全流程解决方案，且各环节协同度较低，信息孤岛严重。电商企业需要与多家物流商合作才能完成一笔交易，效率较低。未来，物流企业需要加强信息系统建设，实现资源有效整合，向全链路解决方案转变，这也是传统跨境电子商务物流模式转型升级的必由之路。

随着电子商务全球化快速发展，传统跨境物流模式已无法完全适应电商企业的发展与客户体验提升需求。电商企业需要加强自身对物流管理的主导作用，通过新技术应用、自营物流网络建设等路径实现产业升级，打造更加智慧高效的新型跨境物流体系。与此同时，大型国际物流企业也需加速数字化转型，利用新技术加强运营效率与服务体验提升，满足电商行业的物流需求变化，实现新型物流服务模式创新。两者需加强合作，通过资源共享与协同创新，共同推动新型跨境电子商务物流产业发展。

9.2.3 新型跨境电子商务物流模式

传统跨境电子商务物流模式难以提供全链路解决方案，信息孤岛严重，效率较低。新型跨境电子商务物流模式实现了资源整合和全流程服务。新型跨境电子商务物流模式的主要趋势是自营与第三方相结合、运用新技术实现智能化管理、发展全球一体化服务、针对特殊商品提供差异化解决方案以及推动产业集群化发展。这些新模式需要电商企业、第三方物流公司与政府部门的密切协作，共同推动监管创新与优化、增强基础设施连通性以及营造产业发展环境，以跨境电子商务物流的创新与变革应对国际贸易新的形态与特征。

新型跨境电子商务物流模式主要包括：

1. 自营与第三方混合模式

电商企业发展自有物流网络与运营体系的同时，也选择与第三方物流公司进行合作，实现资源的有机结合与优势互补，降低成本与提高运营效率。这种模式在目前较为常见，并且持续成为发展趋势。

2. 信息化与智能化运营

电商企业与第三方物流公司在全球范围内加强信息化基础设施建设，实现各环节的信息互联与资源共享。依托大数据、云计算、人工智能等技术实现整体运营的智能化决策与路径优化，提高运营效率与客户体验。

3. 全球一体化管理

电商企业选择与能够在全球范围内提供综合解决方案的第三方物流公司合作，实现全球运输网络的对接、信息系统的集成与管理体系的统一，打破区域差异与提高管理效能。

4. 冷链与保税物流

电商企业针对特殊商品如生鲜食品及含税商品发展冷链与保税物流解决方案。选择与具备该功能的第三方物流公司合作，提高商品质量控制能力与运营灵活性。

5. 海铁联运与多式联运

综合利用海运、铁路运输与公路运输，实现货物运输的模式融合与资源优化配置。提高运输效率与降低成本，适用于长途大批量货物的运输。需要电商企业与能够组织海铁联运的货代与运输企业进行合作。

6. 跨境电子商务保税区

电商企业与保税区合作建设跨境电子商务保税区，实现商品的储备、展示、交易与配送的一体化运作，提高运营效率与节省成本，有利于形成区域物流中心。这需要与当地政府进行政策协调与合作。

7. 产业集群发展

电商企业与其他电商企业、品牌商、制造商等在特定区域集群发展，形成产业集聚效应，有利于共建物流基础设施与实现资源整合，降低各企业的运营成本与提高竞争力。需要地方政府的产业指导与政策扶持。

新型模式弥补了传统模式的不足，实现资源整合和全流程服务，提高物流效率和客户体验，这也是跨境电子商务物流发展趋势。未来，随着技术进步，新模式将越来越智能化、标准化和年轻化，推动跨境电子商务物流高质量发展。

9.3　跨境电子商务物流运作流程

2002 年是互联网电子商务的冬天，许许多多互联网企业纷纷倒地的时候，亚马逊却顽强地活了下来并脱颖而出，创造了令人振奋的业绩：2002 年第三季度的净销售额达 8.51 亿美元，比上年同期增长 33.2%；2002 年前三个季度的净销售额达 25.04 亿美元，比上年同期增长 24.8%。虽然 2002 年前三个季度还没有盈利但净亏损额为 1.52 亿美元，比上年同期减少 73.4%；2002 年第四季度的销售额为 14.3 亿美元，实现净利润 300 万美元。在此之前亚马逊一直不被看好，遭到众多华尔街分析家的批评，股价也因此而一路下跌，杰夫·贝索斯的稳步发展策略最终证明他是对的。经过专家的研究后认为，正是被许多人认为是电子商务发展"瓶颈"和最大障碍的物流拯救了亚马逊，是物流创造了亚马逊今天的业绩。物流不仅没有成为亚马逊发展的瓶颈，反而成为亚马逊促销的手段，最主要的就是为顾客提供免费送货服务。免费送货极大地激发了人们的消费热情，加上亚马逊低价竞争的策略，使亚马逊在电子商务尚不发达的时期获得很大成功。直至今日，亚马逊已经发展出了一套非常成熟的物流管理模式，其电商 IT 系统仓储系统以及 ERP 管理已经走在了全球一线水平，而亚马逊中国正是依托这种模式，做到了快速响应、最短时间内的物流配送。

跨境电子商务物流运作流程主要包括订单管理、报关清关、仓储运输、最后送达四个基本环节。

第一，订单管理电商企业将交易订单信息录入自身或第三方物流管理系统，作为后续物流配送的依据。订单信息包括收货人姓名、地址、联系方式、订单号、商品名称、数量、价值等。

第二，报关清关根据订单信息，申报出口报关和进口清关，并缴纳相关税费。报关清关为实现货物跨境运输的前提。出口报关由出口方申报，进口清关由进口方申报。

第三，仓储运输主要通过海运、空运、陆运等方式完成货物的跨境运输。运输中可以设立中转仓进行货物的中转处理和仓储。需要与国际物流企业或货代企业进行深度合作，保证货物的安全和按时送达。

第四，最后送达货物运抵目的国后，需要通过当地物流企业完成最后一公里配送，将货物有效送达收货人处。这需要与国外当地物流企业建立合作关系，确保可以在全国范围内完成配送服务。

上述四个环节涉及多个部门和企业，要实现高效运作，各环节之间需要实现有效衔接和协同配合。同时，物流信息技术的应用可以实现订单全流程的实时监控和跟踪，确保货物的安全和准时到达。

总体而言，跨境电子商务物流运作较为复杂，要求相关企业实现资源共享和过程重组，形成互联互通的信息平台和合作网络，持续优化跨境物流链条，实现跨境供应链的高效管理和协同发展，这也是跨境电子商务物流的发展方向。

9.3.1 订单管理

订单管理是跨境电子商务物流运作的起点，主要涉及订单信息采集、录入与审核等流程。

1. 订单信息采集

订单信息主要来源于电商交易平台，一般包括以下内容：

① 收货人信息：姓名、地址、邮编、手机、邮箱等。

② 商品信息：名称、数量、单价、总价、重量、体积等。

③ 交易信息：订单号、支付方式、物流方式选择等。

④ 其他：特殊要求（送货上门、包装要求等）。

订单信息采集的完整性和准确性是后续订单处理和物流配送的前提。电商企业需要确保在客户下单时收集到全面和准确的订单信息。

订单信息录入是指获得的订单信息需要录入电商企业的订单管理系统或第三方物流管理系统。主要包括：

① 检查订单信息的完整性和准确性，如有遗漏或错误需及时补充和修正。

② 为每笔订单分配唯一的订单号，作为该订单在后续物流过程中的唯一标识。

③ 将订单信息分类，作为后续物流处理的依据。例如按地区、商品类型或运输方式分类。

④ 审核特殊要求的可行性和包装要求，并做好相应标注，以指导仓库操作。订单信息的及时和准确录入，为后续的物流配送带来高度可预测性，有助于优化运营流程，提高工作效率。

2. 订单审核

主要对录入的订单信息进行审核包括：

① 收货人信息是否完整且准确。

② 商品信息是否匹配（名称、数量、价格等）。

③ 选择的物流方式是否合理，如果不合理则建议客户修改选项。

④ 是否存在特殊要求，如果有则及时标注和传达给相关部门。

⑤ 订单状态是否正常、支付是否完成等。

订单审核是保证订单顺利进入后续物流环节的关键一步。任何遗漏或错误都可能导致订单延误或异常。订单审核需要严格按照流程进行，确保高质量。

订单管理作为跨境电子商务物流首部曲，其作用至关重要。电商企业和物流企业需要共同努力，确保实现准确、高效的订单信息采集、录入与审核，这为随后的物流运作带来高度的可预测性和可控性。速卖通物流中心某一订单状态如图 9-3 所示。

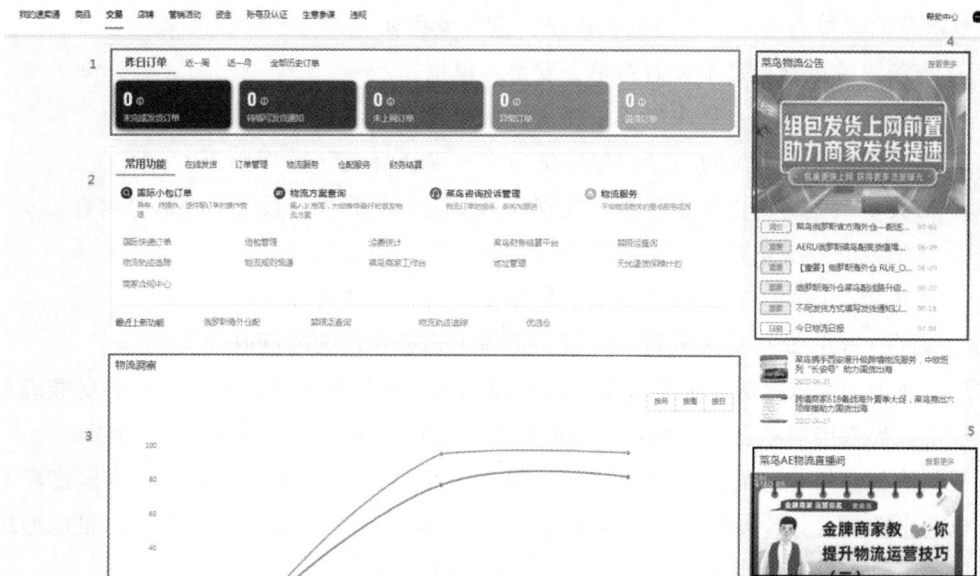

图 9-3　速卖通物流中心某一订单状态

9.3.2　报关与清关

报关与清关是跨境电子商务物流中十分重要的环节，关系着商品是否能够顺利出境、入境。

报关指出口企业填写报关单，向海关申报本企业准备出口的货物情况，请求海关进行监督查验并放行的过程。报关是海关手续的起点，电商出口企业需要准确填写商品名称、品牌、型号、数量、价格、原产地证等信息，并提供相关证明文件。海关审核通过后方可放行出口。主要流程如下：

① 准备报关单据：报关单、发票、装箱单、商品明细等单据。

② 确定报关企业：可以电商企业自身申报，也可以委托货代企业代为申报。

③ 提交报关资料：将报关单据通过电子数据接口或纸质文件提交至海关。

④ 海关审核：海关对提交资料进行审核，包括单据完整性、分类编码和价格的正确性等。

⑤ 交纳税费：需要缴纳出口关税、出口环节增值税等相关税费。

⑥ 海关放行：海关完成审核并确认税费已缴清后签发放行许可，允许货物离境。

⑦ 货物装运离境：获得海关放行许可后，货物开始装箱、装船（或装机）离境。

出口报关的准确、高效完成，是电商交易商品顺利出口的保障。电商企业需要熟悉报关流程与规定，准备齐全单据与税费，并选择合格的报关企业代办有关手续。

清关是进口企业依照进口货物的实际情况填写各种清关表格，向海关申报本次进口的详细情况及缴纳相关税费后，请求海关放行进口货物的过程。电商进口企业需要提供商检检疫资料以及准确申报商品的名称、数量、品牌、价格、原产地等信息。正确缴纳关税、增值税以及消费税后，海关方可放行进口。主要流程如下：

① 准备清关单据：提单、装箱单、发票等单据。

② 确定清关企业：自己申报或委托货代企业代办。

③ 提交清关资料：通过电子口岸或纸质文件提交海关。

④ 海关审核：对单据和货物进行检查，核对名称、分类、数量、价值等内容。

⑤ 交纳税费：交纳进口关税、进口环节增值税等相关税费。

⑥ 海关放行：海关完成检查和确认税费交纳后签发通关许可。

⑦ 货物入境：获得海关放行许可后，货物正式进入目的国境内。

进口清关的高效完成，使跨境交易商品顺利入境并投放市场。进口企业需要准确掌握清关规定，提供准确单据与税费，选择最优清关方式，缩短通关时间，控制成本。

报关清关制约着跨境商品的流通，是保证跨境电子商务交易顺利完成的重要环节之一。电商企业需要选择便捷高效的报关清关方式，提供准确的单据与税费，尽量压缩报关清关时间，这有助于提高跨境电子商务竞争力与用户体验。

9.3.3　仓储与运输

仓储与运输是物流过程中的两个最基本的环节，在跨境电子商务物流中发挥着重要的作用。仓储指存储货物的场所与活动，主要包括收货、分拣、上货架、照料与下架等操作。跨境电子商务企业需要选择合适的仓储方式与地点存放商品。常见的仓储模式有自有仓储、第三方仓储以及保税仓储。选择模式时需要考虑仓储成本、商品特性以及报关手续等因素。运输指将货物从一个地方移送到另一个地方的活动。跨境电子商务物流中的运输主要分为国内运输与国际运输两种。国内运输主要选择公路、铁路以及航空等方式完成。国际运输通常选择海运、空运或铁路完成，需要办理报关与清关等手续。选择运输方式时主要考虑运输成本、时间效率、环境影响等因素。仓储运输是跨境电子商务物流的核心环节，主要负责货物的跨境存储与运输。

1. 仓储

仓储是指货物在运输过程中或运输两端的临时存储。主要包括：

① 出口仓储：出口货物装箱后临时存储，等待海关放行和运输安排。

② 中转仓储：货物在始发地与目的地之间临时存储，用于转运或分拨。

③ 进口仓储：进口货物抵达目的地后临时存储，等待清关后再进一步配送。

④ 退仓储：发生退货等情况需要对货物进行临时存储。

仓储过程需要确保货物安全，避免破损或丢失。同时，仓储也会增加仓储成本与周转时间。因此，仓储策略的制定需要综合考虑成本与服务因素。仓储运输流程图如图 9-4 所示。

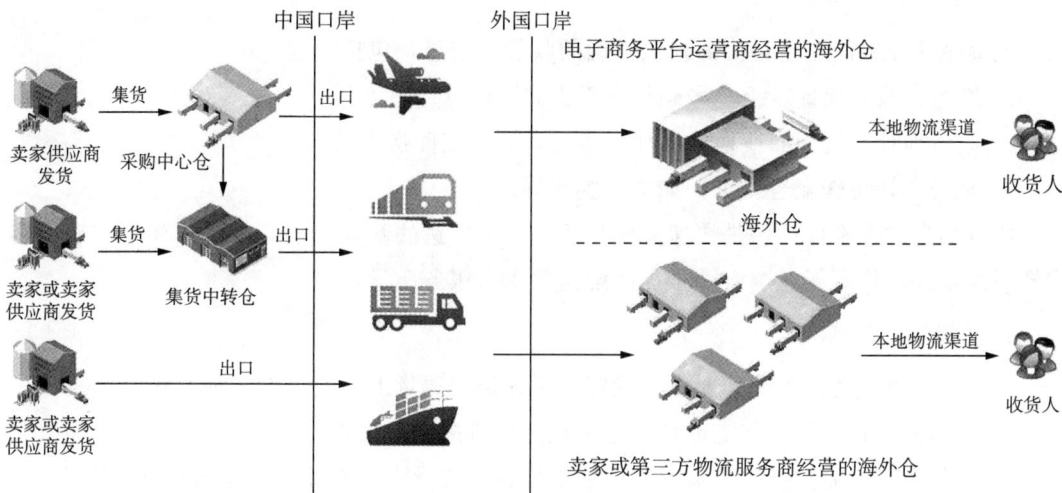

图 9-4　仓储运输流程图

2. 运输

运输负责将货物从始发地运至目的地。主要方式包括：

① 海运：适合大宗货物的长距离运输，费用较低但周期长。

② 空运：运输速度快但费用高，适合运输高价值或周期短的商品。

③ 陆运：多用于短途运输或作为海空联运的补充，成本和周期居中。

④ 铁路运输：运输量大且成本较低，但受到线路限制，周期较长。

运输策略的选择需要根据货物属性、运输距离和成本要求进行权衡。常采用的跨境运输方式是海运和空运以及与之配套的陆运，实现整体运输成本的最优。

货物运输面临诸多风险，如货损、误期、丢失等。电商企业需要在选择运输方式时综合考虑运输周期、成本及风险，并与负责运输的物流商签订完善的运输合同，明确双方的权利与义务，减少风险。

总体而言，仓储与运输直接决定着跨境电子商务成交商品的价值实现与客户体验。电商企业需要选择提供仓储与运输一体化解决方案的物流商，制订科学的仓储与运输策略，做好风险控制。通过信息技术实现订单全流程跟踪与监控，不断优化仓储与运输流程，压缩物流周期和成本。

9.3.4 最后送达

最后送达是跨境电子商务物流过程中的最后一级也是最重要的一环，直接影响着消费者的购物体验。最后送达环节的效率与质量是衡量一家电商企业与其物流系统的重要标准。最后送达是跨境电子商务物流的终点，指入境货物清关后由本地物流商配送至收货人手中的过程。

1. 收货信息确认

电商企业需要向当地物流商提供准确的收货人信息，包括：

① 姓名、收货地址、手机号码等联系方式。

② 收货地址是否为商业地址或住宅地址，以决定配送方式。

③ 是否存在特殊配送要求，如上门签收等。

收货信息的准确提供，是快速完成最后一公里配送的基础。电商企业应建立准确的客户资料库，并定期更新，这有助于提高配送效率与服务质量。

2. 配送方式确定

主要根据收货地址类型和要求，确定快递配送、送货上门或自提三种方式。

① 快递配送：适用于住宅地址，通过快递小哥配送至收货人手中。

② 送货上门：需要物流人员送至商业地址并与收货人当面签收，周期和成本较长。

③ 自提：收货人到相关自提点提取货物，费用较低但配送周期取决于收货人提取行为。

配送方式的选择要综合考虑收货要求、地址属性、服务质量和运营成本等因素。提供可选方式让客户选择，这有助于提高客户体验。

3. 配送处理

① 货物清关后，仓库将货物发运至相关配送站或自提点。

② 根据确定的配送方式，安排快递员配送至收货地址或等待收货人自提。

③ 收货人签收后，配送流程结束。其间，需要收货人验证个人身份或提供签名等。

④ 如果无法成功配送，则返回货物至仓库，并联系收货人更新配送信息或退货处理。

最后一公里配送是实现跨境交易的最后环节，直接影响到客户的购物体验。电商企业需要选择当地具备全国化配送网络的物流商，并通过信息系统实时监控配送状态，确保商品准时送达收货人手中。

最后送达对于电商企业来说最为关键，制约着客户体验。电商企业需要高度关注最后一公里配送这个落脚点，建立准确的客户与收货信息，选择优质的本地物流商，实施灵活的配送方式，通过技术手段进行订单全流程监控与跟踪。同时，部分大型跨境物流商会以直播课的形式为跨境电子商务经营者普及当下最新的跨境物流知识，例如速卖通物流中心开通了菜鸟 AE 物流直播间板块，通过不定期开展跨境物流相关课程的方式，便于电商经营者轻松学习物流相关的直播课程，以实现高效服务。速卖通物流中心功能板块之菜鸟 AE 物流直播间如图 9 - 5 所示。

图 9 - 5　速卖通物流中心功能板块之菜鸟 AE 物流直播间

9.4　跨境电子商务物流管理

9.4.1　跨境电子商务物流管理含义

跨境电子商务物流管理是指电商企业为实现与跨境交易相关的商品流通与信息流通而进行的计划、组织、监控管理活动。其核心是实现全流程物流服务的有效控制，满足电商企业跨境业务发展需要。

1. 计划管理主要包括战略规划和运营规划

① 战略规划：根据企业发展目标和市场环境，制订中长期的物流发展战略和投资方案，如投入建设自有物流体系或与第三方物流企业战略合作等。

② 运营规划：根据战略规划和具体业务运营情况，制订具体的仓储、运输、配送方案与预算，包括运输方式选择、仓库选址、配送模式确定等。

计划管理的科学制订可以显著降低物流成本，提高工作效率与服务水平。电商企业需要在战略高度考虑自身需求与市场环境，制订切实可行的发展战略与运营规划。

2. 组织管理主要围绕物流体系的构建与运营组织开展

① 物流体系构建：根据发展战略，投资建设自有物流基地与网络，或者与第三方物流企业进行战略合作，构建全球化的物流体系。

② 运营组织：构建与运营物流体系匹配的组织架构，包括仓储管理、运输管理、信息管理、客户服务等部门，并制订明确的职责范围与工作流程。

③ 过程优化：不断优化物流过程，简化流程，减少中间环节，提高工作效率与服务质量。

组织管理的科学有效进行，可以最大限度发挥物流资源和能力，确保高质量服务。电商企业需要建立与业务发展相匹配的物流体系与组织架构，不断优化流程，为高效运营提供机制保障。

3. 监控管理利用信息技术手段实施对物流运营全过程的监控与管理

① 订单管理系统：实现从下单到签收的全流程监控，实时掌握订单与物流信息。

② 仓储管理系统：监控库存变化与流向，实现仓储资源的精益管理。

③ 运输管理系统：监视货物运输状态，追踪货物行踪，实施精确管理。

④ 客户服务系统：收集客户信息与反馈意见，为持续改进提供依据。

⑤ 物流成本系统：收集全流程费用数据，进行物流成本分析与管理。

监控管理可以最大限度减少物流运营中的各种风险，确保高效运转。电商企业需要投入建设与物流技术相匹配的信息平台，实现订单全流程的精细化监控管理，这是现代物流系统不可或缺的组成部分。速卖通运费模板物流方案选择如图9-6所示。

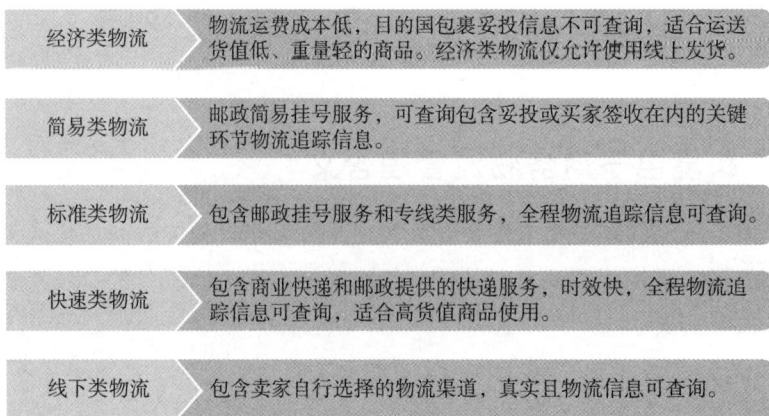

图9-6 速卖通运费模板物流方案选择

跨境电子商务物流管理的有效开展可以显著增强企业的综合竞争力。电商企业需要在战略高度谋划物流发展，建立科学的管理体系与组织架构，运用信息技术实现全过程精细化管理，不断优化物流环节与流程，这是实现高质量物流服务的基础与保障。

9.4.2 跨境电子商务物流管理要素

跨境电子商务物流管理要素主要包括：

1. 人力资源

人力资源的广义定义为一个社会具有智力、劳动能力和体力劳动能力的人的总和，包括数量和质量两个方面。而狭义的定义为组织所拥有的用以制造产品和提供服务的人力。跨境电子商务物流人力资源是实现高效物流管理的基础。主要包括：

① 高层管理人员：负责战略规划和重大决策，确定物流发展方向。

② 专业管理人员：负责运营管理与组织协调，保证日常工作高效运转，如仓储管理、运输管理、信息管理等专业人员。

③ 一线从业人员：完成具体的货物装卸、搬运、仓储与运输工作，如仓库操作工、司机等。

④ 客户服务人员：负责收集客户信息，处理客户咨询与投诉，确保高质量服务。

人力资源的专业化与定量配置，是做好物流管理的前提。电商企业需要重视人才培养与引进，建立科学的职业发展路径，形成专业化的管理与服务团队。

2. 技术装备

物流技术装备是实现高效管理的重要手段。主要包括：

① 智能仓储系统：实现仓储自动化管理，如货架存储系统、AGV 智能车、机器人等，提高仓储效率与运营精准性。

② 自动化仪器：包括自助缴费机、电子秤、条码/RFID 读取设备等，实现复杂流程的自动化完成，减少人工操作环节。

③ 运输工具：包括运货车、叉车等，运输机器人也在发展，提高中短途运输效率。

④ 装卸机械：如叉车、起重机等，实现快速安全的装卸工作，提高工作效率，减少人工劳动强度。

⑤ 输送设备：如传送带、自动导引车等，实现内部短途运输，连接不同作业环节。

⑥ 信息技术系统：如 WMS 仓储管理系统、TMS 运输管理系统、OMS 订单管理系统等，实现物流运营全流程信息化管理与运营。

⑦ 新技术设备：无人机、自动驾驶等新技术正在物流领域应用，可以实现自动配送、运输等，提高工作效率与响应速度。

物流技术装备发展趋势：

① 自动化装备逐步普及，机器人等智能化设备加速应用，人工比例进一步降低。

② 信息技术深度融入各系统，实现从上游采购、仓储管理到下游运输、配送的全流程信息化，管理水平大幅提升。

③ 新技术加速渗透，无人机与自动驾驶等新技术推动新型自动化运营模式出现，进一步压缩物流响应时间。

④ 个性化定制需求增加，灵活性与定制化技术装备加快发展，实现个性化客户需求的精准匹配。

⑤ 节能环保技术加速应用，绿色物流加快发展，技术装备的环境性能逐步提高。

⑥ 标准化程度进一步提高，技术接口与数据标准化水平提升，系统集成程度和互操作性增强。

⑦ 移动化与云技术广泛使用，物流企业内外系统移动访问与云端运营加快发展。

物流技术装备水平的提高，是推动物流产业现代化与智能化的关键要素。物流企业需要密切跟踪相关技术与装备发展动向，选择适宜自身发展的应用方案，持续提升企业技术装备水平与运营效率，满足行业数字化转型与客户体验提升的需要。与技术企业加强合作，积极开展新技术测试与应用，从而加速新技术在企业内的推广与普及。通过技术创新，不断提高企业运营与管理水平，追求最优的物流技术与服务方案。

物流技术装备的现代化运用，是实现物流高效管理的关键。电商企业需要大力投入发展智能技术与装备，特别是物流信息系统，构建自动化的管理平台，为精准运营与决策提供有力支持。

3. 管理方法

科学的管理方法可以显著提高管理效率与质量。主要包括：

① 精益管理：简化管理流程，应用标准化手段，减少中间环节与重复工作，实现管理精益化。

② 信息化管理：利用信息技术对全流程进行监控管理，实现精确运营与数据驱动决策。

③ 精益管理：聚焦价值工作，减少浪费，实现管理的优化与高效。重视流程优化与成本控制。

④ 质量管理：建立完善的服务标准与评估体系，持续监测服务质量，进行及时改进，实现质量管理。

⑤ 绩效管理：建立明确的管理目标与评价机制，开展定期考核，不断提高管理效率与实效。

管理方法的有效运用可以实现管理机制的持续优化，这是现代物流企业实现科学管理的基础。电商企业需要借鉴成熟的管理理论与方法，构建属于自身的管理体系，不断改进与创新，实现管理的系统化、专业化和精益化。

以上三个要素共同作用，是进行跨境电子商务物流管理的基础保障。电商企业需要在这三个方面持续投入，实现资源的有效配置与协同发展，建立属于自身的管理体系与方法，做好全流程监控，这能够显著提高企业的物流管理能力与服务水平。

9.5 跨境电子商务物流关境

跨境电子商务物流关境主要指实现电商商品在全球范围内流通所面临的各种限制与障碍。主要体现在政策法规、基础设施与技术水平三个方面。

1. 政策法规关境

不同国家和地区的政策法规存在差异，这给跨境物流带来一定困难。主要包括：

① 海关清关手续烦琐，通关效率较低，增加物流成本与周期。

② 跨境运输受到严格管控，物流企业准入门槛较高，运力不足。

③ 国家对特定商品的进出口禁止或限制，如红利商品等，影响货物流通。

④ 不同的税收政策导致运营成本增加与管理难度加大。

政策法规的差异性给跨境物流带来诸多障碍，而政策调整又往往较为困难。跨境电子商务需要密切关注各国政策变化，灵活应对，选择最优的进出口通道与税收政策，与主管部门进行积极沟通，协调政策制定，这有助于降低政策法规带来的关境。

2. 基础设施关境

全球基础物流设施存在较大差异，这会阻碍高效的跨境物流运作。主要表现在：

① 运输工具与网络不匹配，无法实现便捷连接，增加运输时间与成本。

② 仓储设施落后，自动化水平较低，无法应对跨境电子商务的大宗货物与个性化需求。

③ 信息系统不统一，无法实现全流程监控与管理，增加运营难度。

④ 跨境物流网络不完备，无法达到全球覆盖，难以实现低成本运输。

基础设施的差异直接导致跨境物流网络无法高效衔接，成为影响跨境电子商务发展的重要因素。跨境电子商务需要在选择物流合作伙伴时考虑其全球物流网络与信息系统建设水平，与之共同协作配套设施建设，这可以缓解基础设施带来的跨境限制。

3. 技术水平关境

全球范围内物流技术发展水平存在差异，这阻碍了高质量的跨境物流服务实现。主要体现在：

① 仓储自动化水平不同，影响仓储效率与运作灵活性。

② 运输管理信息化程度差异大，无法实现精确运营与全程监控。

③ 订单管理与跟踪系统不匹配，无法高效处理跨境订单与实现全流程监控。

④ 客户服务系统差异导致服务质量难以统一。

技术进步速度的差异给跨境物流带来较大难度，这需要电商企业在选择物流合作方和投入自动化建设时，考虑其技术发展水平与创新能力。只有当跨境物流企业具备与时俱进的技术平台，才能够有效应对各国差异带来的限制，提供高质量的跨境服务。

9.5.1　跨境电子商务出口关境

跨境电子商务出口关境主要指电商出口业务在实现商品流出国境的过程中面临的限制与障碍。主要体现在海关监管、运输环节与信息对接三个方面。

1. 海关监管关境

不同国家的海关对出口货物进行的监管力度与要求不同，这会增加出口企业的关务成本与管理难度。主要包括：

① 海关清关手续复杂，清关时间长，无法实现快速出口。

② 对特定商品的出口采取禁止或严格限制，如国家战略物资等，无法正常出口。

③ 对出口企业及其商品实施较为严格的监管，如资质审核、现场检查等，增加合规成本。

④ 不同的海关税则政策增加企业税收负担与成本管理难度。

海关监管的差异性是实现跨境电子商务出口的阻碍。电商企业需要掌握各国海关政策，选择最为便捷的出口渠道，配合海关开展监管工作，与主管部门积极沟通，协调政策制定，这有利于实现快速出口与降低管理难度。

2. 运输环节关境

全球运输基础设施与运营水平的差异，导致货物无法高效流出目的国。主要体现在：

① 运输工具与线路不匹配，无法实现快速连接，增加运输时间与成本。

② 运力不足，无法应对大宗货物的运输需要，影响出口节奏。

③ 运输网络不完备，无法达到全球覆盖，增加"最后一公里"的难度与成本。

④ 运输管理信息化水平差异大，无法高效运营与监控，增加管理难度。

运输环节的限制直接影响电商出口业务的完成速度与成本控制。电商企业需要选择覆盖全球的运输合作伙伴，配合其开拓线路与改进设施，实现网络衔接，共同提高运营与管理水平，缓解运输关境带来的影响。

3. 信息对接关境

全球信息技术发展水平存在差异，导致相关信息系统无法有效对接，增加电商出口企业的管理难度。主要体现在：

① 电商平台与物流系统无法高效对接，无法实现订单自动流入与配送监控。

② 仓储管理系统无法与运输系统匹配，增加仓储与运输衔接的难度。

③ 海关电子口岸系统与企业系统无法完全对接，无法实现全流程电子化清关。

④ 客户服务与问题反馈系统难以衔接，无法统一客户体验。

信息系统的隔离导致电商出口过程无法实现全流程监管与控制，增加企业管理成本与难度。电商企业需要选择具有开放平台思维的物流和信息技术合作伙伴，共同推进系统对接与集成，实现全流程电子化管理，这能够最大限度地减少信息对接带来的限制。

跨境电子商务出口面临种种障碍，企业需深入研究不同国家与地区的政策规则，选择适宜的出口目的地；积极推动监管便利化，简化流程与标准化管理；加强人才与信息技术建设；与第三方物流企业加深合作，实现资源共享与优化配置，共同应对出口物流管理难度，提高服务效率与质量。可以通过以下方法解决：

① 简化手续及流程，提高自动化水平，降低管理难度与成本。

② 增设海外仓与运输网络，缩短跨境运输时间，提高服务响应度。

③ 利用信息技术加强与各国海关与服务商沟通，提高信息化水平与协调效率。

④ 统一输出服务标准与质量规范，通过培训与考核机制实现范畴内品质一致。

⑤ 加大人才培养力度，提高全球化视野与专业素质。

⑥ 积极与各目的地国家海关与机构展开交流与合作，推动贸易便利化措施出台并实现。

⑦ 选择目的地国家时综合考虑监管政策、税费负担与基础设施等因素，规避管理与运营难度。

⑧ 采取灵活的定价策略，在综合考虑关税、运费与管理成本的基础上制订具有价格优势的出口方案。

⑨ 电商企业与第三方物流企业加强合作，实现监管信息共享与流程重构，共同提高出口管理与运营效率。

海关监管、运输环节与信息对接的差异，共同对电商出口业务构成重要障碍。电商企业需要灵活应对各国差异，选择具有全球化视野的合作伙伴，共同配合政策制定与基础设施改善，实现系统对接。

9.5.2　跨境电子商务进口关境

跨境电子商务进口关境主要指电商进口业务在实现商品流入国内的过程中面临的各种限制与障碍，主要体现在海关监管、税收政策与市场准入三个方面。

1. 海关监管关境

不同国家的海关对进口商品的监管力度不同，这增加了进口企业的成本与难度。主要包括：

① 海关清关手续烦琐，清关时间长，无法实现快速进口与上架。

② 对部分商品采取进口限制或禁止，如保障国家安全相关的商品，无法正常进口。

③ 对进口企业和商品进行严格监管，如现场检查与抽检，增加进口合规成本。

④ 海关税则复杂，增加税收成本与管理难度。

海关监管的差异性直接影响电商进口业务的顺利进行。电商企业需要密切关注目标国海关政策，选择最为便捷的进口通道，配合海关进行监管，积极与主管部门进行沟通与协调，实现进口监管的简化与通关时效的提高，最大限度降低海关监管带来的影响。

2. 税收政策关境

不同国家的进口税收政策存在较大差异，这会增加电商进口成本与管理难度。主要体现在：

① 进口关税率差异大，无法实现成本统一，影响商品定价。

② 增值税政策复杂，如退税比率不同，增加税收管理难度。

③ 部分国家对电商企业采取特殊税收政策，增加企业税收负担。

④ 跨境电子商务零售进口受到较高关税影响，无法发挥全球采购优势。

税收政策的差异性直接导致电商进口业务的成本控制难度加大。电商企业需要分析不同国家的税收政策，选择成本最优的进口地，与主管部门积极沟通，争取进口税收优惠，有效缓解税收政策带来的限制。

3. 市场准入关境

不同国家对外资电商企业的准入门槛不同，这会造成一定的市场准入困难。主要体现在：

① 外商投资比例限制，无法实现全资控股，影响企业运营自主权。

② 外资电商企业面临各种审批与许可要求，如 ICP 备案与许可证，增加准入难度。

③ 涉及特定领域的电商业务，如医疗器械与金融，市场准入门槛较高。

④ 外资品牌面临一定的文化与习惯差异，影响商户与客户的接受程度。

市场准入政策的差异性对电商企业进驻当地市场带来重要影响。电商企业需要分析目标国市场准入政策，了解相关主管部门审批流程，选择最为开放的市场与业务领域进行试点，逐步开展本地化运营，赢得市场信任，这有助于最大限度地降低市场准入关境带来的影响。

海关监管、税收政策与市场准入的差异，共同对跨境电子商务进口业务造成重要限制。电商企业需要全面分析不同国家的政策环境，积极与主管部门进行沟通与比较分析。

跨境电子商务进口面临种种障碍，企业需深入研究不同国家与地区的政策规则，选择适宜的进口来源；积极推动监管便利化，简化流程与标准化管理；加强与境外供应商沟通合作；加强人才与信息技术建设；与第三方物流企业加深合作，实现资源共享与优化配置，共同提高进口管理水平与服务质量。可以通过以下方法解决：

① 简化手续及流程，提高自动化水平，降低管理难度与成本。

② 增加海外仓与运输网络投入，缩短跨境运输时间，降低品质损耗风险。

③ 利用信息技术加强与各国海关与服务商沟通，提高信息透明度与协调效率。

④ 制订严格的供应商准入与商品质量要求，加强进口商品质量管控。

⑤ 采取灵活的定价策略，在综合考虑关税与运费的基础上制订具有价格优势的进口方案。

⑥ 与境外供应商开展深入沟通与合作，提高信息对称性，规避贸易风险。

⑦ 选择进口来源国时综合考虑监管政策、税费负担与基础设施等因素，降低管理难度。

⑧ 加大人才培养力度，提高全球化视野与跨文化沟通能力。

⑨ 电商企业与第三方物流企业加强合作，实现监管信息共享与流程优化重构，共同提高进口管理与运营效率。

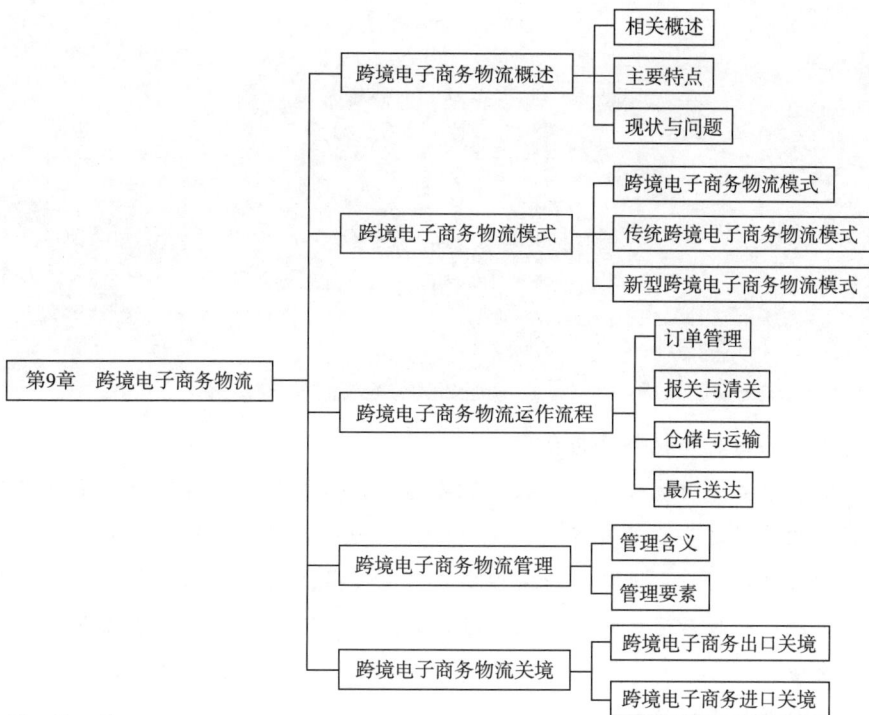

思维导图

实训任务

跨境电子商务常见清关问题及解决方法案例一

一、案例介绍

江苏某出口 A 向巴西买家 B 公司出运了 2 票玻璃制品，价格条款 FOB，应付款日过后买方拖欠货款。在中国信保海外追偿渠道介入后，B 公司声称由于厂商未按其要求对货物进行包装，在包装上填写了 C 公司的信息，导致货物被当地海关扣押。A 公司抗辩表示，货物包装完全按照 B 公司要求制作，并提供了相关沟通记录。

经海外律师渠道进一步核实，巴西海关对进口商申报的税号有严格的审查，由于买家 B 公司向巴西海关申报 C 公司的税号，并谎称其是 C 公司的法人，导致货物被扣押。渠道同时发现，买家 B 公司过去持有 C 公司股份，但在之前已经全部卖掉。由于巴西海关规定被扣押货物的处理必须有进口商的配合，海外律师渠道多次要求 B 公司配合处理货物，B 公司消极回应，最终导致货物全损。

1. 巴西海关政策简介

巴西海关政策与其他地区相比较为特殊，了解巴西的海关政策，对于出口到巴西的中国企业保障海外收汇有着极其重要的作用。

（1）海关事务由联邦税务总局负责

巴西的海关事务由财政部下属的联邦税务总局具体负责。根据巴西海关条例，所有货物的报关程序均需通过巴西外贸网（SISCOMEX）进行。货物申报单在输入该网之日起即为报关程序的开始，同时，进口商还需按要求向海关提供相关单证，海关对申报内容与货物进行核实，核实一致后通过该网授权通过，进口商方可提货，进口流程中每一个环节由不同的机构负责。

（2）大部分商品进口均须办理进口许可证

巴西大部分商品进口都必须办理进口许可证（包括自动进口许可证和非自动进口许可证两种）。其中，自动进口许可证的审批过程比较简单且自动批准；非自动许可证的申请及审批由发展工业务下属的外贸局（DECEX）负责，发放由各相关机构处理。非自动进口许可证管理的产品主要包括需要经过卫生检疫、特殊质量测试的产品，对民族工业有冲击的产品及高科技产品，以及军用物资等国家重点控制的产品，具体涉及大蒜、蘑菇、绝大部分化工产品、绝大部分医药原料和成品、动植物产品、轮胎、纺织品、玻璃制品、家用陶瓷器皿、锁具、电扇、电子计算器、磁铁、摩托车、自行车、玩具、铅笔等。

进口商需要在出口国将货物装船前通过巴西外贸网申请许可证。进口货物未获取许可证则需缴纳该批货物海关估价的30%作为罚款，如许可证失效后货物才在出口国装船，则须缴纳该批货物海关估价的10%或20%作为罚款。

（3）进口通关时海关按颜色分类抽检

进口商在获取财政部授权的进口许可并在巴西外贸网中登记进口报关文件后，报关文件将会被系统自动提交，并按照进口商纳税、贸易行为、进口货物性质、数量及价格、征税情况、货物原产地、出口地、进口商运营能力和经济实力等多种因素进行分析后，被分配到不同的清关通道实施分类抽检，即按照绿色、黄色、红色、灰色四种不同颜色分类处理。

对于绿色分类，货物及文件可全部免检，自动通关；黄色分类，仅检查报关文件，核实后，货物自动通关；红色分类，文件和货物都须经过检查后方能通关；灰色分类，除对文件和货物进行核查外，还需执行海关特殊监管程序，核实是否存在欺诈行为。

（4）提单表示要求特殊

巴西海关不接受海运单（Sea Waybill），同时，所有无单货物（单证信息缺失或错误）靠港卸货后将被视为走私，立即被海关扣押并处以罚款。另外，巴西海关对正本提单也有一些特殊要求：

① 收货人不得为"TO ORDER"。若提单上面的 Consignee 显示为"TO ORDER"，货物将会被海关扣留，直至向巴西海关系统提交收货人的详细资料（包括完整地址，企业税号 CPNJ，电话、传真等联系方式及联系人等），海关才会允许提货。

② 不接受通用货物描述。如 department good，merchandise，Chemical，Dry cargo 等。

③ 必须标识 Consignee 的企业税号 CPNJ、货物的巴西商品海关编码 NCM code。如果 Notify 与 Consignee 不同，也必须标识其企业税号 CNPJ。出口企业须于 Consignee 确认货物的商品编码 NCM，且编码前四位必须显示在提单上。另外，提单上必须标识出货物的体积（单位：立方米）。

④ 运费必须用数字和文字同时在提单上注明。

2. 海关通关手续烦琐

根据世界经济论坛发布的《2014—2015 年全球竞争力报告》，在参评的 144 个国家（或地区）中，巴西在海关效率方面排名 138 位。

3. 退运或转卖不易操作

巴西对进口报关有相应的时限要求：在港口和机场（Primary Zone Area）的货物应在卸货后 90 天内进行；在其他科进行海关进出关活动的地区（Secondary Zone Area）的货

物应在卸货后 45 天内进行。若要求时限后货物仍无人认领，将直接被认定为弃货，并由巴西联邦税务总局负责拍卖或捐赠，若是假冒伪劣产品则直接销毁。

对于滞港货物，出口企业可以申请退运或转卖，但需要向海关提供进口商的许可，若进口商不配合或拒绝提供，出口企业需向海关提供进口商已拒绝接收货物或不再提货的相关证据。不管退运或转卖，出口企业均需向海关明确声明滞港期间所有费用由出口企业还是新买方承担。另外，若出口企业申请转卖，需要向海关提供修改后的提单及新买方抬头的全套贸易单据。

二、问题提示

可以看到，巴西海关的清关材料要求较为特殊，清关审核较为严格，如不符合规定，都有被罚没的风险。尤其是在买家存在欺骗行为的情况下，货物被扣押的概率大幅提高。不仅如此，货物被海关扣押也很可能成为某些进口商索要折扣甚至拒绝付款的"正当理由"，最后导致出口企业货款两空。

三、解决建议

为防止此类风险，建议出口企业做好以下几点：

1. 专业筛选巴西合作伙伴

出口企业可通过购买中国信保专业的海外买家资信报告，评估和跟踪买方信誉、资金实力、历史贸易等资信情况，选择与清关能力较强的优质客户合作，大幅度降低出险概率。

2. 注意结算方式的选择

出口企业应尽量避免 F 组贸易术语下采用托收和见提单副本付款的结算方式，以免不良承运人无单放货。同时，鉴于巴西海关退运及转卖的困难性，出口企业应尽量要求全额预付款或者部分预付款的支付方式，尽可能减小风险敞口。

3. 注意申请相应的集装箱免租期和免堆期

巴西通关手续繁杂，效率低下，出口企业应注意申请相应的 Free Time（包括 Free Demurrage 和 Free Detention）和 Free Storage。其中，Free Demurrage 应至少申请 14 天，否则可能会产生滞箱费；Free Detention 的天数要看清关提货后归还空箱的时间。Demurrage 和 Detention 由船公司收取，如果船公司在目的港的集装箱较多，则比较容易申请；而 Storage 则是由码头向船公司申请，一般较难申请。

复习思考题

1. 跨境电子商务物流的基本流程是什么？
2. 跨境电子商务物流中的关键问题有哪些？
3. 跨境电子商务物流的主要业务流程有哪些？请简要描述各流程的主要内容。
4. 请举例说明跨境电子商务物流运营管理的主要内容与意义？
5. 什么是报关与清关？它们在跨境电子商务物流中的作用与意义何在？

第 10 章   跨境电子商务客户关系管理与服务

学习目标

● 了解跨境电子商务客户服务的基本概念、分类及能力要求。

● 掌握跨境电子商务客户沟通技巧，进行客户信息管理、信用评价及管理、退货处理、纠纷处理等。

● 掌握售前、售中、售后服务策略，以及跨境电商平台发出或回复的站内信模板设置。

● 认识维护客户和妥善处理其争议与纠纷的重要性，熟悉平台纠纷处理流程。掌握维护客户、处理争议与解决纠纷的方法。

● 能准确进行在线沟通交流，针对客户的不同需求进行回复和发布站内信。能够在跨境电商平台设置站内信模板，在服务客户时灵活选择预先设置好的站内信模板。

● 能做好售前、售中、售后服务。针对顾客提出的异议和平台纠纷，能根据跨境电商平台规则，及时跟进并处理。能恰当处理中差评，恰当处理买家未收到货的纠纷。

● 能够妥善解决产品质量的纠纷问题并对买家进行二次营销。

开篇案例

走近跨境电商平台的在线客服

计算机屏幕上有一个对话框弹出来，是一条俄文询问信息。与大部分网络客服人员相似，24 岁的俄罗斯小伙儿吉玛每天的主要工作就是面对着计算机屏幕处理这些客户消息。不过他所服务的并非俄罗斯企业，而是中国跨境电商平台速卖通。该电商平台每天造访的俄语区计算机就达到 6.33 万台，每月注册用户和销售额环比增长 30％左右，平均单天销售额达数万美元。

"眼都酸了，在线询问的人太多了。"刚刚经历了一场俄罗斯民众"年货"抢购潮的吉玛回想起那些天的经历时说，一天接到大小 200 多单的服装鞋帽及电子产品订单，他和同事们一直加班到凌晨。"起身时腰酸背痛。"吉玛诉苦道。

吉玛来自俄罗斯萨哈（雅库特）共和国，在哈尔滨商业大学毕业后留在哈尔滨就业，他的 10 余位在线客服同事也都来自俄罗斯，在运营速卖通电商平台的黑龙江迪加国际贸易有限公司找到了一份远比家乡待遇优厚的工作。在计算机屏幕的另一端，同吉玛对话的是其独联体国家的同胞，以及以色列、挪威、捷克、澳大利亚等国的俄语侨民。吉玛会根据客户需求答疑，双方也会就目标商品的信息反复沟通。

得益于哈尔滨对俄罗斯的物流优势，7～21 天内俄罗斯网民即可收到中国产品，而便捷的在线支付方式和本土化的推广，也使速卖通成为在俄罗斯知名度较高的跨境电商平台。目前在哈客服人员的在线时间是早上 8 点半到晚上 10 点。该平台所属的迪加国际贸易的负责人说，近期平台将在莫斯科组建在线客服团队，推动网站实现 24 小时在线销售。

请思考：

跨境电商客服是什么？跨境电商的客户服务环节主要有哪些工作？

10.1 跨境电子商务客户服务概述

客户服务（简称客服）主要体现了一种以客户为导向的价值观，它整合及管理预先设定的最优成本——服务组合中的客户界面的所有要素。换言之，任何能提高客户满意度的服务内容都属于客户服务的范围。客户满意度是指客户体会到的他实际所"感知"的待遇和"期望"的待遇之间的差距。

10.1.1 跨境电子商务客服的含义

跨境电子商务客服是指在跨境电商平台开设电商网店的新型商业活动中，充分利用各种网络通信工具，为买家提供全方位客户服务的岗位或人员。他们在网店的推广、产品的销售以及售后客户维护方面均起着极为重要的作用。

跨境电子商务客服是承载着客户投诉、订单业务受理（新增、补单、调换货、撤单等）、通过各种沟通渠道获取参与客户调查、与客户直接联系的一线业务受理人员。作为承上启下的信息传递者，客服还肩负着及时将客户的建议传递给其他部门的重任，如来自客户对于产品的建议、线上下单操作修改反馈等。

10.1.2 跨境电子商务客服的分类

跨境电子商务客服基本可分为人工客服和电子客服。其中，电子客服又可细分为文字客服、视频客服和语音客服三类：文字客服是指主要以打字聊天或者电子邮件、站内信的形式进行的客户服务；视频客服是指主要以语音视频的形式进行的客户服务；语音客服是指主要以移动电话的形式进行的客户服务。

　　基于互联网的快速发展，电子通信工具越来越发达，电商客服作为一种全新的客户服务方式，出现在电商平台。电商客服依托网络、平台精湛的技术条件，综合了文字客服、视频客服和语音客服的全部功能，具有无可比拟的优势。

10.1.3　跨境电子商务客服流程

　　在商业实践中客户服务一般分为三类，即售前服务、售中服务、售后服务。售前服务一般是指企业在销售产品之前为顾客提供的一系列服务，如市场调查、产品设计、提供使用说明书、提供咨询服务等；售中服务则指在产品交易过程中销售者向购买者提供的服务，如接待服务、商品包装服务等；售后服务是指凡与所销售的产品有连带关系的服务。

　　跨境电子商务客服在服务过程中，综合了商业实践中的客服内容，表现为解决客人的疑问（关于商品、快递、售后、价格、网站活动、支付方式等疑问）、处理交易中的纠纷、售后服务以及订单出现异常或者无货等情况时与客户进行沟通协调，了解客户的实际需求：

　　① 哪些是明示需求；

　　② 哪些是暗示需求；

　　③ 了解客户是否满意；

　　④ 了解客户的期望值（我们的服务是否超过客户的期望）；

　　⑤ 跟进回访，服务升级（如何提升个性服务，下一步的服务可做哪些改进）。

10.1.4　跨境电子商务客服工作内容

1. 解决疑问促进销售

　　售前客服通常需要解答客户对产品的咨询、对售后服务和物流的咨询。售前客服应以专业角度为客户提供关于产品的信息，针对客户的需求推荐合适的商品，催促客户及时下单、付款，尽量提高转化率和客单价。

　　售前客服应该具备专业的商品知识，了解每件商品的特点，熟悉买家端下单的操作流程，以及面对客户讨价还价时需要的谈判技巧。针对客户经常提出的问题，建立一个完整、全面地常用话术文档，可以提高客服的日常回复效率。

2. 提升买家体验、安抚买家情绪

　　售中客服的任务主要是为买家提供物流信息，在发货之后第一时间给买家发一封提醒邮件，告知买家物流服务商和物流跟踪单号，以及预计可以送达的时间。如遇特殊情况导致物流延迟，客服应及时、主动地联系买家，说明情况并尽量协助买家查询物流信息，安抚买家情绪。

3. 解决售后问题，降低纠纷率

　　售后客服的任务是处理买家收到货之后的事宜，在买家对商品没有意见的情况下，引

导买家给商品留下好评，这对店铺评分及缩短资金回款周期都有好处。如果买家对收到的商品有使用方面的疑问，那么客服要指导买家掌握使用方法。如果出现商品质量问题，或者买家对商品不满意想要退货退款，就要求客服有一定的应变能力，一般情况可适当给予优惠或部分退款，既要让买家满意，又要权衡利弊尽量减少损失。有时候可能会遇到恶意差评骗取好处的买家，不给好处就给差评，客服在处理这些恶意买家的差评时，可以在差评下面进行合理的解释，让后面的买家在下单时不受此差评影响。另外，还要筛选出这些恶意买家，建立黑名单，做好记录和防范。

售后客服需要经常面对买家情绪不好的情况，客服需要具备危机处理能力，善于安抚买家情绪，积极解决纠纷问题，引导买家留下正面评价。

10.1.5 跨境电子商务客服工作原则

1. 积极主动，主导沟通

客服不应只是机械应对客户提问，当客户提出一个问题时，作为客服应尝试理解客户问题背后的动机。比如，当客户提出问题"这件衣服除了白色，还有黑色吗?"，客服可以尝试了解客户为什么想要黑色的衣服，客户提出这个问题背后的原因可能有客户不喜欢白色；客户体型丰满穿黑色显瘦；客户所处地区排斥白色的衣服；客户因要参加某活动需要黑色衣服等。

如果客服机械性回答客户没有黑色，这个客户很可能就流失了；但是如果客服了解了客户问题背后的动机，完全可以针对客户需求推荐其他商品供客户选择。

客服应尽量做到以下几点：

① 提供解决方案，让买家可以选择。无论是售前推荐商品，还是售后解决问题，客服都应主动为客户提供解决方案，并且尽可能提供一套以上的解决方案供客户选择。

② 话语柔和，善解人意。语气柔和亲切，让客户感觉到在与人沟通，而不是与机器沟通。网络沟通因没有语气语调和面部表情，信息传达会部分损失，客服可以用笑脸表情和英文流行网络用语来弥补，拉近和客户的距离。

③ 多做一些，让客户安心。如果物流延迟，客服可以主动告知客户物流运输情况，客服主动提供必要的信息可以让客户在购物和等待的过程中更有安全感，降低纠纷率、提高好评率。

2. 实事求是，控制期望值

客服不能为了达到销售目的做出过度营销，不能为了暂时敷衍客户提问做出过度承诺。客服话术应以实事求是为原则，客户会对客服做出的承诺产生不同程度的期望值，客服应控制客户的期望值在可兑现的范围内。

3. 承担责任，安抚情绪

客户发起售后咨询通常是因为某些原因造成这次交易不愉快，客服在接待售后咨询时应以安抚客户情绪为第一要素。

客户提出的理由可能是卖家的责任，也可能是物流责任，甚至可能是客户自己的责任，客服面对客户提问应第一时间安抚情绪，再分辨责任。如果是卖家的责任，客服应第一时间承担责任，补偿客户损失；如果不是卖家责任，客服可以表示对客户困扰的理解，并且积极主动帮助客户解决问题。

10.1.6　跨境电子商务客服工作意义

1. 塑造公司形象

对于一个电商公司而言，客户看到的商品都是一张张的图片和文字描述，既看不到商家本人，也看不到产品本身，无法了解各种实际情况，因此往往会产生距离感和怀疑感。这个时候，客服就显得尤为重要了。客户通过与客服的交流，可以逐步地了解商家的服务和态度，让公司在客户心目中逐步树立起店铺的良好形象。

2. 提高成交率

通过客服良好的引导与服务，客户可以更加顺利地完成订单。电商客服有个很重要的意义就是可以提高订单的成交率。

3. 提高客户回头率

当买家在客服的良好服务下，完成了一次良好的交易后，买家不仅了解了卖家的服务态度，也对卖家的商品、物流等有了切身的体会。当买家需要再次购买同样商品的时候，就会倾向于选择他所熟悉和了解的卖家，从而提高客户再次购买概率。

4. 更好的用户体验

电商客服有个很重要的角色就是可以成为用户在网上购物过程中的保险丝，用户线上购物出现疑惑和问题的时候，客服的存在能给用户带来更好的整体体验。

10.2　跨境电子商务客户服务工具的认识

跨境电商客户服务的主要工具包括 FAQ、客户电子邮件、网络论坛和即时信息。充分利用这些网络工具，可以使客户服务工作的效率大幅提高，从而为企业整体营销活动的成功提供可靠的保证。

10.2.1　常见问题解答（FAQ）

跨境客户服务的重要内容之一是为客户提供有关公司产品和服务等各方面的信息。面对众多公司能够提供的信息以及客户可能需要的信息，最好的方法就是在网站上建立客户常见问题解答网页（Frequently Asked Questions，FAQ）。FAQ 页面主要为客户提供有关产品、公司问题等常见问题的现成答案，它既能引发那些随意浏览者的兴趣，也能够帮助有目的的浏览者迅速找到他们所需要的信息，一个设计完善的 FAQ 系统应该可以解答客户 80％的问题。FAQ 最初产生在 Usenet 的新闻组中，对某个议题经过一段时间的争论与研究，一些基本问题大家都形成了共同的认识，把这些问题和答案列在一起就形成FAQ。FAQ 一方面可以为客户遇到的常见性问题提供直接的解答，免去客户花费额外的时间和费用专门写信或发电子邮件咨询；另一方面也可以给企业减少大量重复性工作，从而节省人力物力资源。

创建 FAQ，第一步是列出哪些是常见问题。通过召集客服部门人员，让他们通过充分回想和讨论列出常见问题，尤其是一线的客服人员，据此列出客户常见问题，通过对问题进行认真分析，给出相应的解答。若保存有详细的客服资料，则只需对资料进行认真分析就可得到答案。第二步是对问题进行组织、编排。通过精心的组织，对问题进行合理的分类，可以方便客户的使用查找，进而有效地提高 FAQ 的资源利用率。问题的编排可以按字母排序，也可按出现的频率排序，如果能两种同时提供更好。对问题的解答详尽及难易程度要以客户理解、够用为标准。之后要对 FAQ 进行即时、必要的更新，进一步发挥网络优势。一定要避免 FAQ 流于形式，例如，有些网站不仅内容匮乏，甚至存在答非所问、查找不便等弊端，不仅解决不了客户的问题，而且也浪费其时间和精力，在一定程度上损害公司及网站的形象。

10.2.2 客户电子邮件

电子邮件是互联网上使用最为频繁的功能。它已经成为企业进行客户服务的有力工具。来自客户的电子邮件也十分重要，因为它代表了客户的心声。E-mail 则直接来自客户，因此，E-mail 是实现客户满意的较为宝贵的资源之一。

1. 电子邮件的特点

电子邮件的特点表现在以下几方面：一是对客户而言，E-mail 的优点是它没有任何时间上的限制。二是用 E-mail 对客户答复时具有正式性。三是电子邮件是一种快捷的沟通方式。

2. 利用电子邮件开展客户服务

① 要求对 E-mail 进行分类管理，也可按紧急程度进行分类。

② 设置自动应答。要改变过去一些设置 E-mail 等着接收客户来信的做法，对客户的来信应首先使用自动应答器发出一封事先设置好的回信，传达给客户一个信息——邮件已接收，并已引起关注。

③ 根据客户所提问题的紧急程度在不同时限里给予相应的回答。一般情况下，对大多数邮件应在 24 小时内给予答复，紧急邮件应尽快答复，对提出宝贵意见的应专门致谢。

④ 利用 E-mail 与客户建立主动的服务关系。如向客户发送店铺最新产品、服务的

促销信息，以征求客户意见，获得最新的客户需求动态，为企业市场调查与决策提供依据。

10.2.3　网络论坛

1. 网络论坛的定义

随着信息社会的到来，在 2008 年，网络的力量更是发展到极限，伴随着互联网一路走来的网络论坛如今已成为草根进行信息发布的重要平台。有的人给网络论坛下这样的定义："网络论坛，又称 BBS，即电子公告牌或电子公告栏，是用计算机及软件建立的一种电子数据库，用户可以自由访问，上传写好的文章，也可以阅读其他用户的文章并发表评论。与任何一种传统媒介相比，BBS 依托网络强大的技术支持，成为参与者更广泛、互动性更强、讨论更自由的新型交流空间，显示出巨大的传播力量。"

2. 网络论坛的特点

根据传播学理论，网络论坛可以归属人际传播、群体传播和大众传播。也就是说网络论坛具有以上三种传播形式的特点，结合网络技术来说，由于网络技术的自由性、交互性和开放性，使网络论坛的准入条件为零，也就是说任何人或者群体都可以在网络论坛上自由地发布信息，自由性是网络论坛的第一个特点；网络论坛只用注册，不收费，也不是实名制，使用非常方便，能够迅速将网友的信息发布出去，方便、快捷是网络论坛的第二个特点；网络论坛是跟各大搜索引擎连接在一起的，可以方便地找到网友需要找到的信息，所以网络论坛具有广泛性和开放性；在上面已经提到，网络论坛大多数是实行匿名登录的，所以"在法律允许的范围内，网络论坛是不可控制的"，网络论坛的不可控制性是其第四个特点；真实可信度不高，权威性不够是网络论坛的第五个特点。相对于传统媒体而言，网络论坛信息量大，传播迅速，范围广且没有"把关人"，所以信息的真实性值得商榷。

客户可以在论坛上提出自己的问题，网站服务人员同样可以通过论坛回答客户的问题，有时论坛其他成员如热心的老客户也会对问题进行解答。网络论坛社区成员之间的相互对话、帮助和解答可以有效发挥网络优势，减少人力物力资源消耗，通过论坛开展客户服务也是对 FAQ 的一种有效补充，并可将论坛上的常见问题及解答补充到 FAQ 中去，或通过邮件列表向所有注册用户发送。

使用网络社区开展与客户之间的对话，对店铺是把双刃剑。一方面可以使客户对店铺及产品的赞扬得以传播，另一方面对店铺的不利言论也将得以传播，对此客服在以积极的态度鼓励客户对话的同时，要对网络论坛内容进行监测，并列入重要的工作日程，发现对店铺不利的言论、问题要及时、主动地解决，尽快消除不利影响，引导有利因素。

10.2.4　即时信息（IM）

即时信息（Instant Messaging，IM）是当今继电子邮件和 FAQ 之外的另一种有效的在线服务方式，主要包括各种聊天工具如 ICQ、QQ、MSN 等。但由于这种方式对客户服务人员的要求很高，占用服务人员也较多，使客户的服务成本提高，因此还没有被广泛采用。但即时信息服务因其较高的客户满意度而越来越受到客户的欢迎，已成为一种不可忽视的在线服务手段。

10.3 跨境电子商务客户服务工具应用技巧

10.3.1 FAQ 应用技巧

在网络营销中，实际上买家所需要了解的店铺或产品的内容以及购买产品后与产品在使用中的相关问题有很多都是相同的，以前，每个买家都会通过电话、传真或邮件等方式反馈给店铺，店铺需要一一进行服务，并在服务时间上产生了滞后，使服务不能及时。在实施网络营销后，店铺可以将此类问题经过讨论和研究以后，就解决方案形成现在的FAQ，把这些问题的答案汇总整理，列在一起连成页面或栏目，就形成了现在的 FAQ。

1. 确保 FAQ 的效用

FAQ 中最大的不足是有些认为顾客常见的问题不是很重要，就可能不回答，使 FAQ变得较短。事实上，FAQ 不能太短，否则不能满足顾客的需要。FAQ 可以包括很多问题，但其问题的排列依据应是顾客提问频率的高低，这样可以节省顾客的搜索时间。

2. FAQ 的设计应易于导航

易于检索，买家能方便地找到所提问题的答案。通常店铺会在主页上设置一个空出的按钮指向 FAQ，并在每一页的工具栏中都设置该按钮。要使得 FAQ 易于导航，则应认真研究 FAQ 的布局和内部链接。应注意：布局不是将主题的所有问题流水账似地列在同一页上，而是在其顶部设置一个高亮度的问题分类表，这个分类表链接到每一类主题常见问题及答案中，顾客根据自己的需要找到它所属的主题分类，单击这个分类，便可到相关页面上寻找问题及答案了。为便于买家从具体问题页面返回到主题分类的页面上，可在每个页面底部设置一个"return to top（table of content）"高亮度链接。

3. 信息披露适度

FAQ 为满足买家的各类需要而设，可以向买家提供有关企业及产品的主要信息，但不必把所有的信息都公布于众，以免给竞争对手窥探企业核心技术的机会，这会对店铺不利，因此，信息公布应注意不要过"度"。

10.3.2 电子邮件客户服务技巧

1. 电子邮件客户服务的目的

① 成功地向客户表达你的意图。

② 有效地促使客户采取行动。

③ 处理客户所抱怨的问题。

④ 对客户的询问作出答复。

⑤ 告知公司的相关事宜。

2. 电子邮件客户服务的技巧

随着互联网的发展，很多店铺的信函都是以电子邮件的形式发送的。什么时候店铺需要用服务信函呢？

① 一般来说，在需要大面积宣传某一项服务时。

② 或者需要向所有的客户通报一些服务和产品时。

③ 亦或者告之一些已经改善的地方。

④ 再有就是针对买家具有代表性、典型性的投诉。

标准的解决方式、解决方案就是写服务信函。很多平台、店铺设有网站，每天收到大量邮件。这些邮件是客户发过来的，需要进行回复，如果不回复，以后就再也没有人给你写信了。

尽管电子邮件在形式上比较自由，是一种方便快捷的媒介，但是绝不能以草率的态度使用它。因为对方可以通过电子邮件来评定你，电子邮件同样是需要礼仪的。

——要有一个明确的主题。电子邮件的标题很重要，要一目了然，尤其是第一次与买家接触，最好在标题中注明自己的姓名，让对方在打开邮件前就有一个印象，便于快速地了解邮件的内容。

——内容简洁、语句流畅通顺。第一次给买家发送电子邮件，可以比电话沟通多一些内容，但一定不要长篇大论。要简洁紧凑，尽量写短句，不要重复。语言不要求精彩，但一定要语句流畅通顺，尤其注意不要有错别字。

——格式规范，内容严谨。营销沟通中的电子邮件一定要按照规范的信函格式来写，不可随意涂鸦。要多使用敬语，避免使用网络缩写文字。署名要真实，不可使用网名。在电子邮件里尽量避免讲笑话和俏皮话。

——经常浏览收件箱。不管对方是否经常接收电子邮件，作为客服要每天浏览自己的收件箱，注意及时查看有无回复邮件，并尽量在第一时间与对方进行深入交流。

——不过分依赖电子邮件。电子邮件是一种好的沟通和交流方式，但它只是营销过程中的一个辅助性交流工具，不可把它作为唯一的方式，也不能借电子邮件逃避一些直接交流。

10.3.3　网络论坛客户服务技巧

首先，积极创建话题论坛，这包括内部论坛和公共论坛、主动认同论坛。只有掌握网络论坛的规律，才能更好地利用它。其次，应该保持与店铺编辑密切关系，同时以论坛版主的身份关注相关的信息，特别是负面信息。一方面，可以在论坛上做广告，树立形象，扩大知名度；另一方面，可以及时知道公共关系危机发生的原因，及时解决，避免被动局面。

10.3.4 即时信息（IM）客户服务技巧

1. 避免服务不好的印象

成功的第一印象会带来良好的收益，而不良的第一印象所带来的危害，远比能意识到的还要严重。现在的客户有了如此之多的选择机会，又有如此之多的店铺争抢着吸引他们的注意力。

客户不但不能忍受不好的服务而离开店铺"另寻新欢"，而且会将对店铺不好的印象向更多的人传播。所以，要提升服务质量，首先要避免给客户留下服务不好的印象。

2. 弥补服务中的不足

对服务中的不足，要及时弥补，而不是找借口推脱责任。通过服务修整，不但可以弥补服务中发生的问题，还可以使挑剔的客户感到满意，让自己和竞争者之间产生明显差别。

3. 制订服务修整的方案

每个店铺及其员工都会出现错误，客户对这点能够理解。客户关心的是怎样改正自己的错误：对服务中出现的问题，首先是道歉，但并不仅仅如此，还需要制订出切实可行的方案，用具体的行动来解决客户的问题。

4. 考虑客户的实际情况

在为客户提供服务的过程中，要考虑客户的实际情况，按照客户的感受来调整服务制度，也就是为客户提供个性化的、价值最高的服务。

5. 经常考察服务制度

制订服务制度的目的是更好地为客户服务，帮助客户解决问题，满足他们的需求，达到或超过他们的期望值。如果因为制度问题影响了客户服务质量的提高，就要及时修改制度。

6. 建立良好的服务制度

良好服务制度的含义基本上就是好事好办。通过良好的服务制度，可以很好地指导客户，也可以极大地提高客服员工的服务意识，提升服务质量。

7. 老客户和新客户

即使做不到更好，也要把为老客户服务看得与为新客户服务同等重要。很多店铺把更多的精力放在争取新客户上，为新客户提供优质的服务，却忽视了对老客户的服务，这是非常错误的。因为发展新客户的成本要大大高于保持老客户的成本，等到老客户失去了再去争取就得不偿失了。所以，重视对老客户的服务可以显著地提升服务的质量。

10.4　跨境电子商务客户整理与分类

跨境电子商务客户的分类根据平台不同而有所不同，我们结合阿里巴巴国际站平台客户类型、特征进行以下分类：

10.4.1　跨境电子商务客户分类

1. 优质客户

所谓优质客户即智能拉新客户，其他的定向客户仅仅根据某一种行为逻辑来划分。而智能拉新考虑的因素会更多一些，是在这些因素综合分析下所判断出来的潜在客户，所以效果最好。另外，收藏商品及加购的客户也属于这类优质客户，这点应该不用多说，收藏加购了自然是有很高的意向了。

2. 中等客户

中等客户不像智能拉新客户以及收藏加购客户，中等客户不是可以直接转化的客户。

比如浏览未购买的访客，由于已经进店了，但是没有实现购买，就表示要么跳失，要么收藏加购。如果跳失了，那说明店铺产品没能吸引到他，即使再次将产品展现给他，也不一定能实现转化；而如果是已经收藏加购了，那为什么不直接定向收藏加购客户呢？

其他客户的情况也大同小异，要么是很难转化，要么就是需要长期维护才能实现转化的，所以将这些客户归到中等客户。

3. 较差客户

联营销也是主打推荐式流量，只是从关联营销中进入产品浏览，且跳失的客户，那说明这类客户都没有搜索关键词的意向，所以想要实现转化难度很高。而另一类购买过同类店铺产品的访客，则是竞店的老客户，我们想要转化，撬墙脚自然也没那么容易。

10.4.2　跨境电子商务客户整理

阿里巴巴国际站在客户关系管理上与速卖通、亚马逊等平台有一定的区别。因为阿里巴巴国际站平台上的买家为企业客户，这类买家的采购主要是为了销售或者用于生产，其特性是洽谈周期较长，但采购忠诚度较高。对于这类客户，将产品和服务做好，其黏性会非常强。

阿里巴巴国际站商家在客户运营上有两个问题：要么不重视老客户的维护，要么不知道从何处入手进行维护。一旦疏于维护，就会导致大量客户流失，其实在和客户来往的过程中，一次简单的电话问候也可能让客户对你有更强的记忆。因为大部分客户不会只有一个供应商，他们在选择供应商的时候除了考虑产品，还会考虑服务，服务维度里有一点就是"印象分"，他们更愿意与特别关心他们的供应商合作。因此客户服务本质上是滚雪球式积累客户的生意，老客户多了，生意自然会好。那么，如何对客户进行有效整理和分层呢？在工具的使用上，较为常见的工具是千牛和 Excel，部分商家会使用专业的 ERP 软件进行客户管理。

千牛客户分类管理图如图 10-1 所示，使用千牛时，需要对不同的客户进行分组。例如，已成交客户、代理商、潜在客户、已寄样客户、VIP 客户、VIP 代理商等。这是一种分类方式，不同行业的商家需要结合行业情况来分组。另外，对每位客户的千牛名称要做好备注，因为他们的 ID 不具备很强的识别度，一旦客户多了，不容易辨别出是谁。在备注千牛名称时建议使用"姓氏＋先生/女士/总＋地域/客户类型"的方式。例如对一件代发类客户可以这样备注："李女士德国"。对定制类客户可以这样备注："顾总定制"，或者"顾先生英国"。

图 10-1　千牛客户分类管理图

除了使用千牛之外，还可以使用 Excel 进行管理。使用 Excel 进行客户分类管理如图 10-2 所示。

这份表格的核心作用是对不同的客户进行分类管理，不仅客服人员自己可以看到，更重要的是提供给运营人员，让运营人员对客户的整体情况有清晰的了解，方便从客户维度对现有运营思路进行总结和优化。

当然，核心还是给客服人员使用，帮助其结合客户特征做客户分层管理。而客户分层管理的关键点在于描述"人群画像"，目的是更精准地对客户开展回访和营销工作。"人群画像"的要素有姓名、性别、所在区域、历史采购总笔数、历史采购总金额等，可以对这类客户的采购实力及需求做清晰的描绘。而"最近一次联系时间"是为了提醒自己什么时间应该跟进，否则会错过最佳二次导购时间。以上是对批发定制类客户的管理思路，那么

批发类老客户管理工具

千牛ID	姓名	性别	电话	所在区域	批发类型	客户重要程度	历史采购总笔数	历史采购总金额	提货产品型号	最近一次联系时间
						★★★★★				

定制类老客户管理工具

千牛ID	姓名	性别	电话	所在区域	定制类型	客户重要程度	历史采购总笔数	历史采购总金额	定制产品类型	最近一次联系时间
						★★★★★				

代理类老客户管理工具

所在平台	千牛ID	姓名	性别	电话	所在区域	批发进货/一件代发	主营行业	店铺等级
DSR评分	店铺重视程度	客户重要程度	历史采购总笔数		历史采购总金额		提货产品型号	最近一次联系时间

图 10-2　使用 Excel 进行客户分类管理

一件代发类客户的管理逻辑是什么呢？

除了以上维度外，对于个人卖家等代发类客户，还要增加对代理商店铺的"画像"。要很清晰地了解对方店铺的主营类目是什么，店铺勋章等级是什么，主营类目和商家自己店铺的类目匹配度如何，还有 DSR 评分，以及对其店铺的整体运营状态的评估。

知识拓展

在拉新客户成本越来越高的今天，维护一个老客户相对的 ARPU（每用户平均收入）值要高很多，这一点其实不仅是品牌商要注意的问题，中小卖家同样也应该把精力多转移到客户关系管理上来，快消品类目的客户关系管理重要性不言而喻，所以才会出现那么多大的品牌。这里说的是高客单价产品，使用周期以年为单位的产品，客户关系管理也很重要。一个很理想化的思维方式，假如产品使用周期为一年，老客户回购率当然也是以年为单位，若每天都会有一个新客户，那么 365 天，就拥有 365 位客户。当第 365 位客户购买的同时，第 1 位客户会带来回购，之后的客户会成为一个循环。当然，这里面涉及一个回购率，但是客户越来越多时，它就会变成一条河，源源不断；那我们的客户关系管理要做的事情，就是通过一些客户关系的维护手段来提升这个回购率。

客户关系维护的几个渠道：

站内：1. 会员；2. 旺旺群；3. 专属客服。

站外：1. 微信公众号；2. 企业微信客服；3. 朋友圈；4. 微信群；5. 品牌 CRM 管理系统。

这里只是罗列了几个常用的渠道，有些重要，有些不是那么重要，具体看团队的运营能力，可选择其中一部分进行管理，另外就是每个渠道的特征等都不一样，先了解，然后对每个渠道进行不同的定位，这些特征跟定位这里就不再赘述。另外，每个渠道的流量互通也非常重要。

我们也要熟悉客户关系管理的几个维度，首先就是如何让客户成为粉丝，其次是维护长期的客户关系，再次就是让客户介绍客户。

成为粉丝：从客户进店所看的页面是不是欢迎他，你的客服接待体系是否有完善的SOP（标准作业程序），交易达成后你的产品在运输途中的时效问题，甚至快递小哥的服务态度，再到拿到你产品那一瞬间的满意程度，售后问题的处理情况等都有可能成为粉丝。什么叫品牌，品牌就是用户愿意同产品一起合影。当然你也可以很简单粗暴地直接弄个好评返现让客户加你的各种粉丝维护渠道，名义上成为你的粉丝。

长期关系管理：讲的还是一个粉丝粘性的问题，不然如果你的使用周期较长的情况下，也许成为你粉丝的那个客户，因为时间的关系也会忘记你。这里说了两个很好的词语，时间跟忘记，我们先说忘记，现在请你第一时间想想什么样的才难忘记，其实要么就是很丑，要不就是很美，换到我们做生意来说就是定位或者人设等是否清晰；时间，我们可以看成一个维度，从每天、每周、每月甚至到每年，那请你好好想想，每一天我们的粉丝维护渠道应该怎么做会比较好，每周应该做点什么，每月应该做点什么，每年应该做点什么，这里说的是思维，具体怎么做，请右拐出去问百度或者自己想。

粉丝裂变：这一点其实很凭借你产品本身的传播能力，把推广分成三大类，第一类是传统的付费推广，第二类是以 IP 为媒介的软性推广，第三类就是产品本身的传播能力，也就是刚才上面所说的，客户愿意跟你的产品合影，所以客户关系管理里有一项很重要的玩法，就是直接送一些产品给传播能力强的那部分用户，怎么看传播能力强，这个要看你对你用户分组的了解程度。

社交电商的时代，注重产品是根本。但是实际上，你要注重的是用户需求，用户买你的东西是为了满足什么？比如你做服装，用户的需求就是想把自己收拾得漂漂亮亮的，好，完全可以在服装搭配上下功夫，做时尚教程，让客户习惯性用上你的服装搭配教程，自然而然他就会成为你服装的粉丝。再比如，你做水彩笔，那客户买你的水彩笔就是给小孩画画的，了解客户需求后，那你就可以买水彩笔送在线画画教程，客户小孩因为你的教程画画水平上升了，自然而然就成为你的忠实粉丝，而且这种的用户粘性非常强。当不断的有新客户进入你的粉丝体系，随着时间的推移会是一个很夸张的量级。

10.5　客户对服务的要求

网络客户服务均表现为信息的传递、处理或下载，这是网络客户服务的共性，但客户的需求却因信息本身的区别而得到了不同程度的满足。提升网络客户服务的质量是以达到客户满意、客户忠诚以及提高企业效率为目标，这也是我们需要关注的重点。

10.5.1　客户对服务要求的层次

客户对服务的要求可以分为四个层次，四个层次的服务之间有着相互促进的作用。本层次需求满足得越好就越能推动下一层次的需求。需求满足得越好，企业和客户之间的关系就越密切。整个过程是一种渐进式的上升，不仅促使企业对客户需求有更充分的理解，也会引起客户对企业期望的膨胀，最终实现"一对一"关系的建立，并且也不断地巩固、强化这种关系，这个过程被称为"客户整合"。客户整合是现代客户个性化需求的要求，发展的结果表明其充分体现了客户个性化需求不是一个静态过程，而是一个双向、互动的过程，这就为运用网络这一优秀的客户服务工具奠定了基础。

1. 单向信息服务

在这一层次上，网站提供的主要是单向信息，为客户提供的机会很少，收集的信息也很少。平台是以产品为中心的，营销小组不断提供在线的品牌、说明书和产品信息，而平台有效提供的仅有"小册子意识"和可能以其他形式得到的信息的标准形式。这一层次的网站包含了品牌形象的强有力要素和只有有限信息的基础客户数据库。只是有限信息，是因为它只包括新产品的详细介绍、专门的促销活动和主要的公告等，大多数只是以"小册子意识"的形式向客户展示。

这一阶段的主要任务是网站推广和信息宣传。从客户服务的角度看，网站推广便于让尽可能多的目标客户知晓，便于为他们提供信息服务。在网站推广中，除去其他因素的作用，搜索引擎和链接这两大工具功不可没，他们主要是通过增加网站的点击率来达到店铺推广的功效。店铺推广只是第一步，在客户进入店铺时，就客户服务而言，我们接下来要做的是引导客户迅速找到所需要的信息，站内搜索引擎和链接都为客户寻找信息提供方便。而对于初次登录的客户来说，常见问题解答（FAQ）则可以满足他们对一般性信息的了解。

2. 初步个性化信息服务

随着平台的成熟，店铺已经将价格和其他详细信息展示在平台上，这促进了与客户的互动。店铺开始进行客户细分，客户开始在平台上"看他们自己"。店铺将获得客户价值作为自己的目标，店铺的风格和语气也据此做了相应调整。客户的信息现在被储存在一个单独的中心数据库中。互动沟通不仅仅在互联网内进行，而且通过别的沟通渠道也成为可能。在这个层次上，互联网被用来开发品牌和培养细分市场的客户忠诚度。它像别的媒体和分销渠道一样，被整合进信息收集程序中。就客户服务而言，从这一层次开始，店铺初次尝试利用网络的互动性为客户提供更好的服务。

第一，信息发布更详细，便于客户的需要。第二，客户信息得到重视，店铺为客户建立了独立的客户信息数据库，特别是保证客户姓名、地址、整体情况的准确性。这样，在与客户的沟通和联络（如通过 E-mail 的方式）中，能为每个客户提供个性化的"致意"，如"某某，您好"这样的话不会错误地出现在客户的面前；另外，部分数据也成为店铺信息发布内容的依据。

这一阶段的目标是对登录网站的客户进行初步细分，最低程度地实现个性化服务。在这一阶段，表单充分发挥了它的作用：通过用户注册，初步区分客户，同时收集客户基本资料；通过调查问卷，收集所需信息，为个性化服务提供依据；通过信息反馈，对已有客户进行调查，以便更好地为市场服务。而电子邮件则成为店铺为客户提供初步个性化信息的手段，如新闻邮件、促销和直接邮件以及自动应答器所发送的简单邮件。

3. 个性化互动服务

以前的销售与交易的详情现在被存储在数据库里，并且为每个客户建立了档案，店铺系统地跟踪包括购买模式在内的客户生活方式的各个方面，对客户的偏好、忌讳、兴趣、习惯、接受新思想的可能性等个性化行为都有很好的记录。这些信息被用来发现一些高度个性化形式的新销售机会。现在开始展示出一些电子商务（即网络销售）的能力。在这一层次上，被用来增加客户忠诚度和理解客户在产品开发方面的需求。就客户服务而言，店铺应该拥有大量个性化的工具，能提供个性化的服务，同时关注客户的个性化需求，大量搜集客户个性化需求的信息。

4. 客户化服务

在这一层次，发展客户关系的利益开始增加。店铺提供给客户的特定利益能够与他们的价值、动机和兴趣相配合。店铺更好地理解了个别客户的购买需要和购买周期。开通忠诚客户俱乐部、使用者讨论会和类似的以鼓励客户积极参与活动。客户参与不但促进了客户与店铺的共鸣，而且更进一步促进了客户忠诚度，也使潜在客户觉得这是一个好的去处，并鼓励他们成为忠诚的定期访问者。

10.5.2 影响客户体验的因素

良好的买家体验不仅决定是否能留住老客户，也直接影响新客户的购买决策。

1. 促使买家下单的因素

（1）图片质量

漂亮、清晰的图片是说服买家下单最主要的因素，除图片是否好看外，商品细节是否展示清楚也是买家关注的。同时，有些买家喜欢没有经过美化处理的实拍图，这些实拍图让买家下单更为放心。

（2）买家评价

据调研，79%的买家在下单前都会查看购买过同类商品的买家评价，在客服工作中，引导买家留下积极正面且带图片的评价，可以有效提高商品的转化率。

（3）类似商品的价格比较

电商平台商品的展示形式让价格比较成为很容易的一件事，不同店铺的商品之间细微的价格或功能区别被清楚地呈现在买家面前，如果商品在同平台上有其他卖家也在出售，那么要认真做好商品差别化工作，哪怕只是视觉、价格尾数等一点点微小的差别，也会带来更高的转化率。

（4）买家秀

正面的买家秀可以直接影响买家决策，反面的买家秀也会让一个潜在的买家放弃下单，要收集更多优秀买家照片、视频，可以开展一系列的征集活动，通过给予礼品、优惠券等形式让更多买家提供照片。

（5）商品视频说明

大部分电商平台都提供视频展示功能，视频展示可以更清楚地展示商品功能或细节，也是影响买家直接下单的因素。

（6）及时有效的沟通

第一时间解决客户疑问，客户就可以尽快下单购买，延后的回复虽然也解决了疑问，但是在客户等待的时间里什么都有可能发生，客户可能找到了新的卖家，也可能改变了购买决定。如果不能在第一时间回复信息，可以向客户解释原因。

2. 阻碍买家下单的因素

（1）需要付运费

虽然包邮的运费都是包含在商品总价里的，但是买家对包邮和需要买家付运费两者的感受有很大的区别，而且参加平台活动时也会要求卖家包邮，所以一般情况下，在商品价格制定时就把运费算入成本。

（2）退货流程麻烦

一般买家偏爱有退货服务的商品，若收到的商品不喜欢，就可以轻松退货。但是有些大件商品退货成本很高，如果没有运费险，买家将商品退回去的运费比较高，也会影响到买家下单。因此尽量降低退货成本，减轻买家的下单顾虑。

（3）物流速度慢

物流配送速度的问题同样也会影响到买家下单，因此要合理选择物流公司以提高物流速度，尤其平台活动、大促大卖期间容易爆仓，这时如果选择信誉度高、网点分布广、供应链完善等的物流公司就可以很好地提高物流配送速度，提高买家体验和好评率。

（4）支付遇到困难

有些买家使用电子支付并不熟悉，有些地区的网络速度比较慢，有些银行支付系统不好用，有很多原因可能导致买家最终无法成功付款。客服要尽可能了解买家端的使用流程，如果客户下单后没有及时付款，要及时询问买家遇到了什么问题，是否有支付困难等，尽可能为客户提供帮助。

3. 可能导致中差评的因素

（1）商品图片与实物有差异

有时为了使自己的商品看起来比较吸引买家，会在图片处理上或多或少添加一些商品本身没有的效果，这样会使买家有一个美好的心理预期，提高了买家对商品的期望值。然而，一旦买家收到的商品与图片差异很大，就会非常失望，会在第一时间内询问为什么颜色或形状有那么大的差别。

对于这类投诉要积极主动地向买家解释，并提供原有的图片。如果只是因为小部分修图处理造成的色差，合理的解释还能赢得买家的信任。在处理过程中要表现出自己对买家的重视，并适当地给予一定的优惠或返券、折扣。用真诚的态度解决买家的问题，并不要放弃向买家争取好评。

为了避免这类投诉和差评，卖家在上传商品图片时，可以展示多角度的细节，也可以用没有处理过的图片，尽量让买家对商品有真实、全面的视觉印象。

（2）买家不会使用商品

有些电子产品的功能比较复杂，买家使用时不愿意耐心研究，与客户沟通时买卖双方的语言表达可能不好，导致沟通不畅，这种情况在3C卖家中比较常见。建议在选品时就选择功能和操作简单的商品，说明书上的使用方法要简单直观，图文并茂。很重要的一点是，要在商品状态设置在买家收到货后立刻可以打开使用，不需要再让买家进行充电或其他操作，等待使用，否则会对商品的体验感非常差，产生负面影响。

如果买家已经提交了差评，通过沟通发现是因为买家使用不当造成的，则可以请买家在差评下方进行补充评价，卖家也可以在买家评价下方作出说明。

（3）商品质量问题

若买家提出的问题单纯是商品质量问题，则卖家可以要求买家提供相应的照片，根据照片反映的质量问题，及时和买家沟通，给予买家适度补偿。此外，还应到自己的出货记录中查找相同时间范围内其他商品的反馈，分析库存中其他货物质量，如果买家反馈的质量问题是普遍存在的情况，则应从供应链端优化商品质量，严格做好品控管理。

（4）买家在下单前提出的细节要求没有得到满足

有些买家在下单时会备注特别需求，比如，"这是为我的生日准备的，请不要让我失望"。遇到这样的订单，要请出货的人员特别注意该订单的质量和包装。另外，如果这个买家买了一个非常便宜的商品，从咨询的态度、问题上可以看出他对商品的期望值很高，这种情况下为了避免差评，可以考虑多花一点成本去满足买家的心理预期，或事先予以说明。在发货前尽量揣摩一下买家的心理需求，避免一些不必要的差评。

10.5.3 如何解决纠纷

纠纷类型主要有买家未收到货物、只收到部分商品、承诺时间内未按时发货、商品描述不符、产品破损等，具体解决措施如下：

1. 买家未收到货物类纠纷

当物流状态显示货物还在途中暂未到达时，卖家可以和买家沟通先关闭纠纷通道，并且帮其延长收货时间。因为很多买家害怕自己的利益不能得到保障而提起纠纷，只要买家的货物还未确认收货，买家就会耐心等待收货并且确信资金的安全。

2. 对货物短装的纠纷

此类纠纷的原因可能是因为订单包含多件商品，卖家使用两个包裹发货，其中一个包裹已妥投，而另一个包裹仍在途中，买家以未收到货为由提起纠纷，并要求退货退款。在处理此类纠纷时，卖家可以拒绝纠纷，并向买家强调另一个包裹仍在运送途中，并提供在途包裹的运单号给买家，同时帮助买家延长收货时间，等待在途包裹的到达。并且此类纠纷在平台介入后会通过邮件告知双方情况。

3. 包裹原件被退回

交易订单中的货物因为买家收货地址有误或不完整无法妥投，或者因买家原因长时间未提货，导致包裹被退回。卖家需提供因买家原因导致包裹不能正常妥投的证明，证明的形式可以是物流公司的查单、物流公司发出的邮件证明、与买家的聊天记录等。

包裹被寄往或妥投在非买家地址，是由于卖家填写了错误的买家收货地址，或者物流公司误将包裹寄往了非买家地址，导致买家无法正常签收包裹的，平台一般自卖家举证开始 3 天内，卖家提供发货底单及买家要求修改收货地址的沟通记录。若底单上的地址与买家收货地址不一致，且卖家无法提供证据证明买家要求修改收货地址，即可判定卖家发错地址。

若最终判定为卖家发错地址，卖家可先尝试与物流公司联系，更改买家收货地址，如更改后买家收到货物，则全额付款；若无法更改或更改后买家还是未收到货物，建议卖家联系物流公司取回包裹。

4. 买家拒签

买家拒签包括有理由拒签和无理由拒签。有理由拒签，当货物递送至买家时，买家发现货物存在肉眼可见的损坏或与订单不符的情况，如货物破损、短装、严重货不对板等，买家可以当场拒绝签收。无理由拒签，即货物寄送到买家时，买家无任何理由拒绝签收。卖家可提供相应的聊天记录和发货物流底单。

5. 货物途中丢失

卖家需要跟买家解释，纠纷对自己店铺的影响。此外，可定货物丢失的情况下卖家可重新发货，并及时发给买家新的运单号。

6. 买家收到货物与约定不符

（1）质量问题

及时查找真正的原因，如果是质量问题，可以让买家选择退货退款或保留货物退部分货款，由于没有纠纷率的顾虑，只要买家接受方案，就可以解决纠纷。

（2）与描述不符

买家收到的货物与卖家在平台店铺商品详情页上的描述存在颜色、尺寸、商品包装、品牌、款式、型号等方面的差异。这种情况下，界定商品的标准以店铺商品详情页上描述的为准。卖家需要保证商品的描述信息前后一致，若出现信息矛盾或误导倾向，则平台保留最终的纠纷裁决权。

若买家在下单之前卖家已经明确提示买家，商品可能存在颜色的偏差，或者尺码存在一定的误差,并明确了误差大小,一般平台自发出通知起 3 天内卖家需提供有关提示的沟通记录作为证明。

10.6 跨境客户服务的特点及存在的误区

10.6.1 跨境客户服务的特点

1. 降低客户服务的成本

利用网络开展客户服务最直接的价值就是成本费用的降低。通过网络传递商品和服务的存在、性能、功效及特征等信息,可以缩短渠道流通环节,并降低促销费用;网上购物为企业和客户提供了更为便利有效的购买途径;电子邮件等为企业提供了更高效、低成本的调查方式。这些都为企业在向客户提供服务的同时降低了企业和客户的成本,从而提升了产品的价格竞争优势。例如,戴尔公司主页服务的推出,使客户的系统维护成本大大降低。

2. 提高客户服务的效率

客户通过网站留言或发送电子邮件等方式可以快速地将问题传递给企业,企业在了解到客户的疑问后也可通过相同的方式快速解答客户的各种问题。有些问题甚至可以通过网络由企业直接解决,如软件开发商可以通过网络直接解决客户的软件问题等。即时信息、聊天室等作为即时客户服务的手段不断推出,既缩短了客户服务的时间,又提高了客户的满意度。当然,受客户服务人员素质及服务成本等因素的影响,其广泛应用尚需时日。

3. 促进服务手段的多样化

传统的客户服务手段主要有电话和信函咨询、工作人员上门服务、设立服务网点等。在网络环境下,客户服务的方式日趋多样,除传统方式以外,常用的网上客户服务手段有 FAQ(常见问题解答)、论坛、电子邮件、即时信息等。在线服务作为网上客户服务的一种常见形式,其服务手段还在不断发展中,而网上客户服务在网上零售、网上银行等领域已经取得了重要进展。

10.6.2 跨境客户服务存在的误区

1. 不倾听客户的需求

网络客服经常在没有完全理解客户需求的情况下,急于对客户的反馈给予解答,使得客户无法完整有效地进行反馈。网络客户服务的基本出发点是满足客户需求,它们的站点设计的共同特点之一就是便于客户使用,这使客户能够直接给企业反馈信息。客户们能告诉企业某种产品何时适应市场的需求,或他们要求产品做哪些具体的改进等。很多企业发现客户直接反馈系统能激发工作人员积极的工作状态，促使质量的提高。供应商、零售商、客户应是整个营销过程的重要参与角色，由此可形成一个互动的系统。

2. 很少做到循序渐进

网络客户服务人员应将每一种服务和产品都视为一个多步骤、循序渐进的过程，而不是一蹴而就的事。这要求网络客服人员每天都要对站点进行不断的改进，比如更换图形、修补破损的链接、改正拼写错误等。从这些小事做起，使站点精益求精。由此，客户也会赞赏企业所做的这些持续的努力。

3. 疏忽客户的变化

企业设立站点的最初原因就是要减少电话服务，但现在客户仍然可能会打电话，这是比较棘手的问题。客户经过吸取网络站点的信息，对服务的要求与以前相比已大大的不同了——他们对产品的知识基础、信息需求的水平都大大提高了。公司要适应这种需求的增长，无疑也应不断地积累、增长自身的知识。

4. 缺乏灵活性

网络媒体允许企业不断地完善和扩展它的内容，可以一步一步地扩展，而不必也不可能一下子就尽善尽美，它有很大的灵活性。

5. 无完善的应急支持计划和系统

应将开发、运送、培训的部门都包括到网络客户服务支持小组中来。如果他们都不知道网络服务是怎样运用的，就无法通过网络工具帮助客户。同时还要考虑到某种灾难性事件发生的可能性：如果每天有 10000 个客户利用站点要获得帮助，可是有一天系统突然出现故障，怎么办？所有企业都要保证有一个应急的支持系统或其他解决问题的方法。

10.6.3　客户维护策略

按照客户的要货模式，我们可以把客户分为批发类、定制类和一件代发类。一般情况下，对于批发类、定制类客户，使用电话进行沟通更有利于提升回购率；对于一件代发类客户，使用群管理更合适。

对于批发类和定制类客户，有以下回访注意事项。

① 最好用电话或手机沟通。

② 沟通前了解对方的历史采购情况。

③ 尽可能避开休息时间，例如 13：00 至 14：00。

④ 一开始就表明身份，并明确对方是否方便接电话。

⑤ 让对方感觉到被关心，顺便询问补货事宜，别让对方感觉自己是来推销产品的。

⑥ 沟通前准备好书面稿，做好演练。

对于一件代发类客户，通常使用群管理，群内管理的核心内容如下：

① 新品告知。当有产品上新或者准备上新时，可以在群里做告知和"预热"，上新频

率也很重要，需要控制好，上新频率是优质代理商选择供应商的重要标准。

② 优惠政策告知。在店铺参加平台活动或者有店内自营活动时，可以将优惠政策在群内公布，甚至可以和代理商做联营，让代理商也同步做活动，为他们做好产品供应与服务支撑。

③ 库存告知。代理商很担心供应商货源不稳定，更担心这种不稳定的情况无法预知，所以我们需要及时在群内做库存情况告知。

④ 统一培训。针对代理商做好培训工作，让他们感受到差异化服务，提高认可度和黏性，同时提升自身运营能力，让业绩越来越好。代理商卖得好，我们才能卖得更好。

提到客户关怀，很多商家并不陌生，即使做传统生意，也需要做大量的客户关怀工作。建议在逢年过节时，给予老客户尤其是核心客户真诚的问候，可以结合商务送礼，具体做法如下：

① 问候重在真诚，必须"点对点"带称谓问候。
② 中秋、元旦、春节等节日为客户关怀的重点时间。
③ 选择合适的特产进行商务送礼。
④ 打电话问候重点客户。

知识拓展

电商客户服务中，售后出现问题，无外乎就这三个问题：产品问题、物流问题、客服问题。这些问题出现之后，我们电商客服应该做的不是逃避或者是推卸责任，而是要勇于面对自己的问题和承担相应的责任。以下是关于售后纠纷处理流程七大要点：

1. 快

面对客户提出的售后问题或者投诉，要反应快速而且要态度好，不要让客户因为等待而更加急躁，问题被无限扩大。

2. 听

倾听是最好的一种沟通方式，面对客户提出的问题，我们要学会认真倾听，也许只是小问题，但是若对小问题置之不理或者态度冷淡，就可能会发生变化了。

3. 释

听完之后，我们要针对客户提出的问题给予相应的回答，当然不要只站在自己角度去解答客户的问题。

4. 歉

要学会诚恳道歉，求得客户的谅解。

5. 选

道歉之后，我们就给到客户解决方案，但是我们最好多准备几个方案给客户，让客户自己选择，这是一种对客户的尊重。

6. 及

制订解决方案之后，要快速行动起来，千万不要拖延时间，以免刚刚建立的好感，被拖延的时间而消散。

7. 馈

行动之后，要及时从客户那里得到回馈，售后纠纷处理最简单的方式就是按照流程进行。

10.7　跨境客户服务沟通

电商客服代表着一个店铺甚至平台的形象，同时也是产品专家和形象专家，在与买家的沟通中是否能了解需求，并做好引导话题，这对促进成交，起着非常重要的作用。

10.7.1　跨境客户服务要求

1. 最高标准：微笑服务（电脑看到）、有效解决。

2. 最高原则：让顾客舒心、满意而归。

3. 服务基本要求：

（1）反应及时（反应快、训练有素）

顾客首次到访打招呼的时间不能超过 15 秒。打字速度要快，至少要达到 50 字/分钟，且不能有错别字；每次回答顾客问题，顾客等待时间不能超过 20 秒。如回答太长，宜分次回答。

（2）热情亲切（赞美、热情、亲昵称呼、自然、真诚）

用语规范，礼貌问候，让顾客感觉热情，使用不是很生硬的话语，做到亲昵称呼，自然亲切。

（3）了解需求（细心、耐心、有问必答、准确、找话题）

对顾客的咨询、顾客需求给予准确的回应，并快速提供顾客满意的答复，需求不明确时做到引导顾客产生需求。

（4）专业销售（自信、随需应变、舒服）

以专业的言语、专业的知识、专业的技能，回答顾客异议，让顾客感觉我们是专家并感受上帝般的舒服。

① 主动推荐和关联销售。善于向顾客推荐公司主推款，并给予关联推荐，乃至达成更高的客单价。

② 建立信任（建立好感、交朋友）。通过经验，找到和顾客共鸣的话题，想顾客所想，给顾客恰当的建议，建立销售的信任。

③ 转移话题，促成交易。碰到顾客刁难、啰唆或公司弱点问题，迅速转移话题，引

导销售，并以促成交易为目的。

④ 体验愉悦（解决问题、强化优势、欢送）。服务过程给顾客找准记忆点，强化顾客记忆，给顾客良好的体验并留下愉悦的回忆。

10.7.2 跨境客户服务询盘沟通

用英文与客户沟通最重要的是要做到3点：一是清楚，即用词准确恰当，内容主旨清晰；二是简洁，用简短的语句清楚地表达，尽量避免使用过于复杂的词汇；三是礼貌，英文书写要有一定的礼貌用语。以下提供一些常用的写作案例，卖家们可灵活运用。

1. 售前沟通

售前沟通主要是为客户解答关于产品价格、库存、规格型号、用途，以及运费、运输等方面的问题，促使客户尽快下单。

(1) 买家光顾店铺查看商品

Hello，my dear friend. Thank you for visiting our store，you can find what you want from our store. If we don't have the item，please tell us and we will spare no effort to find it. Good luck.

译文：你好，我亲爱的朋友。感谢光临我的店铺，你可以从我的店铺找到所需要的产品。如果我们的产品不符合你的预期，你可以告诉我们，我们帮你找。请放心购买。

(2) 买家询问商品价格和库存

Dear ××，

Thank you for your inquiry. Yes，we have this item in stock. How many do you want? Right now，we only have × style and × color left. Since they are hot selling items，the product has a high risk of selling out soon. Please place your order as soon as possible.

Thanks & Best regards. （后文省略）

译文：亲爱的××，感谢您的咨询。您现在浏览的商品是有货的，您想要多少？目前我们只剩下×款和×颜色。由于它们是热销产品，因此该产品很快就会销售一空。请您尽快下单，谢谢！

(3) 因回复不及时而主动打折

Dear ××，

I am sorry for the delayed response due to the weekend. Yes，we have this item in stock. And to show our apology for our delayed response，we will offer you 5％ off. Please place your order before Friday to enjoy this discount.

Please let me know if you have any further question. Thank you!

译文：亲爱的××，很抱歉因为周末导致回复延迟。这款产品我们有库存。为了表示我们的歉意，我们将会为您提供5％的折扣。如果您打算享受此项优惠，请在周五前下单。如果您还有任何疑问，请随时联系我们。谢谢！

（4）追踪已下单但未付款的订单

Dear friend,

We have got your order of ×. But it seems that the order is still unpaid. If there's anything I can help with the price, size, etc, please feel free to contact me. After the payment is confirmed, I will process the order and ship it out as soon as possible. Thanks!

译文：亲爱的朋友，我们已经收到您的订单×（产品的名称、数量等），但订单似乎未付款。如果在价格和尺寸上需要帮助，请随时与我联系。当付款完成，我们将立即备货并发货。谢谢！

（5）鼓励客户提高订单数量，提醒其尽快下单

Dear friend,

Thank you for your order. If you confirm the order as soon as possible, I will send some gifts. A good news：Recently there are a lot ofactivities in our store. If the value of goods you bought counts to a certain amount, we will give you a satisfied discount.

译文：亲爱的朋友，谢谢您的惠顾。如果您尽快确认订单，我们将会赠送您一份礼物。另外，我们店铺最近推出了很多活动，如果您购买的产品价值达到一定数量，我们会给您一个满意的折扣。

（6）产品断货

Dear ××.

We are sorry to inform you that this item is out of stock at the moment. We will contact the factory to see when they will be available again. Also, we would like to recommend to you some other items which are of the same style. We hope you like them as well. You can click on the following link to check them out. ×× (Link). Please let me know for any further question.

译文：亲爱的××，真是对不起，您订购的产品目前缺货。我们会联系工厂，确认何时可以发货后立即告知你。以下链接提供的产品也是物美价廉的，××（产品链接）希望你能喜欢。有任何问题随时联系我们。

（7）买家议价

Dear ××,

Thank you for your interests in our item. I am sorry but we can't offer you that low price you asked for. We feel that the price listed is reasonable and has been carefully calculated and leaves me limited profit already.

However, we'd like to offer you a ×％discount if you purchase more than × pieces in an order. Please let me know for any further question. Thanks.

译文：亲爱的××，感谢您对我们的产品感兴趣，但很抱歉我们不能给您更低的价格。事实上，我们的产品售价是经过精心计算的且是合理的，我们的利润已经极为有

限。但如果您一次购买超过×件，我们将给你×％的折扣。有任何问题请联系我，谢谢。

提示：添加希望卖家购买的件数和店铺所能提供的折扣。

（8）买家要求免运费

Dear friend,

Sorry，free shipping is not availiable for orders to ×. But we can give you an ×％ discount of the shipping cost if you purchase more than X pieces in an order.

译文：亲爱的朋友，很抱歉，到×地不能免运费。但如果您一次购买超过×件，我们可以在运费上给你×％的折扣。

（9）没有好评，买家对你的产品表示怀疑

Dear friend,

I am very glad to receive your message. Although I haven't got a high score on AliExpress，I've been doing business on eBay for many years and I am quite confident about my products Besides，since AliExpress offers buyer protection service which means the payment won't be released to us until you are satisfied with the product and agree to release the money. We sincerely look forward to establishing long bussiness relationship with you.

译文：亲爱的朋友，我很高兴收到你的留言。虽然我们店铺在全球速卖通上的客户评价很少，但我们在 eBay 经营多年，我对我的产品很有信心。此外，全球速卖通提供第三方担保支付服务，这意味着款项将不会直接转至卖方，直至您对此笔交易感到满意。希望能够与您建立长期合作关系。

（10）买家希望提供样品，但贵公司不支持随单赠送样品

Dear ××，

Thank you for your inquiry and I am happy to contact you.

Regarding your request，I am very sorry to inform you that we are not able to offer free samples. To check out our products we recommend ordering just one unit of the product (the price may be a little bit higher than ordering by lot) . Otherwise，you can order the full quantity We can assure the quality because every piece of our product is carefully examined by our working staff. We believe trustworthiness is the key to a successful business.

If you have any further question，please feel free to contact me.

译文：亲爱的××，谢谢您的询问，我很高兴与您联系。我很抱歉无法满足您提出的要求，我们不能免费为您提供样品为了检验我们的产品，我们建议您可以订购每种产品的一个单位（价格会比批量订购略高），否则，您也可每种产品订购一件。我们可以保证诚信是成功经营的关键。

如有任何问题，请随时与我联系。

2. 售中沟通

售中沟通主要是发货确认及告知客户产品的物流信息，以让客户掌握产品动向。

（1）客户下单后发确认函

Dear buyer,

We've received your order, we will ship your order out within x business days ae promised. After doing so, we will send you an E-mail notifying you of the tracking number. If you have any other questions, please feel free to let me know.

译文：亲爱的顾客，我们已收到您的订单，我们承诺将在×天内发货。发货后，我们将告知您货运单号。如果您有任何问题请随时联系我们。

（2）已发货并告知买家

Dear ××,

Thank you for shopping with us.

Whave shipped out your order (order ID：×××) on Feb. 5 th by EMS. The tracking number isxxx. It will takes 5～10 workdays to reach your destination, but please check the tracking information for updated information. Thank you for your patience!

If you have any further question, please feel free to contact me. 译文：亲爱的××，感谢您在我们店铺购物。

我们已经将您的订单（订单号：×××）于 2 月 5 日由 EMS 打包发货了，运单号是 ×××。包裹将需要 5～10 个工作日到达目的地，请留意物流信息的更新。谢谢你的耐心等待！如有任何问题，请随时与我联系。

提示：请填写订单号和运单号。

（3）海关问题

Dear friend,

We received notice of logistics companynow your customs is performing strict periodical inspection for large parcels. In order to make the goods sent to you safely, we suggest to delay the shipment, and wish you a consent to agree. Please let us know as soon as possible. Thanks.

译文：亲爱的朋友，我们接到物流公司的通知，现在贵国的海关对大量邮包定期进行严格的检查，为了使货物安全地送达到贵处，我们建议延迟几天发货，希望征得您的同意。请您尽快回复。谢谢。

（4）订单超重无法使用小包免邮

Dear ××,

Unfortunately, free shipping for this item is unavailableI am sorry for the confusion. Free shipping is only for packages weighing less than 2 kg which can be shipped via China

Post A Mail. However, the item you would like to purchase weighs more than 2 kg. You can either choose another express carrier, such as UPS or DHL (which will include shipping fees, but are also much faster). You can place the orders separately, making sure each order weighs less than 2 kg, to take advantage of free shipping.

If you have any further question, please feel free to contact me.

译文：亲爱的××，非常遗憾，您的这笔订单不可以免费送货。只有重量小于 2 kg 的包裹才可以采取包邮，通过中国邮政航空邮件发运。然而，您购买的产品重量超 2 kg。您可以选择另一个物流公司，如 UPS 或 DHL（其中包括运输费，但发货速度也很快）。或者您可以把这笔订单拆分，确保每笔订单的产品数量小于 2kg，就可以包邮了。如果您有任何问题，请随时联系我。

（5）已发货数天但买家查询不到物流信息

Dear friend,

We send the package out on ×××, and we have contacted the shipping company and addressed the problem. We have got back the original package and resent it by UPS. The new tracking number is ×××.

I apologize for the inconveniences and hope you can receive the items soon. If you have any problem, don't hesitate to tell me.

译文：亲爱的朋友，我们已经在××月××号发送包裹，根据您的反馈，我们已经联系货运公司并确认问题。我们将找回原来的包裹并重新寄送，新的货运单号是×××，使用的是 UPS。我对此感到十分抱歉，希望您能尽快收到。有任何疑问，请立即告诉我。

提示：请填写发货日期和货运单号。

3. 售后沟通

售后沟通主要是解决客户收到产品之后的一系列问题，包括退换货问题、买家确认收货及买卖双方互评。

（1）退换货问题

Dear friend,

I'm sorry for the inconvenience. If you are not satisfied with the products, you can return the goods back to us.

When we receive the goods, we will give you a replacement or give you a full refund. We hope to do business with you for a long time. We will give you a big discount in your next order.

译文：亲爱的朋友，很抱歉给您带来了不便。如果您对产品不满意，您可以把货物退回。当我们收到的货物，我们将为您更换或全额退款。我们希望能和您达成长期的贸易关系。当您下次购买时，我们将给您最大的折扣。

（2）客户收货后投诉产品有损坏

Dear friend,

I am very sorry to hear about that. Since I carefully checked the order and the package to make sure everything was in good condition before shipping it out，I suppose that the damage might have happened during the transportation. But I'm still very sorry for the inconvenience this has brought you. I guarantee that I will give you more discount to make it up next time you buy products from us. Thanks for your understanding.

译文：亲爱的朋友，很抱歉听到发给您的货物有残损，我们在发货时再三确认了包装没有问题才给您发货的。残损可能发生在运输过程中，但我仍旧因为带给您的不便深表歉意。当您下次从我这购买时，我将会给您更多的折扣以作为弥补。感谢您的谅解。

提示：请根据投诉的实际情况进行更改。

（3）提醒买家给自己留评价

Dear friend,

Thanks for your continuous support to our store，and we are striving to improve ourselves in terms of service，quality，sourcing，etc. It would be highly appreciated if you could leave us a positive feedback，which will be a great encouragement for us. If there's anything I can help with，don't hesitate to tell me.

译文：亲爱的朋友，感谢您继续支持我们，我们正在改善我们的服务、质量、采购等环节。如果您可以给我们一个积极的评价，我们会非常感激，因为这对我们来说是一个很大的鼓励。如果您需要任何帮助，请立即告诉我。

（4）收到顾客好评

Dear friend,

Thank you for your positive comment. Your encouragement will keep us moving forward. We sincerely hope that we'll have more chances to serve you.

译文：亲爱的朋友，感谢您的积极评价。您的鼓励是我们前进的动力。我们真诚地希望能有更多的机会为您服务。

（5）向买家推荐新品

Dear friend,

As Chrismas/New year/⋯is coming, we found × has a large potential market. Many customers are buying them for resale on eBay or in their retail stores because of their high profit margin. We have a large stock of ×. Please click the following link × to check them out. If you order more than 10 pieces in one order you can enjoy a wholesale price of ×. Thanks.

译文：亲爱的朋友，随着圣诞节/新年……的来临，我们发现×产品拥有较大的潜在市场。因为利润率很高，eBay 或零售店均有出售。我们现在有大量的×产品，请单击下

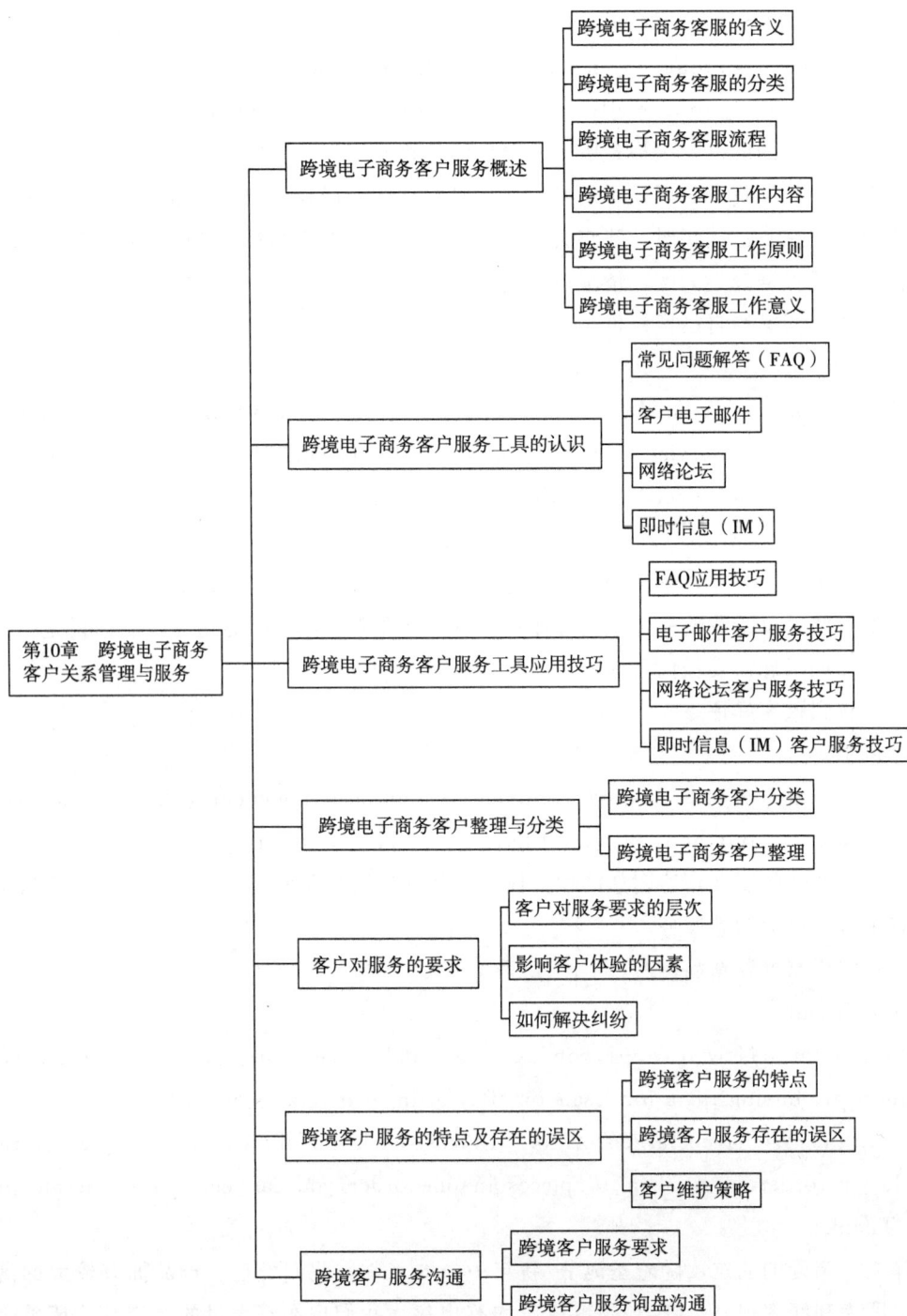

面的链接×进行查看。如果您一次购买×件，我们可以给您批发价格×。谢谢。

　　提示：请添加产品具体名称和产品链接地址、购买件数、批发价格。

✎ 思维导图

```
                                                    ┌─ 跨境电子商务客服的含义
                                                    ├─ 跨境电子商务客服的分类
                                                    ├─ 跨境电子商务客服流程
                              ┌─ 跨境电子商务客户服务概述 ┤
                              │                     ├─ 跨境电子商务客服工作内容
                              │                     ├─ 跨境电子商务客服工作原则
                              │                     └─ 跨境电子商务客服工作意义
                              │
                              │                     ┌─ 常见问题解答（FAQ）
                              │                     ├─ 客户电子邮件
                              ├─ 跨境电子商务客户服务工具的认识 ┤
                              │                     ├─ 网络论坛
                              │                     └─ 即时信息（IM）
                              │
                              │                     ┌─ FAQ应用技巧
  第10章  跨境电子商务          │                     ├─ 电子邮件客户服务技巧
  客户关系管理与服务 ───────────┼─ 跨境电子商务客户服务工具应用技巧 ┤
                              │                     ├─ 网络论坛客户服务技巧
                              │                     └─ 即时信息（IM）客户服务技巧
                              │
                              ├─ 跨境电子商务客户整理与分类 ┬─ 跨境电子商务客户分类
                              │                         └─ 跨境电子商务客户整理
                              │
                              │                  ┌─ 客户对服务要求的层次
                              ├─ 客户对服务的要求 ┼─ 影响客户体验的因素
                              │                  └─ 如何解决纠纷
                              │
                              │                        ┌─ 跨境客户服务的特点
                              ├─ 跨境客户服务的特点及存在的误区 ┼─ 跨境客户服务存在的误区
                              │                        └─ 客户维护策略
                              │
                              └─ 跨境客户服务沟通 ┬─ 跨境客户服务要求
                                               └─ 跨境客户服务询盘沟通
```

复习思考题

1. 利用阿里旺旺以买家身份跟在线客户进行产品咨询，并谈谈对在线客服的感受。

2. 以跨境客服的身份发一封回复客户关于电子支付、跨境物流方面有疑问的电子邮件，内容自拟。

第 11 章　跨境电子商务法律法规及监督

学习目标

- 了解跨境电子商务税务征管面临的难题及国内外相关法律法规和启示。
- 熟悉跨境电子商务知识产权保护的内容、面临问题及保护措施。
- 熟悉跨境电子商务消费者的权益内容、面临问题及保护措施。
- 了解跨境电子商务相关环节的法律风险。
- 掌握我国对跨境电子商务的政策支持。

开篇案例

跨境保健品含螺旋藻存在税则号列及贸易方式申报不实行为

2020 年 6 月至 2021 年 9 月间，某商家以保税电商和保税间货物等监管方式向海关申报进境 "Swisse 螺旋藻 100 片" "GNC 螺旋藻胶囊 100 粒" 货物共计 18 票至某综合保税区，涉及商品 6959 件。海关于 2022 年 5 月 5 日稽查发现，上述当事人申报进口的 Swisse 螺旋藻片、GNC 螺旋藻胶囊申报的商品编码均为 2106909090（其他编码未列明的食品），实际均应归入税则号列 21022000（已死的单细胞微生物）项下，不属于《跨境电子商务零售进口商品清单》列明的税则号列，当事人进口上述商品不符合保税电商监管条件，且行为构成贸易方式和税则号列申报不实，影响国家税款征收，不能以跨境电子商务零售商品进口。经海关关税部门计核，该部分总计 6542 件螺旋藻商品的完税价格为人民币 488136.27 元，漏缴税款共计人民币 140647.47 元。当事人因未认真审核电商平台公司提供数据，为管理上的疏漏，致使发生申报不实行为。

另查，当事人进口至保税区的 323 件螺旋藻片以保税间货物监管方式作区间转出，有 90 件螺旋藻胶囊以库存调整监管方式作出区销毁，两项共计 413 件商品涉及税则号列申报不实，影响海关监管秩序。海关对当事人网购保税进口账册盘库，螺旋藻片盘亏 4 件，经海关关税部门计核，该部分完税价格共计人民币 280.84 元，漏缴税款 101.8 元，当事人经营海关监管货物，对有关货物灭失、数量短少不能提供正当理由，违反海关监管规定。

以上行为有进口货物报关单及随附材料、检查记录、产品说明书、归类认定书、网购保税进口清单、保税核注清单、违规货物统计清单、海关税款计核证明书、查问笔录、营业执照复印、身份证复印件等证据为证。

当事人进口货物税则号列及贸易方式申报不实行为，违反了《中华人民共和国海关法》第二十四条第一款之规定，构成本法第八十六条第三项、第十二项所列之违规行为。决定对当事人作出如下行政处罚：

一、对当事人已申报进口的 6542 件货物的申报不实影响税款征收行为，依照《中华人民共和国海关行政处罚实施条例》第十五条第四项之规定，科处罚款人民币 9 万元。

二、对当事人已申报进境的 413 件货物申报不实影响海关监管秩序行为，依照《中华人民共和国海关行政处罚实施条例》第十五条第二项之规定，科处罚款人民币 0.5 万元。

三、对当事人有 4 件海关监管货物短少不能提供正当理由的情况，违法行为轻微，依照《中华人民共和国行政处罚法》第三十三条、《中华人民共和国海关行政处罚实施条例》第十八条第一款第三项之规定，对该部分违法行为不予行政处罚。

综上所述，对当事人作出罚款人民币 9.5 万元的行政处罚。

资料来源：根据云通关资料改编。原始出处：跨境进口老歪，跨境保健品含螺旋藻被罚（https://mp.weixin.qq.com/s/OjiLneoKFoyX4J3d3vmqpA）。

讨论题：

1. 上述案件中的法律问题涉及哪些跨境电子商务环节，并存在哪些法律风险？
2. 如何应对上述案例中的跨境电子商务法律风险？

11.1　跨境电子商务税务监管

11.1.1　跨境电子商务税收征管的主要问题

1. 纳税对象和纳税主体难于确认

在传统国际贸易中，具有稳定工作地的国际贸易公司为商品的跨国流通提供了帮助，但跨境电子商务交易是通过线上交易完成，其交易信息是电子化的。这解决了买卖双方因距离问题不便于完成跨境交易的难题，无须依靠传统国际贸易公司的工作地点，通过跨境网络平台签订独立合同，为消费者提供交易中的技术指导和服务，使得征税对象不够确定。与跨境电子商务网购的保税进口需要全部报关报检相比，以"先下单后发货"为特点的直购进口方式，需要在进境时通关，但并非全部报关，海关对其进行抽查。也就是说，在这种模式下，实际货物存在与清单上的货物类别不符的可能性，导致纳税对象难以确认，造成了税务征管的困难。同样，纳税主体也面临着难以确认的难题，跨境电子商务零售进口是通过对电子商务平台代扣代缴的形式征税。在我国有关个人税务信息登记是不完全的，因此，对个人纳税义务人的交易限额和纳税情况进行监管存在较大难度。

2. 纳税地点和纳税期限难于确认

在跨境电子商务中，纳税地点涉及的买卖双方主体、网上银行、服务器、网络服务商等，都可能处于不同的地方，造成税收管辖权模糊化。因此，到底是以电子商务机构的所在地或是注册登记地为纳税义务发生地，还是以营业行为发生地为纳税义务发生地，或是以服务器所在地为地税义务发生地，税务机关在实际工作中难以准确把握。同时，交易行为虚拟化，支付方式电子化，交易双方可以通过网上订单、线上支付、线上发货的方式进行，瞬间即可完成交易过程，使得跨境电子商务交易具有隐匿性，因而纳税环节难以判断，税务机关也无法界定是按现行税法规定来确定电子商务的纳税期限（按月、季、年），还是按发生交易当时来确定纳税期限。

3. 税收模式的不同加剧避税问题

目前，我国进口货物主要有三种不同的征税模式，分别为新设的跨境电子商务零售进口综合税、行邮税和一般货物税。贸易型和非贸易型作为我国当下的入境商品的两种贸易形式，贸易型的物品入境需要缴纳关税、进口增值税以及消费税，而非贸易性商品入境时则走行邮监管通道缴纳行邮税。在通知范围内，跨境电子商务进口商品的总体综合税负水平低于通知范围之外跨境电子商务进口的商品和货物的税收，以及同类一般贸易进口商品。不同国家的关税起征点不同，例如表 11-1 和表 11-2 所列。在"一带一路"国家中，新加坡的关税起征点为 307 美金，韩国 150 美金，泰国仅为 42 美金。在其他国家，例如美国的关税起征点为 200 美金，加拿大为 20 加币。这种进口商品不同的税制模式不仅会造成税收负担的差异，违背税收的公平原则，还存在利用税制的不同进行逃税、避税的问题，容易出现很多跨境电子商务经营者利用行邮税逃税，把贸易性商品伪装成自用的商品以行邮监管的方式入境，躲避行邮税和综合税，加剧不公平竞争现象。

表 11-1 "一带一路"国家的关税缴纳政策

国家	关税起征点
新加坡	307 美金（387 新币）
韩国	150 美金
马来西亚	120 美金
泰国	42 美金
越南	45 美金
蒙古	50 卢布
俄罗斯	10000 美金
印度尼西亚	50 美金
柬埔寨	300 美金
阿联酋	260 美金

表 11-2 其他国家的关税缴纳政策

国家	关税起征点
英国	税率起征点：15 英镑（22 欧元） 关税起征点：135 英镑
日本	130 美金，13542 日币
美国	200 美金
澳大利亚	1000 澳元
加拿大	20 加币
法国，德国等欧盟成员国	22 欧元

11.1.2 国内跨境电子商务税收征管

1. 征税体制

我国借鉴国际上的征税体制，建立了与电子工商登记配套的电子商务税收征管体系，推行电子发票，相继在全国范围内推广。未来的征税体系如何完善、成熟尚在探讨中，通过建立以网络交易平台为中心的控制"信息流"的税收征管模式和以银行和第三方支付平台为中心的控制"资金流"的税收征管模式，成为后期跨境电子商务税收征管趋势。

首届世界海关跨境
电商大会发布
《北京宣言》

2. 进出口税收政策

我国以解决电商出口企业无法办理出口退税问题为导向，积极推行适应跨境电子商务出口的税收政策。2014 年，我国出台了有关零售的跨境电子商务进口政策，相应地进一步制定了跨境电子商务零售进口税收政策；2015 年，国务院发布《关于促进跨境电子商务健康快速发展的指导意见》，指出将继续推进出口跨境电子商务增值税、消费税退税或免税政策。

3. 征税政策调整

我国的税收政策坚持税收中性原则，从网络发票的全面推行开始，采用个人所得税的征管方式，对跨境 C2C 的收入进行超额累进税率的形式，依托互联网电子化、数字化和高效化的属性，摸索出适应跨境 C2C 的网络税收征管体系。当下的跨境关税政策，对数额较小的跨境电子商务实行免税的政策，例如对海外批发和部分零售出口企业以及经批准的跨境电子商务企业进口批零差价部分免征关税和增值税，对小微企业通过电子商务平台出口的增值业务和营销推广业务实行零关税，这极大地推动了跨境电子商务的成熟发展，与之相反的金额大的跨境电子商务交易没有相适应的跨境关税政策。

11.1.3 国外跨境电子商务税收征管

1. 欧盟跨境电子商务税收征管

作为发达国家的欧盟各国，其跨境电子商务发展水平也是走在世界的前列，较早开拓海外市场的电商经验也给予了他们充足的时间去探索、积累相关的税收征管经验，值得我们去学习与借鉴。与美国推行的免税观念不同的是，从一开始，欧盟各国就针对跨境电子商务的税收征管进行了公示，要求对跨境电子商务征收税款，无须单独设立一个新的税种，而是通过完善现有的税收征管体系进而实现对跨境电子商务的税收征管。在1997年，欧洲贸易委员会发布了《欧洲电子商务协议》，其主旨表明了欧洲对于跨境电子商务税收征管的态度，依旧坚持税收中性原则，不选择设立新的税种，而是完善现行的税收政策，实现对跨境电子商务的税收进行约束，为跨境电子商务的税收征管定下了基调。随着跨境电子商务的发展，在2008年，欧盟进行了一系列的增值税税改，其中就包括确定了欧盟各国对于跨境电子商务的税收征管实行消费地管辖权，即欧盟各国家有权对在本国境内发生的商品交易或者提供的服务征收税款。同年12月，欧盟委员会继续对增值税进行修改提案，最终通过商讨明确了对于利用欧盟仓库的跨境电子商务交易，将跨境电子商务平台视作卖方，即平台需要为这些交易中涉及的增值税缴纳负责。

欧盟是第一个提出要对跨境电子商务中的数字化产品和服务进行征税的地区，相对于其他国家，较为明智的地方在于，早在2001年便将目光投向了处在发展萌芽期的数字经济。在2001年的12月13日，欧盟各国的首脑通过会议，决定对欧盟境外企业向欧盟销售的数字产品和服务进行征税，其中数字产品及服务包括软件、音乐、视频和服务等，同时关于征税的税率，欧盟各国有自由裁决的权利，并且随着数字经济近年来日新月异的飞速发展，欧盟对于数字经济的税收政策也在不断完善。2015年1月，欧盟将之前各国有权规定数字化产品的增值税税率这条政策进行了调整，规定了跨境为个人提供数字化产品或服务的，其增值税税率应当以消费者国家的增值税税率为标准进行征收。尤其在同年6月，欧盟主席通过了"单一数字市场"法案后，极大地促进了欧洲跨境数字化产品和服务的交易，欧盟各国的财政收入也因此得到了提升。

欧盟在跨境电子商务领域的税收征管明确了消费地征收原则，起初对跨境电子商务的税收就持有坚定的征收态度，且在各个方面都有相应的税收政策对征管方式进行约束。例如表11-3所列，欧盟VAT在注册上表明欧盟外的企业也可以注册，在VAT税率上允许各国有自己的VAT税率，通过卖家会计系统开发票，且期末留抵扣税额可以申请退款，不需要验证发票。在欧盟成员国的积极配合下，实现了税款留在本国，推动了各国的税收利益最大化。此外，对于数字化产品的跨境交易，数字商品或服务的消费地既是数据价值的实现地，亦是数据价值的形成地，依据消费地原则课税符合增值税原理，在促进各国交易公平竞争的情况下，较大程度上保护了各国的税收不被侵蚀。不过，即便欧盟出台了相关政策对数字化产品进行约束，但是其中部分做法是否值得我国借鉴依然是需要考虑的。例如，提案中规定，对于数字化产品和服务的跨境交易，均按照提供跨境应税劳务进行征税，这一点虽然看上去采用了"一刀切"的政策，便于海关征税，但是事实上却加重了税务机关在判定可抵扣的进项税额时的难度，加重了税务机关的负担。

表 11-3　中国 VAT 与欧盟 VAT 的区别

类目	中国 VAT	欧盟 VAT
注册	只有中国企业	欧盟外的企业也可以注册 （可能需要当地代理）
VAT 税率	多种 VAT 税率	各个国家有自己的 VAT 税率 （15%～27%标准税率）
发票	金税系统发票	（根据）卖家会计系统开发票
VAT 留抵税额	期末留抵税额用作下一期抵扣	期末留抵扣税额可以申请退款， 不需要验证发票

2. 印度跨境电子商务税收征管

就发展中国家而言，由于国家体制与经济基础与发达国家存在一定的差距，因此在税收政策的制定上，需要考虑多重因素。在发达国家的跨境电子商务领域，其税收政策较为温和，以刺激本国的出口来促进经济增长。但是发展中国家的税收政策较为严苛，受限因素较多，与拥有税收优惠政策的国家相比，本国的跨境电子商务在国际市场中不占优势。如果向发达国家看齐，同样实施相对温和的税收政策，短期内可以推动本国的经济增长，但是从长远看，这会极大减少本国的税收收入，还存在阻碍本国传统贸易发展的潜在危害，破坏本国经济秩序的平稳性。

以发展中国家印度为例，印度同样属于世界人口大国，并在长期的跨境电子商务税收征管发展中不断摸索出一条符合本国国情的税收管理体系。与欧盟一样，印度对于跨境电子商务的税收征管也持积极的肯定态度，认为应当对其进行征税，这是由于其税制结构导致的。印度作为联邦制国家，在其 2017 年实行了税制简化后，取消了之前施行的流转税税种，采用商品及服务税的形式征收，如中央政府之前的消费税及消费税附加，邦政府之前的奢侈税、博彩税等，这都是其主要的财政收入来源。而如果对跨境电子商务征收税款，无疑是扩大了商品及服务税的征税范围，这样一来无论是中央政府还是邦政府，他们的财政收入来源都将增多。另一方面，印度作为发展中国家，在跨境电子商务的交易中，大部分的交易份额以进口交易为主，因此加大对跨境电子商务进行税收征管，能够减少本国税收流失，促进国家的经济发展。因此早在 1999 年，印度也同欧盟一样颁布了跨境交易法案，表明在跨境电子商务税收征管中坚持税收中性原则，在不设立新的税种前提下，通过完善现行的税收政策，实现对跨境电子商务税收的约束，同时也确定了根据消费的原则进行税款的征收。

11.1.4 跨境电子商务的国际税收经验借鉴

1. 税收征管保持税收的中性

在跨境电子商务的税收征管中，应当坚持税收中性原则，是指当国家在征税时，除了使跨境经营者负担纳税以外，减少其他额外的经济负担和损失。首先，需明确应当对跨境电子商务交易行为实行征税。其次，在税收政策的制定上应完善现有的税收体系，修改税制的不足之处。最后，不应单独设立新的税种而进行额外征收，避免对跨境电子商务的经营者造成额外的税负，进而降低跨境电子商务经营者的积极性，也给税务机关的征税带来超额负担。

2. 税收管辖明确消费地原则

跨境电子商务征税需明确将消费地原则作为税收管辖权，是指跨境电子商务的商品或劳务（服务）在哪国（地区）消费，增值税就归属于该消费地。首先，消费地原则采取的是进口国（生产国）征税、出口国（消费地）退税的税收征管模式，这一模式较大程度地保障了国际市场的公平竞争，纳税人的经济选择可较少地受到税收政策的影响，符合税收中性原则。其次，实行消费地原则在跨境交易中易于实行，由于没有局限性，不用考虑货运成本或是完全的自由贸易等条件。最后，以数字化交易模式为主的跨境电子商务，数字商品或劳务（服务）的消费的同时实现和形成了数据价值，消费地计税原则更符合增值税计税原理。

3. 加强数字化产品税收监管

当下数字经济正在飞速发展，数字化产品和服务呈现多元化趋势，随着互联网技术的成熟，数字化产品也将同有形产品一样成为跨境贸易的主体，因此，我们需对数字化产品和服务的税收征管的政策进行相应的明确。在数字化产品浪潮来临之际，提前对数字化产品的税收征管进行考虑，对其价值的判定与征收环节在政策上予以明确。同时，数字化商品交易也会加剧避税现象，因此应当出台相应的管控政策对其进行监管，各国之间应加强跨境贸易的协作沟通，对于有避税嫌疑的交易和有税收风险的经营者进行公示并纳入"跨境电子商务黑名单"，打造和谐的跨境电子商务运营环境。

11.2 跨境电子商务知识产权保护

11.2.1 跨境电子商务知识产权保护概述

1. 跨境电子商务知识产权保护的类型

（1）著作权

著作权是自然人、法人或其他组织对文学、艺术和科学作品依法享有的财产权利和精神权利的总称。在我国,著作权具有两个属性,具备财产性和人身性,相对应地包括了财产权和人身权两种权力。其一,著作的财产权是来自对文学艺术作品的商业性利用的利益,是作者及其他著作权人对作品依法享有的使用和获取报酬的权利。其二,人身权又叫做精神权利,指作者享有的与其人身密不可分的权利。

（2）专利权

专利是国家专利管理机关依照法律规定和法定程序,授予专利申请人对某项发明创造享有在法定期限内的独占实施权,同时专利申请人即专利权人,是其在法定期限内,对自身发明创造的成果所享有的专属权利。与著作权和商标权相比,专利权的专业性要求更高,地域性特征更明显,申请程序更为复杂,达到获得权利的标准更加严苛。

（3）商标权

商标权又称为商标专用权,是指在法律规定的有效期内,商标所有权人对其经商标管理机关核准注册的商标所享有的独占的、排他的使用和处分的权利。依据《中华人民共和国商标法》规定,某一品牌的商标专有特征是具有突出性的,能够与其他商品明显区别开来的,商品标记需具备一定的可视性,且需具备符合相应的法定条件的要素才可以注册为特有商标。商标作为商品的专有属性,是依附于商品和服务的,且具有排他性。在跨境电子商务中,除了商标之外,还有几类重要的商业标记,如域名、网店名称等。

2. 跨境电子商务知识产权侵权的表现形式

（1）侵犯著作权

在跨境电子商务交易活动中,侵犯著作权时有发生,其主要表现形式有经营者未获得版权人允许,利用盗版的文字、音乐、视频等形式开展盈利活动,以获得不法利益,这种盈利行为是违法的,易导致网络服务商侵权行为责任承担、第三方平台责任分担等法律问题。就跨境电子商务的著作权而言,作为线上交易的经济行为,图片盗用成为典型的侵权行为,印交方未经允许,擅自使用他人享有著作权的文字、音频、图片等智力成果,或售卖货物中包含他人享有版权的作品,会使真正的权利人的利益受到损害。现今网络以大数据信息为支撑,享有著作权的作品往往以电子图片、音像的形式进行传播,跨境电子商务卖家为谋取更多利益而非法走"捷径",通过利用享有著作权的作品去侵害著作所有权人的利益,以非法盗用的形式进行盈利,这对权利所有者造成了较大的侵害。

（2）侵犯专利权或假冒专利

在跨境电子商务经济行为中,未能得到专利所有者的授权,以获取经营利益为目的选择侵犯专利或假冒专利的行为,即为专利侵权。与侵犯著作权和商标权的判断性不同的是,对侵犯专利的判断需要较强的专业性和地域性,如果仅仅以第三方平台所提供的商品信息,是难以对其相关权属作出正确判断的,专利权保护在可操作性和责任划分上并不易划分。

（3）侵犯商标权

商标侵权事件在跨境电子商务经济活动中常常发生,主要表现形式:利用视觉混淆的方式，未经权利人许可而在相同或相似商品上使用与其相同或近似的商标、非法销售侵犯注册商标专用权的商品、造假或擅自制造他人注册的商标标识、为侵权商品提供生产加工及仓储运输等便利条件的行为、混淆行为或虚假宣传等不正当竞争行为。从经济活动的具体形态上，不仅存在第三方经营者盗用商标、销售侵权商品等行为，还存在跨境电子商务平台上常有发生的造假行为。随着跨境电子商务企业的激烈竞争，商标侵权行为呈现隐蔽性、创新化、多元化、综合化的发展趋势，这些都加大了商标权保护的难度。

3. 跨境电子商务知识产权保护的必要性

随着社会的进步发展，知识产权涉及我们生活中文学创作、商业竞争、科技发展等多方面，其必要性如下。

第一，知识产权作为跨境电子商务经营者的创新推动力，极大保护了生产经营者凝聚心血研发出的创作成果，借助于跨境电子商务平台，许多知识产权以数据信息的形式呈现，借助照片、语言文字、影音、计算机程序等形式，涉及专利权、商标权和著作权等多种权益。这些权益是商品所特有的文化商业标志，能够体现商品自身的质量与价值。跨境电子商务平台是利用线上经营的方式展现交易的商品，许多消费者无法亲身感受该商品的实物，只能通过商品本身所附有的专利权、商标权和著作权来判断境外经营者的可信度、商品的质量等。

第二，知识产权作为电子商务的重要软资产。知识产权中的商标、商业秘密、版权、专利等，都是跨境电子商务企业的核心资源，企业之间关于商标、专利等知识产权资产的竞争意识也越发明显，为了研发更优质的知识产权资产，跨境企业需要不断投入大量的人才、资金、设备等，才能够达到一定的生产规模，从而提高生产效益。同时，知识产权作为电商的重中之重，电子资讯是其主要的传播媒介，消费者通过商标等相关信息来判断电商平台的商品，从而选择是否购买，因此，境内经营者及电商平台都会通过知识产权来进行跨境市场的宣传推广。同时，知识产权商品也成了跨境电子商务的直接交易对象，更加促进了诸如文字、音频、电影、软件系统等数字化业务的交易，也体现了知识产权是电子商务不可或缺的重要内容。

第三，保护知识产权是科技创新的原动力和商品研发智慧的集中体现。知识产权保护的有效途径可以通过技术信息的公开制度，将已有的知识产权信息加以传播和应用，通过法律保障知识产权权利人的合法权益，从而促进新技术和新产品不断推陈出新。知识产权资产是商品研发智慧的集中体现，当一种商品或服务与知识产权相结合，该商品或服务的附加值会极大地提高。当一件拥有品牌标志和专利技术的产品，其中的成本不仅有设计研发、原料、生产到产出的成本，还有商标和专利等知识产权资产的费用，这些都是商品附加值的组成部分。当一件商品，凝聚的知识产权资产价值越高，它的价格就越高，也会越畅销。

11.2.2　跨境电子商务知识产权保护面临的问题

随着跨境电子商务的发展，知识产权的侵权行为涉及语言文字、商标专利、影音图像版权等许多方面，中国市场引入了许多国外的大型跨境电子商务平台，例如 eBay、Amazon 等，国内电商平台例如考拉海购、阿里巴巴、京东等，海淘网站也纷纷加入国际市场。随着市场范围的扩大，跨境电子商务产业越来越大，存在的知识产权纠纷问题越来越多。

1. 责任主体确认不明

跨境电子商务交易的交易主体是通过互联网平台进行沟通的，交易程序的虚拟性导致双方责任主体不明，难以对交易主体的信息进行核查和确定，其真实性难以辨别。在开展一项跨境电子商务交易时，买家、卖家、运输公司以及第三方平台的多方参与使得具体责任划分存在界限不清，一旦出现知识产权纠纷时，很难确认是哪方的责任，而跨境电子商务知识产权发生的司法管制区域界限不清，各国的处理办法不同，在维权和侵权的判定上都存在分歧，为跨境电子商务的发展带来阻碍。

2. 监管不规范

各国针对电子商务的法律法规制定不同，存在着信息不对等的现象，导致两国对跨境电子商务交易的监管不到位。因为政治、经济、文化和社会习俗的不一致性，有的国家制定的知识产权保护制度十分严谨，且针对商品的知识产权保护监管严苛，但有的国家对跨境商品的知识产权保护知识几乎空白，如果发生了有关知识产权的争议，由于两个处理方式不一致，极易加剧跨境商品的知识产权纠纷。

3. 平台管理不到位

在跨境电子商务中，主要以自建平台、第三方平台及在线的商务平台进行交易活动，因此交易双方的协议需要在网络平台达成一致。但是现有的许多电商平台体系并不完善，对经营者的管理不到位，商家售卖商品秩序混乱，消费者难以辨别卖家信息的真实性，欺骗消费者和售卖假货的现象层出不穷。对此现象，跨境电子商务平台未能及时打击违法销售行为，造成了消费者的损失，使得侵害知识产权的商品流入境外市场，扰乱市场正常的运作秩序。

4. 侵权认识不足

受金钱利益的诱惑，跨境电子商务中的商家忽视了知识产权保护的重要性，为了走"捷径"牟取更多的利益，带有侥幸心理强钻政策的漏洞，极大侵害了知识所有权。同时作为消费者，由于自身的法律意识不足，对商品标识的认识不足，为了追求奢侈品的品牌效应，选择价格差距较大的假冒伪劣商品，即便知道可能是侵权商品助长了侵权行为，但仍旧会选择购买侵犯知识产权的商品。

5. 海关侵权行为认定困难

与传统的贸易相比,跨境电子商务涉及两个或两个以上的国家或地区,不同国家或地区之间的制度各有差异,这就容易导致海关侵权行为认定困难。在境内与境外的复杂环境下,跨境商品的进货途径复杂,商品的生产源头多,生产环节繁多,也存在境内销售至境外的代加工的现象。同时,境外商品销售至境内涉及的种类繁多,各种类与其相关的品牌信息复杂,这都为海关侵权鉴定行为增加了难度。

11.2.3 国内外跨境电子商务知识产权保护立法现状

1. 国内立法现状

当下,我国现行的电子商务法律体系停留在以网络信息为调整对象的阶段。

在行政法规层面,政府在持续加快知识产权保护体系建设。2015 年,《关于促进跨境电子商务健康发展的指导意见》也提出,"严厉打击跨境电子商务中各类违法行为"。并于同年颁布《关于加强互联网领域侵权行为的治理意见》,明确知识产权保护的行政责任主体,细化具体部门的责任制度。由此可见,我国正在积极探索建立以《中华人民共和国反垄断法》为核心的法律、行政法规与部门规章相结合的复合型知识产权保护制度,以期更好地为促进国际贸易发展保驾护航。

在法律层面,我国不断完善知识产权保护的有关立法。2016 年,《中华人民共和国对外贸易法》进行修订,其中第 29 条第 2 款规定,对于侵犯中国知识产权的进口货物,国家贸易主管部门有权禁止进口其生产、销售的有关货物。但该条款并不是专门规范知识产权保护的法律法规,因此在司法实践中适用该条款存在争议。2019 年 1 月 1 日,《中华人民共和国电子商务法》正式实施,对从事电商行业的企业和个人设立了更高的准则。在第 42 条至第 43 条,确立"避风港"规则。第 44 条对公示规则进行界定,第 45 条则体现了"红旗"规则的相关内容。第 84 条针对知识产权侵权行为作出了惩罚性规定。但电子商务法仅在 26 条、71 条到 73 条中直接提到跨境电子商务,未能提出具有可操作性的流程操作,缺乏对跨境电子商务知识产权保护的直接调控。

2. 国际条约梳理

20 世纪 90 年代之前,许多国家对知识产权保护的形式大多是通过制定专属的公约来进行的,这些公约规范在两国之间的交易行为中起到了一定的制约作用,减少了知识产权所有者在跨境交易中自身权益受到侵害。随着国际贸易的兴起,逐渐形成了大量关于知识产权保护的国际公约。

在这期间,以《巴黎公约》最为典型。《巴黎公约》是最早制定的一部关于知识产权的国际法文件。1883 年 3 月 20 日,《巴黎公约》《保护工业产权巴黎公约》(以下简称《巴黎公约》)在巴黎签订,这是国际首部知识产权保护的专门公约。《巴黎公约》调整的范围包括广泛的工业产权,包括专利、商标、工业外观设计、实用新型和禁止不正当竞争。尽管《巴黎公约》经历了 7 次修订，并详细规定了对商标和专利的保护，但是最新的一次修订也是在 1967 年，当时的技术发展水平使立法者对经济和社会发展进行预见的能力受到限制，因此没有提及跨境电子商务。1886 年 9 月 9 日，世界上第一个有关著作权的公约在瑞士伯尔尼通过，叫做《保护文学和艺术作品伯尔尼公约》（以下简称《伯尔尼公约》），意味着国际版权保护体系进入萌芽时期。同时，《伯尔尼公约》的第二十条规定"在不违反本公约其他规定的情况下，成员国可保留缔结赋予作者更多权利的特别协定的权利"，为以后的国际公约预留了变通的空间。例如 1996 年，世界知识产权组织（以下简称"WIPO"）为了应对信息技术的发展，制定《世界知识产权组织版权条约》（以下简称"WCT"），旨在保护数字环境中作品和作者的权利。WCT 的重要意义是任何形式的计算机程序都归类为文学作品进行保护。随着经济全球化进程加速，国际文化与科技交流日益增多，版权问题成为各国关注的焦点之一。为解决这一冲突，许多国家纷纷通过签订双边或多边协议来保障本国著作权人的权利。1996 年，WIPO 根据《罗马公约》，制定《世界知识产权组织表演和录音制品条约》（以下简称"WPPT"），旨在保护表演者和音像制品所有者的知识产权，尤其是在数字环境中。但是其缔结时间过早，并没有处理关于跨境电子商务的相关问题。基于 1994 年的《商标法条约》，《商标法新加坡条约》于 2006 年缔结，其适用范围更广，还处理通信技术领域最新出现的问题。《商标法新加坡条约》是首个承认非传统商标效力的国际公约，适用于某一缔约方法律规定可以注册的任何商标，包括非传统的可视商标（如颜色商标、位置商标），非可视商标（如声音商标、触觉商标）。1994 年 4 月 5 日，《与贸易有关的知识产权协定》（以下简称"TRIPS"）签订。WTO 将签署 TRIPS 定为成员国准入门槛，因此 WTO 成员国均要建立严格的知识产权法律体系，以符合 TRIPS 的标准。也正由于此，TRIPS 与服务贸易协定、货物贸易协定共同构成 WTO 的三大重要支撑，成为对世界国际市场的知识产权保护较具影响力的多边协议，也是现当下保护范围较广、保护力度较大的知识产权多边协议，TRIPS 协定于 2001 年开始对我国生效。就内容而言，TRIPS 的主要内容大多来源于《伯尔尼公约》和《巴黎公约》，并填补了其中的空白之处。

3. 国外跨境电子商务知识产权保护制度

（1）美国

美国作为最早发展互联网技术的国家，其知识产权保护水平也最高。在互联网技术和电子商务的发展过程中，美国制定了众多知识产权保护规定。为鼓励电商交易的发展，1995 年，美国发布了《知识产权和国家信息基础设施白皮书》，这由知识产权工作小组提交，意味着数字时代传统知识产权制度迎来挑战，需要对现有知识产权法律制度予以调整，并强调法律层面最重要的是著作权法的澄清和调整，旨在完善互联网时代的知识产权保护。1999 年，美国对 WIPO 通过的两项条约及时回应，基于 WCT 和 WPPT 出台了《数字千年法案》，重点加强对著作权人利益的保护，同时又对网络服务提供商进行豁免，以确保互联网的运作和发展。这一法案在 2010 年进行了修订，以解决新时期出现的知识产权侵权行为。面对电子商务极速发展导致的侵权成本降低和侵权行为频发问题，2008年出台了《优化知识产权资源与组织方案》，扩大侵权行为的界定范围，追加民事救济方式，尤其加大刑事打击力度。分析美国现有的知识产权保护法律制度，可以发现其宗旨是在促进电子商务健康发展的同时，实现对知识产权的有效保护。

（2）日本

日本的科学技术具有较高的水平，作为继美国之后的第二知识产权大国，日本在经济发展的同时，同样注重知识产权的保护，及时调整知识产权保护的法律和政策，以顺应互联网时代的发展需求。日本早在20世纪90年代就意识到了网络和电子商务的迅速发展给传统的知识产权保护体系造成了巨大的冲击。日本在1997年、1999年两次对《著作权法》进行了修订，更加明确规定了在互联网环境下作者的权利、传播的范围、途径等问题。并在此基础上，加入了WIPO新的网络著作权规定，以突出日本在互联网时代对知识产权的保护。2002年，日本发布《知识产权战略大纲》，随后颁布了《知识产权基本法》。这两个文件中，日本详细表述了在知识产权上的战略布局和目标，加大技术投入，建立规范的电子商务平台，完善知识产权诉讼程序。结合本国的实际情况和数字特征，对相关的法律法规进行完善，制定新的版权规则以保护网络外观设计，并成立知识产权战略总部，作为负责知识产权工作的专门机构，为知识产权的发展制订详细计划。面对全球普遍存在的网络和个人通过互联网进行非法销售的问题，日本政府在2006年出台了一系列严厉打击非法销售行为的规定。2008年，日本又成立了专门调查委员会，针对互联网领域的知识产权问题，开展监督工作和计划执行。根据以上措施分析，与美国相比，日本知识产权的治理机制并无逊色，并且采取了专门措施应对电子商务的挑战，体现了更高的重视程度。

（3）韩国

随着韩国经济的飞速发展，互联网经济的迅猛提升，制定保护知识产权相关制度刻不容缓，基于国际经济形势和本国经济发展形态，以服务国家总体知识产权的战略目的出发，制定了《知识产权强国实现战略》。文件规定了以知识产权为核心提高综合国力的具体战略措施和目标，规划未来发展路径、推动知识产权创新、明确工作突破重点、设置年度任务等，具体阐述了六个方面的内容。基于这一战略，韩国出台了多部法律法规，以2011年《知识产权基本法》为例，详细规定了知识产权保护的管理办法。韩国政府探索了一系列措施来加强互联网知识产权保护，如打击假冒伪劣商品、加强盗版识别技术、实现对网上侵权商品报告和追踪、建立知识产权纠纷解决机制等。随着互联网知识产权侵权问题增多，侵权行为从原创文字著作领域，向电子软件和游戏开发蔓延。面对这种情况，韩国专门针对这些领域设立了不同的监控与管理机构，对不同领域的网络知识产权侵权案件进行及时有效的解决。

11.2.4 国外经验对我国跨境电子商务知识产权保护的启示

1. 跨境电子商务相关知识产权保护制度完善化

从上述国家在互联网经济中的立法实践来看，各国针对自身国家经济发展情况制定了相应的跨境电子商务知识产权保护的法律规定，尽可能地使法律规定详细化，促成知识产权制度的严密性。但是在我国，快速发展的互联网大环境下，知识产权制度存在着一定的空白。针对空白现象，我国人大陆续开展了关于《中华人民共和国专利保护法》起草工作的意见征询工作，但仅限于摸索阶段，在较短时间内难以获得突破性进展。因此，我国需加快完善互联网大环境下的知识产权制度，将现有的相关知识产权法律法规进行系统性梳理，借鉴他国成熟经验，前瞻性预测未来的跨境电子商务发展趋势，对跨境电子商务中常出现的知识产权争议性现象提出有效的法律建议，从而保护智力成果，推动知识产权法规适应时代新要求。

2. 跨境电子商务平台知识产权保护责任明确化

责任主体的认定对跨境电子商务平台知识产权保护而言是十分重要的，根据美国的相关立法内容来看，在 1948 年制定的《兰哈姆法》中明确指出，卖方应对自身售卖商品的知识产权承担法律责任，随着电商发展的进步，法律条文也相继进行了修订，但未明确规定电商平台对平台内经营主体侵权行为应承担什么样的法律责任，相关司法规则以及认定标准都是在联邦最高法院的判例中演进而来。跨境电子商务平台在美国法院案件中，更多承担的是第三方角色，认为只要跨境电子商务平台不出台激励经营者售卖侵权的产品，并能够对侵权行为进行及时妥当的处理，则无须承担相应的法律责任。反而言之，如果跨境电子商务平台在获知存在侵权行为，且收到相应的证据时，如果未能及时处置，则必须承担相应的法律责任。同时，日本商标法也明确指出，跨境电子商务平台应当承担对经营者禁止售卖侵权商品的监管责任，如果监管不到位，则必须承担对应的法律后果。同样，韩国也注重对电商平台责任的规定，从而便于对知识产权保护责任进行界定。

3. 跨境电子商务知识产权保护诉讼程序规范化

就国家的知识产权保护程序的完整性而言，日本在这一领域的法律制定是相对完备的。日本的知识产权保护机构主要负责专利权与商标的许可和无效审核责任，且有权力对各大电商平台的卖家进行的经营活动审核监督，对其监察结果的督改具有强制性。如果被审核者对监察结果有不同的看法，无须向当地法庭，而是向高级知识产权法庭进行诉讼。如果是个人针对企业的侵权行为提出诉讼，均在当地法庭进行诉讼程序，从而形成一系列严谨的知识产权审理诉讼程序。在美国，针对知识产权侵权的诉讼大多采用两审终审制，针对特殊的侵权案件则由联邦高级法院展开一审终审。对于日常普通的知识产权侵权诉讼大多由联邦法庭开展一审，其分为两种，专利相关的知识产权纠纷则由联邦巡回法庭审理，如果当事人有异议，可有权向联邦高级法院提出上诉。对于其他的侵权案件，大多由州法庭受理，对州法庭裁决有异议者，可向联邦巡回法庭进行申诉，联邦巡回法庭的裁决就是最后的裁决。综上，知识产权保护法律制度完善的国家，其知识产权保护的诉讼制度也是相对完善的。

11.3 跨境电子商务消费者权益保护

11.3.1 跨境电子商务消费者具有的权益

1. 知情权

消费者知情权是指消费者拥有了解自己购买商品或获得服务的实际状况的权利。在《中华人民共和国消费者权益保护法》中明确指出，消费者知情权是指消费者拥有根据商品或者服务的不同情况，了解经营者出售的商品的产地、出品方、原料、价格、用途、品质、生产日期、保质期、售后服务或与服务相关权利的权利。在跨境电子商务中，网络消费者知情权与传统的消费者知情权相比并没有明显的区别，是指消费者经由网络获取商品，进行使用或是获取服务时，拥有了解自己获取商品或者服务实际情况的权利。由于获取形式的不同，网络消费具有自身的特殊属性，在网络购买中，消费者无法去触摸到购买的商品，如果实物与网络平台商品信息存在不同，易造成消费纠纷。

2. 安全权

消费者安全权作为消费者最重要的权利，包含了人身安全和财产安全，是指消费者在购买、使用商品和接受服务时所享有的人身和财产安全不受损害的权利。依照《中华人民共和国消费者权益保护法》第七条规定："消费者在购买、使用商品和接受服务时享有人身、财产安全不受损害的权利。消费者有权要求经营者提供的商品和服务，符合保障人身、财产安全的要求是消费者最重要的权利。"消费者安全权的根源在于保护公民的人身及财产不受侵犯，是我国宪法规定的公民的基本权利之一。

3. 公平交易权

公平交易权是指消费者在与经营者之间进行的消费交易中所享有的获得公平的交易条件的权利。依照《中华人民共和国消费者权益保护法》第十条规定："消费者在购买商品或者接受服务时，有权获得质量保障、价格合理、计量正确等公平交易条件，有权拒绝经营者的强制交易行为。"公平交易的条件与消费者的利益密切相关，消费者购买商品或获得服务是为满足某种生活需求，一旦未能够购买商品或取得服务，则生活需求难以满足，严重者会危害消费者的生命健康。

4. 自主选择权

自主选择权是指消费者有权利和自由对经营者进行选择，来选择适合自己的商品种类和服务方式，以及自身是否要购买一种商品或一种服务，并对所需的商品和服务进行筛选和比较。《中华人民共和国消费者权益保护法》第 9 条规定了消费者享有自主选择权，具体是指消费者可以根据自己的消费需求，自主选择自己满意的商品或服务，决定是否购买商品或接受服务的权利。它是消费者的一项权利。我们在购买商品或接受服务时，不会盲目且不受约束地进行，而往往是根据自己的需要和喜好来选择商品或服务，也体现了这种权利选择的自愿性和自由性。

11.3.2　跨境电子商务消费者权益保护存在的问题

1. 国际管辖权增大了保护的难度

跨境电子商务的发展以互联网为基础，网络的超地域性削弱了各国之间的界线阻碍，全球各国经济密切相关。但是在跨境电子商务交易中，国别界线是依旧存在的，不同国家可通过网络平台来完成消费者与经营者之间的交易活动，但由于各国的政治经济制度不同，电子商务发展水平存在差异，与其相关的跨境电子商务管理机制各不相同。因此，容易出现跨境电子商务交易纠纷，这就会导致司法裁定和司法管辖权难以确定，这也为消费纠纷的解决带来了国际性难题。

2. 跨境电子商务售后服务难以保证

现有的消费者权益保护法的内容不能适应需要购买境外商品的消费者，他们无法享受《中华人民共和国消费者权益保护法》新增的"网购无理由退货"制度。由于国际之间沟通交流的成本较高，跨境电子商务产品采取的是"一经售出，无后续售后服务保证"的模式，一旦消费者对到手的境外商品不满意，退货成了较大的难题，消费者必须找具体的单个商家"协商解决问题"，而且地方性法规无法对涉外民事关系司法管辖、法律适用等实体问题做出规定，只能要求消费者权益保护委员会参与跨境消费维权机制的构建，其解决力度对消费者权益保护而言是微弱的。特别是大量预售产品，会因时间上的差异而产生发货问题、退款问题及退换货问题，因此部分消费者往往需要承担国际运输的运费损失，使得国际产品售后服务缺失，消费者合法权益难以得到保障。

3. 消费者权益保护手段比较落后

在传统交易中，消费者的权益一旦受到侵害，其调查取证时间长、过程冗长、手续繁杂，传统的消费者权益保护制度并不适用于跨境电子商务的交易模式。跨境电子商务由于网络的特殊性，在网络交易中损害消费者权益的方式和手段比在传统交易方式下的更加复杂多样，在网络上出现的虚假信息远远多于现实，不法经营者更容易利用网络交易的漏洞去欺骗消费者，网络技术也更容易被利用制造新的欺诈方式，甚至侵权者利用网络的虚拟性和高科技性能毁灭侵权证据，使消费者和监管者难以掌握证据，更难以对其实施处罚，因而使侵权行为变本加厉，难以识别和控制。与此同时，网络的匿名性也给准确查找违法者增加了难度。

11.3.3 国内外跨境电子商务消费者权益保护法规

1. 我国相关法规

随着我国信息网络化的发展水平不断提升，信息网络合规化成为衡量我国现代化水平与综合国力的重要指标。随着电子信息网络技术的逐年进步，电子商务也必将迅猛发展，消费者作为电子商务的重要参与者，其权益的保护是值得重视的。纵观我国现有法律规定，对电子商务消费者权益的法律保护，散见于《中华人民共和国消费者权益保护法》《中华人民共和国计算机信息网络国际联网管理暂行规定》《中华人民共和国计算机信息网络国际联网安全保护管理办法》《中华人民共和国电信条例》等法律法规条文中，部分不能适应跨境电子商务迅速发展下要求的相关消费者权益保护需要，加强对跨境电子商务消费者权益保护的法律研究和立法，已是迫在眉睫。

2. 国外相关法规

欧盟的《普遍产品安全》中有关于欧盟成员国之间消费者权益保护的规定及具体措施。这项指令寻求建立一种强制体系，为了保证消费者的健康和安全，可在其领土范围内采取紧急措施，阻止、限制或规定某一产品的销售或使用；建立了警报系统，包括紧急通报欧盟委员会，再由欧盟委员会将信息转达给其他成员国。有关网上消费者权益保护，欧盟颁布了多部指令性法规，如《关于内部市场中的信息社会服务尤其是电子商务若干法律问题的指令》《关于消费者合同中不公平条款的指令》《关于远程销售合同缔结中的消费者保护指令》《关于在某些方面保护不动产分时段使用权买卖合同的买受人的指令》《关于与商事交易中的支付迟延做斗争的指令》等，对于跨境电子商务环境下消费者的权益保护在当前电子商务有关规定的基础上进行修改或调整。

11.3.4 建立解决跨境电子商务消费者权益保护难题的机制

跨境交易的各个国家在立法和政策上存在较大差异，即使有些国家制定了关于网络跨境消费者权益保护的法律法规，但也存在许多漏洞，亟须完善和优化。第一，维护网络消费者的知情权。在跨境电子商务交易中，要逐步完善网络交易信息披露规则，制定相应的法律条款要求跨境电子商务经营者承担起提供销售商品和服务的真实信息的义务，可在产品的信息介绍用语时采用潜在消费者国家的通用语言，便于消费者去了解产品的信息。第二，严格市场准入机制。针对跨境电子商务平台的经营者应严格遵守国际市场准入规则，需要在法律程序上制定详细的资格认证审核机制，通过建立资格认证审核网站，由跨境电子商务经营者上传网络登记申请、审查所需证件，对通过者发放跨境电子商务合法营业执照。第三，完善国内相关法规，促进国际法规的协调性。我国现行的消费者权益保护规章制度大多为管理性行政规章制度，这易导致与前期设立的高位阶的法律条文相冲突，且与司法解释存在冲突，造成管理与司法的混乱。

11.4　跨境电子商务相关环节的法律风险

　　跨境电子商务在交易过程中存在着多个环节，不同环节相互联系又存在着各自的问题，这都与法律存在着一定的关系，需要依据跨境电子商务相关法律法规来解决，由此推进跨境电子商务的交易进程，从而维护跨境电子商务市场的和谐有序性。

11.4.1　跨境电子商务支付环节

　　两个国家在跨境支付中需要跨境第三方支付与跨境本国货币两种支付方式，以我国为例，依照中华人民共和国国家外汇管理局发布的《支付机构跨境电子商务外汇支付业务试点指导意见》规定指出，跨境第三方支付多以跨境平台的形式，支持消费者以支付本国货币的方式去购买跨境平台上的商品，再通过试点的支付相关机构将其转为售卖方国的货币支付给商家，完成两国货币地对等交换。同时，跨境人民币支付依托中国人民银行的《关于金融支持中国（上海）自由贸易试验区建设的意见》和中国人民银行上海总部的《关于上海市支付机构开展跨境人民币支付业务的实施意见》指出，将人民币作为跨境电子商务商品交易的结算方式，不仅缩短了支付的时间周期，也削减了许多异国货币兑换的繁杂流程，重要的是减少了因汇率差额而产生的损失，为交易双方规避潜在的货币风险。

　　为了极大推动跨境电子商务的稳步发展，我国外汇管理局、中国人民银行积极响应国务院关于促进跨境电子商务健康快速发展有关文件，提供对应的优惠政策支持有条件的支付机构办理跨境支付业务，从而极大推动跨境支付市场的有序发展。有市场交易即有市场风险的存在，为了降低跨境电子商务支付中的外汇风险，中央银行与国家外汇管理局依法对各类跨境支付机构实行核查监管要求。在当下的法律条文、政策制度、规章要求中，针对跨境电子商务监管政策、反洗钱法律体系、外汇交换管理体系、跨境消费者权益保护与跨境支付国际法律制度等方面，仍旧存在着风险与问题。在金融监管领域，境内外的金融监管存在着合作与冲突并存的局面，法律关系存在着矛盾性。这是因为每个国家（地区）在电子支付法律（法规）体系与监管模式等方面存在着差异，立足于维护本国（地区）支付体系安全与消费者权益保护的视角，双方在跨境支付时必不可少地会产生利益纠纷与法律适用性的问题。

　　就双方合作而言，存在国际纠纷和跨境洗钱的交易风险，为了打击这些行为，各国家（地区）都加大了对跨境电子商务支付环节的监管，以促进跨境电子商务合作监管长效机制的建立。一旦发生跨境电子商务支付矛盾时，由于境外商家、第三方支付平台与境内消费者存在语言差异和文化生活差异，导致交易参与者难以沟通，因此跨境维权需要较强的专业知识与技能，且维权成本高。又由于各国家（地区）跨境法律的适用性问题突出，跨境消费者难以明晰和理解商家所在国家（地区）的跨境电子商务交易支付的相关法规和仲裁流程，导致维权时间拉长，且维权成本要明显高于国内电商交易维权。

11.4.2 跨境电子商务物流环节

跨境电子商务物流包含签订合同及其履行、交易商品的运输保障、时间与成本矛盾、退换货物纠纷、信息隐私安全等，其中跨境运输与退换货物流方面环节复杂，问题诸多，易产生许多法律风险。为了降低这些法律风险，我国制定了《中华人民共和国海商法》《中华人民共和国铁路法》《中华人民共和国民用航空法》《中华人民共和国消费者权益保护法》《中华人民共和国反不正当竞争法》等法律法规，由于法律条文的不完备性、可操作性低等缺陷，仍旧无法规避跨境电子商务中的物流风险，阻碍了跨境电子商务物流行业的发展，无法完全满足跨境电子商务的前沿发展，例如跨境商品的退换货流程与境内物流相比要复杂得多，物流时间的延长、物流转移痕迹的失效、交易商品的保存成本等，这些加总成本往往高于跨境商品的价值本身，也是众多消费者投诉的主要问题，因此，建立与完善适合跨境电子商务退换货物流法律体系，十分迫切。

11.4.3 跨境电子商务通关与商检环节

在通关方面，我国设立了《中华人民共和国海关法》《中华人民共和国海关对进出境快件监管办法》等相关法律、小法，并积极建立了"负面清单"监管模式。"负面清单"是指在投资协定中通常是"不符措施"的代称，是在外资市场准入（设立）阶段不适用国民待遇原则的特别管理措施规定的总汇。"负面清单"管理模式是建立黑名单，依照法无禁止即自由的法律理念，即"只要不是法律禁止的行为，都是可以发生的"的法律逻辑。为了促进跨境电子商务的持续发展，近几年我国逐一实施了相关的通关与商检的政策，具有代表性的政策是对电子商务出口经营主体分类，并进行专项统计，例如增加海关监管方式代码"1210"，增列海关监管方式代码"9610"等，以建立适应跨境电子商务出口的新型海关监管模式，从而推动跨境电子商务清单管理制度的建立，不断完善跨境电子商务风险监控和质量追溯体系，实现跨境电子商务检验检疫监管模式的创新。

在商检方面上，我国主要设立了"四法三条例"的法律规定，"四法"即《中华人民共和国国境卫生检疫法》《中华人民共和国进出口商品检验法》《中华人民共和国食品卫生法》《中华人民共和国进出境动植物检疫法》，"三条例"即《中华人民共和国国境卫生检疫法实施细则》《中华人民共和国进出口商品检验法实施条例》《中华人民共和国进出境动植物检疫法实施条例》，这些制度是对跨境交易货物、跨境物流工具、人员及事项进行检验检疫、管理及认证，并提供官方检验检疫证明、居间公证和鉴定证明的全部活动。包括出入境商品检验制度、出入境动植物检疫交通运输工具、检疫制度和国境卫生监督制度。此外，还有《进出境邮寄物检疫管理办法》等，但由于法律条例未跟上当下跨境电子商务的发展进程，法律内容设定相较落后，无法满足跨境电子商务产生的检验检疫的新需求。

11.4.4　跨境电子商务税收环节

跨境电子商务作为一种新型的对外贸易方式，在纳税主体、纳税时间、纳税地点、税制模式、课税对象、课税标准、归属关系等方面存在着新的问题与挑战。基于其跨国性、电子商务属性、强专业性等因素使得跨境电子商务成了企业企图逃税漏税的保护地，也是国际避税的滋生床。在跨境电子商务交易中，因税制不同、归属关系等问题，导致国际税收管辖权存在矛盾冲突，易造成重复征税，加剧了偷税、漏税与避税的现象发生。随着《关于跨境电子商务零售进口税收政策的通知》的发布，

跨境电商享福利
税收政策优惠多

停止了对跨境电子商务行李和邮递物品进口税，即行邮税的征收，因此在跨境电子商务的税收上，已等同于普通贸易。区别在于，普通贸易的主要形式是以实体经济为主，而跨境电子商务是以网络线上虚拟的经济模式开展的，这在一定程度上存在征税形式的界定纠纷，从而造成了灰色清关，也为海关在跨境电子商务征税上带来了新的考验。

11.4.5　跨境电子商务平台责任环节

跨境电子商务交易需要依托电商平台，作为其交易的中心环节，跨境电子商务平台的责任与义务是十分重要的。作为跨境电子商务交易的第一责任人，跨境电子商务平台承载着交易活动的主体责任。同时，跨境电子商务平台是交易的主体，负责对平台卖家展开店铺经营资格核查、录入、公示等工作，为了保障跨境电子商务交易的合法有序性，电商平台需要与经营者签订经营合同（协议），明确划分双方在电商平台准入和退出、商品和服务质量安全保障、消费者权益保护等方面各自的权利、义务与责任。跨境电子商务平台制定的平台管理办法，除了对交易支付安全、消费者权益维护、网络信息安全等规定，仍需要加大对平台运行的监管力度，尤其是对经营者发布的商品与服务信息进行核查监督，一旦发现违反市场监管法律法规的违法行为，必须采取强制措施，严厉打击违法犯罪行为，依据违法行为的违规程度，必要时可采取禁止其经营的措施。除此之外，跨境电子商务平台还需加大对注册商标专用权、经营者商业秘密与消费者个人信息保护、企业名称权等权利的保护，与其他工商部门协同合力，协助与配合查处违法行为、交易信息保存、定期向工商行政管理部门报送跨境商品交易及有关服务经营统计资料等。同时，有关境外经营者能否进入跨境电子商务平台、网站服务器和数据中心选择是否完备等问题仍需逐步完善。

11.4.6　跨境电子商务消费者权益保护环节

消费者权益涉及诸多方面，主要有个人数据与隐私规则保护、消费者公平交易权、交易商品退换货权利、消费者依法求偿权、支付交易安全保护、消费者网络交易知情权保护

等，目前部分消费者权益受到保护，但从消费者权益整体来看，基于跨境电子商务的特性，较多权益依旧未得到相应的保障，导致消费者在求偿维权上屡屡碰壁，自身合法权益难以得到保障。在当下的跨境电子商务交易活动中，境内关于消费者权益保护的部分规定，例如七天无理由退货这一保护消费者权益的规定，因为时间、地点等因素影响，是难以实现的，跨境电子商务一旦出现纠纷，与境内电商纠纷相比要复杂得多，这都会降低消费者的满意度。因此，在进行跨境电子商务交易时，需立足于他国消费者真实需求的角度，依照消费者的服务要求，为其提供令人满意的跨境服务。同时，司法救济也为消费者权益保障提供了一定的保障，但是跨境电子商务交易中存在着消费者权益受损范围大、总计金额小、案件数量多、消费者弱势等显著特征，不适宜选择司法救济途径维护自身权益，消费者一般不会采纳。尤其在跨境电子商务交易纠纷中，消费者难以承受纠纷审判时间延长而造成申诉成本的急剧上升，从而大大减少了消费者维护自身权益的积极主动性。又由于跨境电子商务仍处于发展初始阶段，不成熟的发展模式存在着较多的交易难题，例如商品标签的合规性、假冒商品的违规性等问题，是消费者在维护自身权益中遇到的主要难题。

11.4.7　跨境电子商务信息安全环节

信息安全是跨境电子商务交易的重中之重，贯穿网络交易活动的始终。跨境电子商务信息安全包含了交易网络安全、交易数据安全、交易金融安全、消费者支付安全和隐私安全等，在跨境交易中，交易支付大多以信用卡为支付工具，信用卡的安全问题成为信息不安全的频发问题，也是网络安全的监督管理的重要之地。信息收集与使用的合法性也是信息安全的重要环节，同样需要重视。

11.5　我国对跨境电子商务的政策支持

11.5.1　完善我国跨境电子商务法律规定及监管措施

1. 完善跨境电子商务领域的法律法规

习近平总书记在《中华人民共和国国民经济和社会发展第十四个五年规划和 2035 年远景目标纲要》中明确指出，要加快数字化发展和推动数字产业化的要求。跨境电子商务领域内的法律法规制定和完善需要我国立法部门、司法部门以及执法部门齐心合力的配合和监督。因此，我国需要明确规定跨境电子商务的法律规定。首先，加强跨境电子商务法律制度的建设，填缺法律漏洞。跨境电子商务是我国国际贸易

商务部：六大措施支持
跨境电商发展

发展的新模式，当前的相关法律制度并不适应其发展，具有滞后性。针对跨境电子商务这一新兴经济发展模式，其突出问题需依赖详细的法律制度来解决，因此完善跨境电子商务相关法律法规，针对各跨境环节的权责进行清晰划分是十分有必要的。其次，提升立法层级，调整跨境电子商务管理规则。我国目前对跨境电子商务的管理主要由各部门的管理细则为主，同时涉及少量的部门法条文，随着跨境电子商务发展规模的壮大和涉及的诸多法律关系，需要整合各部门管理细则需提升立法层级，对原有的部门法条款进行修改和完善。

2. 明晰跨境电子商务法律监管主体

我国颁布的《中华人民共和国民法典》为市场经济的运转提供了法律保障、为立法奠定了法律基础、为跨境电子商务的发展提供了基本法律和原则。随着跨境电子商务的飞速发展，我国需要依据跨境电子商务的特性制定专有的法律条文进行法律监管，由于涉及多个因素，这需要较大的成本，使得跨境电子商务发展实现合法化和规范化。因此，关于跨境电子商务的法律规范的制定，可以在我国原有的法律条款中增加相关的法律规制，以期达到我国跨境电子商务行业有法可依、有法可遵。整合各部门信息资源，加强国家政务平台的运行。通过国家政务平台对跨境电子商务进行管理和提供服务，也需要各部门之间畅通协调机制，明晰职能界限，避免跨境电子商务监管政策的制定存在重复、遗漏等问题，打造公开透明的跨境电子商务营商环境，充分发挥我国国内电子商务优势，建设国内国外双循环的世界一流跨境电子商务体系，适应国际市场的机遇和挑战，开辟出有中国特色的跨境电子商务发展道路。

11.5.2　提升我国跨境电子商务规范化发展的举措

1. 促使跨境电子商务企业管理合规化

为了保障我国跨境电子商务经营者的知识产权安全，保障其合法利益，减少知识产权侵权案件的发生，需促使我国跨境电子商务企业管理合规化。首先，规范化管理跨境电子商务交易活动是极其重要的。跨境电子商务经营者制定的企业内部规则需符合我国法律要求，并按照我国新的法律条文和国外法规要求进行修改和完善，能够自觉约束自身企业的经营行为，提前防范和有效化解企业存在的潜在侵权行为，这样不仅能够降低跨境企业经营的风险，也有利于提升企业的信誉，极大防止了法律风险的发生。其次，跨境电子商务企业需要加强对知识产权法规的学习，在进行跨国电商交易之前，需要对交易国家的贸易法律条文进行详细了解，以备不时之需。同时，也需要加强对目标国家的交易商品的行业市场进行摸排，了解此商品是否有侵害他人知识产权的行为，一旦发生交易纠纷，可较大程度地保障自身企业的合法权益。因此，企业管理规范化有利于实现自身企业健康经营运行的常态化发展，也极大地规避了潜在的风险，是维护企业利益的软实力。

2. 鼓励、支持跨境电子商务消费者维权

消费者理应维护自身的消费权益。首先，在收到不满意的跨境商品时，可以先与商家协商，如果协商失败可以选择由跨境电子商务平台作为第三方介入。跨境电子商务平台可以根据商家是否有效处理交易纠纷，对其进行监管，如果商家无意解决售后问题，平台有权对商家进行警告和惩罚。当下许多跨境电子商务平台在网络发布了对保护消费者权益的明确规则，消费者可以通过学习解读规则指南，利用第三方平台规则维护自身权益。其次，国家有关法律部门也需发挥科普宣传作用，针对国内消费者遇到维权难题时，能够提供有效的法律政策解读帮助。消费者也可以在跨境电子商务交易中选择购买保险，一旦发生交易纠纷，可由保险公司来解决交易纠纷，实现风险转化，从而减少消费者的维权时间和成本。最后，建立跨境电子商务行业自律协会。跨境电子商务行业自律协会对跨境电子商务交易中损害消费者合法权益的事件进行登记和维护消费者的合法权益，同时对虚假、不符合标准的跨境电子商务企业进行信息披露等，充分发挥了跨境电子商务行业协会的作用，规范了跨境电商行业行为，维护了跨境电子商务行业营商环境，提高了跨境电子商务行业经济效益。

11.5.3 解决我国跨境电子商务争端的法律措施

1. 建立健全我国跨境电子商务在线纠纷解决机制

跨境电子商务发展模式是动态的，因此，提倡建立健全跨境电子商务线上争议解决机制，并使其规范化。首先，完善跨境电子商务平台在线纠纷解决制度。在一项跨境电子商务交易活动中，买卖双方都需依托跨境电子商务平台完成交易行为，因此，需要明确跨境电子商务平台应当履行的法律义务，使得跨境电子商务平台对在线争议解决机制的责任义务能够进行具体划分，并要求跨境电子商务平台对在线纠纷解决机制的工作人员要进行专业化培训。其次，推出有中国特色的民商事调解制度。我国调解制度是经历过历史长河检验的，从长期的实践中演变出来的具有中国特色社会主义的制度。调解制度的作用是化解多方矛盾，因此可以适用于跨境电子商务纠纷实践中，适应国际社会的趋势和需要，将调解制度优化改良，丰富调解制度的理念和创新，让调解制度成为跨境电子商务纠纷解决的备选方案之一。

2. 明确跨境电子商务在线纠纷解决中的管辖及法律适用

在传统的诉讼中，管辖权选择的标准，属地原则是首要确定标准已经不太适用跨境电子商务纠纷案件的管辖及法律适用。因为，即使管辖权的选择上确认适用属地原则，还是避免不了被告所在地、诉讼标的或财产所在地、侵权发生行为地的一系列争论。因此，以商品"经济国籍"来确定管辖和法律适用。跨境电子商务中以商品为主体，遵守商品出口国的管辖权和法律适用的相关规定。以商品"经济国籍"的相关适用，给跨境电子商务纠

纷案件带来法律依据。当跨境电子商务经营者与消费者出现纠纷时以商品"经济国籍"来确定管辖和法律适用，从而解决跨境电子商务交易过程中的纠纷，或者建立纠纷解决前置程序。例如，我国劳务纠纷中规定需要经过仲裁的前置程序才可以进行诉讼。前置程序的优势是通过该程序可以有效解决大部分纠纷，减少诉讼。跨境电子商务交易通过建立纠纷解决前置程序来保障跨境电子商务经营者与消费者的切身利益。

11.5.4　增强我国跨境电子商务应对法律风险的能力

1. 推动跨境电子商务品牌化建设

跨境电子商务的品牌化建设是当下发展的必然趋势，但是跨境电子商务企业品牌化转型中往往存在着法律风险，以及品牌化发展过程中产品同质化，通过分析跨境电子商务企业 Shein，对跨境电子商务的发展品牌化建设提出应对措施。以 Shein 为例，Shein 的消费群体为女性，主打快时尚消费，之所以从众多的网购平台中脱颖而出是基于抓住用户的需求、产品的清晰定位，以及塑造独特魅力品牌的成功。最重要的是，Shein 的产品定价低、款式新颖，极大地吸引了女性消费者。与此同时，还注重创新广告的大量投入，以增加品牌曝光度，再运用互联网社交媒体营销策略，打开消费市场和品牌认知度。因此，跨境电子商务的发展品牌化建设过程中，跨境电子商务企业需要做到以下几点要求：一是抓住消费者的需求，树立品牌意识。吸引消费者也就能够留住消费者，打开消费者市场；二是产品设计定位清晰，树立品牌形象。产品的质量是品牌化建设中的核心竞争力，产品的品质、价位等因素都是影响品牌化的重要因素；三是着力攻入广告社交平台，提升品牌知名度。依靠其他辅助手段对品牌进行宣传，大范围地打开知名度，吸引更多的顾客群体。

2. 增加应对本土化保护的措施

近年来，各国的经济发展持续低迷，为保护本国企业利益，多国通过不同的贸易壁垒和政策，对本国企业提供大量优惠政策以及对本国贸易市场的制度进行相关政策的干涉，对跨国企业进行了提高关税或者进出口限制等一系列强制措施，因此，需要增加应对本土化保护的措施。首先，跨境电子商务平台可以购买信用保险来降低风险，树立跨境电子商务行业风险治理理念。跨境电子商务企业可以通过购买中国出口信用保险公司的保险来防范相关风险。这是因为跨境电子商务企业"出海"过程中将会遇到诸多的风险，同时跨境电子商务行业的发展与国内电商行业发展不同，存在着很多的挑战或者不可抗力的因素。然而，跨境电子商务平台需要持续经营才能维持平台的运转，这将会涉及诸多的经营者和相关消费者的权益，因此跨境电子商务企业可以通过购买信用保险来规避风险。其次，跨境电子商务企业需要分散投资和发展。从企业长期发展的角度出发，跨境电子商务企业在业务的拓展和投资中，将不可抗力因素考虑进去，制定企业发展的长远目标。我国跨境电子商务企业具有应急预案，将损失缩小或者避免潜在的突发风险。最后，跨境电子商务企业需加强国际合作。跨境电子商务企业需要将利益与多国企业之间的利益链条进行联结，打造风险同扛或者风险转嫁的发展模式。我国跨境电子商务企业与第三方合作，将是未来跨境电子商务行业发展的主要趋势之一。

思维导图

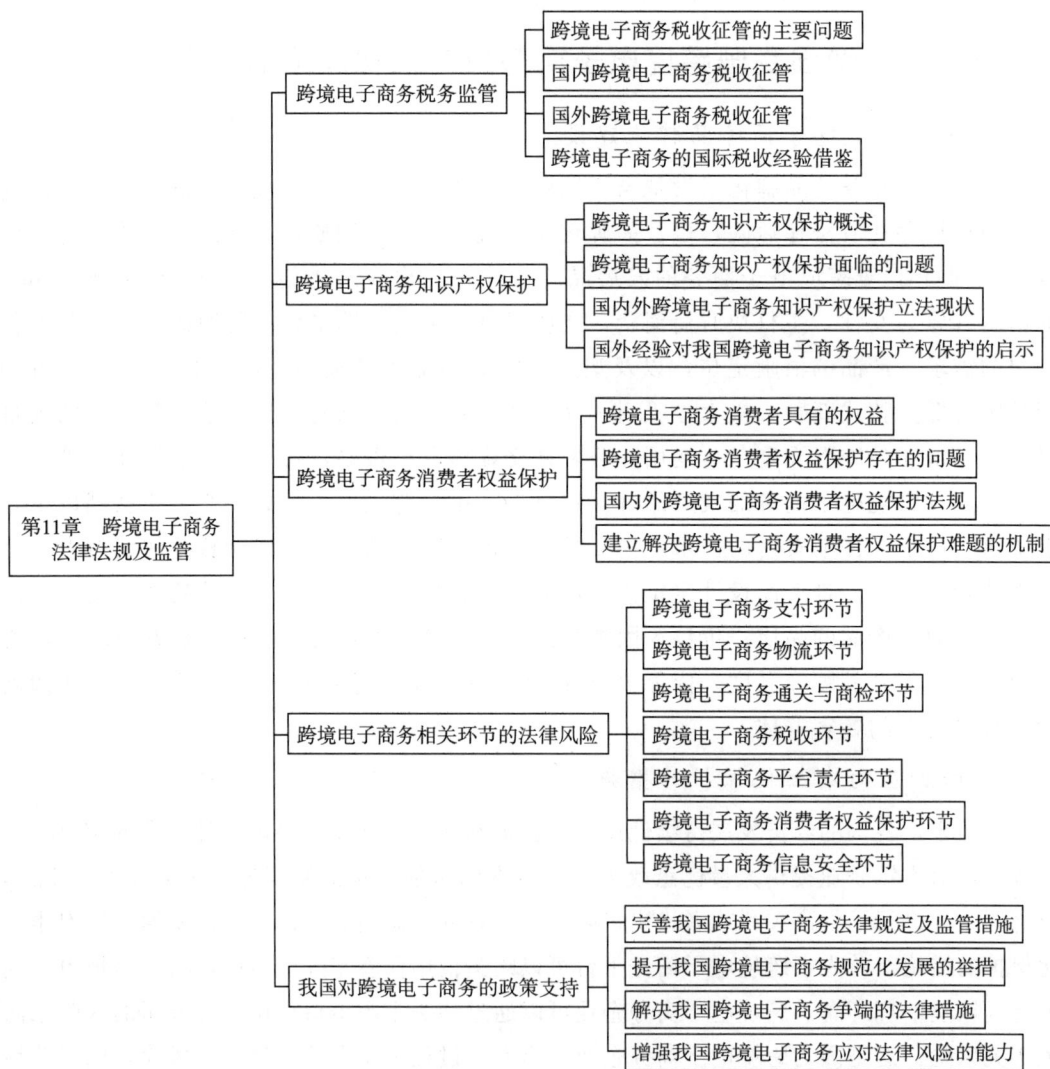

课后延伸

江西跨境电子商务数字经济产业基地

依托国家数字经济与文化产业大发展、大融合的背景，把握江西省坚定不移实施数字经济"一号工程"加快培育高质量跨越式发展新动能的时机，抓住数字经济新媒体产业发展风口。力图将园区打造为以高附加值、高成长性产业为主导的产业结构，以文化和科技融合为主要特征，以新技术、新产业为核心的新型文化业态，引入移动新媒体、数字媒体、内容创作及关联产业入驻，促进文化创意产业规模化、集聚化、专业化，将园区打造成为集高质量内容创作、媒体宣发、科技创新及体验于一体的数字经济产业基地。

政府平台：江西跨境电商产业基地获得外经、海关、检验检疫、税务、外汇等有关部门的叠加政策支持，以专业化运营为基础，打造"强资源、强链接、强服务"的综合性跨境电商集聚区。

运营平台：专业运营管理团队、自由代运营团队、整合营销推广、订单后客服平台、自建专属品牌化信息平台、资费套餐量身定制等。

电商销售平台：引入大电商、运营商、制造商，打造百家上网工程。联合三方知名电商平台（亚马逊、eBay、速卖通），搭建第三方平台子平台运作模式，提供注册、建店、服务、培训及全球品质分销。

第三方专业平台：开展与第三方知名公司外包战略合作，包括 ERP 系统、API 开发、仓配、销售、客服、代运营、金融培训、招聘等，专业化战略合作管理运营。

请思考江西跨境电子商务数字经济产业基地是如何推动本区域跨境产业发展的？

案例分析

原告高某某在亚马逊中国网站上购买进口商品，收货时发现该商品并非网站方预先承诺的境外发货。高某某认为网站方存在欺诈行为，遂将其诉至法院。被告以"亚马逊海外购使用条件"中约定由卢森堡市区法院管辖为由提出管辖权异议。法院裁定认为，涉案管辖协议属于格式条款，该条款剥夺了中国消费者在中国选择本地争端解决途径的权利，加重了消费者的维权成本，不合理地限制了消费者寻求救济的权利，违反公平原则，故涉案管辖条款应属无效。

维权指引：本案首次明确了跨境电子商务协议管辖审查标准，我国消费者在因"海外购"产生纠纷时，应勇于保护自身合法权益。同时，跨境电子商务企业应积极承担社会责任，承担跨境消费维权的沟通协调义务，避免使用格式条款剥夺消费者选择本地争端解决途径的权利。

相关法条：《中华人民共和国民法典》第四百九十七条第（二）项，《中华人民共和国消费者权益保护法》第二十六条第二款，《最高人民法院关于适用〈中华人民共和国民事诉讼法〉的解释》（2022 年修正）第五百二十九条。

资料来源：材料改编于中国社会组织动态：B2C 跨境电子商务管辖格式条款效力的审查标准 https://baijiahao.baidu.com/s？id＝1760523976208023234&wfr＝spider&for＝pc。

讨论题：

1. 上述案件中的跨境电子商务企业侵害了消费者哪些权益？

2. 在跨境电子商务交易活动中，应如何保护消费者的合法权益？

复习思考题

1. 跨境电子商务税收征管的主要问题和解决办法是什么？

2. 跨境电子商务知识产权保护的类型、侵权的表现形式有哪些？

3. 跨境电子商务知识产权保护的必要性和面临的问题是什么？

4. 列举国外跨境电子商务知识产权保护的经验及对我国有何启示？

5. 如何建立解决跨境电子商务消费者权益保护难题的机制？

参 考 文 献

［1］宗楠，徐丽，陈曦，等．职业教育电子商务专业系列教材　跨境电商法律法规［M］．北京：清华大学出版社，2023.

［2］孙华林，赵丹．创新型人才跨境电子商务专业系列教材　跨境电商物流与供应链管理［M］．北京：电子工业出版社，2023.

［3］陈燕燕，刘子敏，王小君．跨境电子商务概论［M］．北京：清华大学出版社，2022.

［4］司佳，薛黎．跨境电子商务［M］．北京：中国商务出版社，2023.

［5］叶万军，隋东旭，邹益民．跨境电子商务物流［M］．北京：清华大学出版社，2021.

［6］蒋彩娜，舒亚琴．创新型人才跨境电子商务专业系列教材　跨境电商支付与结算［M］．北京：电子工业出版社，2021.

［7］邹益民，隋东旭，朱新英．创新型人才跨境电子商务专业系列教材　跨境电子商务支付与结算［M］．北京：清华大学出版社，2021.

［8］刘瑶．跨境电商运营实务　微课版［M］．北京：人民邮电出版社，2021.

［9］易静，郭燕萍．跨境电子商务基础与实务［M］．北京：电子工业出版社，2021.

［10］邹益民，李瑶锦，陈浙斌．创新型人才跨境电子商务专业系列教材　电子商务数据分析与应用［M］．杭州：浙江大学出版社，2021.

［11］陈璇．跨境电子商务网络营销［M］．北京：电子工业出版社，2021.

［12］徐娜．跨境电商客户服务与管理［M］．北京：北京理工大学出版社，2019.

［13］殷秀梅，彭奇．跨境电商实务［M］．重庆：重庆大学出版社，2022.

［14］华树春，等．跨境电商概论［M］．北京：中国海关出版社，2018.

［15］陈战胜，卢伟，邹益民．跨境电子商务多平台操作实务［M］．北京：人民邮电出版社，2018.

［16］邓志新．跨境电商：理论、操作与实务［M］．北京：人民邮电出版社，2018.

［17］王多娜．跨境电商实务［M］．天津：天津大学出版社，2018.

［18］Wish 电商学院. Wish 官方运营手册：开启移动跨境电商之路［M］. 北京：电子工业出版社，2017.

［19］易静，等. 跨境电商实务操作教程［M］. 武汉：武汉大学出版社，2017.

［20］朱秋城. 跨境电商 3.0 时代　把握外贸转型时代风口［M］. 北京：中国海关出版社，2016.

［21］冯晓宁，梁永创，齐建伟. 跨境电商：阿里巴巴速卖通实操全攻略［M］. 北京：人民邮电出版社，2015.